창세기

창세기

| 양창삼 지음 |

KSi 한국학술정보[주]

머리글

창세기(Genesis)는 하나님의 섭리에 따라 만들어진 창조역사 기록이다. 유대인들은 창세기의 명칭을 그 책의 첫 단어를 따 '부레헤쉬이트(B'reshith)'라 부른다. 이 말은 '태초에'라는 뜻이다. 탈무드 경전시대에는 '천지창조의 책'이라 불렀다. 창세기라는 표제가 붙은 것은 "이것이 천지창조의 대략"이라는 칠십인역의 '게네시스(genesis)'에서 나온 것이다. 게네시스는 기원, 원천, 발생, 시작이라는 뜻을 가지고 있다.

창세기의 저자는 모세이다. 창세기에 저자에 대한 기록이 직접 나타나 있지는 않다. 하지만 구약과 신약의 여러 곳에서 창세기의 저자가 모세임을 증거하고 있다. 초대교회와 1세기 유대사가 요세푸스도 모세가 그 저자임을 증거하고 있다. 탈무드도 모세가 썼음을 주장한다.

창세기는 인간 최초의 2천 년 역사기록으로 인식되고 있다. 히브리 전설에 따르면 모세가 하나님의 인도로 당대 고대기록, 곧 조상으로부터 물려받은 역사적인 기록에서 창세기를 편찬했다고 한다. 창세기가 끝나는 연대는 모세보다 300년 앞서 있다.

창세기의 원시역사시대와 모세시대 사이에 알 수 없는 긴 시대가 있다는 것을 영(E. J. Young), 웅거(M. F. Unger), 해리스(L. R.

Harris) 같은 보수신학자들도 시인하고 있다. 자유주의자들은 창세기의 원시역사를 신화로 보며 구전으로 내려왔던 것들을 포로 후 시대에 이르러 편집이 완료되었다고 주장하고 있다.

창세기의 기록목적은 이 세상 역사의 시작부터 이스라엘 민족이 부름을 받아 애굽에 내려가 신정에 입각한 한 국가적 민족으로 성장하는 하나님의 계시의 역사를 보여 주기 위한 것이다. 따라서 창세기는 우주와 인간의 창조, 하나님과 인간 사이의 언약, 인간의 타락, 은혜의 언약, 족장들의 생활 등이 기록되어 있다. 창세기는 정확한 역사적 연대를 보여 주기 위한 것이 아니라 하나님이 자기의 택한 성도들을 통하여 인간을 구원하시려는 구속사적인 하나님의 계시가 중심을 이루고 있다.

창세기의 내용은 크게 4대 사건과 4대 족장을 소개하고 있다. 4대 사건이란 창조, 타락, 홍수, 열국의 시작을 말하며 이 사건들을 통해 우주와 인류, 그리고 민족이 어떻게 시작되었는가를 보여 준다. 4대 족장은 열국 가운데 택함을 받은 히브리 민족의 족장, 곧 아브라함, 이삭, 야곱, 그리고 요셉을 말한다.

4대 사건(1:1 - 11:23)

4대 사건	내 용
1) 창조	창1:1 - 2:3
2) 타락	타락 전 인간의 피조물로서의 위치(2:4 - 25) 인간의 타락과 은혜의 구원(3:1 - 4:26)
3) 홍수	홍수까지의 인간역사(5:1 - 32) 홍수(6:1 - 9장)
4) 열국의 시작	열국의 시작(10:1 - 11:32)

기독교의 진리는 창조와 부활에 있다. 이것은 인간의 이성으로 이해하기 어렵다. 믿음으로만 이해할 수 있다. 인간의 창조는 유에서 유를 만들지만 하나님의 창조는 무에서 유를 창조한다. 하나님은 물질, 에너지, 공간, 시간을 주권적으로 창조하신 창조주이시다. 창조의 정점은 사람이다. 하나님은 흙에 생기를 불어넣어 인간을 만드셨다. 마른 뼈에 생기를 불어넣어 군대를 만드셨다. 창조를 이해하면 부활도 이해할 수 있다.

창조 이후에 부패가 일어난다. 아담의 죄로 인하여 인간이 하나님과 단절된다. 가인이 아벨을 죽임으로 인해 사람이 사람에게서 단절된다. 하나님은 타락에 대해 무서운 저주를 하시면서도 여자의 후손을 통해 구속의 소망을 약속하신다.

사람이 불어나면서 죄악도 불어난다. 결국 노아와 그의 가족을 제외한 모든 인류를 홍수로 멸하신다.

창세기는 온 인류의 통일성을 말하고 있다. 인간은 모두 아담과 노아의 자손이지만 바벨탑에서 행한 반역으로 인해 하나님은 홍수 이후의 세상의 단일한 문화와 언어를 찢으시고 사람을 온 땅에 흩으셨다. 세상에 모든 민족이 흩어졌다. 열국이 시작된 것이다.

4대 족장

4대 족장	주요 내용
1) 아브라함(12:1 - 25:18)	아브라함이 소명과 언약을 받음(12:1 - 17:27) 롯의 소돔구출과 아브라함과 아비멜렉(18:1 - 20:18) 이삭의 출생과 아브라함의 자손(21:1 - 25:18)
2) 이삭(25:1 - 26:35)	이삭과 야곱의 이야기(25:19 - 37:1) 에서와 야곱의 이야기(25:19 - 25:34) 이삭과 아비멜렉, 그리고 이삭과 우물소동(26:1 - 33) 에서의 결혼이야기(26: 34, 35)

4대 족장	주요 내용
3) 야곱(27:1 - 37:1)	야곱의 가정생활과 집을 떠남(27:1 - 28:22)
	야곱의 하란생활(29:1 - 33:15)
	야곱이 가나안으로 돌아옴(33:16 - 35:20)
	야곱과 에서의 자손(35:21 - 37:1)
4) 요셉(37:2 - 50:26)	요셉의 소년시대(37:2 - 36)
	유다와 다말의 이야기(38:1 - 30)
	요셉의 애굽생활(39:1 - 45:15)
	야곱의 애굽행(45:16 - 47:26)
	야곱의 죽음과 요셉의 만년(47:27 - 50:26)

흩어진 민족 가운데 한 사람과 그의 후손을 지목하여 그를 통해 모든 민족들에게 복을 내리고자 하신다. 아브라함이 이 일에 부르심을 받았다. 하나님은 그에게 땅, 자손, 복 등 세 가지에 관련된 언약의 약속을 하셨다. 이 약속은 이 땅을 구원하시기 위한 하나님의 계획이다. 하나님은 이삭과 언약을 맺으심으로 그를 아브라함과 영적으로 연결시키셨다. 하나님은 매우 이기적인 야곱을 변화시켜 종의 도를 따르게 하고, 이름을 이스라엘로 고쳐 주신다. 그는 결국 열두 지파의 아비가 되었다. 야곱의 사랑하는 아들 요셉은 형제들로부터 질시를 받아 애굽에 종으로 팔려 간다. 극적으로 애굽의 총리대신이 된 그는 자기 가족을 기근에서 구원하고 그들을 가나안에서 고센 땅으로 이주시킨다. 하나님은 이스라엘의 70인을 애굽으로 보내 극적으로 작은 민족 이스라엘을 살리신다. 창세기는 요셉의 죽음으로 끝난다. 그의 죽음은 애굽에서의 노예생활을 암시할 뿐 아니라 출애굽기에서 전개될 놀라운 구속의 필요성을 보여 주고 있다.

창세기와 관련된 신학적 주제는 크게 두 가지다. 첫째, 그리스도에 관한 예언이다. 창세기는 메시아에 관한 일반적인 예언에서부터 시작하여 점차 보다 구체적으로 예언되고 있다는 점이다. 즉 그리스도는 여자의 후손이다(3:15), 셋의 후손에서 그리스도가 난다(12:3), 이삭(21:12)과 야곱(25:26)의 자손이다, 그리고 유다 지파에서 나신다(49:10). 둘째, 그리스도의 예표적 인물과 사건들이다.

아담은 오실 자의 표상, 곧 예표이다(롬 5:14). 아담과 그리스도는 모두 하나님의 특별하신 역사로 말미암아 죄 없는 사람으로 이 땅에 오셨다. 아담은 옛 창조의 대표이며, 그리스도는 새 창조의 머리시다. 아벨이 드린 피의 제사, 가인에 의한 죽음은 그리스도를 지향하고 있다. 멜기세덱('의의 왕')은 하나님의 아들과 방불하다(히7:3). 그는 아브라함에게 떡과 포도주를 가져다준 살렘(평강) 왕이자 지극히 높으신 하나님의 제사장이다. 요셉도 그리스도의 예표이다. 요셉과 그리스도는 모두 아버지에게서 극진한 사랑을 받으며, 형제들로부터 미움을 받고, 형제들을 다스릴 자라 하여 배척을 받았다. 모함을 받아 은에 팔리고, 죄가 없으면서도 심판을 받고, 하나님의 권능으로 비천한 자리에서 영광의 자리로 높임을 받는다.

창세기는 여러 가지로 우리에게 가르침을 주고 있다. 창세기의 초반부는 세상의 시작과 함께 세상에 죄가 어떻게 퍼져 나갔는지 그 과정에 초점을 맞추어 자세히 언급하고 있다. 죄악과 그에 대한 심판은 노아시대의 대홍수 사건으로 그 절정을 이룬다. 그다음에는 하나님이 아브라함 한 사람을 다루시는 내용에 초점을 맞추었다. 하나님은 그를 통하여 세상에 구원과 복을 주겠다고 약속하신다. 아브라함과 그 자손들은 궁핍할 때나 부유할 때, 번성할 때나 압제를 당할 때나 언제든지 여호와를 신뢰하면 안전하다는 것을 체험하며 깨달아 간다. 아브라함으로부터 이삭, 야곱, 요셉으로 역사가 이어지면서 하나님의 약속은 열매를 맺게 된다. 창세기는 인류의 역사라기보다 인류의 구속사에 있어서 서장이다.

이 책은 창세기의 각 장을 한 장씩 모두를, 그리고 각 장을 부분적으로 나눠 그것이 가지는 뜻과 우리에게 주는 교훈을 살펴봄으로써 창세기가 과거의 역사에 그치는 것이 아니라 오늘을 살아가는 우리에게도 현저하게 의미를 가진다는 것을 제시하고자 하였다. 특히 4대 족장들의 삶은 그야말로 험한 길이었다. 우리도 그 길을 가고 있다. 이 길에서 창세기는 우리가 그리스도인으로서 어떤 삶의 자세를 가져야 하는지, 그리고 하나님과 어떤 관계를 가지고 살아야 하는지를 잘 보여 주고 있다. 아무쪼록 독자 모두에게 하나님의 은총이 함께하시기를 기원한다.

2008년 가을
양창삼

차 례

머리글 / 5

창세기 1장은 하나님이 천지를 창조하신 것에 대한 대략을 기록한 것으로 우주와 모든 만물의 근원이 어떻게 시작되었는가(물체의 기원)를 보여 준다. 모든 것은 하나님의 말씀과 능력으로 창조되었다. 창세기 1장은 천지창조의 찬가라 불린다. 초기문학형식의 대부분은 찬가였다.

1. 창세기 1장 1절

- 태초에 하나님이 천지를 창조하시니라.

창세기 1장 1절은 원래 "태초에 하나님이 하늘과 땅을 창조하시니라"로 되어 있다. 이 말씀은 여러 면에서 신학적인 논쟁을 불러일으켰다.

우선 1장 1절을 독립절로 해석할 것인가 2절의 종속절로 해석할 것인가의 문제이다. 종속절로 해석할 경우 "하나님이 천지를 창조하기 시작할 때에 땅이 혼돈하고 공허하며"로 번역된다. 이 경우 하나님의 절대창조가 부인된다. 그러나 독립절로 해석할 경우 하나님의 절대창조를 말해 준다. 따라서 종속절보다 독립절로 해석되고 있다.

두 번째 문제는 1절을 창조의 서론으로 볼 것인가, 첫째 날 사역의 일부분으로 볼 것인가 하는 것이다. 창조의 서론으로 볼 경우 1절은 제목에 불과하며(1절 제목설) 3절부터 창조가 시작되었음을 보여 준다. 따라서 1절을 첫째 날 사역의 일부분으로 봐야 한다는 주장이 강하다. 즉 태초부터 6일 창조가 시작되었으며 그 첫째 날에 천지와 빛을 창조했다는 것이다. 1절은 창조의 웅대함을 대서사시적으로 표현하고 있다.

'태초에'(b'reshith)는 처음·시작·최초를 뜻한다. 하나님이 천지를 창조하심으로 역사의 시간이 출발했음을 의미한다. 태초를 있게 하신 분은 하나님이시다. 하나님만이 태초라는 말을 사용하실 수 있다. 그 하나님이 천지를 창조하셨다. 이 단어가 성경의 첫 단어인 것인 성경이 하나님의 권위 있는 말씀이자 그분의 계시에 의해 기록된 것임을 웅변적으로 보여 준다.

하나님은 엘로힘(Elohim)이다. 엘로힘은 강하고 능력 있는 존재자(Strong God), 위엄 있으신 분을 나타낼 때 사용되는 하나님의 명칭이다. '-im'은 복수형을 나타낸다. 복수형이기 때문에 26절에 하나님 자신을 나타낼 때 '우리'라는 말을 사용했다.

왜 복수인가에 대해 세 가지 해석이 있다. 첫째, 고대에 만연한 다신론 사상을 반영한 것이라는 주장이다. 둘째, 삼위를 나타내는 복수용법이라는 주장이다. 칼빈은 이를 통해 삼위의 하나님을 유추할 수 있다고 했다. 셋째, 하나님의 장엄함을 나타내는 장엄복수(a pluralis majestatis)이다. 장엄은 하나님이 세상을 창조하실 때 행사하신 권능을 나타내기 위함이다. 권능은 그분의 영원한 본질 속에 포함되어 있다. 두 번째와 세 번째의 해석을 주로 따르고 있다. 주어는 복수이지만 동사는 단수이다. 하나님의 형상 창조에 있어서 26절에 주어는 '우리'라는 복수이지만 27절의 결과적 표현에는 '자기의(His) 형상'이라는 단수형을 사용하고 있다. 이는 천지창조가 능력 있고 장엄하신 하나님의 단독사역임을 보여 준다.

'천'은 하늘이다. 구약에서는 영계하늘(신26:15;왕상8:30;시11:4), 공간하늘(창1:8,14;11:4), 우주하늘(렘10:16;사44:24;시103:19,119:9;전11:5) 등을 나타낼 때 이 단어를 사용하고 있다. 영계하늘은 영물들이 거하는 곳이다. 천사들의 거하는 영계하늘까지 첫째 날에 창조되었다면 물질계의 창조에 영계창조까지 연결되어 자연스럽지 못하다. 공간하늘은 지구를 둘러싸고 있는 궁창을 의미한다. 창조가 공간하늘과 지구만 가리키면 지구중심의 우주관을 형성하여 공간형성이론과 크게 배치된다. 우주하늘은 해·달·별 등 천체를 포함한 대우주를 말한다. 우주에는 10만 개의 은하수가 있고, 태양계에 속한 은하수의 수만도 300억 이상이다. 지구는 별로서 대우주 창조 속에 포함되어 있다. 이 가운데 천지의 천은 우주하늘이라는 해석이 가장 우세하다. 하나님은 태초라는 시점에 온 우주를 무에서 창조하셨다. 이 세상은 태초에 하나님으로부터 온 것이다.

'지'는 땅이다. 넓게는 지구이고, 중간으로는 솟아난 대륙(땅)을 말하며, 좁게는 대륙 내 지방을 의미한다. 지는 대체로 지구로 해석되고 있다. 하나님이 인간과 생물을 위해 지구의 창조를 먼저 생각하셨다는 것은 사랑과 은혜가 아닐 수 없다.

"창조하시니라"의 창조는 무에서 창조를 가리키는 '바라(bara)'로 표시되어 있다. '바라'는 무에서의 창조로, 기존재료로 짜 맞추는 것이 아니다. 만일 기존재료로 짜 맞추었다고 한다면 '야차르'라는 단어가 사용되어야 한다. 성경은 야차르가 아니라 바라로 기록하고 있다. 선재한 물질 가운데서 우수한 어떤 것을 생산할 때도 바라라는 단어를 사용하기도 하지만 여기서는 무에서의 창조라는 의미가 강하다.

요한복음 1장 1-3절에 "태초에 말씀이 계시니라 이 말씀이 하나님과 함께 계셨으니 이 말씀은 곧 하나님이시니라 그가 태초에 하나님과 함께 계셨고 만물이 그로 말미암아 지은 바 되었으니 지은 것이 하나도 그가 없이는 된 것이 없느니라."는 말씀이 있다. 여기에서 말씀(logos)은 예수 그리스도를 가리킨다. 예수 그리스도는 하나님이시고 창조사역자임을 보여 준다. 예수님은 하나님의 피조물이 아니라 창조 이전에, 세계가 만들어지기 이전에 영원 전부터 계신 분이시며 창조사역의 주동자이심을 알 수 있다. 예수님은 하나님의 속성을 조금 가진, 하나님과 비슷한 다른 존재가 아니라 바로 하나님이시다.

2. 창조 이전의 상태(2절)

- 땅이 혼돈하고 공허하며 흑암이 깊음 위에 있고 하나님의 신은 수면에 운행하시니라

창조 전의 상태는 땅이 혼돈하고 공허하며 흑암 가운데 있었다. 혼돈을 가리켜 카오스(kaos)라 한다. 이에 비해 하나님이 창조하신

우주를 코스모스(cosmos)라 한다. 코스모스는 질서를 뜻한다. 따라서 하나님의 천지창조는 카오스에서 질서의 창조임을 알 수 있다. 혼돈 가운데 하나님의 신이 수면에 운행하신 것은 하나님께서 창조를 위해 개입하시기로 하셨음을 보여 준다.

'혼돈하고 공허하며'는 창조된 물질의 원시적 형태를 가리킨다. 조직된 구조도, 정돈된 형상도, 어떤 윤곽도 아직 나타나지 않은 텅 빈 상태를 보여 준다.

깊음은 소요하는 많은 물 또는 깊은 물을 뜻한다. 바다의 뜻으로도 해석된다.

하나님의 신은 원어로는 바람 또는 호흡을 뜻하는 '르하흐'이다. 이것은 단순히 하나님이 일으키시는 바람이나 하나님의 능력이라기보다 하나님의 영, 곧 성령을 가리킨다. 천지창조에 성령 하나님께서 주도적으로 개입하신 것을 보여 준다. 따라서 천지창조는 삼위 하나님의 창조임을 알 수 있다.

'수면에 운행하시니라'는 말씀은 성령이 그 혼돈된 땅을 감싸고 있음을 나타낸다. 하나님은 성령의 활동을 통해서 창조사역을 수행하셨다. '수면에 운행하시니라'를 무한정의 시간으로 간주하는 간격설(gap theory)이 있다. "빛이 있으라."는 창세기 1:1과 "빛이 있으라."는 1:3절 사이에는 하나님의 신이 운행하신 큰 비약, 곧 무한정의 시간적 간격이 존재한다는 주장이다. 따라서 이 설에 따르면 지구의 연령은 확실히 알 수 없다.

3. 창조의 첫째 날: 빛의 창조(3 - 5절)

- 하나님이 가라사대 빛이 있으라 하시매 빛이 있었고
- 그 빛이 하나님의 보시기에 좋았더라 하나님이 빛과 어두움을 나누사
- 빛을 낮이라 칭하시고 어두움을 밤이라 칭하시니라 저녁이 되며 아침이 되니 이는 첫째 날이니라

1절을 첫째 날의 사역으로 포함시킬 경우 창조의 첫째 날은 하늘 (heavens)과 땅(earth), 그리고 빛을 창조하셨다. 그러나 1절을 제목설로 볼 경우 첫째 날의 창조는 빛의 창조이다.

첫날 하나님의 첫 명령은 "빛(light)이 있으라."였다. 빛은 하나님 보시기에 좋았다. 이것은 하나님이 좋아하신 첫 번째 것이다. 무엇보다 '하나님 보시기에' 좋아야 한다. "보시기에 좋았더라."는 말씀은 창조된 것들의 완전함과 아름다움이 하나님의 뜻과 일치했음을 보여준다.

빛을 낮이라 하고 어둠을 밤이라 하셨다. 첫째 날의 창조는 빛의 창조요 그로 인한 낮과 밤의 구별이다. "저녁이 되며 아침이 되니 이는 첫째 날이라"는 말씀은 하루는 밤부터 시작됨을 알 수 있다. 이것은 날(day)에 대한 첫 언급이라는 점에서 중요하다.

날(yom)에 대한 해석으로는 크게 세 가지이다. 첫째는 문자적인 해석(day＝24hr)이다. 하루를 24시간으로 간주한다. 워필드나 벌크홉은 이 설을 따른다. 둘째는 지질학적인 연대와 동일한 것으로 본 시대설(day - age theory)이 있다. 요세푸스, 이레네우스, 오리겐, 어거스

틴 등은 시대설을 따르고 있다. 셋째는 상징적 해석이다. 창조의 역사를 사람이 이해하기 쉽도록 질서가 있는 양식으로 표현하기 위해 날이라는 상징적인 개념을 사용했다는 것이다.

날을 가리키는 yom도 24시간 또는 불특정한 어떤 기간 등 여러 의미로 사용되었다. 교회는 전통적으로 문자적인 24시간 개념으로 해석하고 있으나 앨리스(O. T. Allis)는 하루 24시간을 교리화하지 말라고 주장한다.

날은 일반적으로 24시간을 가리키지만 하나님에게 있어서 하루가 천 년 같고 천 년이 하루 같다는(시90:4;벧후3:8) 말씀을 잊어서는 안 된다. 하나님에게는 인간적인 시간개념이 없다. 언제나 지금 (eternal now)이다.

4. 창조의 둘째 날: 궁창의 창조(6 - 8절)

- 물 가운데 궁창이 있어 물과 물로 나뉘게 하리라 하시고
- 궁창을 만드사 궁창 아래의 물과 궁창 위의 물로 나뉘게 하시매 그대로 되니라
- 궁창을 하늘이라 칭하시니라 저녁이 되며 아침이 되니 이는 둘째 날이니라

둘째 날은 궁창(穹蒼), 곧 하늘(expanse, sky, firmament)을 창조하셨다. 궁창은 일반적으로 지구를 둘러싸고 있는 대기권의 넓은 공간을 말한다. 궁창을 사이에 두고 궁창 아래의 물과 궁창 위의 물로

나누셨다. 궁창 아래의 물은 물로 덮인 지구를 말하며, 궁창 위의 물은 구름으로 덮인 대기를 뜻한다. 궁창은 대기와 땅을 명확히 구분시켜 윗물과 아랫물이 뒤섞여 창조 이전의 혼돈 상태로 돌아가는 것을 막는다.

5. 창조의 셋째 날: 육지와 바다, 식물의 창조(9 - 13절)

- 천하의 물이 한 곳으로 모이고 뭍이 드러나라 하시매 그대로 되니라
- 뭍을 땅이라 칭하시고 모인 물을 바다라 칭하시니라 하나님의 보시기에 좋았더라
- 땅은 풀과 씨 맺는 채소와 각기 종류대로 씨가진 열매 맺는 과목을 내라 하시매 그대로 되어
- 땅이 풀과 각기 종류대로 씨 맺는 채소와 각기 종류대로 씨가진 열매 맺는 나무를 내니 하나님의 보시기에 좋았더라
- 저녁이 되며 아침이 되니 이는 셋째 날이니라

천하의 물이 한곳으로 모이고 뭍이 드러나라 하시니 뭍은 육지(land)가 되고 물은 바다(sea)가 되었다. 지구의 표면이 액체로 덮여 있었으나 냉각됨에 따라 섬과 육지가 나타나게 된 것이다.

그 땅에 풀, 각종 씨 맺는 채소, 씨 가진 열매 맺는 각종 과목을 내도록 명령하셨다. "각기 종류대로"(according to their various kinds) 내도록 하셨다. 이것은 진화론이 아니라 창조론의 근거가 된다. 그

결과 하나님 보시기에 좋았다.

"하나님의 보시기에 좋았더라." 이 말씀은 창조된 것들이 하나님의 뜻과 일치하여 완전하고 아름다웠음을 의미한다. "하나님의 보시기에"라는 말씀은 천지창조에만 쓰인 것이 아니라 구약의 왕들의 행위나 성도들의 행위, 그리고 교회의 행위에도 적용되었다. 따라서 현대를 살아가는 우리의 행위는 '사람의 보기에'가 아니라 '하나님의 보시기에' 따라 판단된다는 것을 잊어서는 안 된다.

6. 창조의 넷째 날: 해와 달, 그리고 별의 창조(14 – 19절)

- 하늘의 궁창에 광명이 있어 주야를 나뉘게 하라 또 그 광명으로 히여금 징조와 사시와 일자와 연한이 이루라
- 그 광명이 하늘의 궁창에 있어 땅에 비취라
- 하나님이 두 광명을 만드사 큰 광명으로 낮을 주관하게 하시고 작은 광명으로 밤을 주관하게 하시며
- 또 별들을 만드시고 그것들을 하늘의 궁창에 두어 땅에 비취게 하시며
- 주야를 주관하게 하시며 빛과 어두움을 나뉘게 하시니라
- 하나님의 보시기에 좋았더라 저녁이 되며 아침이 되니 이는 넷째 날이니라

넷째 날은 해와 달, 그리고 별을 창조하셨다. 하늘의 궁창에 두 큰 광명(lights), 곧 해와 달을 두었다. 광명은 발광체를 의미한다. 두

큰 광명 가운데 더 큰 광명(the greater light)인 해로 낮을 주관케 하고, 더 작은 광명(the lesser light)인 달로 하여금 밤을 주관케 했다. 또한 별들을 창조하시어 하늘에 두셨다. 해와 달의 운행을 통해 징조(signs), 계절(seasons), 일자(days), 연한(years)을 이루도록 하셨다. 해, 달, 별들의 창조로 그 빛이 땅에 비취게 하였고, 주야를 주관케 하며, 빛과 어둠을 나누게 하셨다. 이 모든 것이 하나님 보시기에 좋았다.

빛의 창조와 해 창조의 관계를 살펴보자. 어떤 이는 넷째 날에 해가 창조된 것은 아니라고 말한다. 첫째 날에 빛이 있으라 하신 것은 이미 태양이 창조되었음을 의미한다는 것이다. 지구표면이 냉각되는 지각과정과 끓고 있는 물 때문에 두꺼운 안개와 가스층이 햇빛을 완전히 막아 어둠이 아직 있어 첫째 날에 창조된 태양이 넷째 날까지 보이지 않았다. 그런데 그 빛이 넷째 날에 안개를 뚫고 비추기 시작했다는 것이다. 하나님이 태양을 창조하셨다는 것은 의미가 깊다. 예부터 인간은 태양을 신으로 여겨왔기 때문이다. 그러나 성경은, 태양은 하나님의 피조물이며 신이 아님을 가르쳐 주고 있다. 피조물을 신이라 말하는 것은 잘못된 우상숭배다.

해와 달의 운행을 통해 징조를 알아낸다. 우리는 하나님이 지으신 천체 운행의 모습을 통하여 어떤 변화를 읽을 수 있다. 이 천체 운행을 통해 우리는 하나님의 보이지 않으신 것들, 곧 그의 영원하신 능력과 신성을 알게 된다(롬1:19, 20).

해와 달의 운행을 통해 일자와 연한을 구분한다. 지구는 태양을 중심으로 회전한다. 지구는 한 번씩 회전(자전)하는 데 24시간이 걸린다. 그래서 하루는 24시간이다. 지구가 태양을 한 바퀴 도는 데

365일이 걸린다. 따라서 1년이 365일이다.

화성은 지구에서 볼 때 가장 가까운 행성이다. 화성은 태양으로부터 네 번째로 가까운 행성이며 지구는 세 번째로 가까운 행성이다. 화성도 태양을 중심으로 회전한다. 화성이 한 번씩 회전하는 데 24시간 40분이 걸린다. 따라서 화성의 하루는 24시간 40분이다. 화성은 687일 만에 태양주변을 한 바퀴 회전한다. 태양을 한 바퀴 도는 속도가 그만큼 느리다. 따라서 화성의 하루는 687일이다.

7. 창조의 다섯째 날: 물고기와 새의 창조(20-23절)

- 물들은 생물로 번성케 하라 땅위 하늘에는 새가 날으리라
- 하나님이 큰 물고기와 물에서 번성하여 움직이는 모든 생물을 그 종류대로, 날개 있는 모든 새를 그 종류대로 창조하시니 하나님의 보시기에 좋았더라
- 하나님이 그들에게 복을 주어 가라사대 생육하고 번성하여 여러 바닷물에 충만하라 새들도 땅에 번성하라 하시니라
- 저녁이 되며 아침이 되니 이는 다섯째 날이니라

다섯째 날은 바다와 하늘의 생물(living creatures)을 창조하셨다. 물속에는 큰 물고기를 비롯하여 각종 고기, 그리고 하늘에는 각종 새를 그 종류대로 창조하셨다. "그 종류대로"는 역시 진화가 아니라 처음부터 하나님의 창조임을 보여 준다. 그 모든 창조물이 하나님 보시기에 좋았다.

나아가 하나님은 그 생물들에게 복을 주며(blessed) "생육하고 번성하여 여러 바다 물에 충만하라 새들도 땅에 번성하라" 하셨다. 이 말씀은 하나님이 내리신 최초의 축복의 말씀으로 생육·번성·충만이 인간에게만 내려진 축복이 아니라 모든 생물에게 내려진 축복임을 알 수 있다.

8. 창조의 여섯째 날: 육지동물과 인간의 창조(24 – 31절)

- 땅은 생물을 그 종류대로 내되 육축과 기는 것과 땅의 짐승을 종류대로 내라 하시고
- 하나님이 땅의 짐승을 그 종류대로, 육축을 그 종류대로, 땅에 기는 모든 것을 그 종류대로 만드시니 하나님의 보시기에 좋았더라
- 하나님이 가라사대 우리의 형상을 따라 우리의 모양대로 우리가 사람을 만들고 그로 바다의 고기와 공중의 새와 육축과 온 땅과 땅에 기는 모든 것을 다스리게 하자 하시고
- 하나님이 자기 형상 곧 하나님의 형상대로 사람을 창조하시되 남자와 여자를 창조하시고
- 하나님이 그들에게 복을 주시며 이르시되 생육하고 번성하여 땅에 충만하라, 땅을 정복하라, 바다의 고기와 공중의 새와 땅에 움직이는 모든 생물을 다스리라 하시니라
- 온 지면의 씨 맺는 모든 채소와 씨가진 열매 맺는 모든 나무가 너희 식물이 되리라
- 짐승과 새와 기는 것에게는 모든 푸른 풀을 식물로 주노라
- 하나님이 그 지으신 모든 것을 보시기에 심히 좋았더라 저녁이

되며 아침이 되니 이는 여섯째 날이니라

여섯째 날은 짐승, 육축, 기는 것 등 땅 위 생물을 그 종류대로 만드시고 인간을 만들어 이들을 관리하도록 하셨다. 하나님은 육지 동물을 보고 좋게 생각하셨다.

"우리의 형상을 따라 우리의 모양대로 우리가 사람을 만들고." 칼빈은 '우리'를 삼위일체 하나님으로 보았다. 하나님이 인간을 만들 때 자신을 '우리'라고 한 것은 인간창조의 중요성을 인식하고 삼위 하나님께서 협력하여 신중히 그리고 귀하게 인간을 만드셨음을 보여주는 것이라는 것이다.

우리의 형상은 '하나님의 형상'(Imago Dei)을 말한다. 하나님은 영이시므로 형상이 없다. 그러나 하나님은 인간을 만들 때 하나님의 형상대로 만드셨다고 말씀하심으로써 우리를 통해 하나님을 드러내고자 하셨다.

"하나님의 형상대로"란 우리의 겉모양을 하나님과 같이 지었다거나 하나님 일부를 떼어 만들었다는 것이 아니라 인간의 영혼이 하나님의 거룩한 속성을 가지도록 하셨음을 의미한다. 그만큼 중요한 존재라는 것이다. 그 속성에는 의와 진리의 거룩함(엡4:24)이 포함되어 있다. 인간은 이성적이고 도덕적인 존재로 지음 받았다. 인간은 하나님으로부터 독립될 수 없고, 하나님의 뜻에 따라 그의 사역에 동참해야 하는 책임적 존재로 태어났다. 이 책임을 잊고 하나님의 뜻을 저버리면 창조하신 자의 형상을 좇아 행동하는 것이 아니다. 동물들에게 하나님의 형상을 적용하지 않은 것은 인간이 그만큼 중요하고 책임 있는 존재임을 드러내는 것이다.

하나님의 형상인 인간은 삶에서 하나님을 드러냄으로써, 우리를 통해 하나님을 볼 수 있어야 하고, 하나님의 사랑을 경험할 수 있도록 해야 한다. 우리는 모두 하나님 앞에 서 있는 존재다. 생활 속에서, 여러 환경 속에서 하나님의 형상을 드러냄으로써 하나님의 온전하심과 거룩하심을 보여 주어야 한다. 우리는 과연 누구인가? 우리의 전 생애를 통해 대답해야 할 하나님의 사람들이다.

사람은 남자와 여자 모두를 가리킨다. 하나님은 그들에게 복을 내리셨다. 그 복은 "생육하고 번성하여 땅에 충만 하라 땅을 정복하라 바다의 고기와 공중의 새와 땅에 움직이는 모든 생물을 다스리라" 하셨다. 생육·번성·충만 외에 정복과 다스림의 책임을 주셨다. 정복과 다스림은 인간 마음대로 파괴하라는 것이 아니라 하나님의 뜻에 합당하게 관리해야 하는 책임을 의미한다. 이것은 인간의 사명과 책임이 다른 어떤 피조물보다 더하다는 것을 보여 준다. 남자든 여자든 인간은 모두 하나님의 섭리에 따라 이처럼 책임 있는 존재로 태어났다.

하나님은 인간들에게 씨 맺는 채소와 나무열매를 식물로 주셨고, 동물들에게는 푸른 풀을 식물로 주셨다.

하나님은 지으신 모든 것을 보신 다음 매우 흡족해하셨다. 31절은 하나님 보시기에 "심히 좋았더라."(very good)고 기록하고 있다. 이것은 모든 피조물이 하나님의 기뻐하시는 대상임을 보여 준다. 이것은 인간을 포함하여 모든 피조물이 하나님을 기쁘게 하는 삶, 하나님의 영광을 위해 살아야 한다는 것을 의미한다.

예레미야 4장 23-28은 하나님의 진노에 대해 기록하고 있다. 땅이 혼돈하고 공허하며 빛이 없으며 사람이 없고 공중의 새가 다 날

아갔고 하늘이 흑암할 것이라고 말하고 있다. 이러한 표현은 창세기 1장의 내용과는 아주 대조적이다. 이것을 볼 때 창세기 1장의 천지 창조는 하나님의 축복임을 보여 준다.

창세기 2장 안식, 에덴동산, 가정의 창조

1. 창조 일곱째 날: 안식(1-3절)

- 천지와 만물이 다 이루니라 하나님의 지으시던 일이 일곱째 날이 이를 때에 마치니
- 일곱째 날에 안식하시니라
- 일곱째 날을 복 주사 거룩하게 하셨으니 이는 하나님이 그 창조하시며 만드시던 모든 일을 마치시고 이 날에 안식하셨음이더라

육 일간에 천지와 만물이 다 지음을 받았다. 하나님은 일곱째 날에 안식하셨다. "안식하시니라"라는 히브리어는 '일을 그치다', '작업을 마무리하다'는 뜻을 가지고 있다. 안식하시기 전에 창조의 일을 마무리하신 것이다. 이날은 하나님이 창조를 마치시고 쉬신 거룩한 날이다. 십계명의 안식일도 여기서 비롯된다(출20:8-11). 하나님은 이날을 복 주어 거룩하게 하셨고, 우리를 안식하도록 하셨다.

히브리서 기자는 이 안식을 신비로 표현하고, 하나님의 백성에게 이 안식이 남아 있다고 하였다(히4:4,9,10). 이 안식을 통하여 우리가 누릴 영원한 안식을 내다보게 할 뿐 아니라 하나님 안에서의 참안식

이 무엇인가를 깨닫게 한다. 하나님과 믿음으로 사귀는 우리는 그 안식을 누리도록 해야 한다.

성경적으로 보면 7이라는 숫자는 여러모로 의미가 있다. 7째 날마다 안식일이고, 7년마다 안식년이며, 7째 안식년마다 희년이다. 이것은 인간에게 일과 함께 쉼을 허락하신 하나님의 깊은 배려를 느끼게 한다. 7째 달마다 거룩한 3절기가 있다. 유월절과 오순절 사이에 7주간이 있고, 유월절과 장막절은 7일간 지킨다. 여리고 성이 무너질 때 7제사장이 7나팔로 7일간 행진했다. 나아만은 7번 요단강에 몸을 담가 나음을 입었다. 요한계시록에 7교회, 7인봉과 7나팔, 7대접, 7촛대, 7별, 7천사, 7영 등이 등장한다.

안식일제도는 하나님의 창조질서에 바탕을 두고 있다. 안식일이 거룩한 것은 하나님께서 이날을 복 주어 거룩하게 하셨기 때문이다. 하나님이 거룩하게 하지 않으시면 그 어떤 것도 거룩할 수 없다. 거룩함의 원천은 하나님에게 있다.

하나님은 안식일을 통해 인간으로 하여금 창조주로서의 자신을 기억하게 하셨다(출20:8). 인간이 안식일에 하나님의 일을 기억하고 예배하는 것은 이 때문이다. 하나님이 거룩하게 하신 이날을 우리가 거룩하게 지키고, 우리 자신이 거룩하게 되도록 우리 자신을 하나님 앞에 정기적으로 내어 놓는다.

2. 인간 창조의 배경(4 - 7절)

- 여호와 하나님이 천지를 창조하신 때에 천지의 창조된 대략이 이러하니라
- 하나님이 땅에 비를 내리지 아니하셨고 경작할 사람도 없었으므로 들에는 초목이 아직 없었고 밭에는 채소가 나지 아니하였으며
- 안개만 땅에서 올라와 온 지면을 적셨더라
- 하나님이 흙으로 사람을 지으시고 생기를 그 코에 불어 넣으시니 사람이 생령이 된지라

4절은 천지의 창조된 대략이 이러했다며 창조 후 상황에 대해 짧게 언급하고 있다. 인간이 창조되기 이전에는 비가 내리지 않았고, 경작할 사람도 없었다. 들에는 초목이 없었고 밭에는 채소가 없었다. 들의 초목과 밭의 채소는 일반적인 식물에 관한 것이 아니라 인간의 경작을 필요로 하는 것을 말한다. 안개만 땅에서 올라와 온 지면을 적셨다(5 - 6절). 경작하고 관리할 사람이 필요했다. 따라서 하나님은 흙(dust of ground)으로 사람을 지으셨다. 생기를 코에 불어 넣자 사람이 생령으로 변화했다.

1장에 이미 남자와 여자를 창조하셨다. 2장에서 인간에 대한 창조가 다시 언급되고 있는 것은 인간창조의 목적과 창조에 대한 내용을 보다 자세히 나타내기 위한 것이다.

4절에 성경에서 맨 처음으로 여호와(Jehovah)라는 명칭이 등장하고 있다는 점에 주목할 필요가 있다. 여호와는 히브리어로 '야웨'(Yahweh)이다. 여호와는 "스스로 존재하는 자"(출3:13 - 15)라는

뜻을 갖고 있다. 스스로 있는 자란 인격적이고, 역동적이며, 능동적인 자존자임을 의미한다. 이 명칭은 자신의 언약의 백성에 대한 하나님의 선택과 계시와 특별한 배려를 나타낸다.

대략(generations)은 후손, 계보, 사적 등을 요약적으로 소개(genealogy, summary)할 때 사용된다. 여기서는 인간창조의 대략을 소개하고 있다.

여기서 사람(man)은 아담(Adam)의 창조를 말한다. 아담은 사람이라는 의미를 가지고 있다. 아담의 히브리어는 땅(ground)을 가리키는 adamah와 발음이 유사하여 이 두 가지가 서로 연관이 있는 것으로 해석되기도 한다. 창세기 2장 20절에는 이 사람의 이름을 아담이라 부르고 있다. 사람이 흙으로 지음을 받았기 때문에 육체는 흙에서 나서 흙으로 돌아간다.

생령(living being)은 '네페쉬 하야'로 생물을 뜻한다. 인간이 다른 동물처럼 생물이라는 점에서 같지만 하나님이 자신의 생기(breath of life)를 직접 불어 넣어 주었다는 점에서 다르다. 생기는 하나님의 생명력, 곧 생명을 주시는 하나님의 능력으로 하나님이 주신 것이다. 하나님이 인간에게 생명을 부여하신 것이므로 생명과 하나님은 분리할 수 없고, 인간과 하나님은 분리할 수 없다.

히브리어에서 생명을 나타내는 단어로 '네피쉬'와 '하임'이 있다. 네피쉬는 동물의 생명을 나타내는 것으로 희랍어로 '비오스'(bios)에 해당한다. 이것은 동물도 가지고 있고 사람도 가지고 있다. 그러나 사람의 생명은 네피쉬에서 끝나지 않는다. 이것은 사람의 생명이 동물적인 것에서 그치지 않는다는 것을 의미한다. '하임'은 하나님이 내려 주신 활기찬 생명을 뜻한다. 희랍어로 '조에'(zoe)라 한다. 조에는 신약에서 예수 그리스도와 결부된 삶을 나타낼 때 사용된다. 그러므로 인간을 "네페쉬 하야"라고 말한 것은 네페쉬를 넘어선 하임의 존재, 곧 주님의 생명과 연결된 존재임을 나타낸다.

이 생명의 본질과 기운이 인간존재의 기반이 된다. 이 생명은 하나님의 것이므로 우리는 몸과 영혼을 잘 간직할 필요가 있다. 하나님이 생기를 공급해 주시지 않으면 사람은 죽고 만다. 생령은 기본적으로 살아 있어야 한다. 따라서 인간은 살아 움직이는 모습을 하지 않으면 안 된다. 살아 있다는 것은 단지 생명이 붙어 있다는 것보다는 하나님의 뜻대로 살아 움직여야 한다는 것을 의미한다. 하나님의 생기를 받은 사람은 계속 향상되어야 한다.

3. 에덴동산(8 - 14절)

- 동방의 에덴에 동산을 창설하시고 그 지으신 사람을 거기에 두시고
- 보기에 아름답고 먹기에 좋은 나무가 나게 하시니
- 동산 가운데는 생명나무와 선악을 알게 하는 나무도 있더라
- 강이 에덴에서 발원하여 동산을 적시고 거기서부터 갈라져 네 근원이 되었으니
- 첫째의 이름은 비손이라 금이 있는 하윌라 온 땅을 둘렀으며 그 땅의 금은 정금이요 그곳에는 베델리엄과 호마노도 있으며
- 둘째 강의 이름은 기혼이라 구스 온 땅에 둘렀고
- 셋째 강의 이름은 힛데겔이라 앗수르 동편으로 흐르며
- 넷째 강은 유브라데더라

하나님이 동방에 동산을 만드시고 그곳에 지으신 사람을 두셨다. 그곳에 보기에 좋고 먹기 좋은 나무도 나게 하셨다. 하나님은 동산 가운데 생명나무와 선악을 알게 하는 나무도 두셨다. 강이 에덴에서 시작하여 동산을 적시고 갈라져 네 강의 근원이 되었다. 네 강은 비손 강, 기혼 강, 힛데겔 강, 유프라테스 강이다.

동산(a garden)을 낙원이라 읽기도 한다. 에덴(Eden)은 기쁨, 즐거움, 행복, 희락 등을 의미하며 하나님의 동산(사51:3)이다. 에덴은 하나님의 특별히 배려 아래 인간이 최초로 거주하고 가정을 이룬 곳이다. 에덴은 자연과 함께하고 가정이 하나님 안에서 하나 될 때 행복과 기쁨이 넘치는 곳이다.

에덴동산은 한 강이 갈라져 네 근원이 되었던 곳으로 현재 힛데겔(티그리스) 강과 유프라테스 강의 위치는 알려져 있지만 비손과 기혼 강의 위치가 밝혀지지 않아 정확한 위치는 알 수 없다. 그러나 알려진 두 강의 위치로 보아 에덴은 현재 이락의 한 지방일 가능성이 높다. 노아 홍수 때 강의 위치가 달라졌을 가능성도 없지 않다.

비손 강은 정금이 있는 하윌라 온 땅을 둘렀고 베델리움(bdellium)과 호마노가 풍성했다. 베델리움의 정확한 뜻은 알기 어렵다. 보석 또는 향료로 간주된다. 민수기 11장 7절에서는 진주로 소개되고 있다. 호마노는 보석의 일종으로 모세 시대에는 에봇과 흉패에 달았고(출25:7,35:9) 다윗은 성전을 짓기 위한 재료로 이것을 모으기도 했다. 기혼 강은 구스지역을 둘렀다. 구스지역은 메소포타미아 동남쪽일 것으로 간주되고 있으나 확실하지는 않다. 힛데겔 강은 티그리스 강을 히브리어로 부른 것이다(단10:4). 앗수르(Assyria) 동편을 둘렀다. 유프라테스 강은 현재도 있다.

생명나무(tree of life)의 열매를 먹으면 영원한 생명을 얻을 수 있는 것으로 묘사되고 있다. 생명은 우리 몸 밖에 있는 불멸성을 나타내며 그 나무 열매는 불멸케 하는 능력이 있음을 가리킨다. 루터는 이 열매가 건강과 젊음을 주는 것으로 보았고, 칼빈은 이 열매가 생명의 근원이 하나님으로부터 온다는 사실을 알려 주는 것으로 보았다. 어거스틴은 그리스도의 상징으로 실제 있었던 과수로 간주했다. 이 나무는 아담의 범죄와 더불어 사라졌다가 새 하늘과 새 땅에서 어린 양의 피로 씻은 사람들에게 다시 나타난다(계2:7,14,22).

선악을 알게 하는 나무(tree of knowledge of good and evil)의 열매를 먹으면 선악을 알게 되는 것으로 묘사되고 있다. 이 나무의 열매를 만지거나 먹지 못하도록 했고, 이것을 어길 경우 죽게 될 것을 예고하고 있어 사망의 나무라 불린다. 이 나무는 지혜를 주는 나무, 하나님의 선하신 뜻으로 사람을 시험하여 선을 지키게 하려는 시련의 나무로 해석되기도 한다. 즉 하나님이 선하신 뜻으로 인간의 순종을 시험하기 위해 에덴동산에 특별히 구별해 놓으신 것이다. 이것은 자유의지를 소유한 인간이 전인격체로서 그의 도덕적 본성을 좇아 자발적으로 순종할 수 있는 기회를 주신 것을 의미한다.

선악을 안다는 말은 하나님과 같이 된다는 의미를 담고 있다. 선과 악을 구별하는 것은 도덕적으로 옳고 그른 것을 구별하는 것이므로 문제가 되지 않을 것으로 생각되지만 그때까지만 해도 선과 악을 아는 지식은 하나님의 특권이지 인간에게 주어진 특권은 아니었다. 인간이 선악을 알고 그에 대해 어떤 결정을 내리려는 것은 인간이 스스로 피조물이라는 위치를 망각한 채 하나님에 대해 도전하고 반역하는 결과를 낳는다. 따라서 이 실과를 따 먹는 것은 하나님의 명령에 대한 인간의 교만을 드러내는 것이다. 피조물이 하나님에 대해 교만하고 거만하다는 자체가 근본적으로 문제가 된다. 하나님은 언제나 인간의 교만을 경계하신다. 판단하시는 분은 인간이 아니라 오직 하나님이심을 성경은 지금도 가르치고 있다. 선악을 아는 지식은 결국 하나님과 사람 사이에 새로운 관계를 불러일으켰다. 금단의 열매를 따 먹는 행위는 하나님의 명령을 거역하는 행위이자 인간이 저지른 최초의 죄악으로 간주되었다. 선악을 아는 지식은 인간이 기대한 것처럼 유익한 것이 아니라 오히려 수치와 죄를 가져왔다.

생명나무나 선악을 알게 하는 나무는 삶과 죽음의 문제를 일깨워 주고 있다. 그러나 더 중요한 것은 하나님의 권위에 대한 복종의 문제이다. 말씀에 불복종하면 그것은 사는 것이 아니다.

4. 가정의 창조(15 - 25절)

- 하나님이 아담을 에덴에 두어 동산을 다스리며 지키게 하시고
- 동산의 각종 나무의 실과는 먹되 선악을 알게 하는 나무의 실과는 먹지 말라 (만지지도 말라. 창3:2) 네가 먹는 날에는 정녕 죽으리라 하시니라
- 사람이 독처하는 것이 좋지 못하니 그를 돕는 배필을 지으리라 하시니라
- 하나님이 흙으로 각종 들짐승과 공중의 각종 새를 지으시고 아담에게 이끌어와
  아담이 어떻게 이름을 짓나 보시고자 하니

아담이 육축과 새와 짐승에게 이름을 주니라

아담이 각 생물을 일컫는 바가 곧 이름이라

● 아담을 깊이 잠들게 하사 그 갈빗대 하나를 취하여 (뺀 자리는 살로 채우시고) 여자를 만들어 아담에게 데려오니 아담은 "이는 내 뼈 중의 뼈요 살 중의 살이라 이것을 남자에게서 취하였은즉 여자라 칭하리라 그러므로 남자가 부모를 떠나 그 아내와 연합하여 둘이 한 몸을 이룰지니라." 말함

아담과 여자가 벌거벗었으나 부끄러움을 몰랐음

하나님은 아담과 하와로 하여금 가정을 이루게 하고, 에덴의 청지기로 삼았으며, 다른 과일은 먹되 선악을 알게 하는 나무의 실과는 먹지 말도록 언약을 세웠다.

먼저 청지기로서의 사명을 보자(15절). 하나님이 아담을 에덴에 두어 동산을 다스리며 지키게 하셨다. 이것은 인간이 하나님의 청지기로서 직임을 받았다는 것을 보여 준다. 아담은 동산의 관리자로서 농토를 개간하고 돌볼 책임이 주어졌다. 인간에게 부여된 이 같은 노동규례는 안식의 원리와도 깊은 연관을 갖게 된다. 노동에 의해서만 안식이 의미를 갖기 때문이다. 칠 일 가운데 하루를 쉬는 것은 육 일간의 노동을 전제로 한다(살후3:10−12). 이것은 인간의 타락 이전에 이미 인간을 노동하는 존재로 세우셨음을 보여 준다.

16−17절은 아담과 맺으신 하나님의 언약이 소개되고 있다. 즉 동산의 각종 실과는 먹되 선악을 알게 하는 나무의 실과는 먹지 않도록 하신 것이다. 창세기 3장 2절을 보면 "만지지도 말라"고 하셨다. 하나님은, 악의 모양은 그 어떤 것이라도 싫어하신다. 사람이 보기에 작은 죄라 할지라도 하나님 보시기에는 다 크다. 하나님은 그것을

먹는 날에는 정녕 죽으리라 하셨다. 먹는 날은 하나님이 정한 질서를 파괴하는 날, 곧 인간이 주인이 되려고 하는 날, 인간이 하나님의 자리에 오르려 하는 날을 의미한다. "정녕 죽으리라"는 말의 원어는 "죽음을 죽으리라", "죽고 또 죽으리라"이다. 죽음에 대한 반복은 강조를 나타낸다. 죽음의 선언은 하나님과의 영원히 분리될 것임을 의미한다. 하나님은 죄악과 동거할 수 없는 분이기 때문이다. "정녕 죽으리라" 하신 말씀은 사람의 자유의지를 무시하는 것이 아니라 교만과 방종에 떨어져 거룩한 영적인 생명을 잃게 될 것이므로 이에 대해 대비하라는 경고(warning)의 말씀이다.

이 말씀은 하나님과 인간 사이에 절대적 질서를 세우기 위한 것이다. 이 질서 속에서 인간은 무한한 행복과 자유를 누릴 수 있다. 그러나 이 질서를 깨뜨리면 문제가 발생한다. 이것은 에덴의 주인은 오직 하나님이시며 인간은 청지기에 불과함을 보여 준다. 인간은 하나님의 질서 속에서 에덴을 다스릴 의무를 진다. 하나님과의 질서를 지킬 경우에 한해 인간은 비로소 에덴의 관리자가 될 수 있다. 그럼에도 불구하고 인간은 지금도 에덴의 주인처럼 행동한다.

머레이(Murray)는 죽음을 법적 죽음, 영적 죽음, 그리고 영육적 죽음 등 세 가지로 분류하였다. 법적 죽음(judicial death)은 "정녕 죽으리라"는 것과 같이 법적으로 선언된 죽음을 말한다. 영적 죽음(moral, spiritual death)은 '죽을 수밖에 없었던' 것과 같다. 그리고 영육적 죽음(psycho-physical death)은 영과 육의 분리를 말한다. 그는 아담의 죽음을 법적 죽음 및 영적 죽음으로 간주했다.

19절은 청지기적 관리자로서의 아담을 소개하고 있다. 하나님이 흙으로 각종 들짐승과 공중의 새들을 지으시고 아담에게 이끌어 와 아담이 어떻게 이름을 짓나 보시고자 하셨다. 이것은 하나님이 인간에게 뛰어난 지성을 주셨음을 보여 준다. 아담이 육축과 새와 짐승에게 이름을 지어 주었다. 그가 일컫는 것이 곧 이름이 되었다. 성경에서 사용되는 이름은 사람이나 물체의 속성과 깊게 연관되어 있다. 아담도 동물의 속성에 따라 이름을 지었을 것이다. 이것은 에덴에서의 아담이 고도의 이성을 지닌 존재였음을 보여 준다.

20절에서 25절은 가정의 창조에 대해 말하고 있다. 창세기 1장 27절에 따르면 하나님은 처음부터 사람을 남자와 여자로 만드셨다. 그러나 2장은 창조과정에서 남자가 여자보다 먼저 지음 받았음을 보여 주고 있다. 하나님은 사람이 독처하는 것이 좋지 못하니 그를 돕는 배필을 지으리라 하시고 아담을 깊이 잠들게 한 후 그 갈빗대 하나를 취하여 여자를 만들었다. 성경은 뺀 자리를 살로 채우셨다고 말한다. 이것은 남자의 갈빗대 하나가 부족하다거나 여자는 뼈 하나만 가지고 있다는 것을 의미하지 않는다. 아담의 갈빗대로 그의 아내인 여자를 만드신 것은 아내가 가장 귀한 재료로 창조되었을 뿐 아니라 아내가 그만큼 중요하다는 것을 보여 준다.

하나님은 독처, 곧 홀로 있음으로 비롯된 인간의 고독을 좋지 않게 보셨다. 기쁨과 희락으로 차 있어야 할 에덴에 '하나님 보시기에' 좋지 않은 것이 있다는 것은 에덴답지 않다. 따라서 하나님은 남편을 도울 수 있는 아내를 창조하셨다. 돕는다는 것은 여성은 단지 보조적 역할을 한다는 것을 의미하지 않는다. 하나님은 우리를 도우시는 자이다. 우리는 모두 하나님의 도움을 필요로 하는 사람들이다. 마찬가지로 하와는 아담에게 도움을 줄 하나님의 손으로 온 자이다. 아담은 여인을 만남으로 가정을 이루고 행복을 얻게 된다. 고독한 아담이 기쁨을 회복함으로써 에덴이 더욱 에덴다워진다. 가정의 행복은 인간에게 허락된 에덴적 요소이자 가정이 지켜나가야 할 궁극적인 것 가운데 하나이다. 부부는 행복하게 살아야 한다. 이것이 창조의 신비이다.

남자와 여자는 한 몸이 되도록 지음을 받았다. 히브리어로 남자는 '이쉬'이고 여자는 '이솨'로 음이 비슷하다. 이솨는 이쉬에서 파생된 말로 이쉬는 '강한 자'라는 뜻이 있고, 이솨는 '유순한 자'라는 뜻이 있다. 이것은 여자가 남자에게서 유래되었음을 나타내지만 두 단어가 본질적으로 차이가 있는 것은 아니며 성의 차이만 있을 뿐이다. 비록 여자가 남자로부터 유래되기는 했지만 본질적으로 동등한 하나님의 형상들이다. 따라서 서로 도우며 하나님의 뜻을 이루어야 한다.

여자를 아담에게 데려오니 아담이 그를 보고 이렇게 말했다. "이는 내 뼈 중의 뼈요 살 중의 살이라 이것을 남자에게서 취하였은즉 여자라 칭하리라." 이러므로 남자가 부모를 떠나 그 아내와 연합하여 둘이 한 몸을 이룰지로다. 예수님은 결혼의 신성함을 말할 때 이 말씀을 인용하셨다(마19:4-5). 유대인들은 가정을 하나님이 만드신 첫 번째 학교로 간주한다.

"뼈 중의 뼈요 살 중의 살"이란 하나님의 능력에 의해 기적적으로 창조된 아내에 대한 하나님을 향한 감사이자 인류 최초로 있는 아내에 대한 사랑의 고백이다. 아담은 아내를 분신 중의 분신으로 인정하였다. 이것은 아담이 아내를 얼마나 사랑했는가를 보여 준다. 남자와 여자는 이처럼 온전히 한 몸을 이룰 수 있도록 창조되었다. 남녀 간의 결혼은 안식일 및 노동과 함께 창조규례에 속한다.

"벌거벗었으나 부끄러워 아니하니라." 아담과 그 아내가 벌거벗었지만 부끄러워하지 않았다. 아담과 하와는 온전히 하나님으로부터 지음을 받았고, 하나님 중심으로 살았으며, 깨끗한 사랑으로 충만했기 때문에 부끄러워할 것이 없었다. 그들에게는 오직 사랑만이 보일 뿐이었다. 이 아름다운 가정의 창조로 천지창조라는 대단원의 막이 내리게 된다.

결혼은 그리스도와 교회 사이의 상대적 관계로도 묘사된다(엡 5:25－32,계19:7,21:2,9). 교회는 그리스도의 신부이다. 아담이 갈빗대의 희생이 있었던 것처럼 예수님은 십자가의 고통을 통해 우리를 낳았다. 주님은 우리를 주님의 신부로 만드시기 위해 이 땅에 오셨다. 그리스도인은 그만큼 귀한 존재이다. 신랑이 신부를 사랑하듯 주님은 신부인 우리를 사랑하신다. 아담이 아내와 함께 에덴의 삶을 누리듯 우리도 주님과 함께 삶으로써 에덴의 삶, 곧 천국의 삶을 누린다. 결혼, 가정을 이룸, 그리고 교회와 그리스도인 됨 모두는 이처럼 창조의 신비가 담겨 있다.

아담과 하와의 결혼은 일부일처제의 원형을 보여 준다. 그들이 서로를 믿고 의지하며 살았듯 우리도 예수님께 모든 것을 맡기고 주님 한 분만으로 만족하며 살아야 한다. 예수님이 나의 전부가 되어야 한다.

1. 사단의 유혹과 인간의 타락(1 - 7절)

- 하나님이 창조한 들짐승 가운데 가장 간교한 뱀이 여자에게 유혹한다. "너희가 결코 죽지 않으리라 먹는 날에는 너희 눈이 밝아 하나님과 같이 되어 선악을 알 줄을 하나님이 아심이라."
- 여자가 그 나무를 본즉 먹음직도 하고 보암직도 하고 지혜롭게 할 만큼 탐스러워 그 실과를 따먹고 남편에게 주매 그도 먹어.
- 그들의 눈이 밝아 자기들의 몸이 벗은 줄 알고 무화과 나뭇잎을 엮어 치마로 입어.

원래 뱀은 똑바로 서고 매우 아름다우며 말도 해 사단의 도구로 쓰기에 알맞았다고 한다. 성경은 사단이 뱀을 통해 말하였다고 지적하고 있다(고후11:3,14;계12:9,20:2). 디모데전서 2장 14절은 여자가 꼬임을 받아 죄에 빠졌다고 기록하고 있다. 죄를 짓게 되면 사단의 노예가 된다. 뱀은 하나님을 적대시하고 인간을 타락시킴으로써 결국 성경에는 사단, 대적, 악마의 표상으로 인식된다.

예수님은 모세가 광야에서 뱀에 물린 백성들에게 만든 놋 뱀을 쳐다보게 하여 낫게 했던 것처럼(민21:9) 인자도 들려야 한다고 말씀하심으로써 구원의 권능을 놋 뱀과 연관시켰다(요3:14). 이것은 놋 뱀의 능력을 강조한 것은 아니다. 예수님이 십자가에 달리심으로 구원을 얻게 될 것을 강조하신 말씀이다.

"가장 간교하더라." '간교하다'는 말로 해석된 히브리어 '아롬'은 '지혜롭다'는 뜻도 있다. 만약 '간교하다'를 글자 그대로 악한 의미로 해석할 경우 하나님께서 동물을 창조하실 때 악하게 창조하신 동물들이 있고, 그 가운데 뱀이 가장 악하다는 의미를 담게 된다. 하나님이 동물을 창조하실 때 보시기에 좋았다고 말씀하신 것은 선하게 창조하신 자연물 속에 어떤 모양의 악이라도 존재하지 않는다는 것을 의미한다. 뱀은 다만 사단의 도구로 이용되었을 뿐이다. 칠십인역은 여기에서 '지혜롭다'는 뜻을 가진 '프로니모스(pronimos)'라는 단어를 사용하였다. "가장 간교하더라."는 여러 들짐승 가운데 뱀이 가장 지혜로웠음을 보여 준다. 예수님도 뱀의 지혜로움에 주목하시고 우리도 지혜로워야 한다고 하셨다(마10:6). 이것은 뱀을 닮으라는 것이 아니라 지혜를 가져야 한다는 것을 의미한다. 우리말 성경에서 '간교하다'는 표현을 택한 것은 지혜라는 좋은 의미보다 교활하고 기회주의적인 나쁜 면을 더 강조하고 있다.

"우리가 죽을까 하노라." 여인이 '우리'라고 말한 것은 아담이 그 현장에 있었음을 보여 준다. 선악과를 먹을 경우 "정녕 죽으리라"고 말씀하셨음에도 불구하고 "너희가 죽을까 하노라."고 말한다. 하나님의 절대적 자세에 비해 여인은 상대적 자세를 취하고 있다. 이것은 사람의 자세가 얼마나 흩어져 있는가를 보여 준다.

"너희가 결코 죽지 아니 하리라." 사단은 거짓을 확신 있게 말한다. 오히려 너희가 하나님과 같이 된다고 한다. 뱀은 사람에게 하나님으로부터 독립하여 하나님과 같이 살라고 유혹한다. 인간의 욕망을 부추긴다. "먹지 말라, 죽는다"는 하나님의 금지명령보다 "먹어라, 죽지 않는다, 하나님처럼 된다"는 사단의 허용명령은 인간에게 얼마나 달콤한 것인가. 사단은 지금도 우리로 하여금 하나님 중심의 삶에서 벗어나 자기중심으로 살라고 유혹한다. 하나님 중심에서 벗어날 때 근본적으로 문제가 발생한다.

"먹음직도 하고 보암직도 하고 지혜롭게 할 만큼 탐스럽기도 한 나무인지라." 나무에 대한 이 표현은 유혹을 받자 선악과에 대한 그들의 태도가 더 이상 경계의 대상이 아니라 탐욕의 대상으로 변했음을 말해 준다. "탐스럽기도 한 나무인지라." 이것은 인간의 욕망을 자극하기에 너무도 충분한 나무라는 것을 보여 준다. 하와는 그 욕망을 이기지 못하고 따 먹고 말았다. 죽을 수 있다고 생각했지만 자기를 제어하기엔 그 욕망의 무게가 너무 컸다. 하나님을 향한 사랑이 그 욕망보다 컸다면 과연 그것을 먹을 수 있었을까. 하나님의 형상을 소유한 자는 사단의 유혹에 흔들리지 않도록 하나님의 것으로 가득 채워야 한다. 우리의 목숨을 다해, 힘과 뜻을 다해 주님을 사랑하지 않으면 우리는 한순간에 넘어질 수 있다.

"그(아담)도 먹은지라." 성경에 따르면 여인이 선악과를 먹은 행동은 단독 행위가 아니다. 6절은 "자기와 함께 한 남편에게도 주매"라고 표현함으로써 범죄 현장에 아담이 있었음을 보여 주고 있으며, 7절의 "그들의 눈이 밝아"라는 표현은 그들의 눈이 거의 동시에 밝아졌음을 나타낸다. 따라서 이 범죄 행동을 여인만의 잘못으로 생각해서는 안 된다. 그 행위에 있어서 남자는 여자보다 피동적이고, 시간적으로 나중인 것으로 인식되지만 남녀 모두의 책임이다.

아담은 왜 선악과를 순순히 받아먹었을까? 아담은 그것을 먹지 않도록 한 하나님의 명령이 자신뿐 아니라 아내에게도 해당된다는 것을 잘 알고 있었다. 그럼에도 불구하고 아담은 알고서도 먹지 않아야 할 것을 먹었다. 이것은 아담이 남편으로서 하나님 앞에 죄를 범한 아내로 홀로 내버려 두기보다 차라리 동참 쪽을 택한 것으로 판단된다. 이것은 일면 부부의 사랑이 가져온 비극일 수도 있다. 죽어도 같이 죽어야겠다는 심정으로 부부의 일체됨을 보여 준 것이다. 그러나 아무리 부부의 사랑을 보여 주었다 해도 하나님에 대한 거역은 거역일 뿐이다. 아내가 준다고 해서 남편이 이를 막지 못하고 얼른 받아먹은 것을 볼 때 죄의 전염이 얼마나 급속하고, 인간은 얼마나 연약한가를 보여 준다.

아담 부부는 선악과를 먹음으로써 결국 하나님이 세우신 하나님과 인간의 관계를 스스로 깨뜨렸다. 그것을 먹었다는 것은 인간이 하나님과의 관계를 깨고 하나님 자리에 오르려 했음을 보여 준다.

"눈이 밝아"의 문자적인 의미는 "문이 열려"라는 뜻이다. 여기서는 선악을 분별하는 능력을 획득하게 되었음을 의미한다. 그리고 그들은 무화과로 나뭇잎 치마를 해 입었다. 창세기 2장에서는 벗었으나 부끄러워하지 않았다고 기록했다. 벗은 것이 부끄러운 것은 아니었다. 부끄럽지 않은 것은 하나님과의 관계가 바로 서 있었기 때문이었다. 그러나 그들은 지금 심하게 수치를 느끼고 있다. 그 부끄러움과 수치는 하나님과의 관계가 깨어짐으로 고뇌와 불안이 찾아온 것을 의미한다. 하나님을 떠나 살 때 그들에게 찾아온 것은 자유와 독립이 아니라 갈등과 혼란이었다. 그들의 자아는 이미 병들어 있었다. 따라서 그들은 무화과 잎으로 벌거벗은 몸을 가리고자 했다. 이것은 스스로 죄책감으로부터 벗어나고자 한 것을 의미한다. 이 옷은 인간이 부끄럼을 느끼고 스스로 지어 입은 옷이다. 사람만이 죄의 표시인 옷을 입게 되었다.

2. 하나님의 질문과 인간의 책임전가(8 – 13절)

- 서늘한 날 동산을 거닐 때 아담과 하와가 하나님의 낯을 피하여 동산 나무 사이에 숨은지라
- "아담아 네가 어디 있느냐?"
- "내가 동산에서 하나님의 소리를 듣고 내가 벗었으므로 두려워하여 숨었나이다."
- "누가 너희 벗었음을 네게 고하였으며 내가 먹지 말라 하던 그 나무 실과를 먹었느냐?"
- "하나님이 주셔서 나와 함께하신 여자 그가 그 나무실과를 내게 주므로 내가 먹었나이다."
- "여자여. 네가 어찌하여 이렇게 하였느냐?"
- "뱀이 나를 꾀므로 내가 먹었나이다."

동산에 거니시는 여호와는 영이신 하나님이 사람의 모습으로 나타나신 것을 가리킨다. 하나님이 이처럼 사람의 몸으로 나타나시는 것을 하나님의 현현(theophany)이라 한다. 구약의 경우 하나님의 현현은 여러 차례 있었다. 이러한 현현은 신약에서 성자 하나님 예수님이 이 땅에 오심으로 절정을 이룬다.

"네가 어디 있느냐?" 인간실존에 대한 최초의 부르심이다. 아담

부부는 죄를 범함으로 두려운 마음이 생겨 하나님의 눈을 피해 숨어 있었다. 그 순간 하나님은 그들을 찾으셨다. "네가 어디 있느냐"는 말씀은 "네가 있어야 할 곳에 있느냐?" "네가 그곳에 있는 이유가 무엇이냐?"는 뜻을 가지고 있다.

"여자 그가" 인간 최초의 핑계다. 아내를 향해 "뼈 중의 뼈요 살 중의 살"이라고 했던 아담이 죄악을 범한 후 아내를 가리켜 "여자 그가"라고 말한다. 책임전가이자 자기합리화이다. 이것은 전자의 표현과 너무 대조된다. 아름다운 가정을 이루면서 아내를 보는 눈과 죄악 가운데서 아내를 보는 눈이 이처럼 다르다는 것을 사실적으로 보여 준다. 이것은 죄로 인해 하나님의 형상이 파괴되었음을 나타내고 있다.

3. 타락으로 인한 하나님의 저주(14 - 21절)

- 뱀에게: 모든 육축과 들의 모든 짐승보다 더욱 저주를 받아 배로 다니고 종신토록 흙을 먹을지니라. 내가 너로 여자와 원수가 되게 하고 너의 후손도 여자의 후손과 원수가 되게 하리니 여자의 후손은 네 머리를 상하게 할 것이요 너는 그의 발꿈치를 상하게 할 것이라.
- 여자에게: 잉태하는 고통을 더하사 수고하고 자식을 낳을 것이며 남편을 사모하고 남편은 너를 다스릴 것이라.
- 아담에게: 하나님의 말보다 아내의 말을 들어 실과를 먹었은즉 땅이 너로 인하여 저주를 받아 가시덤불과 엉겅퀴를 낼 것이라.

너의 먹을 것은 밭의 채소인즉 너는 종일토록 땀 흘려 수고하여
야 그 소산(식물)을 먹고 너는 흙이니 흙으로 돌아갈 것이라.
- 여자에게 이름을: 아담이 그 아내를 하와라 이름하였으니 그는
  모든 산 자의 어미가 됨이더라
- 하나님은 아담과 그 아내를 위해 가죽옷을 지어 입히시니라

인간의 타락 이후 하나님은 불충한 순서에 따라 저주를 내리신다.
뱀에게는 아무런 질문도 하지 않고 심판만 하셨다. 위 말씀은 각자
에게 내려진 심판 내용이다.

"배로 다니고." 어떤 이는 뱀은 원래 사람처럼 생겼고, 여인이 그
의 유혹을 받을 만큼 인물이 뛰어났다고 주장하기도 한다. 그런 인
물이 저주를 받아 배로 다니게 되었다는 것이다. 그러나 이런 생각
은 크게 잘못된 생각이다. 하나님이 동물을 창조하실 때 그 종류대
로 지으셨기 때문이다. 뱀을 사람으로 보는 것은 비성경적이다. 뱀이
사람처럼 걸어 다니다가 심판 이후 배로 다닌 것은 아니다. "배로
다닐 것이요"라는 말씀은 배로 다니는 것에 대해 새로운 의미를 부
여하신 것이다.

"너의 후손." 뱀은 사단의 도구가 되어 여인을 유혹했다. 따라서
여기서 너의 후손은 악을 추종할 사단의 영적 후손을 가리킨다. 후
손은 씨앗들(seeds)로도 해석된다.

여자의 후손은 메시아, 곧 그리스도를 가리킨다. 그리스도는 남자
없이 여자에게서 태어나신다. 메시아에 대한 최초의 예언이라는 점
에서 이를 가리켜 원시복음 또는 초복음(proto-evangelium)이라 한
다. 예수님은 남자 없이 성령으로 잉태되어 오셨기 때문에 여인의

후손이자 죄가 없으시다. 하지만 인류는 죄인인 남자, 아담을 통해 잉태되었기 때문에 남자의 후손이며 죄인이다. 인류의 죄 문제는 죄 없으신 예수 그리스도, 여자의 후손을 통해 해결된다.

"네 머리를 상하게 할 것이요." 이것은 처음으로 선포된 복음이다. 여자의 후손, 메시아는 사단의 머리를 상하게 한다. 머리를 상하게 한다는 것은 치명타를 가한다(crush, strike)는 것을 의미한다. 이것은 장차 오실 그리스도께서 사단의 권세를 이기고 우리를 영원한 나라로 인도하실 것을 뜻한다. 이에 비해 사단은 그의 발꿈치를 상하게 할 뿐이다. 그 영향력이 아주 작다. 사단이 그로 하여금 십자가의 고난을 받게 하여 그의 발꿈치를 상하게 하지만 그는 오히려 사단의 머리에 일격을 가하여 머리를 상하게 한다. 이 투쟁의 예언은 예수 그리스도가 이 땅에 오심으로 이해할 수 있게 되었다(사7:14).

"자식을 낳을 것이며." 타락한 후에도 여자가 죽지 않고 아이를 낳는 것은 오히려 하나님의 은혜이다. 그러나 잉태의 고통과 해산의 수고, 남편을 사모하고 그의 지배를 받는 것 등은 저주에 해당한다.

가시덤불과 엉겅퀴는 인간의 죄로 인해 땅도 저주를 받아 황폐화 될 것을 의미한다. 인간과 자연은 이처럼 깊이 연관되어 있다.

"종일토록 땀 흘려 수고하여야 그 소산을 먹으리라." 소산을 먹는 것은 은혜이다. 그러나 "종신토록 수고하고", "얼굴에 땀을 흘려야" 하는 것은 저주이다. 타락 이전에 노동은 축복이었다. 그러나 타락 이후의 노동은 저주이다. 물론 마땅히 죽어야 할 몸들이 살아 노동을 하고 문화를 이어 갈 수 있다는 것은 은혜와 축복이 아닐 수 없다. 땅까지 저주를 받았기 때문에 인간은 그 땅에서 더욱 고생을 해야 살 수 있게 되었다.

"너는 흙이니 흙으로 돌아갈 것이니라." 선악과를 먹으면 정녕 죽으리라는 말씀이 결코 헛된 말씀이 아니라는 것을 입증하고 있다. 인간의 몸은 결국 흙에서 나서 흙으로 돌아감으로 이 땅에서의 삶을 끝내게 된다.

하와(Eve)는 모든 산 자(생명)의 어미라는 뜻이다. 하와는 '생명을 주다(life-giving)'는 의미의 히브리어와도 음이 같다. 아담이 저주로 흙으로 돌아가게 되는 이른바 죽음의 선고를 받는 상태에서 그 죽음과는 전혀 다른 의미를 가진 이름을 아내에게 부여한 것은 놀라운 일이다. 이것은 하와가 산후의 고통을 하며 자식을 낳게 된다는 단순한 의미를 뛰어넘는다. "모든 산 자의 어미"가 된다는 것은 여자의 후손에 관한 약속을 믿음으로 받아들였음을 보여 준다.

무화과 나뭇잎 치마는 사람이 스스로 지어 입은 옷이지만 가죽옷은 하나님이 직접 지어 입히신 옷이다. 아담과 하와는 자기들의 부끄러움을 가리기 위해 자기들의 생각대로 무화과 나뭇잎을 엮어 치마를 입었지만 그것만으로 수치를 가릴 수는 없었다. 하나님은 그들을 위해 손수 가죽옷을 지어 입히셨다.

이 가죽옷은 아담과 하와의 대속제물로서 피 흘려 죽은 동물로 만든 것으로 그리스도의 십자가를 예표한다. 하나님이 아담과 하와의 부끄러움과 수치를 가죽옷으로 가려 주신 것처럼 어린 양 예수의 피가 죄인 된 우리를 의롭게 함으로 부끄러움을 당치 않게 하셨다. 주님이 우리에게 의의 옷을 입혀 주시지 않았다면 죄로부터 구원받을 수 없다. 인간은 그리스도의 옷을 입음으로 죄의 수치를 완전히 가리게 된다(롬13:14;갈3:27). 그러므로 하나님이 입히신 가죽옷은 인간에 대한 하나님의 긍휼을 나타내며, 하나님과의 관계회복을 위해서는 반드시 피 흘림이 있어야 한다는 것을 의미한다.

4. 에덴으로부터의 추방(22 - 24절)

- 하나님은 "보라 이 사람이 선악을 아는 일에 우리 중 하나 같이 되었으니 그가 그 손을 들어 생명나무 실과도 따먹고 영생할까 하노라" 하시고
- 하나님이 아담과 하와를 에덴동산에서 쫓아내시고 그 근본 된 토지를 갈게 하시니라
- 사람을 쫓아내시고 에덴동산 동편에 그룹들과 두루 도는(turn everyway) 화염검을 두어 생명나무의 길을 지키게 하시니라

"이 사람이 우리 중 하나같이 되었으니." 이것은 인간이 하나님을 순종하지 않고 자율적으로 선악을 규정하는 권리행사에 있어서 하나님과 같이 되었다는 것이다. 인간은 하나님의 말씀을 따라야 할 자이지 스스로 행동할 자가 아니다. 하나님의 뜻을 떠나 스스로 행동하고자 하는 것 자체가 죄악이다.

"그 사람을 쫓아내시고." 하나님은 사람을 에덴에서 내어 보내 그 근본 된 토지를 갈게 하셨다. 낙원에서 쫓김을 당한 것은 저주라기 보다 은혜이다. 시련과 연단을 통해 구원하시려는 하나님의 뜻이 반영되어 있기 때문이다.

그룹들(cherubim)은 천사다. 반은 사람, 반은 사자 모양을 하고 날개가 달렸다(겔1:22,41:19;시18:9,10;계4:6). 하나님의 임재와 관련하여

나타나는 것으로 보아 하나님의 사자로 간주되기도 한다. 거룩한 곳을 지키는 자로 묘사되기도 한다(왕상8:6,7). 여기서는 낙원에 인간의 악이 미치지 못하도록 하는 역할을 맡았다.

화염검(flaming sword)은 그룹들 옆에 놓여 있다. 인간이 자신의 지위를 망각하고 하나님의 권위에 도전할 때 그것을 막는 역할을 한다. 여호와의 칼(렘47:6) 또는 멸망시키는 화광석(겔28:13,16)으로 묘사되기도 한다.

1. 가인과 아벨(1 - 2절)

- 하와가 잉태하여 가인을 낳고 이르되 내가 여호와로 말미암아 득남하였다 하니라
- 또 아우 아벨을 낳았는데
- 아벨은 양치는 자이었고 가인은 농사하는 자이었더라

아담과 하와는 가인과 아벨을 낳았다. 가인이라는 이름은 하와가 "내가 여호와로 말미암아 득남하였다"고 말한 데서 비롯된다. 성경은 아담이 930세를 살면서 자녀를 낳았다고 기록하고 있다. 그가 낳은 자녀로 성경에 오른 이름은 가인과 아벨 이외에도 셋이 있다. 전설에 따르면 이 밖에도 알려지지 않은 자녀도 많으며 아들 33명, 딸 27명이 있었다고 한다.

가인(Cain)은 '얻었다(acquired, brought forth, created)'는 뜻을 가지고 있다. 하와가 가인을 낳고 "내가 여호와로 말미암아 득남하였다"고 말한 것은 첫 아들에 대한 그의 기쁨과 기대를 보여 주고 있다. "여호와로 말미암아"는 출산이 비록 자연적인 것이기는 하지만 하나

님의 도움이 없어서는 안 된다는 것을 보여 준다. 하와가 가인을 얻고 기뻐한 것은 뱀의 머리를 상하게 할 아들이 자기에게서 난 것을 기뻐한 것으로 간주되기도 한다.

아벨(Abel)은 '공허', '허무'를 뜻한다. 이 이름은 인생의 무상함은 물론 아벨의 운명에 대해 암시를 제공한다. 가인을 낳고 기쁨을 느낀 것에 비해 아벨을 낳고 인생의 무상 내지 슬픔을 느낀 것은 매우 대조적이다. 하와는 자신의 삶을 통해 심한 허무를 느끼고 낙망했었음을 보여 준다.

가인은 농사를 지었음에 비해 아벨은 양을 쳤다. 이것은 농경문화와 유목문화, 곧 농경사회와 유목사회의 특성을 각각 대변한다. 문화가 다름으로 인해 생활방식이 다르고 생각과 행동이 달라 서로 갈등이 있을 소지가 높다. 이 갈등이 제사에서 뚜렷하게 부각된다.

2. 가인과 아벨의 제사(3 – 7절)

- 세월이 지난 후 가인은 땅의 소산으로 제물을 삼아 여호와께 드리고
- 아벨은 양의 첫 새끼와 그 기름으로 드렸더니 여호와께서 아벨과 그 재물은 열납하셨으나
- 가인과 그 재물은 열납하지 아니하신지라 가인이 심히 분하여 안색이 변하니
- 여호와께서 가인에게 이르시되 "네가 분하여 함은 어찜이며 안색이 변함은 어찜이뇨 네가 선을 행하면 어찌 낯을 들지 못하겠느

냐 선을 행치 아니하면 죄가 문에 엎드리느니라 죄의 소원은 네
게 있으나 너는 죄를 다스릴지니라

세월이 지나 가인은 땅의 소산으로 재물을 삼아 여호와께 드렸고, 아벨은 양의 첫 새끼와 그 기름으로 제사를 드렸다. 여호와께서 아벨의 제사는 열납하셨지만 가인의 제사는 열납지 않으셨다. 가인이 분하여 안색이 달라졌다. 이에 대해 하나님은 "네가 어찌하여 분을 내며 안색이 변하는가 네가 선을 행하면 그럴 수 있겠는가 선을 행치 아니하면 죄가 기회를 타고 들어올 것이니 너는 죄를 다스리라" 고 하셨다.

아벨의 제사를 기쁘게 받으신 것은 그 재물 때문은 아니다. 아벨의 인격과 믿음 때문이었다. 그는 의롭고(요일3:12) 믿음이 있는 사람이었다. 그가 온전한 마음으로, 믿음으로(히11:4) 제사를 드리자 하나님은 그 제사를 받으셨다. 성경은 그의 제물을 말할 때 "양의 첫 새끼와 그 기름"을 드렸다고 기록한다. 이것은 최상품을 가려 드렸음을 의미한다. 어떤 이는 이것을 그리스도의 속죄의 죽음을 상징하는 것으로 이해하기도 한다. 이에 비해 가인의 제물은 그저 '땅의 소산'이라고 표현하고 있다. 첫 소산 중에 특별히 구별하여 드렸다는 의미가 보이지 않는다. 따라서 아벨은 성실한 제사를 드렸지만 가인은 불성실한 제사를 드린 것으로 이해한다.

가인의 제사를 기뻐 받지 못하신 것은 근본적으로 제물 때문이 아니라 그의 인격과 믿음 때문이다. 그는 선한 마음으로 제사를 드리지 않았다. 그는 경쟁과 시기심을 가지고 제사에 임했다. 하나님은 "네가 선을 행하면"이라고 말씀하신 것으로 보아 처음부터 가인의

마음에 문제가 있음을 알 수 있다. 불신앙적이고 불성실한 태도로 드린 것을 하나님이 기뻐 받으실 리 없다.

창세기 4장은 처음으로 제사에 대해 기록되었다는 특징이 있다. 그러나 4장에서는 하나님이 제사를 어떻게 드리라는 명백한 진술이 없을 뿐 아니라 하나님이 아벨의 제사를 왜 기뻐 받으셨는가에 대한 구체적 이유도 밝히지 않고 있다. 드린 제사를 하나님이 받고 안 받고 하는 것은 전적으로 하나님의 자유이다(출33:19). 그러나 성경의 여러 곳을 살펴볼 때 열납의 이유는 다음 표와 같을 것으로 생각된다.

가인의 제사와 아벨의 제사

가인의 제사	아벨의 제사
• 제물에 대한 성의가 없다 (그저 땅의 소산으로 드렸다)	• 최상품의 제물을 드렸다(창4:4) (양의 첫 새끼와 그 기름을 드렸다)
• 믿음으로 드리지 않았다	• 믿음으로 드렸다(히11:4)
• 시기심과 경쟁심으로 드렸다(창4:4 이하)	• 선한 마음으로 드렸다
• 가인의 인격에 문제가 있었다	• 아벨의 인격과 함께 받으셨다
• 하나님이 기뻐 받지 않으셨다	• 하나님이 기뻐 받으셨다(창4:4)

흔히 가인은 피 없는 제사를 드렸기 때문에 열납되지 않았고 아벨은 피 있는 제사를 드렸기 때문에 열납되었다고 말함으로써 제물의 피가 열납의 기준이 되는 것으로 주장하는 견해도 있다. 그러나 이러한 견해는 다음과 같은 문제 때문에 널리 수용되지 않고 있다.

첫째, 제물로 번역된 히브리어 '민하'는 일반적으로 피 없는 제사에 사용되는 말이다.

둘째, 문맥상 그들이 각자 택한 제물이 생업에 맞게 선택되었다는 점이다. 즉 각자 직업에 따라 그 소산을 드린 것이므로 제물에 있어 어떤 문제가 있는 것은 아니다.

셋째, 제사의 시기가 수확기가 지난 후여서 속죄제물이 아닌 감사 예물이었음을 암시하고 있다는 점이다.

열납의 기준을 피의 제물에 두는 경우 문제가 있다. 하나님은 피의 제사만 받으시는 것은 아니기 때문이다. 구약에 따르면 제물은 가난의 정도에 따라 다르다.

하나님이 자신의 제물을 기뻐하지 않음을 알고 자신의 믿음을 뒤돌아보고 반성하기보다 오히려 분노했다. 이것은 자유자이자 주권자이신 하나님에 대한 태도가 아니다.

"죄가 문에 엎드리느라." '엎드린다'는 것은 사나운 짐승이 먹이를 잡기 위해 웅크린 모습을 나타낸다. 가인의 마음속에 순간적으로 죄를 범하려는 의도와 행동이 숨어 있음을 보여 준다. 이러한 상태를 "죄의 소원은 네게 있으나"로 다시금 표현하고 있다. 죄가 문에서 도사리고 앉아 기회를 보아 가인을 덮치려 하고 있다는 것이다. 이것은 가인의 현재 상태가 하나님 중심이 아니라 자기중심임을 보여준다.

"죄를 다스릴지니라." 하나님은 가인의 병든 마음으로 인해 죄, 곧 어떤 결과가 야기될 것을 아셨다. 그것은 결국 살인으로 나타난다. 하나님은 가인이 마음을 다스려 그러한 결과를 가져오지 않도록 그 욕망을 이기라고 말씀하신다. 그럼에도 불구하고 가인은 결국 살인을 저지르고 만다. 이것은 그에게 얼마나 자제력과 믿음이 없는가를 보여 준다.

3. 가인의 살인(8 - 10절)

- 그 후 그들이 들에 있을 때에 가인이 그 아우 아벨을 쳐죽이니라
- 여호와, "네 아우 아벨이 어디 있느냐?"
- 가인, "내가 알지 못하나이다. 내가 내 아우를 지키는 자니이까?"
- 여호와, "네가 무엇을 하였느냐? 네 아우의 핏 소리가 땅에서부터 내게 호소하느니라."

가인은 들에서 아벨을 쳐 죽인다. 일부 역본에서는 가인이 "들로 나가자"고 말한 것으로 나타나 있다. 하나님은 가인에게 "네 아우 아벨이 어디있느냐"고 물으신다. 이에 가인은 "내가 알지 못하나이다 내가 내 아우를 지키는 자니이까?"라고 말한다. 이에 대해 하나님은 "네 아우의 핏소리가 땅에서부터 내게 호소하느니라"고 말씀하신다. 열납된 제사를 드리지 못해 하나님과의 관계에서 실패한 가인은 동생을 죽임으로써 인간관계에서도 실패하게 되었다.

'쳐죽이니라' 아담 타락 후 최초의 인간의 죄가 살인으로 나타난다. 이것은 부모의 타락이 아들에게 전가되었음을 보여 준다. 이 살인죄는 무고한 피를 흘리게 한 죄이다. 원래 죽음은 죄의 형벌로 주어지는 것임에도 죄인의 손에 의인이 죽게 되는 아이러니를 낳았다. 가인에 대한 저주는 이에 대한 대가이다.

죄는 가정의 평화를 깨뜨리는 원인이 된다. 이 사건은 아담이 130세 때 일어난 것으로 간주되고 있다. 이 살인사건은 아담이 가정의 제사장으로서의 역할을 제대로 하지 못한 때문으로 해석되기도 한다. 그가 자식들에게 제사법을 올바르게 가르치지 못한 것이 결국

살인으로 이어졌다고 보기 때문이다.

"네 아우 아벨이 어디 있느냐?" 범죄 한 아담을 찾으신 하나님께서 범죄 한 가인을 찾으셨다. 이것은 하나님이 죄를 그냥 넘기지 않으신다는 것을 보여 준다.

"네 아우의 핏 소리." 가인은 죽은 자는 말이 없으리라고 생각했다. 그러나 하나님은 살해당한 아벨의 피가 땅에서 하나님께 호소하고 있다고 말한다. 사람의 생명은 피에 있다(레17:11). 따라서 아벨의 피는 단지 피만을 의미하는 것이 아니라 그 생명의 호소임을 알 수 있다.

4. 가인이 받은 저주(11 - 15절)

* 여호와, "땅이 입을 벌려 네 아우의 피를 받았은즉 네가 땅에서 저주를 받아 밭을 갈아도 땅이 다시 효력을 내지 못하고 너는 땅에서 피하며 유리하는 자가 되리라."
* 가인, "내 벌이 너무 중하여 견딜 수 없나이다 오늘 이 지면에서 나를 쫓아내시온즉 나를 만나는 자가 나를 죽이겠나이다."
* 여호와, "그렇지 않다. 가인을 죽이는 자는 벌을 칠 배나 받으리라" 하시고, 그에게 표(a mark)를 주어 만나는 누구에게든지 죽임을 면케 하시니라

가인은 하나님으로부터 저주를 받는다. 가인은 그 벌이 너무 무거우며 남들이 나를 죽일까 겁이 난다고 말한다. 하나님은 두려워하는

가인을 향해 가인을 죽이는 자는 벌을 칠 배나 받으리라 하시고, 그에게 표를 주어 만나는 누구에게든지 죽임을 면케 하셨다.

"땅이 다시는 그 효력을 네게 주지 아니할 것이요." 가인의 죄로 그 자신만 저주받은 것이 아니라 땅까지 황폐화된다.

"유리하는 자가 되리라." 하나님이 그를 쫓아내신 것은 그를 하나님의 통치영역에서 분리시키는 것이다.

하나님이 가인에게 주신 표를 가리켜 '가인의 표'라 한다. 사람들이 그 표를 이해한 것으로 보아 글자의 기원이 된 것으로 간주되고 있다. 그러나 이것은 외형적인 어떤 표시이기보다 범죄로 공포감에 사로잡혀 있는 그에게 하나님이 그의 삶을 보호하신다는 확신을 갖게 하신 것을 의미하는 것으로 해석하기도 한다. 이것은 하나님이 가인으로 하여금 피의 보복을 받지 않도록 하셨음을 의미한다.

5. 가인의 후예(16 - 24절)

- 가인이 여호와 앞을 떠나 에덴 동편 놋 땅에 거하였더니
- 아내와 동침하여 에녹을 낳은지라 가인이 성을 쌓고 그 아들의 이름으로 성을 에녹이라 하였더라
- 에녹이 이랏을 낳고, 이랏은 므후야엘을 낳고, 므후야엘은 므드사엘을 낳고, 므드사엘은 라멕을 낳았더라
- 라멕이 두 아내를 취하였느니 아다와 씰라라
- 아다는 야발을 낳았으니 그는 장막에 거하여 육축 치는 자의 조상이 되었고 그 아우는 유발이니 그는 수금과 퉁소를 잡는 모든

자의 조상이 되었으며

- 씰라는 두발가인을 낳았으니 그는 동철로 각양 날카로운 기계를 만드는 자요 두발가인의 누이는 나아마이었더라
- 라멕이 아내들에게 이르되 "라멕의 아내들이어 내 말을 들으라 나의 창상을 인하여 내가 사람을 죽였고 나의 상함을 인하여 소년을 죽였도다. 가인을 위하여는 벌이 칠 배일진대 라멕을 위하여는 벌이 칠십칠 배이리로다."

가인이 에덴동편 놋 땅에 거하여 자손을 낳았다. 에녹, 이랏, 무후야엘, 므두사엘, 라멕, 야발과 유발, 두발가인이 그들이다. 가인의 족보는 선을 악으로 변질시킨 여러 모양들이 소개되고 있다. 그들 속에 중혼, 살인, 교만 등이 소개되는 것은 그 보기이다.

놋(Nod) 땅은 방황(wandering)의 땅, 유리하는 땅이라는 뜻을 가지고 있다. 에덴 동편 메소포타미아 어느 부근으로 간주되지만 지역보다는 가인이 저주를 받아 유리하는 삶을 살았음을 상징적으로 보여주는 것으로 해석하기도 한다.

"아내와 동침하니." 가인의 아내가 아담이 낳은 딸인가 아니면 다른 사람의 딸인가에 관심이 있다. 아담이 930세를 향수하며 자식을 낳았으므로 아담의 딸이었을 가능성이 높다. 당시는 근친결혼에 대해 부정적 개념은 없었다. 하지만 가인이 살인을 한 후 "나를 만나는 자가 나를 죽이겠나이다."라고 말한 것으로 보아 다른 사람이 있었을 가능성도 배제할 수는 없다. 성경은 사건과 연결시키기 위해 필요한 한 사람의 이름만 기록하기 때문에 다른 이름들은 종종 생략된다. 따라서 성경에 기록이 없기 때문에 다른 사람들이 없다고 생

각해서는 안 된다.

가인이 낳은 에녹은 셋의 후손 에녹과는 다르다. 에녹(Enoch)은 헌신 또는 시작이라는 뜻을 가지고 있다. 가인이 성을 쌓고 그 성의 이름을 아들 이름과 같이 에녹이라 하였다. 가인이 성을 쌓은 것은 지금까지 유리하다가 그곳을 본거지로 삼아 마을을 이루고 거주했음을 의미한다. 하나님 없이 성을 건축하는 역사가 여기에서부터 시작된다.

라멕(Lamech)은 아다와 씰라 등 두 여인을 처로 두었다. 성경에서 처음 나타난 일부다처이다. 아다를 통해 야발과 유발을 낳았다. 씰라를 통해 두발가인을 낳았다.

라멕은 사람을 죽였다. 그는 살인을 한 후 "나의 아내들이여 내 말을 들으라 나의 창상을 인하여 내가 사람을 죽였고 나의 상함을 인하여 소년을 죽였도다 가인을 위하여는 벌이 칠 배이나 라멕을 위하여는 벌이 칠십 배"라고 말한다. 이것을 가리켜 라멕의 검가라 부른다.

이 검가에서 "나의 아내들이여"라고 말한 것은 일부다처에 대한 가책보다 오히려 자랑스럽게 생각하는 것을 볼 수 있다. 창상(創傷)은 상처를 입었음을 의미한다. 라멕이 상처를 입게 되자 노하여 사람을 죽인 것이다. 그 상처가 소년(힘센 청년으로 간주됨) 때문인지 자신의 탓인지는 알 수 없다. 살인에 대한 자책보다 오히려 만용과 잔학을 보여 주고 있다. 일부 역본에서는 "내가 죽일 것이다"(I will kill)라고 말함으로써 앞으로 살인할 의사가 있는 것으로도 소개되어 있다. 벌이 칠 배란 형벌에 경감이 없음, 곧 완전한 형벌을 의미한다. 자기를 해치려는 자에게는 가인을 살해하는 자에게 주어질 벌보다 일곱 배의 벌을 받을 것이라고 말하고 있다. 이것은 라멕이 조금도 양심의 가책을 느끼지 않은 패역한 죄인이었음을 보여 준다. 이 검가는 자기의 잘못을 오히려 당당하게 말하고 그럼에도 불구하고 안전할 것이라고 하는 등 인간의 교만을 보여 주고 있다.

야발은 장막에 거하여 육축을 치는 자의 조상이 되었다. 이것은 이동하는 유목생활과 상업이 야발에게서 시작되었음을 보여 준다.

유발은 수금과 퉁소 잡는 자의 조상이 되었다. 수금과 퉁소는 악기이다. 이것은 그가 기술을 개발했음을 보여 준다.

두발가인은 동철로 각양 날카로운 기계를 만들었다. 또한 일하는 사람을 가르친 것으로 소개되기도 한다. 이것은 기계를 만드는 기술의 시조였음을 보여 준다. 일반적으로 구석기시대에는 모양을 내지 않은 돌을 사용했고, 신석기시대에는 모양을 낸 돌이나 뼈 그리고 나무 등을 사용했다. 동석기시대, 청동기시대(B.C.2500 - 1200), 그리고 철기시대(B.C.1200)로 이어지고 있다. 두발가인이 동철을 사용한 것은 매우 특이하다. 최근까지 철의 사용은 B.C.1200 이전에는 알려지지 않았다. 그러나 바벨론 비문이나 기타 폐허에서 발견되는 것으로는 금속사용흔적을 보여 준다.

6. 셋과 그의 후예(25 - 26절)

- 아담이 다시 아내와 동침하매 그가 아들을 낳아 그 이름을 셋 (Seth)이라 하였으니 이는 하나님이 내게 가인의 죽인 아벨 대신에 다른 씨를 주셨다 함이며

- 셋도 아들을 낳아 에노스(Enosh)라 하였으며 그때에 사람들이 비로소 여호와의 이름을 불렀더라.

아담이 셋을 낳게 된다. 성경은 셋이라는 이름이 "하나님이 내게 가인의 죽인 아벨 대신 다른 씨를 주셨다."에서 나왔다고 말한다. 셋은 '대신 주신 바 된(granted) 사람', '택함을 받은 자'라는 뜻을 가지고 있다. 아벨을 대신하여 아담의 셋째 아들로 주신 바 된 그는 여호와를 섬기는 조상이 되었다.

아담과 하와는 셋을 통해 하나님의 약속이 이루어질 여인의 후손을 보았다(창3:15). 하나님의 구속사적인 혈통이 셋에서 시작되었기 때문이다. 가인의 후손은 결국 대홍수로 멸망당하지만 여인의 약속된 후손은 셋을 통하여 보존된다. 예수 그리스도는 이 셋의 혈통을 통해 오신다(눅3:38).

셋은 에노스라는 아들을 낳았다. 에노스는 약한 것, 병는 것을 의미한다. 이것은 인생의 연약함과 죽을 수밖에 없음을 셋이 철저하게 느꼈음을 보여 준다. 이로 인해 하나님을 의지하고 찾는 일이 많았을 것으로 생각된다.

"그때에 사람들이 비로소 여호와의 이름을 불렀더라." 셋의 후손은 하나님을 떠나 독자적으로 인생을 살아간 가인의 후손과는 대조적으로 하나님을 의지했음을 알 수 있다.

'그때에'는 셋이 아들을 에노스라 불렀을 때를 말한다. 그때부터 사람들이 공적으로 여호와의 이름을 부르며(call on, proclaim) 함께 예배하기 시작했다는 것이다. 따라서 이것을 공적 예배의 시작으로 간주한다. 물론 그 이전에 개인적으로 여호와의 이름을 불렀다.

"여호와의 이름을 불렀더라."는 이 구절은 아브라함과 이삭에게 전능의 신(엘 샤다이)으로 하나님 자신을 드러낸 적은 있었어도 '여호와'라는 이름으로 자신을 알린 적이 없었다고 하나님이 모세에게 말씀하시는 출애굽기 6장의 내용과 상충된다(출3:14,6:3). 출애굽기 6장 3절에서 "여호와라는 이름을 알리지 않았다"는 것은 여호와라는 이름을 과거에 사용하지 않았다는 것이 아니라 하나님의 특별하신 구원계획과 연관된 의미, 곧 그의 백성을 구원할 분으로서의 여호와라는 이름에 담긴 의미를 과거에는 온전히 이해하지 못하는 가운데 사용했지만 이제는 그 의미를 실제로 체험하고 이해하며 부르게 될 것이라는 뜻이다.

1. 사람의 창조(1 - 2절)

- 하나님이 사람을 창조하실 때에 하나님의 형상대로 지으시고
- 남자와 여자를 창조하셨고
- 그들이 창조되던 날에 하나님이 그들에게 복을 주시고
- 그들의 이름을 사람이라 함

아담의 계보를 소개하면서 먼저 인간의 창조에 대해 언급하고 있다. 이것은 아담이 하나님에 의해 창조되었음이 강조되는 것이다. 5장은 사람의 창조에 대해 네 가지를 강조하였다. 즉 인간은 하나님의 형상대로 창조되었고, 남자와 여자를 창조했으며, 사람에게 축복하셨고, 그들의 이름을 '사람'(man)이라 했다는 것이다. 히브리어로 사람은 아담(adam)이다.

2. 아담의 계보(3 - 32절)

아담	• 아담이 130세에 자기 모양(형상)과 같은 아들을 낳음
	• 아담이 셋을 낳은 후 800년을 지내며 자녀를 낳음
	• 930세 향수
셋	• 105세 때 에노스를 낳은 후 807년, 곧 912년 향수
에노스	• 90세에 게난을 낳은 후 815년, 곧 905년 향수
게난	• 70세에 마할랄렐을 낳은 후 840년, 곧 910년 향수
마할랄렐	• 65세에 야렐을 낳은 후 830년, 곧 895년 향수
야렐	• 162세에 에녹을 낳은 후 800년, 곧 962세 향수
에녹	• 65세에 므두셀라를 낳은 후 300년간 하나님과 동행, 365년 향수
	• 하나님이 그를 데려가시므로 세상에 있지 아니함
므두셀라	• 187세게 라멕을 낳은 후 782년, 곧 969세 향수
라멕	• 182세에 노아를 낳은 후 595년, 곧 777년 향수
	• 여호와께서 땅을 저주하시므로 수고로이 일하는 우리를 이 아들이 안위하리라고 라멕이 말함
노아	• 셈과 함과 야벳을 낳음
	• 홍수 후 350년, 곧 950세 향수

아담의 계보는 크게 아담, 셋, 에노스, 게안, 마할랄렐, 야렐, 에녹, 므두셀라, 라멕, 노아로 이어진다. 이 계보는 가인의 계보와는 전혀 다른 면을 상대적으로 보여 주고 있다. 가인의 계보가 육적인 성격을 띠었다면 셋을 통한 아담의 계보는 영적인 성격을 띠고 있다.

창세기의 족보기록을 보면 홍수 이전의 경우 아담부터 노아까지

10대가 기록되어 있고, 홍수 이후에도 셈부터 데라까지 역시 10대가 기록되어 있다. 이 같은 형식은 오랜 역사의 흐름 속에서 쉽게 기억할 수 있는 중요한 인물을 중심으로 기록되었음을 보여 준다. 그러나 이러한 기록방법은 때로 중간에 다른 인물들을 생략시킬 가능성이 있다.

아담이 130세에 자기 모양(형상)과 같은 아들, 셋을 낳았다. 여기서 자기 모양이란 단지 육체적 모양을 의미하는 것이 아니라 하나님의 거룩한 형상으로서의 모습이 셋을 통해 이어졌다는 것을 의미한다. '낳았다'는 것은 특별한 의미를 가진다. 왜냐하면 그는 여러 아들을 낳았지만 여기서는 특히 셋을 지칭하고 있기 때문이다. 이 모두는 셋 자신뿐 아니라 그 후손이 믿음의 계보를 이었다는 점을 보여 주고 있다.

아담은 셋을 낳은 후 800년을 지내며 자녀를 낳았으며 930세를 향수하고 죽었다. 그는 므두셀라가 태어났을 때에도 생존해 있었다. 창조와 타락에 관한 기사를 므두셀라에게 말해 주었을 것이다.

족보에서는 각 인물을 소개한 뒤 '죽었더라'라고 표현하고 있는데 이것은 그가 죽음으로 모든 일이 끝난 것이 아니라 그 후손에 의해 이어진다는 점에서 새로운 의미를 가진다. 하나님의 약속은 그들의 후손을 통해 성취된다.

셋은 105세에 에노스를 낳았고, 에노스를 낳은 후 807년을 더 살았다. 912년을 향수하고 죽었다.

에노스는 90세에 게난을 낳았고, 게난을 낳은 후 815년을 더 살다 905세에 죽었다.

게난은 70세에 마할랄렐을 낳았다. 그를 낳은 후 840년을 더 살다

910세에 죽었다.

마할랄렐은 65세에 야렛을 낳았고, 그를 낳은 후 830년을 더 살다 895세에 죽었다.

야렛은 162세에 에녹을 낳았고, 그를 낳은 후 800년을 더 살다가 962세에 죽었다.

에녹(Enoch)은 65세에 므두셀라를 낳았다. 그를 낳은 후 300년간 하나님과 동행하며 자녀를 낳았다. 365세 때 하나님이 그를 데려 가시므로 세상에 있지 아니했다.

에녹은 원래 '창시자'라는 뜻을 가지고 있다. 그는 당대의 의인으로 하나님과 동행했다는 인정을 받았다는 점에서 창시자이다. "하나님과 동행했다(Walked With God)"는 것은 그의 생활과 행동에서 하나님과의 관계가 친밀하고 인격적이며 그분의 뜻에 맞게 살았다는 것을 의미한다. 하나님과 동행하는 삶은 하나님을 기쁘게 한다(히 11:5). 그의 후손인 노아도 "하나님과 동행했다"는 인정을 받았다(창 6:9). 에녹은 하나님을 중심으로 삼고 살았을 뿐 아니라 흠 없이 산 경건의 표상이 되었다.

그는 300년간 하나님과 동행한 것으로 성경은 기록하고 있다. 이것은 므두셀라를 낳은 다음부터 하나님과 동행하는 삶을 살았음을 보여 준다.

므두셀라는 '창을 던지는 사람'이라는 뜻을 가지고 있다. 이것은 크게 두 가지 의미를 가지고 있다. 첫째, 므두셀라가 마을을 지키는 장수가 될 것을 예고해 준다. 에녹 당시는 마을을 무력으로 지켜야 할 만큼 위험한 상황에 있었음을 보여 준다. 둘째, 창을 던진다는 것은 하나님의 심판을 의미한다. 창을 잡은 그가 죽으면 하나님이 세상을 심판하실 것임을 보여 준다. 그는 홍수 심판이 시작된 홍수 시기에 죽은 것으로 알려져 있다. 그가 죽자 홍수가 난 것이다. 이 것은 그의 이름이 하나님의 심판과 연관되어 있음을 가르쳐 준다. 에녹은 비록 그의 아들 이름을 므두셀라라 지었지만 사람을 의지하기보다 하나님을 의지하며 평안을 기원했을 것으로 보인다. 고난 가운데서 하나님을 더욱 의지한 것이다.

악이 창궐할 때는 더욱 하나님과 동행하는 삶이 필요하다. 인생은 그 키를 한 자 키울 수도 없는 약한 존재이다. 하나님의 도움이 필요한 존재이다. 어떻게 하면 우리는 하나님과 동행하는 삶을 살 수 있을까?

첫째, 거룩한 삶을 살아야 한다. "하나님이 거룩하니 너희도 거룩하라." 거룩한 삶, 성결의 삶의 바로 동행의 가장 큰 비결이다. 우리는 매일 성결의 옷을 빨아야 한다.

둘째, 진리로 거룩해져야 한다(요17). 하나님의 말씀을 알고 지키는 데 생명을 걸어야 한다.

셋째, 하나님을 사랑하고 그분과 날마다 친교의 삶을 살아야 한다. 하나님과 친교하려면 하나님과의 대화가 필요하다. 대화할 수 있는 길이 바로 기도이다. 그래서 사무엘은 기도를 쉬는 것은 죄라고 했다.

사망의 음침한 골짜기를 지날 때 우리에게 필요한 분은 주님이다. 세상과 동행하는 것이 아니다.

또한 그는 하나님과 동행한 결과 죽음을 맛보지 않고 옮기게 되었다는 점에서 창시자이다. 이렇게 된 것은 그의 거룩하고 경건 된 삶의 모습은 죄악으로 가득한 이 세상의 삶과는 어울릴 수 없기 때문이었다. 구약에서는 에녹 이외에도 엘리야도 죽음을 맛보지 않고 들어 올림을 받았다(왕하2:11이하). 에녹의 삶은 사람이 믿음으로 살면 어두운 세대 속에서도 악의 세력을 이기며, 결국 하나님으로부터 인정받게 된다는 것을 보여 주었다.

에녹은 아담이 622세이었을 때 태어나 308년 동안 같이 살았다. 그리고 노아가 태어나기 69년 전인 365세 때 죽지 않고 승천했다. 365년간의 이 땅의 삶은 다른 족장에 비해 짧은 것이지만 1년의 날 수와 같은 365년을 살았으므로 완전한 수명을 산 것으로 평가받기도 한다. 아라비아 전설에 따르면 그는 글자를 발명했다고 한다. 유다서는 에녹의 예언에 대해 다음과 같이 언급하고 있다(유1:14).

첫째, 에녹은 믿음의 사람이었다. 말세의 고통받는 때에 사람들은 돈, 쾌락, 그리고 자기를 사랑하면서도 하나님을 사랑하지 아니한다. 그러나 그는 자기보다 하나님을 사랑한 믿음의 사람이었다.

둘째, 에녹은 하나님과 동행한 사람이었다. 악이 창궐할 때는 더욱 하나님과의 동행이 필요하다. 하나님과 동행하는 삶을 살기 위해서는 우리 자신이 하나님 앞에 거룩해야 하고, 하나님의 말씀을 지켜야 하며, 하나님을 사랑하며 늘 그분과 대화하고 친교가 있어야 한다.

끝으로, 에녹은 복음을 전하는 사람이었다. 그는 자신의 자녀뿐 아니라 자신의 삶을 통해 하늘의 삶의 모습을 전했다.

므두셀라(Methuselah)는 187세에 라멕을 낳았다. 그를 낳은 후 782년을 살며 자녀를 낳았다. 969세를 향수하고 죽었다. 이것은 그가 하나님의 보호 아래 평안을 누렸음을 보여 준다. 이렇게 된 데는 에녹의 기도가 큰 역할을 했을 것이다.

969세는 성경에 기록된 가장 많은 나이로 그가 인간 가운데 가장 오래 살았음을 보여 준다. 현대 의학에서는 오래 사는 사람은 특수 DNA 구조를 가지고 있으며 이것을 가진 사람은 개인적인 사고가 아닌 한 오래 살게 되어 있다고 말한다. 그래서 이 DNA 구조를 가지고 싶어 하는 현상을 므두셀라 신드롬(Methuselah syndrome)이라 한다.

므두셀라는 아담과 243년 같이 살았고, 셈과는 98년 같이 살았으며, 홍수가 있는 해에 죽었다. 그는 대홍수가 나기 1000년 전 태어났다. 그리고 그는 홍수시기에 죽었다. 그가 이렇게 오래 산 것은 세상을 심판하시기로 작정하신 하나님께서 오래 참으셨다는 것을 보여 준다.

에녹은 므두셀라를 낳은 후 철저히 하나님을 섬겼다. 므두셀라는 아담으로부터 들은 창조와 타락에 대한 기사를 노아와 셈에게 들려주었을 것이다. 므두셀라는 '무기의 사람' '창을 잡은 사람'이라는 뜻을 가지고 있다. 당시에는 마을에 창을 든 조각상을 세웠고, 그 조각상들이 쓰러지면 망한다는 생각을 했다고 한다. 이것은 므두셀라가 쓰러지면 세상은 망한다, 곧 심판을 받을 것이라는 인상을 남겼다.

라멕(Lamech)은 182세에 아들을 낳고 그 이름을 노아(Noah)라 했다. 노아란 '안식하다, 쉬다, 위로하다(comfort)'라는 뜻을 가진 '누아흐'에서 나온 이름이다. 라멕은 그가 출생하자 "여호와께서 땅을 저주하시므로 수고로이 일하는 우리를 이 아들이 안위하리라" 했다. 이것은 인간의 타락으로 인해 그들이 이 땅에서 얼마나 수고로이 일해야 했는가, 곧 삶이 얼마나 고통스러웠는가를 보여 줄 뿐 아니라 하나님으로부터 얼마나 위로받고 싶어 했는가를 아울러 보여 준다.

노아라는 이름은 포도원을 경작하고 포도주를 만든 사실과 관계되는 이름이다(창9:20). 홍수가 그친 뒤 노아는 포도원을 경작하고 그 소산을 예물로 드렸고, 하나님은 그 예물을 흠향하셨다. 이 예물의 흠향으로 그렇게도 위로받고자 했던 일이 이루어졌다. 이로써 노아는 결국 위로자가 되었다.

라멕은 노아를 낳은 후 595년을 더 살았다. 777년을 향수했다. 계보의 수자가 수명을 그대로 반영한 것이라면 아담은 라멕 때 죽었다.

노아는 500세 된 후에 셈과 함과 야벳을 낳았다. 그는 홍수 후 350년간을 더 살다 죽었다. 950세를 향수했다(창9:28).

1. 인류의 죄악과 하나님의 한탄(1 - 8절)

- 사람이 땅 위에 번성하기 시작할 때에 그들에게서 딸이 나니
- 하나님의 아들들이 사람의 딸들의 아름다움에 빠져 자기들의 좋아 하는 모든 자로 아내를 삼는지라
- 이에 하나님께서 "나의 신이 영원히 사람과 함께 있지 아니하리니 이는 그들의 육체기 됨(범죄 하게 됨)이라 그러나 그들의 날은 120년(까지만 장수하게)이 되리라" 하시니라.
- 당시 땅에는 네피림(장부)이 있었고 그 후에도 하나님의 아들들이 사람의 딸들을 취하여 자식을 낳았으니 그들이 용사라 고대에 유명한 사람이 되었더라.
- 세상에 사람의 죄악이 관영(貫盈)하고 그 마음의 생각과 모든 계획이 항상 악할 뿐임을 보시고 땅위에 사람을 지으신 것을 한탄하사 마음에 근심하시고
- 나의 창조한 사람들을 지면에서 쓸어버리되 사람으로부터 육축과 기는 것과 공중의 새까지 그리하리니 이는 내가 그것을 지었음을 한탄함이라.
- 그러나 노아는 여호와께 은혜를 입었더라.

"하나님의 아들들이 사람의 딸들을 보고"라는 구절은 성경에서 해석이 매우 어려워 난해구절에 속한다. 이에 대한 해석은 크게 두 가지로 나뉜다.

하나는 하나님의 아들들을 타락한 천사로 해석하는 것이다. 성경 여러 곳에서 하나님의 아들들을 천사에게 적용하고 있기 때문이다(욥38:7;시29:1). 그러나 이 견해는 이해에 문제가 많다. 천사에 대한 언급이 없다가 갑자기 나타나 이해하기 어렵고, 이것을 외경이나 초대교부의 기록에서 유추해 타락한 천사로 볼 경우 신화를 갑자기 인정하고 들어가야 하는 문제가 발생하기 때문이다.

다른 해석은 하나님의 아들들을 하나님의 뜻에 순종하며 사는 경건한 사람들, 곧 셋의 후손으로 보고, 사람의 딸들을 세속적인 인간들, 곧 가인의 계통으로 보는 것이다. 이 해석이 가장 적합한 것으로 인정을 받고 있다. 왜냐하면 하나님이 인간의 죄에 대해 거듭 경고하고 있고, 하나님의 은혜의 경륜을 거룩하게 보존하는 것이 중요하기 때문이다.

"자기들의 좋아하는 모든 자로 아내를 삼는지라." 이것은 가인의 후예고, 셋의 후예고 다 성적으로 타락한 길을 걸었음을 보여 준다. 경건하게 살아야 할 하나님의 아들들도 더 이상 경건한 삶을 살지 않았다는 것은 종말적 현상이 어떠할지를 나타내고 있다. 도처에 성적 문란이 심하고 성도들마저 타락하면 이 땅에 하나님의 나라가 세워질 수 없다.

"나의 신이 영원히 사람과 함께하지 아니하리니" 하나님이 자기 뜻대로 살기로 작정한 사람들로부터 떠날 것을 경고하고 있다. 하나님이 인간과 동행할 것을 꺼려할 만큼 인간은 타락했다. 인간에게 있어서 "하나님이 우리와 함께하지 않는다."는 것처럼 큰 저주는 없다. 이것은 하나님의 긍휼과 자비가 미치지 않는 어떤 한계가 있음을 보여 준다. 지금까지 그들은 하나님이 함께하심으로 오랫동안 살 수 있었다. 그러나 그들은 교만하여 하나님을 떠났다. 하나님은 노아의 때까지 참고 기다렸으나 인간은 은혜를 망각했다.

"이는 그들이 육체가 됨이라." 여기서 육체는 인간의 부패성을 나타내고 있다. 육체가 된다는(mortal) 것은 육적인 욕심이나 그 원리에 따라 부패한 상태로(corrupt) 살아간다는 것을 의미한다.

"그러나 그들의 날은 일백이십 년이 되리라." 120년에 대해서는 두 가지 주장이 있다. 하나는 사람의 수명이 120년으로 단축된다는 의미이다. 단축은 인간의 부패 때문이다. 당장 멸망하지 아니하고 120년간이나 장수케 하신 것은 전적으로 하나님의 은혜이다.

다른 하나는 120년 후에 있을 대홍수의 예언으로 간주된다는 것으로 많은 지지를 받고 있다. 이것은 노아가 방주를 120년 동안 건조했음을 보여 준다. 노아는 그동안 사람들로부터 놀림의 대상이 되었지만 하나님의 말씀을 묵묵히 순종했다.

네피림(Nephilim)이라는 의미가 정확지 않아 그대로 사용하고 있다. 네피림은 민수기에서 다시 한 번 사용된다. 네피림은 반신반인의 용사로 알려져 있다. 키가 크고 힘이 센 장수들, 난폭했던 거인족 또는 폭군들을 지칭한다(민13:33). 이것은 그 사회가 성적으로 타락했을 뿐 아니라 폭력이 난무하는 사회였음을 암시해 주고 있다.

네피림은 '떨어지다'는 뜻도 가지고 있는 것으로 해석된다. 이 경우 네피림을 타락한 천사로 보기도 하지만 결혼 이전에 세상에 있었던 자로 해석하기도 한다.

용사는 누구일까? 키가 대단히 크고 유명했던 이 인물들은 경건한 사람들과 경건치 못한 사람들 사이에서 났다. 성적 타락성과 폭력성을 아울러 가졌음을 보여 준다.

죄악의 관영함에서 관영하다는 히브리어 '라빠'는 '크다' 또는 '많다(great)'는 뜻을 가지고 있다. 죄악이 온 땅에 널리 퍼져 있음을 나타낸다.

"한탄하사 근심하시고" 죄악이 관영함으로 인하여 하나님이 염려하시는 모습을 인간적 표현방식으로 나타낸 것이다. 이것은 하나님이 보시기에 인간이 처하게 된 상황이 아주 절박하고 위기라는 것을 보여 주고 있다.

하나님의 심판은 홍수로 나타났지만 그의 은혜는 남은 자를 보존하시는 섭리를 통해 새롭게 시작하는 길을 열어 놓으셨다. 남은 자의 보존이 바로 노아와 그 가족의 구원받음을 통해 구체적으로 나타난다.

2. 노아의 모습과 온 땅의 모습(9 – 13절)

노아의 네 가지 모습
- 여호와께 은혜를 입은 자
- 의인이요 당세에 완전한 자
- 하나님과 동행한 자
- 셈과 함과 야벳의 아버지

온 땅의 모습
- 하나님 앞에 온 땅이 패괴하여 강포가 충만함
- 모든 혈육 있는 자의 행위가 패괴하고 강포가 충만함
- 그 끝 날이 하나님 앞에 이르러 멸망당할 것이 예정됨

노아의 사적을 소개하고 있다. 노아가 어떤 사람이었으며, 그 땅에 어떤 문제가 있었는가를 보여 주고 있다. 땅에 강포가 충만하자 하나님은 사람들을 멸하기로 작정하시고 의인 노아로 하여금 방주를 만들도록 명령하신다.

사적은 히브리어로 '톨레돗'이다. 이것은 '탄생된 것'이라는 뜻을 가지고 있다. 뒤에 어떤 것이 오게 될 것을 머리말 식으로 소개할 때 이 단어를 사용한다. 이 말은 노아와 관련된 일들이 어떻게 전개될 것인가를 보여 준다. 노아의 일대기를 통해 우리는 인류에 대한 심판이라는 절망적인 상황에서 그가 어떻게 구원받게 되는가, 그 결정적 시기에 그가 그의 이름에 맞게 어떤 역할을 하는가를 엿볼 수 있다.

전설에 따르면 노아의 고향은 유브라데 강변의 화란에서 살았으며, 배 만드는 기술과 수상교통은 어려서부터 숙달했다.

"은혜를 입었더라." 은혜는 '일체가 되다', '복종하다'는 뜻에서 나왔다. 성경 가운데 처음으로 은혜라는 단어가 여기서 사용되었다. 노아가 하나님으로부터 은혜를 입은 것은 긍휼히 여김을 받은 것을 의미한다. 은혜를 입은 자가 해야 할 일은 하나님께 복종하고 그와 하나 되며, 그를 향해 경건한 삶을 사는 것이다. 그리고 이웃과의 관계에서는 성실과 인자와 공평을 행하는 것이다. 의인이라 함은 그가

결코 무죄하다는 것은 아니다. 그만큼 의롭고 원숙했다는 뜻이다. 예수님은 그가 재림할 때를 노아의 때로 비유하셨다(마24:37 − 39).

'멸하리라' 하나님은 모든 혈육 있는 자들을 멸하기로 작정했음을 노아에게 알린다. 하나님은 어떤 방법으로 그들을 멸하며 그 가운데서 어떻게 노아를 구원하실 것인가를 계시하신다.

3. 방주 건설 명령(14-16절)

- 잣나무로 짓되
- 그 안에 간들을 막고 역청으로 그 안팎에 칠하라
- 장(길)이 300규빗, 광(너비)가 50규빗, 고(높이)가 30규빗
- 창은 위에서부터 한 규빗에, 문은 옆으로 내고, 상중하 삼 층으로 하라

잣나무라 했지만 이 나무의 정확한 품종은 알 수 없다. 고페르(gopher)나무, 전나무 또는 삼나무(cypress wood)의 일종으로 인식하고 있다.

방주는 상자 또는 괘라는 뜻이다. 배를 의미한다.

역청(pitch)은 아스팔트, 피치, 원유의 검은 부산물로 녹고 불이 붙는다. 사해 양옆과 바닥에 많으며 지진이 날 때 많이 떠오른다. 역청은 히브리어로 '카파르'(kaphar)로 '덮는다'는 뜻을 가지고 있다. 물이 새 들어오지 않게 하는 역할을 한다. 영적으로 그리스도의 피의 상징으로 우리의 죄를 덮는 속죄, 속량의 뜻을 가지고 있다.

히브리인들에게 있어서 1규빗(cubit)은 약 0.5m에 해당한다. 따라서 방주의 길이는 약 135-150m, 너비는 약 23-25m, 높이는 약 13-15m로 추산되고 있다. 이 정도의 크기는 약 14,000톤 정도의 물건을 적재할 수 있다. 방주는 삼 층 선실을 가지고 있으며, 모두 하나님이 지시하신 대로 만들었다.

4. 하나님이 노아에게 하신 명령과 언약(17-22절)

- 너는 너를 위하여 방주를 지어라
- 내가 홍수를 땅에 일으켜 생명의 기식있는 육체를 천하에서 멸절하리니 땅에 있는 자가 다 죽으리라
- 그러나 너와는 언약을 세우리니
- 너는 네 아들과 네 아내와 네 자부들과 함께 방주로 들어가고
- 혈육 있는 모든 생물 가운데 각기 암수 한 쌍(새, 육축, 땅에 기는 모든 것을 그 종류대로 각기 둘씩)이 네게로 나아오리니 방주로 이끌어 들여 너와 함께 그 생명을 보존하라
- 먹을 모든 식물을 네게로 가져다가 저축하라. 이것이 너와 그들의 식물이 되리라.
- 노아가 하나님 명하신 대로 준행함

이때 홍수는 하나님의 심판 수단이다. 홍수로 인해 죽은 자는 심판으로, 그 가운데 남은 자들은 새로운 언약을 이을 자로 나타난다. 이 홍수기록을 바벨론의 홍수설화, 길가메쉬 서사시와 유사하다고 말하기도 한다. 하지만 바벨론의 홍수설화는 신들의 변덕으로 기록

되어 있다는 점에서 창세기의 홍수기록과 근본적으로 다르다.

언약(covenant)은 히브리어로 '베리트'이다. 이것은 '묶다', '속박하다'는 뜻을 가지고 있다. 언약의 당사자끼리의 의무, 약정, 결속을 의미한다. 언약은 크게 두 가지 형태가 있다. 하나는 두 사람이나 두 집단이 동등한 자격과 권위를 가지고 이뤄진 동등계약이 있고, 다른 하나는 은혜를 주는 자와 받은 자 사이에 맺는 종속계약이다. 성경적 의미의 언약은 후자에 속한다. 하나님이 주권적으로 택한 자들에게 내리신 은혜로운 약속이다. 이 약속을 믿음으로 받은 사람은 축복을 받는다.

이 언약을 통해 하나님이 인간을 구속하시려는 계획이 점진적으로 드러난다. 하나님께서는 노아와 언약을 맺기 전에 아담과도 언약을 맺으셨다(창2:15, 3:15). 하지만 언약이라는 단어를 구체적으로 사용한 것은 여기가 처음이다. 이 언약은 아브라함(창15:18)과 이스라엘 온 백성(출19:1)에게 내리시는 언약으로 이어진다.

"모든 생물을 한 쌍씩" 모든 육체는 죄의 값으로 멸망해야 했다. 그러나 하나님은 그 가운데서 생명을 보존하고 번성케 하실 방침을 세우셨다. 앞에서는 노아의 가족을 통해 남은 자를 보존하셨지만 여기서는 모든 생물 한 쌍씩을 보존토록 함으로써 생물들에게도 구원의 은혜가 함께 미쳤음을 보여 주고 있다. 우리는 여기서 구원이 인간만의 구원이 아니라는 데 주목할 필요가 있다.

하나님은 짐승을 선별할 때 암수의 기능을 살려 종이 보존되도록 하셨다. 특히 성결한 짐승은 암수 일곱씩, 부정한 것은 암수 둘씩(창7:2) 가려 뽑도록 했는데 이것은 이스라엘 후손에게 이어질 제사(레8)에 합당하게 하시려는 것으로 이해되고 있다.

"명하신 대로 다 준행하였더라." 세상이 아니라 하나님의 뜻만을 준행한 노아를 볼 수 있다. 히브리서 11장 7절은 "아직 보지 못하는 일에" 이 일을 했다고 말하고 있다. 그만큼 하나님의 말씀을 신뢰하고 믿었다는 것이다. 이로써 그는 의의 후사가 되었을 뿐 아니라 믿음의 선조가 되었다.

바벨론의 전설에 따르면 노아는 한 성읍의 왕이어서 이 일을 위해 수천 명의 인원을 동원했다. 120년 중 가장 좋은 해에 이 일을 수행했다. 노아는 이 일을 하면서 조롱을 받았으나 확실한 신앙을 가지고 수행했다(벧후2:5;히11:7).

1. "방주로 들어가라"는 하나님의 명령(1 - 5절)

- "너와 네 온 집은 방주로 들어가라 네가 이 세대에 내 앞에서 네 의로움을 내가 보았음이니라"
- 모든 정결한 짐승은 암수 일곱씩, 부정한 짐승은 암수 둘씩, 그리고 공중의 새도 암수 일곱씩 취하여 그 씨를 온 지면에 유전(遺傳)케 하라.
- 지금부터 칠 일 후면 40주야 땅에 비를 내려 나의 모든 생물을 지면에서 쓸어버리리라.
- 노아는 여호와께서 자기에게 명하신 대로 다 준행했다.

"방주로 들어가라 의로움을 내가 보았음이니라." 노아가 구원을 받은 것은 죄가 풍미한 세상 가운데서도 하나님의 말씀을 믿고 그의 뜻대로 살려고 노력했기 때문이다. 그는 그 시대 사람들과는 달리 산 사람이었다. 성적 타락이나 폭력의 삶과는 거리가 멀었다. 무엇보다 하나님을 두려워하며 그 명령을 따랐다. 하나님은 이를 의로 보았다.

히브리서 11장 7절은 "믿음으로 노아는 아직 보지 못하는 일에 경고하심을 받아 경외함으로 방주를 예비하여 그 집을 구원하였으니 이로 말미암아 세상을 정죄하고 믿음을 좇는 의의 후사가 되었느니라."고 말하고 있다.

우리는 이 말씀을 통해 노아의 믿음을 하나님이 의로 간주했음에 주목할 필요가 있다. 노아가 믿음으로 방주를 지은 것은 그의 가족을 구원한 것만 아니라 믿음이 없었던 당시 사람들에게 하나님의 심판의 징표가 되었다. 그럼에도 불구하고 사람들은 이를 가볍게 여겼다. 그러나 노아는 이를 굳게 믿음으로써 '믿음을 좇는 의의 후사', 곧 믿음으로 말미암아 의롭게 되는 믿음의 선조가 되었다. 바울은 믿음으로 의롭게 됨을 강조하였다.

"유전케 하라." 살아남아 보전케 하라는 명령이다. 심판 가운데서도 남은 자를 두고자 하는 하나님의 뜻을 읽을 수 있다. "지금부터 7일이면" 그는 7일 전에 방주에 들어갔다.

2. 홍수 심판(6 – 24절)

- 노아가 600세 되던 해 2월 17일에 비가 오기 시작했다. 큰 깊음의 샘들이 터지며 하늘의 창들이 열려 40주야 비가 내려.
- 노아 부부, 그리고 아들 셈, 함, 야벳의 부부가 다 방주로 들어갔고 모든 짐승, 육축, 땅에 기는 것과 모든 새가 그 종류대로 암수 둘씩 노아에게 나아와 방주에 들어갔다.
- 그에게 명하신 대로 들어가니 여호와께서 그를 닫아 넣으셨다.
- 물이 땅에 창일하니 천하에 높은 산이 다 덮여

- 물이 불어 15규빗 오르니 산들이 덮인지라 코로 호흡하는 모든 생물이 다 죽고 지면의 생물을 쓸어버리시되 오직 노아와 그와 함께 방주에 있던 자만 남았으며
- 물이 150일 동안 땅에 창일하였더라.

"암수 둘씩 노아에게 나아와." 이것은 짐승들이 어떻게 방주로 들어갔는가를 보여 준다. 짐승들이 질서 있게 나아오는 것은 크게 두 가지로 해석할 수 있다. 하나는 인류가 타락하기 전에 모든 동물들이 인간의 다스림에 복종했는데 이 잃었던 다스림의 권위가 노아에게도 실질적으로 나타났다는 것이다. 다른 하나는 동물들이 둘씩 나아온 것은 하나님의 말씀에 순종했다는 주장이다. 인간은 타락 이후로 그 권위를 잃었지만 동물들은 언제나 하나님의 권위 앞에 굴복한다는 것을 보여 주는 사건이다. 우리는 이 모든 일을 주관하신 분이 바로 하나님이심에 주목할 필요가 있다.

큰 깊음의 샘(all the springs of the great deep)이 터지고 하늘의 창(floodgates of the heavens)이 열렸다는 것은 비가 하늘로부터 억수로 쏟아졌을 뿐 아니라(mighty torrents from the sky) 샘이 터져 아래서부터도 물이 넘쳤음을 의미한다. 즉 위아래로 물이 쏟아진 것이다.

'그 종류대로.' 모든 들짐승, 모든 육축, 땅에 기는 것, 각양의 새가 그 종류대로 방주에 들어갔다. 이것은 하나님께서 창조하신 동물들을 살리기로 하셨음을 의미한다. 하나님의 은혜가 아닐 수 없다.

'기식이 있는 육체.' 기식(氣息, breath of life)은 히브리어 '르아흐'를 번역한 것으로 호흡의 기운을 뜻한다. 그러므로 기식이 있는

육체란 호흡하고 있는 생명체를 나타낸다. 기식과 관계가 있는 신체의 기관은 코와 입이다. 사람의 생명과 사망은 이 기식에 달려있다.

"여호와께서 그를 닫아 넣으시니라."(16절). 동물은 물론 노아의 식구들이 방주에 다 들어가자 하나님께서 마지막으로 노아를 방주에 넣으시고 그 문을 닫으셨다(the lord shut him in). 노아의 방주는 구원의 방주이다. 오늘날 우리의 방주는 예수 그리스도시다. 하나님이 방주의 문을 닫으신 의미를 살펴보면 다음과 같다.

홍수시작은 방주에 대한 모든 작업이 마무리되고 이제 곧 홍수가 시작될 것임을 의미한다.

'철저한 분리다.' 이 세대 사람들과 완전히 분리시키셨다. 하나님은 그 문을 닫으심으로 그들을 세상과 분리시키셨다. 하나님은 우리를 예수라는 방주에 집어넣고 다시는 세상으로 나가지 못하도록 하신다. 나아가 세상 사람이 우리와 섞일 수도 없다. 성도는 더 이상 세상과 짝할 수 없는 독특한 존재이다. "오직 너희는 택하신 족속이요 왕 같은 제사장들이요 거룩한 나라요 그의 소유된 백성이니 이는 너희를 어두운 데서 불러내어 그의 기이한 빛에 들어가게 하신 자의 아름다운 덕을 선전하게 하려 하심이라"(벧전2:9).

'보호하신다.' 심판 직전에 하나님이 사랑하시는 자를 아버지처럼 보호하신다. 하나님은 "생명을 보존케"(창6:19) 하겠다는 약속을 지키셨다. 노아의 식구들이 멸망하지 않게 하기 위해 문을 닫으신 것처럼 우리를 심판으로부터 보호하신다.

노아 홍수 이후 하나님은 앞으로 물 심판이 아니라 불 심판이 있을 것을 말씀하셨다. 우리 앞에 불 심판이 남아 있지만 예수를 믿는 자는 영생을 얻고 심판에 이르지 않는다. "내 말을 듣고 또 나 보내신 이를 믿는 자는 영생을 얻었고 심판에 이르지 아니하나니 사망에서 생명으로 옮겼느니라."(요5:23).

예수의 피가 우리를 보호한다. "내가 애굽 땅을 칠 때에 그 피가 너희의 거하는 집에 있어서 너희를 위하여 표적이 될지라 내가 피를 볼 때에 너희를 넘어가리니 재앙이 너희에게 내려 멸하지 아니하리라"(출12:13). 문설주의 피가 그들을 보호했듯이 그리스도의 피가 성도를 보호한다.

방주의 문을 닫았다는 것은 이제부터 하나님이 전적으로 그 방주를 주관하시며, 그 속에 있는 생명들을 보호하신다는 것을 의미한다. 하나님의 보호를 그 어느 것도 방해할 수 없다. 그들은 하나님이 닫으신 그 문 안에서 온전히 보호를 받았다. 우리는 그리스도 안에서 영원히 안전하다.

그리스도인은 지금도 하나님의 은혜로운 보호를 받는다. 잠시 잘못을 저질렀다 해도 주님께 돌아와 회개하면 용서하신다. 회개와 용서는 성도로 하여금 세상으로 돌아가지 못하게 하는 하나님의 보호 장치이다. 하나님은 자기의 자녀가 멸망할 자리로 돌아가는 것을 원치 않으신다.

기회는 항상 열려 있는 것은 아니다. 제한되어 있다. 하나님이 허용하신 은혜와 구원을 받은 시기가 지난 다음에는 더 이상 기회가 없다. 노아와 그의 가족만이 엄청난 재난으로부터 구원을 얻었다. 마찬가지로 우리를 향하신 구원의 기회도 무제한 주어지지 않는다. 언젠가 그 문을 닫으신다.

노아가 방주에 들어간 지 칠 일 후 비가 내리기 시작했다. 칠 일 동안 비가 내리지 않았지만 그는 그 안에서 하나님의 말씀을 신뢰하고 함께 비를 기다렸다.

그 후 사십 일, 곧 사십 주야 비가 내렸다. 17세기에 어셔(James Usher) 대감독은 창세기 5장과 11장의 족보를 근거로 해서 홍수의 연대를 약 B.C. 2350년으로 추정했다. 그러나 여기에는 두 가지 조건이 전제된다. 첫째, 족보는 모든 대수를 빠뜨리지 않고 전부 기록하고 있다. 둘째, 기록된 연령의 수치는 연속성을 가진다. 그러나 창세기의 족보는 이 두 전제 모두를 만족시키는 것으로 볼 수 없어 홍수의 연대를 정확하게 말할 수 없다. 일부 지질학자들은 최종 빙하가 노아의 홍수와 연관이 있는 것으로 보기도 하고, 일부 지질학자들은 탄소연대측정법에 따라 B.C. 약 일만 년 전에 대변혁이 일어난 때와 같은 시기일 것으로 보기도 한다.

홍수의 의미에 대해 신약은 다음과 같이 언급하고 있다. 첫째, 노아시대의 종말을 예고한 것이다(마24:37-39;눅17:26-27). 둘째, 노아가 하나님이 구원하시는 은혜에 대한 믿음의 표상으로 쓰였다(히11:7). 끝으로, 홍수는 육체의 더러움을 씻는 세례의 표징이다(벧전3:19-21).

"천하에 높은 산이 다 덮였더니." 홍수의 범위에 대해서는 크게 두 가지이다. 하나는 홍수가 그 당시 지구 전체를 휩쓸었다는 주장이고, 다른 하나는 일정한 지역에 국한된 것이라는 주장이다.

지구 전체였다는 주장의 근거는 다음과 같다.

－홍수를 설명하는 언어가 세계적임을 말하고 있다(창7:18-24).

－물이 줄어드는 데 150일이 걸렸다면 그 홍수는 세계적임에 틀림없다.

－홍수의 목적은 세계적인 죄의 형벌이다. 지역적인 홍수라면 상

당수가 피신했을 것이다.

- 지역적인 홍수라면 다시 이런 홍수가 없을 것이라는 약속(창 9:15)을 어떻게 이해하겠는가?

지역적인 홍수였다는 주장의 근거는 다음과 같다.

- 방주가 출발점에서 500마일 이내에 머물렀다.
- 만일 세계적인 홍수라면 모든 식물도 멸절되었을 것이다.
- 성경의 기사는 이스라엘과 관계있는 사람과 민족들에게만 집중되어 있다.
- 노아는 회개를 선포하기 위해 아프리카나 중국으로 가지 않았다.
- 홍수의 범위는 사람이 살고 있는 유브라데 지역인 것으로 보는 학자도 있다. 아담에서 노아까지 10대라는 추정에서다.

히브리의 15규빗은 약 6.9미터(20ft)에 해당한다. 천하의 높은 산이 다 물에 잠기고도 15규빗이나 더 높이(more than 20 feet) 물이 덮었음을 나타낸다.

150일 동안 땅에 창일했다. 비는 40일간 내렸고, 그 뒤 150일간 물이 넘쳤다. 홍수의 여파는 거의 1년이나 계속되었다(창7:11;8:13). 월튼(J. H. Walton)은 노아가 방주에서 보낸 전체의 일수를 377일로 잡고 있다. 7일 동안 비를 기다리고, 15일간 물이 창일했으며, 물이 감해지는 데 150일, 그리고 땅이 마르는 데 70일이 걸려 이 모두를 합하면 377일이라는 것이다.

1. 감수(1 – 14절)

- 하나님이 노아와 방주에 있는 모든 들짐승과 육축을 권념하사 바람으로 땅위에 불게 하시매 물이 감하였고
- 깊음의 샘과 하늘의 창을 막으매 비가 그쳐
- 150일 후 곧, 7월 17일에 방주가 아라랏 산에 머물러
- 10월 1일에 산들의 봉우리기 보였고
- 40일을 지나 노아가 방주의 창을 열고 까마귀를 내어놓으매 물이 땅에 마르기까지 왕래했다. 또 물이 감한 여부를 알고자 비둘기를 세 차례 내어 놓았다.
  - −1차: 접촉할 곳을 찾지 못하여 방주로 돌아와
  - −2차: 7일 후 다시 내어놓자 저녁때 감람 새 잎사귀를 입에 물고 돌아와
  - −3차: 7일 후 또 내어놓자 다시 돌아오지 아니해
- 601세 된 1월 1일에 노아가 방주 뚜껑을 제치고 본즉 지면에 물이 걷혀
- 2월 27일에 땅이 말랐더라

권념(眷念)은 히브리어 '자칼'을 번역한 것으로 '기억하다', '새기다(remember)'는 뜻이다. 항상 마음속에 깊이 새기고 있음을 나타낸다. 노아는 홍수기간 동안 혹시 하나님이 약속을 잊지나 않았을까 걱정했을 수도 있다. 그러나 '권념하사'는 하나님께서 홍수가 계속되는 동안에도 방주에 있는 노아와 그의 가족, 그리고 모든 생물들을 한순간이라도 잊지 않으시고 보호하셨음을 보여 준다. 구약에서 하나님이 자기 백성을 기억하심은 그의 신실한 사랑과 관계되어 나타났으며, 때를 따라 간섭하시는 것, 그리고 기억의 대상을 향해 움직이는 것으로 나타났다.

150일은 표류기간이 5개월이나 되었음을 보여 준다. 아라랏(Ararat)산은 아르메니아 고원에 있는 산으로 해발 5,185미터에 달한다. 아라랏 산은 고대 우라르트 왕국 땅, 곧 메소포타미아 북부에 위치해 있다. 원문에는 '산'(mountains)을 복수로 표현하고 있다. 이는 특정한 산봉우리라기보다는 하나의 산맥을 나타내는 것으로 보인다. 노아의 방주가 7개월 동안 이 산에 머물러 있은 후 방주에서 나왔다. 이처럼 높고 눈 덮인 곳, 물이 많은 곳에서 동물들이 내려온다는 것은 상상만 해도 놀라운 일이 아닐 수 없다.

까마귀(raven)는 더러운 곳에도 앉고 썩은 고기를 먹는 동물로 자연을 깨끗하게 하는 새다. 날개 힘이 강하고 지구력이 강하다. 까마귀는 방주로 돌아오지 않았다.

비둘기(dove)는 순결을 상징한다. 이스라엘을 표징하고, 죄악을 깨끗하게 하는 성령의 모습으로도 나타난다. 비둘기는 양과 더불어 순결한 믿음과 사랑의 마음을 대변한다. 가난한 자는 양 대신 비둘기를 속죄 제물로 드릴 수 있게 했다.

2. 방주에서 나옴(15 - 19절)

- 하나님께서 노아에게 말씀하셨다.
  - "방주에서 나오라"
  - "모든 것을 이끌어내라"
  - "이것들이 땅에서 생육하고 번성하리라"
- 노아가 그 식구들과 함께 나왔고, 땅위의 모든 동물도 그 종류대로 방주에서 나왔더라.

노아와 그 가족은 방주에서 1년 17일 동안 거주한 후 밖으로 나온다. "방주에서 나오라(come out of the ark)"는 하나님의 명령과 그 명령에 따라 방주에서 나옴으로써 인류에게 새로운 시대가 시작된다.

그들은 방주에서 나올 날만 기다렸다. 그러나 비가 그친 후에도 여러 달 동안 방주에서 기다려야 했다. 땅이 굳고 식물이 자라려면 많은 기간이 필요했기 때문이다. 하나님은 땅이 완전히 마르기 전까지는 나오라 하지 않으셨다(14절). 땅이 마르자 방주에서 나오도록 명령하셨다. 이것은 인산을 얼마나 배려히셨는가를 보여 준다.

하나님은 약속하신 대로 구원의 때를 잊지 않으셨고, 자유의 날을 맞음과 동시에 새로운 시대가 전개되었다. 우리도 영원한 하나님의 나라에 들어가기 위해서는 구원의 방주에서 기다려야 한다.

3. 노아의 제단(20 - 22절)

- 방주에서 나온 노아가 하나님을 위해 단을 쌓고
- 모든 정결한 짐승과 새 중에서 취하여 번제를 드렸더니
- 하나님께서 그 향기를 흠향하시고 중심에 이르시되
  "내가 다시는 사람으로 인하여 땅을 저주하지 않으리니 이는 사람의 마음의 계획하는 바가 어려서부터 악함이라 내가 전에 행한 것같이 모든 생물을 멸하지 아니하리니 땅이 있을 동안 심음, 거둠, 추위, 더위, 여름, 겨울, 낮과 밤이 쉬지 아니 하리라."

"여호와를 위해 단을 쌓고." 노아는 방주에서 나오자마자 제일 먼저 제단(altar)을 쌓고 번제를 드렸다. 제단을 쌓은 목적은 여호와를 경배하기 위해서였다. 여기서 노아의 신앙이 잘 나타나 있다. 그가 구원을 받은 것은 온전히 하나님의 은혜인 줄 믿고 방주에서 나와 제사를 드렸다.

단은 '도살하다'는 뜻을 가진 동사 '미즈베아흐'에서 나왔다. 도살은 제사의식에 따라 동물을 죽이는 것과 연관된다. 제단을 무엇으로 만들었는가에 따라 흙단, 돌단, 놋단 등으로 구분된다. 향을 태우기 위한 제단은 분향 단이라 불렸다.

"모든 정결한 짐승 중에서와 모든 정결한 새 중에서." 이것은 모든 정결한 것 가운데서도 가장 좋은 것을 골라서 하나님께 제물로 드렸음을 나타낸다. 노아는 그만큼 정성스럽게 제사를 드렸다. 이때는 아직 단을 쌓는 일정한 규정이 있었던 것은 아니었다. 그러나 본문은 번제물에 합당한 깨끗한 짐승과 합당하지 못한 짐승은 구별되

어 있었음을 보여 준다.

번제(burnt offering)는 히브리어로 '올라'로 올라간다는 뜻을 가진 동사 '아라'에서 나왔다. 제물 모두가 완전히 불에 태워지고 그 연기가 하늘로 올라갔음을 나타낸다. 번제는 제물 모두를 태워 드리는 제사로서 하나님을 향한 완전한 헌신을 다짐하는 의미가 담겨 있다. 노아는 방주에서 나와 새로운 출발을 하기에 앞서 하나님께 감사하고 전적인 헌신을 다짐하는 뜻에서 번제를 드렸다. 번제는 화제 또는 온전한 번제라 불리기도 한다.

"그 향기를 흠향하시고" 향기는 '평안하다, 안식하다'에서 나온 말이다. 이것은 온전한 봉헌을 의미한다. 또한 노아가 드린 제물이 받아들여짐으로써 하나님이 혈육 있는 것들을 땅과 함께 멸망시키리라는 두려움이 사라지게 되었다. 이제 안정되고 평화로운 상태가 된 것이다. 노아라는 이름은 원래 위로를 뜻한다. 그가 하나님께 순종하는 삶을 살고 결국 평화와 안식을 가져왔다. 다시는 저주하지 아니하리라는 말씀이 이를 확증하고 있다. 예수님도 우리를 위해 향기로운 제물이 되셨다(엡5:2)는 것을 기억해야 한다.

"심음과 거둠이 쉬지 아니하리라." 홍수로 인해 파괴된 자연 질서와 생태계의 균형을 원상태로 회복시키겠다는 약속이다. 이 약속은 노아와 그 후손들에게 정상적인 생활환경을 보장해 주시겠다는 말씀이다. 이 약속은 모든 자연법칙을 폐지시킬 듯이 위협하던 홍수가 끝나면서 필요한 것이었다. 이 약속을 통해서 하나님은 노아와 그 가족들에게 위안을 주셨다. 우리도 지금까지 하나님의 인자하심에 따라 정상적인 생활을 해 오고 있다.

1. 하나님의 축복과 조건(1 - 7절)

하나님이 노아와 그 아들에게 복을 주시며 이르시되

- 생육하고 번성하라, 땅에 충만하라
- 땅과 공중, 바다의 모든 짐승과 새와 고기가 너희를 두려워하며 무서워하리라 (이들이 너희 손에 붙이웠음이라)
- 산 동물은 너희의 식물이 될지라 채소같이 이것을 다 너희에게 주노라

  그러나 고기를 그 생명 되는 피 채 먹지 말라 하나님은 너희 생명의 피를 찾으리니

  짐승이나 사람이나 그에게서 그의 생명을 찾으리라
- 사람의 피를 흘리면 사람이 그 피를 흘릴 것이니 이는 하나님이 사람을 자기 형상대로 지으셨음이라

1-7절의 말씀은 새로운 질서를 위해 하나님이 축복하시는 말씀이다. 그 내용은 생물을 지배하고, 동물을 먹게 하지만 동물의 피를 먹거나 살인을 금하는 것으로 되어 있다. 생물지배는 아담에게 주신 축복과 같다. 이것에 몇 가지가 첨가되었다. 이로써 인간생존에 필요

한 모든 것이 갖추어졌다.

"산 동물이 너희 식물이 될지라." 홍수 이전에는 산 동물을 먹는 것이 허락되지 않았다. 홍수 이후 동물을 먹게 되었다.

육식을 허락하면서도 동물의 피를 같이 먹지 말 것을 강조하셨다. 성경에서 피는 생명을 상징한다(레17:11,14). 고기를 피째 먹지 말라는 말씀은 생명의 근원이 되는 피를 천히 여기지 말고 생명을 존중하라는 뜻이 담겨 있다. 모든 생명은 하나님께 속한 것이므로 인간이 그 주권을 침해할 수 없다.

또한 피가 생명이라는 것에서 피가 생명을 구원한다는 원리가 생겨났다. "피 흘림이 없은즉 사함이 없느니라."(히9:22). 예수 그리스도의 피가 우리의 모든 죄를 속량해 주셨다는 것도 이 원리가 적용된 것이다.

"사람이나 사람의 형제면 그에게서 찾으리라." 원래는 '사람에게서, 곧 그의 형제 된 사람에게서'이다. 하나님께서 죽임당한 사람의 생명의 값을 찾으시되 같은 인류에 속하는 살인자에게서 찾으시겠다는 뜻이다.

피를 흘린다는 것은 의도적으로 사람을 죽인다는 뜻이다. 사람을 죽이는 것은 하나님의 형상을 죽이는 것이다. 따라서 사람이 사람을 죽이는 것은 안 된다. 인간이 하나님의 형상을 마음대로 파괴할 수 없기 때문이다. 하나님은 이런 행위에 대해 반드시 보수하실 것을 말씀하고 있다. 이 모든 말씀은 인간보호의 원리를 담고 있다.

2. 노아의 언약(8-18절)

너희와 너희 후손과 모든 생물에게 언약을 세우리니
* 다시는 모든 생물을 홍수로 멸하지 아니하리니 땅을 침몰할 홍수가 다시 있지 아니하리라
* 그 증거로 하나님이 무지개를 구름 속에 두었나니 이것이 나와 세상과 언약의 증거라 무지개가 구름 속에 나타나면 하나님과 땅의 무릇 혈기 있는 모든 생물 사이에 된 영원한 언약을 기억하리라

노아와 그의 온 가족이 방주에서 나오자 하나님은 그들과 언약을 세우셨다. 이 언약의 특성은 다음과 같다.
 - 광범성: 하나님은 노아와 그 가족들뿐 아니라 그의 후손과 땅의 모든 생물과 더불어 언약하셨다(9,10).
 - 영원성: 이 언약은 영세까지 세우는(12) 영원한 언약(16)이라 하셨다.
 - 은혜성: 하나님은 언약의 일방적 주권자가 되셔서 사람뿐 아니라 모든 동물까지도 언약의 대상자로 삼으셨다. 이것은 이 언약이 전적으로 하나님의 은혜임을 보여 준다.

"홍수가 다시 있지 아니하리라." 하나님은 다시 홍수로 땅을 멸망시키지 않을 것을 약속하셨다. 이것은 언약의 내용이자 보존에 대한 은혜의 약속이다. 이 말씀은 심판할 때 다시는 홍수라는 방법을 택하지 않으시겠다는 것이지 심판을 하지 않겠다는 것은 아니다.

하나님은 그의 공의를 세우시기 위해 계속 인간을 심판하신다. 불로 소돔과 고모라를 심판하셨고, 주변 국가를 일으켜 범죄 하는 이스라엘을 심판하셨다. 장차 올 대심판에 이 땅은 뜨거운 불로 멸망된다(벧후3:7,10).

하나님은 무지개를 구름 사이에 두심으로 다시는 홍수로 세상을 멸하지 않겠다는 약속의 증표로 삼으셨다. 무지개에 대해서는 두 가지 주장이 있다. 하나는 이때부터 무지개가 지구상에 등장했다는 주장이다. 다른 하나는 하나님은 지금까지 있었던 무지개를 사용하셔서 언약의 증표로 삼으셨다는 주장이다. 무지개를 구름 속에 '두었나니'의 원문 '나타티'는 완결형이다. 따라서 두 번째 주장이 설득력이 있는 것으로 인식되고 있다.

무지개는 또한 심판 후 새로운 미래를 향한 약속의 징표이다. 물로 뒤덮인, 모든 것이 없어진 혼돈상태에서 무지개를 두심으로 미래를 바라보고 희망을 갖게 하셨다. 이로 보아 무지개는 희망의 지평이다. 인간에게 필요한 것은 비전이다. 우리는 하나님의 약속을 깊이 신뢰하는 가운데 이 비전을 우리의 삶 속에 창조적으로 실현시켜 나가야 한다.

하나님께서는 무지개를 보시며 언약을 기억하리라 하셨다. 이것은 하나님의 신실하심을 보여 준다. 우리도 무지개를 볼 때마다 하나님이 언약 가운데서 우리를 늘 보살피고 계신다는 사실을 인식해야 한다.

3. 술 취한 노아와 세 아들(20 – 29절)

- 방주에서 나온 셈, 함(가나안의 아비)과 야벳 세 아들로 좇아 백성이 온 땅에 퍼짐
- 농업을 시작한 노아가 포도나무를 심어 포도주를 마시고 취하여 벌거벗은 채 장막 안에 있는지라
- 둘째 아들 함이 아비의 하체를 보고 밖에 나가 두 형제에게 고하니 셈과 야벳이 옷을 가져다가 어깨에 메고 뒷걸음으로 들어가 아비의 하체를 덮고 아비의 하체를 보지 아니하였더라.
- 술에서 깬 노아가 자기에게 행한 일을 알고
  - 함에게: 가나안은 저주를 받아 형들의 종들의 종이 되기를 원하노라
  - 셈에게: 셈의 하나님 여호와를 찬송하리로다. 가나안은 셈의 종이 되리라
  - 야벳에게: 하나님이 야벳을 창대케 하사 셈의 장막에 거하게 하시고 가나안은 그의 종이 되게 하시기를 원하노라
- 홍수 후 노아는 350년을 더 살았으며 향년 950세로 죽었다.

셈(Shem)은 '이름을 떨친다, 유명하다, 평탄하다'는 뜻을 가지고 있다. 노아의 맏아들로 그의 이름이 예수님의 족보에 기록되어 있다 (눅 3:36). 히브리 민족의 조상이 되었다.

함(Ham)은 '뜨겁다'는 뜻을 가지고 있다. 노아의 아들 가운데 두 번째로 기록되는 것을 보아 둘째가 아닌가 추정된다. 아버지 노아에 대한 부도덕한 태도로 인해 저주를 받았다.

야벳(Japbeth)은 '확장하다(extend), 열린다, 아름답다'는 뜻을 가지

고 있다. 그 자손은 여러 광대한 지역에 분포해 산 것으로 인식되고 있다.

가나안(Canaan)은 '자색, 낮은 땅, 천한 자, 낮은 자'의 의미를 가지고 있다. 그의 아비 함이 범죄함으로 노아를 통해 저주를 받게 되었다. 가나안 족속의 타락성은 노아의 저주와 상관된다. 이 저주로 신분이 낮아졌기 때문에 이 이름이 붙여진 것으로 보인다.

노아는 가인처럼 농사하는 자가 되어 포도나무를 심고 가꾸기 시작했다. 이때는 노아가 방주에서 나온 뒤 상당한 시간이 흐른 것으로 예상된다. 노아의 아들 함이 가나안을 낳았기 때문이다.

"포도주를 마시고." 성경에 처음으로 기록된 음주행위다. 그러나 "홍수 전에 사람들이 먹고 마시고"(마24:38)라고 한 것을 미루어 보아 이 사건 이전에도 음주가 있었던 것으로 추측된다.

'취하여.' 노아도 아담으로 말미암아 모두가 죄인이라는 법칙에서 벗어날 수 없다. 노아가 새롭게 인류의 조상이 되었다 해도 마음으로부터 악이 소멸되지 않았고, 하나님과 언약을 맺었다 해도 육신의 연약함을 막을 수는 없었다.

하체는 '벗게 하다'는 뜻을 가진 '에르봐'에서 나온 말로 몸의 수치스런 부분을 뜻한다. 함의 죄는 노아의 하체를 그저 본 것에 있는 것이 아니라 악의적으로 즐긴 데 있다.

"두 형제에게 고하매." 함의 태도는 노아에 대한 효심과 순종심이 없음을 보여 준다. 가족관계가 무너지면 사회는 병들게 된다.

"네 부모를 공경하라 그리하면 너의 하나님 나 여호와가 네게 준 땅에서 네 생명이 길리라."(출20:12)

"그 부모를 경홀히 여기는 자는 저주를 받을 것이라."(신27:16).

술이 깬 노아는 함이 자기에게 행한 일을 알고 함의 아들 가나안이 형제들의 종이 될 것이라 저주했다. 함은 아비를 모욕한 행위로 인해 그 자식까지 저주를 받았다. 그리고 셈과 야벳에 대해서는 축복했다.

'종들의 종.' 이것은 극단적인 것을 나타낼 때 사용하는 히브리식 표현방법이다. 이 말은 '종들 중에서 가장 작은 자', '가장 낮고 천한 종'이라는 뜻이다. 가나안 족속들은 결국 셈 족속인 이스라엘의 종이 되었다(수9:23;왕상9:20-21).

'셈의 하나님.' 셈을 축복하는 대신 셈의 하나님을 찬송하고 있다. 이것은 약속하신 자손에 대한 최고의 풍성한 축복이 임할 것을 뜻한다. 아울러 셈의 자손들이 참하나님을 섬기고 하나님의 복을 받아 번성할 것을 의미한다.

"셈의 장막에 거하게." 이에 대해서는 두 가지 해석이 있다.

첫째, 야벳 후손의 세상적 발전으로 보는 견해: 야벳의 후손이 세상적으로는 크게 발전하지만 종교적으로는 셈 후손의 그늘에 안주할 것이라는 주장이다.

둘째, 하나님이 셈의 장막에 거하신다는 의미다. 셈을 통하여 초기에 언약된 그 자손(그리스도)이 오게 될 것을 강하게 보여 준다는 주장이다.

일반적으로 야벳의 자손이 셈의 종교적 특권을 함께 누리게 되며 또한 장차 오실 그리스도 복음을 통해 축복받게 될 것을 의미하는 것으로 해석되고 있다.

1. 노아의 세 아들(1절)

• 노아의 아들 셈과 함과 야벳의 후예는 이러하니라 홍수 후에 그
들이 아들들을 낳았으니

노아의 후손에 대한 족보는 하나님께서 그에게 "생육하고 번성하
여 땅에 충만하라"(창9:1,7) 히신 **축복**의 결과가 어떻게 되있는가를
보여 준다.

노아와 그 후손을 이해하기 위해 다음 사항에 주목할 필요가 있다.

(1) 노아의 후손이 전 세계로 확산되었으며 이를 통해 각 민족들
의 기원과 계보를 알 수 있다.

(2) 노아의 세 아들 중 야벳 자손이 먼저 기록되고, 함의 자손, 셈
의 자손 순으로 기록되었다. 야벳 자손이 먼저 기록된 것은
지리적인 이유 때문에 야벳 자손이 함의 자손에 비해 이스라
엘 백성에게 끼친 영향이 적었기 때문으로 간주된다(지리적으
로 먼 지역에 살았다). 모세는 창세기 족보를 기록할 때 하나
님 나라 건설에 관련이 적은 족보를 먼저 간략하게 다루고 그

다음 족보의 본가지를 다루는 것이 특징이다.

(3) 창세기 10장에는 노아와 그 아들들의 후예로 70명의 이름이 기록되어 있다. 야벳 계열의 14, 함 계열 30, 그리고 셈 계열 26, 모두 70명이다. 이것은 지상에 알려진 종족들을 대표하고 있으며 이 계보는 각 종족의 정치적, 지리적, 인종적 연합관계를 보여 준다.

(4) 이 계보는 신학적으로 볼 때 하나님이 약속하신 대로 인종이 번성했고, 모든 인류의 조상이 하나이며, 하나님은 이스라엘의 하나님만이 아니라 모든 민족의 하나님이 되신다는 것을 보여 준다.

(5) '낳다'를 뜻하는 히브리어 '알라드'는 부자간의 혈통이 아닌 상징적인 의미로도 쓰인다.

(6) '아들'로 번역한 히브리어 '벤'도 매우 폭넓게 사용된다. 보기를 들어 '님시의 아들 예후'(왕상19:16)는 '님시의 손자 예후'(왕하 9:20)라는 의미를 가지고 있다. 이 말은 단순한 부자관계를 넘어 자손(혈통을 뛰어넘을 때도 있음)의 의미로 해석될 수도 있다.

(7) 어떤 명칭은 지명 또는 민족명을 나타낼 수도 있다.

(8) 노아와 그 후손 70명의 이름은 대표적인 이름들만 기록되었을 것이다. 이는 아합의 70 아들, 야곱의 70 아들, 기드온의 70 아들 등의 표현과 같이 이상적인 숫자를 나타낸다. 이것은 노아의 자손 가운데 이스라엘에게 의미 없는 것은 생략되었을 가능성이 있음을 보여 준다. 보기를 들어 역사가들 가운데 잘 알려진 수메르에 대한 언급은 없다. 그러나 에렉(우르)과 갈레

와 같은 수메르 도시 이름은 등장한다.

(9) 성경은 현대 이름보다 옛 이름으로 소개되고 있다. 옛 이름을 현대 이름으로 바꾸면 다음과 같다.

옛이름	현대이름	옛이름	현대이름	옛이름	현대이름
마대	메데	야완	헬라	아스그나스	게르만
달시스	스페인	구스	이디오피아	하윌라	아라비아
갑도림	크레테	미스라임 이집트			

2. 야벳의 자손(2 - 5절)

- 야벳 - 고멜, 마곡, 마대, 야완, 두빌, 메섹, 디라스
  고멜 - 아스그나스, 리밧(디밧), 도갈마
  야완 - 엘리사, 달시스(다시스), 깃딤, 도다님
- 이들로부터 여러 나라 백성으로 나뉘어서 각기 방언과 종족과 나라대로 바닷가의 땅에 머물러

야벳 자손들은 유럽, 소아시아, 흑해, 카스피 해 연안 등 약속의 땅에서 가장 먼 곳에 살았던 것으로 보인다. 마대는 현대 이름으로 메데이다.

3. 함의 자손(6 - 20절)

- 함-구스, 미스라임, 붓, 가나안
- 구스-스바, 하윌라, 삽다, 라아마, 삽드가, 니므롯 라아마-스바, 드단
- 미스라임-루딤, 아나밈, 르하빔, 납두힘, 바르루심, 가슬루힘, 갑도림 가슬루힘-블레셋
- 가나안-시돈, 헷, 그리고 여부스 족속, 아모리 족속, 기르가스 족속, 히위 족속, 알가 족속, 신 족속, 아르왓 족속, 스말 족속, 하맛 족속 등 여러 족속의 조상을 낳았고, 이들은 흩어져 거했다.
- 니므롯-세상에 처음 영걸로 여호와 앞에서 특이한 사냥꾼이었다
  - 그의 나라는 시날땅의 바벨과 에렉과 악갓과 갈레에서 시작되었고
  - 그 땅에서 앗수르로 나아가 니느웨, 르호보딜, 갈라, 레센(니느웨와 갈라 사이의 큰 성)을 건축했다.
- 가나안의 지경은 시돈에서부터 그랄을 지나 가사까지와 소돔과 고모라와 아드마와 스보임을 지나 라사까지였다.
- 이들은 함의 자손으로 각기 족속과 방언과 지방과 나라대로이다

함의 자손들은 애굽, 아프리카, 지중해 동부 연안, 유프라테스와 티그리스 강 평원, 소아시아, 아라비아 일부를 차지하며 야벳 자손보다 이스라엘에 더 가깝게 살았다. 홍수 후 애굽을 세워 애굽은 일명 '함의 땅'이라 불린다.

니므롯은 '반역하다'는 뜻을 가졌다. 하나님의 권위를 멸시하고 대적했던 최초의 전제군주로 알려져 있다. 여기서 그가 언급되고 있는

것은 그가 하나님의 신적 권위에 도전하는 세속주의자임을 지적하려는 데 있다. 영걸이라 함은 개인적으로는 용맹이 있는 장사라는 뜻이 있다. 그는 하나님이 알아주는 힘센 사냥꾼이었다. 정치적으로는 권력을 지닌 자를 의미한다. 니므롯(마르덕)은 하나님을 대항해 바벨탑을 세우고 그 후 바벨론의 주신이 되었다. 그 후 벨(Bel)로 개명되었다.

"여호와 앞에서"(9절). 칠십인역에는 이 구절을 '여호와를 반역하여'라고 번역했다. 이것은 니므롯이 여호와를 무시하고 거역했음을 보여 준다. 그는 자기를 신의 자리에 놓음으로써 사람들 위에 군림하고 극도로 교만했다.

에렉은 수메르의 도시 우르를 가리킨다.

"그가 그 땅에서 앗수르로 나아가"(11절)는 고대 바벨(바빌로니아)와 니느웨(앗수르) 간의 적대관계를 나타내는 구절이다.

루딤은 이디오피아와 관계되고 애굽을 치는 소명을 받았다(렘46:9).

르하빔은 '리비아'로 해석된다. 따라서 미스라임이 르하빔을 낳았다는 것은 리비아가 애굽에서 생겨났다는 것으로 이해될 수 있다(H. Leupold).

바드루심은 애굽 남부 바드로스를 차지했다(사11:11).

갑도림은 그레테 섬으로 확인된 갑돌의 주민들이다(신2:23).

"가나안이 장자 시돈을 낳고"는 가나안의 역사에서 일찍부터 사람들이 도성 시돈에 거주했다는 것을 암시한다. 시돈은 가나안 성읍 중 가장 먼저 이룩된 곳이다.

가나안은 훗날 이스라엘이 차지하지만 여러 민족들이 점령하여 살았던 곳이다. 가나안과 애굽은 강한 동맹관계에 있었다. 가나안의 아들들에게 예속된 지역은 시돈과 하맛으로부터 남쪽 흑해 연안에 이르렀다.

4. 셈의 자손(21 – 31절)

- 셈 – 엘람, 앗수르, 아르박삭, 룻, 아람
- 아르박삭 – 셀라 – 에벨 – 벨렉, 욕단
- 욕단 – 알모닷, 셀렙, 하살마웻, 예라, 하도람, 우살, 디글라, 오발(에발), 아비마엘, 스바, 오빌, 하윌라, 요밥
- 아람 – 우스, 훌, 게델, 마스
- 메사에서 스발로 가는 길 동편 산에 거함
- 이들은 셈 자손으로 그 족속과 방언과 지방과 나라대로이다

에벨은 '건너편', 곧 '유프라테스 강 건너편 지역'을 의미한다. '히브리'라는 말이 이 이름에서 유래되었다는 주장이 있다. 히브리라는 말은 건너온 자라는 의미를 가지고 있다.

벨렉은 '나뉨, 분리'라는 뜻을 가지고 있다. 그가 태어났기 때 세상(땅)이 나누어졌기 때문이다. 세상이 나뉘었다는 것은 바벨탑 사건으로 인해 사람들이 언어의 혼란과 함께 온 지면에 흩어진 사건을 암시한다. 벨렉은 또한 '사람이 만든 수로'를 뜻한다. 이것은 그때부터 수로를 따라 땅이 분할된 것으로 이해한 데서 비롯된다.

5. 노아의 자손, 홍수 후 열국백성으로 나뉨(32절)

- 이들은 노아 자손의 족속들이요 그 세계와 나라대로다 홍수 후에 이들에게서 땅의 열국백성이 나뉘었다

여기서 그의 족보를 다시 언급한 것은 하나님의 구원역사에 중요한 연결고리를 제공하고 있음을 보여 주기 위한 것이다. 노아를 구원하신 하나님은 인류의 모든 족속을 한 혈통으로 만들고 온 땅에 거하게 하셨다(행17:26). 노아의 자손이 여러 나라들로 갈라졌음에도 불구하고 그들은 하나님을 향한 관계에 있어서 한 가족으로 남아 있었다.

1. 바벨탑 사건(1 - 9절)

- 온 땅에 구음이 하나 언어가 하나
- 그들이 동방으로 옮기다가 시날 평지를 만나 거기 거하고
- 서로 말하되 "벽돌을 만들어 견고히 굽자. 벽돌로 돌을 대신하고 역청으로 진흙을 대신하고 성과 대를 쌓아 대 꼭대기를 하늘에 닿게 하여 우리 이름을 내고 온 지면에 흩어짐을 면하자."
- 여호와께서 인생들이 쌓는 성과 대를 보시려고 강림하사 말하시되 "이 무리가 한 족속이요 언어도 하나이므로 이같이 시작하였으니 이 후로는 그 경영하는 일을 금지할 수 없으리라. 우리가 내려가서 거기서 그들의 언어를 혼잡케 하여 그들로 서로 알아듣지 못하게 하자" 하시고
- 하나님께서 거기서 그들을 온 지면에 흩으신 고로
- 그들이 성 쌓기를 그쳤더라 그러므로 그 이름을 바벨이라 하니 이는 여호와께서 거기서 온 땅의 언어를 혼잡케 하시고 거기서 그들을 온 지면에 흩으셨더라.

이 내용을 살펴볼 때 바벨탑은 니므롯이 중심이 되어 그의 명령

과 지휘로 건설된 것으로 보인다. 고고학적 자료에 의하면 이 바벨탑은 단순한 탑이 아니라 지구랏(Ziggurat)이라 불리는 제단의 일종이었다. 지구랏은 '하나님 앞의 언덕'이라는 뜻을 가지고 있다. 이것은 하나님과 같이 되고자 했던 바벨탑의 역사를 반증하고 있다. 그 꼭대기에는 월신 난나(Nanna)를 섬기는 제단이 있었을 것으로 추정되고 있다. 이것이 사실인 경우 이 사건은 노아 홍수 후에 생겨난 인간의 무서운 반역행위임에 틀림없다.

하나님께서는 저희의 뜻을 아시고 저들의 언어를 혼잡게 하여 더 이상 바벨탑을 쌓지 못하게 하고 사람들을 흩으셨다. 그 후 사람들의 언어는 더욱 혼잡해져 서로 알아들을 수 없게 되었고 여러 종류의 언어가 발생하게 되었다.

"구음이 하나이요 언어가 하나." 구음은 문자적으로 '한 입술'을 뜻한다. 구음이 하나라 하는 것은 언어가 하나로 되었음을 의미한다. 10장에서 함과 셈과 야벳의 계보를 소개할 때 이들이 '각기 방언과 종족'이 달랐다고 언급되었다고 했다(창10:5,20). 그럼에도 여기에서 말과 언어가 하나라고 한 것은 그들 가운데 한 종족이 힘으로 여러 나라를 지배하고 언어까지 통일하려 했음을 보여 준다(창10:9-11).

시날평지에서 시날(Shinar)은 바벨론을 가리킨다. 유프라테스 강과 티그리스 강 사이에 펼쳐진 대평원으로 잦은 홍수 때문에 땅이 비옥했고 바벨론 문화가 번영하였다.

"서로 말하되"(3절). 하나님의 의지와는 전혀 상관없이 일하고 하였다. 하나님을 제외하고 인간만의 낙원을 꿈꾸었다. 이 속에는 반역의 의도가 충분하다. 우리의 중심에는 항상 하나님이 있어야 한다.

"벽돌로 돌을 대신하며." 그 지역에서는 돌을 구하기 어려웠지만 진흙과 역청은 구할 수 있었다. 벽돌을 구워 돌 대신 사용하고 역청을 진흙 대신 사용한 것 등은 그들이 물자관리를 철저히 했음을 보여 준다. 아무리 관리를 잘 했다 해도 그 목적이 바람직하지 않다는 것에 근본적인 문제가 있다. 이것은 관리와 목적 모두 선해야 한다는 것을 가르쳐 준다.

"대 꼭대기를 하늘에 닿게 하여 우리 이름을 내고." 하나님의 능력에 대항하는 인간의 헛된 욕망을 나타낸다. 그들은 바벨탑을 쌓음으로써 하나님의 권위에 도전할 뿐 아니라 아담과 같이 하나님과 같아지고자 했다. 그들은 "여호와의 이름을 부르는" 대신 하늘에 닿도록 성과 대를 쌓아 인간의 이름을 드높이고자 했다. 이것은 그들이 얼마나 교만했는가를 보여 준다. 이것은 하나님의 통치를 받기보다 하나님 없이 자기들 마음대로 살고 싶어 했음을 말해 준다. 그러므로 바벨탑에 대한 하나님의 심판은 인간의 교만에 대한 심판이다.

"온 지면에 흩어짐을 면하자." 흩어짐을 면하자는 것은 바벨탑 건립의 또 다른 목적에 해당한다. 그러나 이것은 하나님의 뜻과 정면으로 배치된다. 하나님은 인간에게 "땅에 충만하라." 하셨다. 땅에 충만하려면 흩어져 번성해야 한다. 흩어짐은 하나님의 뜻이었다. 흩어짐을 면하자는 것은 하나님의 뜻에 어긋나는 것이다.

하나님이 보시기 위해 내려오셨다(강림). 그러나 인간에게 아무리 높아 보여도 하나님 보시기에는 아무것도 아니었다. 인간의 눈에 아무리 초대형 프로젝트로 보일지라도 하나님에게 그것은 너무도 작은 것이었다. "하늘에 계신 자가 웃으심이여 주께서 저희를 비웃으시리로다."(시2:4).

더 문제가 되는 것은 그 하는 일이 하나님을 반역하는 것이었다.

탑을 쌓음에 있어서 그들의 경영방식은 빈틈이 없었다. 그러나 하나님이 없는 경영은 수포로 돌아갈 뿐이다.

"그 경영하는 일을 금지할 수 없으리로다." '그 경영하는 일', 곧 하나님을 반역하는 일이 계속되어서는 안 되므로 하나님께서 그 일을 수포로 돌아가도록 했음을 나타내고 있다.

"자 내려가서." 하나님이 인간의 악함을 막으려 하심을 보여 준다. 하나님이 막지 않으시면 그들은 창조 이전의 혼돈상태로 되돌아가고 말 것이기 때문이다. 하나님은 인간의 악을 허락지 않으신다. 이것은 하나님의 의와 사랑을 동시에 입증하고 있다.

"언어를 혼잡게 하여." 하나님이 인간에게 언어를 주신 것은 서로 교통해 오해와 불신이 없도록 하고 하나님의 영광을 드러내기 위한 것이다. 그들은 언어를 잘못 사용했다. 따라서 언어를 혼잡게 하셨다.

그러나 하나님은 혼잡게 하시는 분이 아니시다. 하나님은 혼잡한 언어들(방언들)을 오순절 성령의 역사로 하나 되게 하셨다. 이것은 성령의 강권적 역사로 이뤄진 것으로 일회적인 사건이다. 하나님만이 흩어진 언어, 흩어진 하나님의 자녀를 하나로 모을 수 있다. 그 일은 말씀이 육신이 되노록 하는 하나님의 역사 속에서 가능하다. 우리가 하나님의 말씀에 순종할 때 하나님과 통하게 되고 교회가 하나가 되는 역사가 나타난다. 이 통일된 역사가 영원한 하나님 나라에서 이뤄진다.

하늘과 땅을 잇는 사역은 벽돌과 역청으로 된 탑을 만드는 것으로 되는 것이 아니라 예수 그리스도의 말씀으로 이뤄지며 온 인류는 그리스도의 피를 통해 하나의 백성이 될 수 있다.

"온 지면에 흩으신 고로." 하나님께서 중한 벌을 내리지 않으시고 하나님의 의도대로 흩으신 것은 하나님이 얼마나 참으셨는가, 즉 인간을 사랑하셨는가를 보여 준다. 하나님의 진노가 즉시 임하지 않는다고 해서 교만해서는 안 된다. 신학적으로 볼 때 바벨탑 사건은 "온 지경에 퍼지라"는 하나님의 유니버살리즘(universalism)을 다시금 보여 준다.

바벨(Babel)은 원래 '하나님의 문'이란 뜻이다. 그들은 바벨탑을 세우고 그것을 통해 하나님같이 되고자 했다. 그러나 그 문은 하나님의 심판을 자초한 '하나님의 문'이 되었다. 바벨을 '혼잡하다, 혼동하다'는 뜻을 가지고 있는 것으로 해석하기도 한다. 이것은 '혼잡게 하다'는 의미를 가진 히브리어 동사 '발랄'에서 온 것이다. 바벨은 하나로 통일된 언어를 여러 언어로 혼잡게 하고 흩으신 사건을 상징적으로 보여 준다. 계시록에서 바벨은 하나님을 적대하는 거짓과 죄악의 상징으로 나타난다(계17:5).

인간은 자신의 한계를 인정하고 하나님 앞에 겸손해야 한다. 더이상 자신의 바벨탑을 쌓지 말고 하나님 앞에 나와야 한다. 그러면 인간의 바벨탑에서 얻을 수 없는 것들을 하나님의 사랑(구원)을 통해 얻을 수 있다.

2. 셈에서 데라까지(10 – 26절)

- 셈: 100세, 곧 홍수 후 2년에 아르박삭을 낳음. 아르박삭을 낳은 후 500년 지나며 자녀 낳음
- 아르박삭: 35세에 셀라를 낳음. 셀라를 낳은 후 403년 지내며 자

녀 낳아

- 셀라: 30세에 에벨을 낳음. 에벨을 낳은 후 403년 지내며 자녀
  낳아
- 에벨: 34세에 벨렉을 낳음. 벨렉을 낳은 후 430년 지내며 자녀
  낳아
- 벨렉: 30세에 르우를 낳음. 르우를 낳은 후 209년 지내며 자녀
  낳아
- 르우: 32세에 스룩을 낳음. 스룩을 낳은 후 207년 지내며 자녀
  낳아
- 스룩: 30세에 나홀을 낳음. 나홀을 낳은 후 200년 지내며 자녀
  낳아
- 나홀: 29세에 데라를 낳음. 데라를 낳은 후 119년 지내며 자녀
  낳아
- 데라: 70세에 아브람과 나홀과 하란을 낳음

셈으로부터 아브라함에 이르는 족보가 소개되어 있다. 함과 야벳
의 혈통이 생략되고 셈의 혈통이 소개되는 것은 그의 혈통 가운데서
한 사람이 선택되고 그 사람의 허리에서 새로운 민족이 생겨나고 그
민족에게서 약속된 구원자가 나오게 될 것을 암시하고 있다. 창세기
1장과 11장을 가리켜 '원역사(Urgeshichte)'라 부른다.

족보에서 나타나는 또 다른 특이한 현상은 이 시대 사람들의 수
명이 점점 짧아지고 있다는 점이다. 특히 맏아들을 낳은 때의 연령
이 거의 30대로 오늘날의 수치와 아주 비슷하다.

데라(Terah)는 '표백', '지체함'이라는 뜻을 가지고 있다. 그는 갈
대아 우르에서 거의 한평생을 보내다가 하란으로 이주해 그곳에서

죽었다. 그는 이방우상을 만들었고, 그 신을 섬겼다(수24:2).

"칠십 세에 아브람과 나홀과 하란을 낳았더라." 이것은 데라의 나이 70세 때 세쌍둥이를 낳았다는 것이 아니다. 데라가 70세부터 아들을 낳기 시작했음을 나타낸다. 세 아들 가운데 아브람이 가장 먼저 언급된 것은 그가 장남이어서가 아니라 성경적으로 그의 중요성이 크고, 또 여러 아들들 중에서 그가 데라를 계승한 때문으로 이해되고 있다. 데라가 아브람을 낳은 것은 그의 나이 130세 이후가 될 것으로 추정하고 있다.

아브람(Abram)은 아브라함의 옛 이름으로 '높임을 받는 아버지(exalted father)'라는 뜻을 가지고 있다. 하나님이 선택한 백성의 조상이라는 뜻이다. 그의 이름은 아브라함으로 바뀐다. 그 뜻은 '많은 무리(열국)의 아비'이다.

그의 출생지는 북방 밧단아람으로 보이며 우르에서 성장했다. 밧단아람은 '아람인의 벌판'이라는 뜻을 가지고 있다. 이로 보아 아브라함은 아람계통의 인물로 간주되고 있다. 신명기에서도 "네 조상은 유리하는 아람사람"이라 말하고 있다(신26:5).

아브라함의 출생에 대해서는 전기설과 후기설 등 두 가지 학설이 있다. 전기설에 따르면 그의 출생시기는 약 B.C. 2166년경이며, 후기설에 따를 경우 약 B.C. 1800년경이다. 이 중 전기설이 우세하다.

하란(Haran)은 '산이 많은'이라는 뜻을 가지고 있다. 그는 아들 롯과 두 딸 밀가 및 이스가를 낳았다. 하란은 데라가 아직 살아 있을 때 갈대아 우르에서 죽었다. 여러 정황으로 미루어 데라의 장남으로 추정되고 있다.

3. 데라의 후손(27 - 32절)

- 하란은 롯을 낳고 아비 데라보다 먼저 본토 갈대아 우르에서 죽음
- 아브람은 사래에게 장가들었으나 잉태치 못하여 자식이 없더라
- 나홀은 밀가에게 장가듦
- 데라가 아브람과 그 아내 사래, 하란의 아들과 그 손자 롯을 데리고 갈대아 우르에서 떠나 가나안 땅으로 가고자 하더니 하란에 이르러 거기 거하며 205세 향수하고 하란에서 죽음

갈대아 우르(Ur)는 아브라함이 성장한 곳으로 메소포타미아 남부 유프라테스 강 유역에 있는 고대 성읍이다. 우르는 '빛'이라는 뜻을 가지고 있다. 이곳은 수메르 문화의 중심지로 갈대아의 월신 난나를 섬기는 많은 신전들이 있었다. 특히 탑 모양으로 쌓아 올린 지구랏이 유명하다. 이곳은 하므라비에 의해 파괴되었으나 후에 나보니더스에 의해 재건되었다.

아브라함이 살았던 곳으로는 우르 외에 하란, 세겜, 벧엘, 브엘세바, 헤브론, 남방(네게브) 등이 있다.

"아브람은 잉태치 못하여 자식이 없더라." 아브라함에 대한 성경의 이야기는 가정적인 어려움(difficulties)에서부터 시작된다. 그의 아내 사래(Sarai)가 아이를 낳지 못하기 때문이다. 이것은 좌절과 긴장을 불러일으킨다. 이런 가운데서 그는 곧 큰 민족의 조상이 될 것이라는 희망의 말씀을 듣게 된다. 하나님은 절망을 주는 분이 아니라 희망을 주는 분이시다.

"데라가 우르에서 떠나 가나안 땅으로 가고자 하더니." 이 31절은

데라가 식구들을 데리고 갈대아 우르를 떠나 가나안으로 가고자 했다고 기록하고 있다. 이 경우 데라가 가나안 행을 주도한 것으로 보이게 한다. 그러나 사도행전 7장 2절과 3절에 따르면 아브람이 하란에 있기 전 메소포타미아에 있을 때에 하나님의 영광이 그에게 보이며 "네 고향과 친척을 떠나 내가 네게 보일 땅으로 가라"하셨다. 그러므로 데라가 가나안으로 가고자 한 것은 아브람에 대한 하나님의 지시를 따른 것임을 알 수 있다. 이 과정에서 아브람의 설득이 있었을 것이다. 데라가 우르를 떠난 것은 그의 자발적 신앙에서 나온 것인지는 알 수 없다. 불완전하지만 가나안 땅으로 가고자 한 것은 어떤 점에서 하나님의 뜻에 복종한 행동이었을 수도 있다.

"하란에 거하였으며." 가나안으로 가고자 했으나 데라는 가는 도중에 방향을 바꾸어 하란으로 갔다. 데라가 하란에 거함(settled there)으로 아브람의 가나안 행이 '지체'되었다. 데라의 뜻이 '지체'라는 것이 여기에서는 매우 의미 있게 들린다. 하란은 니느웨와 바벨론은 물론 다메석, 두로, 애굽을 연결하는 중요한 교통의 중심지이자 국경지대였다.

"하란에서 죽었더라." 데라가 205세를 일기로 하란에서 죽었다. 하나님이 데라를 나이의 언덕(age cliff)이라는 막다른 골목(dead end)에 세워 두신 것이다. 아브람을 지체토록 한 원인이 제거되었다. 아브람은 이로 인해 지체로부터 자유로워질 수 있게 되었다. 아브람은 가나안을 행해 하란을 떠날 수 있게 된 것이다. 우리 신앙을 지체하게 만드는 원인이 무엇인가를 생각해 보라. 그것들을 스스로 제거하라. 스스로 할 수 없다면 하나님이 하시도록 기도하라.

그러나 데라의 다른 아들인 나홀은 이곳에 남아 있었다. 나홀은 롯의 누이인 밀가와 결혼했다. 이삭의 아내 리브가는 브두엘의 딸로서 브두엘은 바로 나홀과 밀가 사이에 난 아들이다. 훗날 야곱은 에서의 분노를 피해 이곳에 있는 외삼촌 라반의 집에 거했다.

1. 아브람의 부름받음(1 - 3절)

아브람에 대한 하나님의 지시
- 너는 너의 본토 친척 아비 집을 떠나 내가 지시할 땅으로 가라
- 내가 너로 큰 민족을 이루고 네게 복을 주어 네 이름을 창대케 하리니 너는 복의 근원이 될지라
- 너를 축복하는 자에게는 내가 복을 내리고 너를 저주하는 자에게는 내가 저주하리니 땅의 모든 족속이 너를 인하여 복을 얻을 것이니라

창세기 12장에서 50장은 족장중심의 구속역사가 어떻게 발전되었는가를 보여 주고 있다. 12장은 새로운 민족의 시작과 더불어 구속사의 일대 전환기를 이루는 아브람의 역사가 시작되고 있다.

먼저 아브람에 대한 하나님의 명령과 약속이 있다. 명령은 본토, 친척, 아비 집을 떠나 지시할 땅, 곧 가나안으로 가라는 것이었다. 하나님의 약속은 큰 민족을 이루고, 복을 주어 네 이름을 창대케 하며, 복의 근원이 되게 하겠다는 것이다.

이 언약에는 일곱 가지 축복이 내재되어 있다. "너로 큰 민족을

이루게 하겠다. 네게 복을 주겠다. 네 이름을 창대케 하리라. 너는 복의 근원이 될 것이다. 너를 축복하는 자에게 복을 내릴 것이다. 너를 저주하는 자에게 저주를 내릴 것이다. 땅의 모든 족속이 너를 인하여 복을 얻을 것이다."

"여호와께서 아브람에게 이르시되 너는 너의 본토 친척 아비 집을 떠나." "여호와께서 아브람에게 이르시되." 우리는 아브라함을 믿음의 조상이라 부른다. 그러나 이 말씀을 보면 그를 믿음의 조상이 되게 하신 분은 하나님임을 알 수 있다. 하나님이 아브라함을 믿음의 사람으로 만들어 가셨기 때문이다. 고로 믿음의 주어는 하나님이다. 믿음은 하나님으로부터 온다.

우리가 믿음을 가졌다면 그것 또한 하나님이 하신 것이다. 그러므로 우리로 봐서는 은혜다. 은혜하면 에벤에셀을 생각한다. 원래 '도움의 돌'이지만 '하나님이 여기까지 나를 도우셨다'는 뜻을 가지고 있다. 나의 나 된 것은 하나님의 은혜다. 시편 94장 저자는 고백한다. "여호와께서 내게 도움이 되지 아니하셨더면 내 혼이 벌써 적막 중에 처하였으리로다."

아비 집은 지역적으로는 갈대아 우르지만 영적으로 보면 죄, 우상, 물질, 옛 생활, 부정적 생각, 안일한 관념, 반복적인 무의미한 시간, 인간적 정 등 모두를 포괄한 말이다. 여호수아서에는 아비 집을 떠나라 한 이유를 다음과 같이 기록하고 있다.

"아브라함의 아비 데라가 강 저편에 거하여 다른 신들을 섬겼으나 내가 아브라함을 강 저편에서 이끌어 내어 가나안으로 인도하여 온 땅을 두로 행하게 하고 그 씨를 번성케 하려고 그에게 이삭을 주었고"(수24:2,3).

데라가 살던 '강 저편'은 우상숭배와 죄악이 많은 곳이었다. 바벨론 주신 마르덕을 비롯하여 달신 신(Shin, Sin)을 섬겼다. 달신의 아내 닌갈(Ningal)은 성욕의 화신이었다. 그로 인하여 신전음행이 성행했다. 신전 여사제를 두었고 그 외 여자들이 이 의식에 참예했다. 닌갈은 우르에서 부르는 이름이고, 니느웨에서는 니나(Nina)라 했으며 바벨론에서는 이쉬달(Ishtar)이라 불렀다.

이제 아비 집을 떠남으로써 과거와의 모든 관계를 끊고 전적으로 하나님의 뜻을 따라 살게 되었다. 아브람은 개척시대에 의롭고, 하나님을 믿고, 우상을 모르는 고대일신교 전통을 이어받은 자이다. 그가 우상의 터를 떠남으로써 하나님의 구속사역에 동참하게 되는 전기를 맞게 된다.

우리는 하나님이 우리를 택하셨다는 믿음을 가져야 한다. 하나님은 아브람을 특별히 불러내었다. '불러내었다'는 것은 선택이다. 이곳에 나를 불렀다는 믿음이 흔들리지 않아야 한다. 불러내심으로 이미 우리는 택하신 족속이 되었다. 하나님은 아버지요 우리는 그의 자녀가 되었다. 하나님 아버지는 그 자녀를 절대 잊지 않는다. 우리는 당당하게 이 세상을 살아야 한다.

영적인 면에서 볼 때 '떠나'는 것은 단지 장소적 떠남만을 의지하지 않는다. 내가 의뢰하는 것, 익숙한 것과의 결별이다. 이것은 하나님의 거룩한 가지치기이다. 오직 하나님께 나아가라.

"내가 지시할 땅으로 가라." 지시할 땅은 지역적으로는 가나안이지만 영적으로는 본토 친척 아비 집이 갖는 부정적인 요소와 결별된 땅이다. 하나님 중심으로 살아가야 할 땅이자 구원의 땅, 하나님의 땅이다. 믿음은 모르는 것 속에 뛰어드는 것이 아니라 하나님이 잘 아시는 땅을 향해 나아가는 것이다. 인간은 모르지만 하나님은 아시고 준비하신다. "믿음으로 아브라함은 부르심을 받았을 때에 순종하여 장래 기업으로 받을 땅에 나갈 새 갈 바를 알지 못하고 나갔으며"(히11:8). 아브람은 인간으로는 알 수 없는 길을 갔다. 믿음으로 갈 바를 알지 못하나 떠났다. 우리는 언제나 믿음으로 걸어가야 한다.

'아비 집을 떠나라'는 이 명령은 하나님께서 아브람의 고향인 갈대아 우르에서 말씀하신 것으로 이해되고 있다. 왜냐하면 하란은 잠시 머문 곳으로 그의 본토나 아비 집으로 볼 수 없기 때문이다. 사도행전 7장 2, 3절은 아브람이 하란에 있기 전 메소보다미아, 곧 갈대아 우르에서 이 명령이 내려졌음을 말하고 있다.

이사야서에는 "아브라함이 혈혈단신으로 있을 때 하나님이 부르고 그에 복을 주어 창성케 하였느니라"(사51:2)고 기록되어 있다. 이것은 아버지 데라가 죽자 홀로 남게 되었으며 그때 하나님의 명령에 순종했음을 보여 준다.

또 사도행전에는 "아브라함이 갈대아 사람의 땅을 떠나 하란에 거하다가 그 아비가 죽으매 하나님이 그를 거기서 너희 시방 거하는 이 땅으로 옮기셨느니라."(행7:4)라고 기록되어 있다. 그가 하란에서 가나안으로 간 것을 '하나님이 옮기신' 것으로 표현한 것은 그것이 하나님의 뜻이었으며 하나님의 섭리가 그를 통해 역사하고 계셨음을 나타낸다.

'내가 지시할 땅'은 가나안이다. 당시 발전된 지역은 아니지만 지정학적으로 고대세계의 삶의 중심지 역할을 한 곳이었다. 신약시대에는 복음이 온 세상에 퍼지는 데 전략적으로 중요한 지역이 되었다. 영적으로 볼 때 하나님은 이미 구속적 선교 마인드를 가지고 이 땅을 택하셨다.

"큰 민족을 이루고." 큰 민족을 나타내는 히브리어 '까돌'은 다음과 같은 의미를 담고 있다. '수효를 많게 하겠다, 훌륭한 민족이 되게 하겠다, 위대한 민족이 되게 하겠다.' 민족을 이루게 하겠다는 것은 단시일에 이뤄지는 것이 아니다. 이 약속은 자식을 가지지 못한 아브람에게 그의 믿음을 분발시켰으며, 그 일이 지금 당장 실현되는 것이 아니라 할지라도 먼 장래에 대한 꿈(dream)과 희망을 갖게 하였다. 그 꿈은 나의 욕심에서 나온 꿈이 아니다. 하나님의 꿈이다. "내가 너로 큰 민족을 이루고 네게 복을 주어 네 이름을 창대케 하리니"

그러나 그의 꿈은 어려운 과정을 통해 이뤄지게 된다. 이것은 우리가 하나님을 향한 꿈을 이룰 때 참고 기다리며 애써야 함을 말해 준다. "가나안 땅으로 가고자 하더니 하란에 이르러 거기 거하였으며"(창11:31). 빨리 이뤄지게 하는 것이 아니라 지체하게 하신다. 시간이 필요하다는 말이다. "데라는 이백오 세를 향수하고 하란에서 죽었더라"(창11:32). 막다른 골목에 달하게 하시고, 그곳에서 새 길을 여신다. 마침내 떠나게 하신 것이다. 그렇다고 모든 것이 순조로운 것이 아니다. "사래가 잉태하지 못하므로 자식이 없었더라."(창11:30). 이것은 "너로 큰 민족을 이루게 하시겠다."는 것과는 대조적이다. 꿈을 이루는 과정에서 이해할 수 없는 어려움도 주신다. 그러나 이 모든 과정을 거쳐야 민족을 이루는 역에 이르게 하신다.

민족을 이루고, 그 후손이 별처럼 많아진다. 이 후손은 단지 이스라엘만 의미하는 것이 아니라 넓은 의미에는 예수 그리스도를 통해 구원을 받은 그리스도인을 말한다. 새 이스라엘. 이 새 이스라엘에 우리도 포함되어 있다.

"복을 주어 네 이름을 창대케 하리니." 아브람 자신과 그 후손이 복을 받게 될 것을 말한다. 이로써 아브람의 후손들은 하나님의 백성이라는 영광스러운 이름을 얻게 된다. 이들은 예수 그리스도 때문에 복을 받는다. 여기서 복은 '베레카'로 '무릎을 꿇다, 예배를 드리다, 행복하다'는 뜻을 가지고 있다. 무릎을 꿇고 예배를 드리는 자에게 복이 임한다. 행복한 상태에 이른다.

그리스도는 우리를 위해서도 선한 계획을 갖고 계신다. 하나님이 하시는 일은 다 선하다. 하나님은 자기를 위해 선하신 계획을 가지고 계신다. 지금 문제를 가진 사람에게도 하나님은 어떤 선한 계획을 가지고 계실지 모른다. 아브람은 처음부터 하나님을 잘 아는 사람이 아니었다. 우상을 섬기고, 우상을 파는 가정에서 살았다. 하나님은 그를 불쌍히 여겨 여기서 불러 하나님의 땅으로 인도하셨다. 하나님은 실패를 통해서도 자신의 선한 계획을 이루고 계신다. 하나님 안에서는 '아니오.'가 없다. 하나님 계획 안에서는 '아니오.'가 없다.

"너는 복의 근원이 될지라." '네가 축복의 도구가 되라', '네가 복이 되라'는 말씀이다. 아브람에게 약속된 이 복은 자신뿐 아니라 만민에게 미칠 복이 된다는 것이다. 메시아에 대한 예언으로 구속사적 의미를 담고 있다.

아브람을 향한 하나님의 축복은 가나안 땅에서 살게 하겠다, 위대한 민족이 되게 하겠다, 그리고 이 민족을 통해 모든 민족이 축복을 받게 하겠다는 것으로 요약된다. 이 약속은 현재뿐 아니라 미래에 대한 약속까지 담겨 있다.

하나님의 자녀로 부름받았다는 것은 축복 중의 축복이다. 우리를 부르신 목적은 우리를 복이 되게 하고, 그 복을 이웃에 나누도록 하기 위함이다. 그리스도인은 이 땅에서 기쁨과 축복을 전하는 도구가 되어야 한다. 그리스도인은 언제나 복음을 열심히 전함으로써, 그리고 이웃을 구원시킴으로써 복의 근원이 될 수 있다. 자기의 성공만을 생각하는 자는 복의 근원이 될 수 없다.

"너를 축복하는 자에게 내가 복을 내리고 너를 저주하는 자에게는 내가 저주하리니." '저주하다'는 것은 '감소시키다' '낮게 여기다'는 뜻을 가지고 있다. 아브람을 업신여기는 것은 하나님을 업신여기는 것이므로 그를 저주하는 자를 그대로 두지 않겠다는 것이다. 이것은 내가 너를 축복의 통로로 삼겠다는 강한 의지를 보여 주는 동시에 이를 위해 너를 축복하겠다는 뜻을 담고 있다. 축복하는 자에게 축복하며 저주하는 자에게 저주가 임하게 하는 이 모든 축복은 선포하는 대로 되는 축복이라는 점에서 인간적으로 감당할 수 없는 축복이다.

"너를 축복하는 자를 축복하고, 너를 저주하는 자를 저주하겠다."는 이 말씀은 주님이 '내 편'이라는 것을 보여 주신다. 아브라함도, 야곱도 그렇게 믿고 생각했다. 주님은 "의로운 손으로 너를 붙들리라"고 말씀하신다. 이스라엘이 범죄 했어도 하나님은 이스라엘 편에 섰다. 하나님은 믿는 자를 도우신다.

"땅의 모든 족속이 복을 얻을 것이니라." 이것은 복의 근원이 된다는 앞서의 말씀을 더 구체화시킨 것이다. 땅의 모든 족속이 받을 복은 아브람이 주는 복이 아니다. 하나님이 모든 인류를 구원하시기 위한 복을 그와 그의 후손을 통해 주시기로 작정하신 것이다. 때가 차매 하나님은 아브람에게 약속하신 대로 그 아들을 보내셨다.

"때가 차매 하나님이 그 아들을 보내사."(갈4:4).

"우리 조상을 긍휼히 여기시며 그 거룩한 언약을 기억하셨으니 곧 우리 조상 아브라함에게 맹세하신 맹세라."(눅1:72,73)

"하나님이 아브라함에게 이르시기를 땅 위에 모든 족속이 너의 씨를 인하여 복을 받으리라 하셨으니 하나님이 그 종을 세워 복 주시려고 너희에게 먼저 보내사 너희로 하여금 돌이켜 각각 그 악함을 버리게 하셨느니라."(행3:25,26).

땅의 모든 민족이 그로 인하여 복을 얻게 된 것은 하나님의 은혜이다. 이것은 하나님의 거룩한 전략이다. 먼저 이스라엘을 택해 다른 모든 민족이 복을 받게 하신 것이다. 이 모델을 우리도 따라야 한다. 그리스도인은 모름지기 자기만 생각하는 자가 되어서는 안 된다. 땅의 모든 속속이 복을 얻을 수 있는 하나님의 도구, 곧 복의 근원이 되어야 한다. 그리스도인은 신명기 28장만 붙들고 자기의 소산만 많아지는 복만을 생각해서는 안 된다. 오히려 만국의 만민을 구원하는 복에 참어헤야 한디.

2. 가나안에서의 아브람(4 – 9절)

- 아브람이 하나님의 말씀을 좇아 75세 때 사래, 조카 롯, 하란에서 모은 모든 소유와 얻은 사람을 이끌고 하란을 떠나 가나안 땅에 들어가 그 땅을 통과하여 세겜 땅 모레 상수리나무에 이르

니 가나안 사람이 그때 그곳에 거하더라

- 하나님이 아브람에게 나타나 "내가 이 땅을 네 자손에게 주리라" 하신지라
- 아브람이 하나님을 위하여 단을 쌓고 거기서 벧엘 동편산에 장막을 치니 서는 벧엘, 동은 아이. 그곳에서 단을 쌓고 하나님 이름을 부르더니 점차 남방으로 옮겨 갔더라

"이에 아브람이 여호와의 말씀을 좇아갔고." 아브람이 하나님의 말씀을 따라갔다. 아브람의 신앙적 특징인 '따라감'의 순종을 잘 보여 주고 있다. 아브람은 부르심을 받고 장래기업으로 받을 땅으로 나갈 때까지 갈 바를 알지 못했지만 오직 하나님의 명령에 순종하여 갔다(히11:8). 참믿음은 하나님의 말씀을 따라감에 있다. 믿음은 말씀에서 난다.

무디는 믿음을 위해 기도했다. 그는 믿음이란 번개처럼 오는 것으로 생각했다. 그러나 그렇지 않다는 것을 알았다. "그러므로 믿음은 들음에서 나며 들음은 그리스도의 말씀으로 말미암았느니라."(롬10:17). 믿음은 하나님의 말씀을 들음에서 난다. 그래서 그는 열심히 성경을 읽었다.

"아브람이 하란을 떠날 때 그 나이 칠십오 세였더라." 아브람이 하란을 떠난 때의 나이가 75세임을 나타낸다.[1] 75세의 나이에도 불

---

1) 데라가 205세에 죽었고, 그때 아브람이 75세라는 것은 데라가 70세에 낳은 아들이 하란이었고, 아브람을 낳을 때의 나이는 130세였던 것이 확실하다. 아브람이 장자가 아니라 2남 또는 3남이 되는 것이다. 만일 데라가 70세에 아브람을 낳았다면 데라가 죽을 때 아브람의 나이가 135세가 되어야 한다.

구하고 말씀을 따라갔을 때 축복이 임했다. 우리도 나이, 학력, 건강, 능력에 관계없이 순종하는 믿음을 가질 때 이 같은 인간적인 모든 조건을 초월하는 축복을 받게 된다.

"가나안 땅에 들어갔더라." 이것은 아브람이 하나님의 명령에 순종하여 하란에서 가나안 땅으로 간 것을 말한다. 하란에서 가나안으로 간 것은 하나님의 약속을 신뢰했기 때문이었다.

하란에서 가나안으로의 행진은 인간적으로 볼 때 혁명적인 사건이다. 당시 하란은 교통의 중심지로 이미 개척된 곳이다. 이에 비해 가나안은 미개척지였다. 사람들은 발달한 도시를 떠나 시골로 가고 싶지 않은 것이 보통이다. 데라도 마찬가지였다(창11:31). 그러나 아브람은 달랐다. 그곳이 어디든 하나님이 약속하신 땅으로 가고자 했다. 그러므로 아브람의 "하란에서 가나안으로"는 강한 신앙적 결단성을 보여 준다. 데라와 아브람의 차이는 여기서 나타난다. 아브람의 장점은 하나님의 명령대로 행한 것에 있는 것이지 그가 영웅이거나 잘났기 때문이 아니다.

"그 땅을 통과하여." 아브람은 믿음으로 그 땅을 밟았다. 그러나 그곳은 가나안 사람이 살고 있었다. 모든 상황으로 보아 하나님의 약속이 도저히 이루어질 수 없을 것 같았지만 그는 오직 믿음으로 그곳에 장막을 치고 단을 쌓았다.

세겜(Shechem)은 '목, 어깨'라는 뜻을 가지고 있으며 에발산과 그리심산 사이의 아름다운 골짜기에 위치해 있다. 이곳은 아브라함이 가나안에 들어와 처음으로 머무른 곳이다. 세겜은 고대 가나안 족속의 성읍이었지만 이스라엘 민족에게 중요한 종교, 정치적인 중심지가 되었다.

모레 상수리나무에서 모레(Moreh)는 아브람이 하나님을 위해 단을 쌓았던 곳으로 세겜에 있다. 모레는 '스승, 가르치는 자, 가르침'이라는 뜻을 가지고 있다. 그러므로 모레 상수리나무는 가르치는 자의 상수리나무라는 뜻을 가지고 있다. 이방종교의 사제들이 이곳에서 예언을 하고 가르침을 준 데서 유래된 것으로 해석하기도 한다. 이곳의 상수리나무는 매우 클 뿐 아니라 종교적으로도 신성한 나무로 취급되었다. 경계표로 사용된 것으로 보인다. 훗날 역사적으로도 의미가 있는 곳이 되었다. 야곱은 레아와 라헬이 가져온 조그만 이방 신상들을 이곳에 묻었고(창35:4), 여호수아는 세겜에서 언약을 갱신한 후 이곳에 기념비를 세웠으며(수24:26), 신명기 11장 30절도 언약의 갱신과 관련해서 이곳을 언급하고 있다.

'단을 쌓고.' 첫 제단을 쌓은 곳이다. 그는 세겜과 벧엘 등 가는 곳마다 하나님께 기도하고 찬양하며 감사드리기 위해 단을 쌓았다. 이것도 참믿음을 가진 자에게 주는 축복이다. 제단을 쌓는 것은 예배의 은혜를 누린다는 뜻이다. 예배를 통해 우리는 주님을 집중적으로 만날 수 있다. 주님은 예나 지금도 참으로 예배하는 자를 찾으신다.

마태복음 14장 33절에 물 위를 걸으신 사건이 있은 뒤 배에 있는 사람들이 예수께 절했다고 기록하고 있다. '절했다'는 것을 영어 성경에는 '예배했다'(worship him)고 기록하였다. 믿는 자는 언제 어디서나 주님을 기억하고 예배한다. 예배에는 감사와 찬송이 있다. 그 속에는 절망이 없다. 그리스도인은 언제나 믿음과 소망을 가지고 살아간다.

"장막을 치니." 장막은 유목민이었음을 보여 준다. 장막생활은 궁궐생활과는 다르다. 그리스도인은 이 땅에서 장막을 치며 사는 사람들이다. 즉 이 세상적 삶보다 저 세상을 중시하며 하늘에 소망을 두며 사는 사람들이다.

벧엘(Bethel)은 '하나님의 집'이란 뜻을 가지고 있다. 아브라함이 가나안에 들어와 처음으로 하나님 앞에 제단을 쌓은 곳이다. 그가 애굽에서 돌아와 다시 찾은 곳이기도 하다. 가나안에서 가장 높은 지형 가운데 하나이다. 이 이름은 야곱이 붙인 것이므로, 아브람 당시에는 다른 이름이었을 것이다.

단을 쌓은 것은 하나님께 희생 제사를 드렸음을 의미한다. 그는 계속 감사의 제단을 쌓았다. 이것은 하나님을 향한 그의 믿음이 얼마나 신실했는가를 보여 준다.

"여호와의 이름을 부르더니." 하나님의 이름을 부른 것은 하나님께 예배를 드렸음을 의미한다.

남방은 '네게브(Negev)'라 불리는 곳으로 팔레스타인 남부를 가리킨다. 네게브는 '건조한 땅'이라는 뜻을 가지고 있다. 고원성 건조지대로 강우량이 적다. 이곳은 애굽에서 이스라엘 땅으로 올라가는 지점에 위치해 있어 전략적 요충지에 해당한다.

3. 애굽으로 이주한 아브람(10 - 20절)

- 그 땅에 기근이 와 애굽에 우거하러 내려가
- 애굽에 이르러 아브람이 아내 사래에게
  "그대는 아리따운 여인이라 애굽 사람이 그대를 볼 때에 말하기를 이는 그의 아내라 하고 나를 죽이고 그대는 살리니 원컨대 그대는 나의 누이라 하라 그리하면 그대로 인하여 안전하고 내 목숨이 보존하겠노라"

- 애굽인들과 바로의 대신들도 사래의 아리따움을 보고 칭찬하므로 바로가 사래를 아내로 삼고 아브람을 후대하여 소, 노비, 암수나귀와 약대를 주니
- 하나님께서 사래 일로 바로와 그 집에 큰 재앙을 내리니
- 바로가 아브람을 불러
  "네가 어찌하여 나를 이렇게 대접하였느냐
  네가 어찌하여 그를 네 아내라 고하지 아니하였느냐
  네가 어찌하여 그를 누이라 하여 나로 그를 취하여 아내를 삼게 했느냐
  네 아내가 여기 있으니 이제 데려가라"
- 바로가 사람들에게 명하매 그들이 그 아내와 그 모든 소유를 보내었더라

"그 땅에 기근이 있으므로." 아브람이 가나안 땅에 들어와 얼마동안 살게 되었을 때 그곳에 흉년이 들어 기근이 심하게 되었다. 그 때문에 그는 애굽으로 가게 되었다. 애굽의 기록에 따르면 기근이 있을 때마다 팔레스타인과 시리아 지역에 거주하던 사람들이 애굽으로 피하는 것이 관례였다. 애굽에는 나일 강이 있어 비옥했기 때문이다.

아브람이 당한 기근은 "네게 복을 주어 창대케 하리라"는 축복과 반대되는 현상으로 이해될 수 있다. 그러나 하나님은 물질적 복만 주시지 않고 시련을 통해 믿음을 연단하신다는 것을 알아야 한다. 영적으로 볼 때 시련은 오히려 더 큰 복을 가져올 수 있는 길이 된

다. 기근은 그의 믿음에 대한 첫 시험이었다. 그러나 그가 애굽으로 내려가기로 결정함으로써 위기에 봉착하게 된다.

"애굽에 내려갔으니." 기근을 당하자 그는 애굽으로 내려감으로써 자신의 안전을 확보하고자 했다. 아브람이 하나님의 지시 없이 자의로 애굽으로 내려간 것과 자기 아내를 누이라고 속인 것은 그의 실수였다. 아브람이 이렇게 한 것은 하나님의 보호에 대한 확신이 부족했기 때문이다. "믿음이 없이는 기쁘시게 못하나니 하나님께 나아가는 자는 반드시 그가 계신 것과 또한 그가 자기를 찾는 자들에게 상주시는 이심을 믿어야 할지니라."(히11:6).

"나의 누이라 하라." 사래는 고령이었지만 매우 아름다웠다. 65세 나이의 사래가 정말 아름다웠을까 생각할 수 있다. 하지만 당시 근동 지방의 왕들은 중년 이상의 유부녀들을 후처로 삼는 일이 비일비재했다. 사래는 출산도 하지 않았지만 미모여서 아브람이 미리 염려한 것으로 보인다. 그는 애굽 사람들이 자기를 죽이고 사래를 탈취하지 않을까 염려한 나머지 아내를 누이로 위장했다. 그가 일시적으로 믿음을 잃자 윤리적으로도 무기력함을 드러냈다. 하나님의 도우심이 가장 필요한 시점에 그는 세상과 타협하고, 믿음보다는 자신의 술책에 의존하려 했다. 이 비슷한 사건이 그랄에 거할 때 나타난다(창20장).

우리는 그러한 아브람을 비난할 것이 아니라 우리 자신을 돌아보고 그런 시험을 받을까 두려워해야 한다(갈6:1). 성경이 아브람의 실수를 기록한 것은 우리에게 교훈을 주기 위함이다(롬15:4). 목숨을 보존한다는 목적은 좋았지만 수단이 잘못되었다. 목적과 수단 모두 올발라야 한다.

바로(Pharaoh)는 '큰 집, 태양'의 뜻을 가지고 있으며 애굽 왕에게 주어진 존칭이다. 단독으로 쓰이는 경우도 있고, 왕의 개인이름과 함께 쓰이기도 한다.

사래는 결국 왕의 후처가 되었고, 왕은 그에게 많은 짐승과 노비를 주었다. 바로가 준 노비 가운데 하갈이 있었던 것으로 추측하고 있다.

하나님은 바로와 그의 집에 큰 재앙을 내리셨다. 실수를 거듭한 아브람이었지만 하나님은 그를 불쌍히 여기시고 바로에게 재앙을 내리심으로 아브람과 사래를 구원해 주셨다. 이것은 하나님의 무조건적인 은혜로 이뤄진 것이다. 여기서 재앙은 전염성이 강한 역병을 말하며 그것에 대한 해석 범위가 아주 넓다. 하나님은 인간의 잘못에도 불구하고 자신의 목적을 이루어 가신다. 즉 아브람은 자기의 유익을 위해 잘못을 범했지만 하나님은 그 잘못에도 불구하고 자신의 목적이 실패되지 않도록 하셨다.

왕은 말한다. "네가 어찌하여 그를 네 아내라 고하지 아니하였느냐 네 아내가 여기 있으니 데려가라." 아브람의 이중성이 드러나는 장면이다. 신앙의 사람이 이방인에게 믿음이 없다는 수치를 당했다. 이방인 바로의 나무람만으로도 그의 수치스런 행위를 정죄하기에 충분하다. 믿는 자의 윤리적 타락은 그 자신은 물론 하나님의 모든 자녀에게도 수치가 된다.

"그 아내와 그 모든 소유를 보내었더라." 그저 보낸 것이 아니다. '내보냈다' 추방당한 것이다. 왕은 두려운 나머지 더 큰 재앙이 내리기 전에 그들을 추방키로 한 것이다. 믿음 없이 행한 아브람이지만 하나님은 그에게 자비를 베푸셔서 무사히, 그리고 많은 재산과 노비를 가지고 돌아오게 되었다.

1. 아브람과 롯의 갈라섬(1 – 13절)

- 아브람이 아내와 소유 그리고 롯과 함께 애굽을 떠나 남방으로 올라
  벧엘과 아이 사이 전에 장막 치고 처음 단을 쌓던 곳에 이름
  그가 거기서 여호와의 이름을 부름
- 아브람에겐 육축과 은금이 풍부하였고 롯도 양과 소, 장막이 있었음
  그들의 소유가 많아 같은 곳에 동거할 수 없었음
- 그 땅에 가나안 사람과 브리스 사람도 함께 거함
- 아브람 가축 목자와 롯의 가축 목지기 서로 다툼
- 아브람이 롯에게
  "우리는 한 골육이라 나나 너나 내 목자나 네 목자나 서로 다투게 말자
  네 앞에 온 땅이 있지 아니하냐 나를 떠나라
  네가 좌하면 나는 우하고 네가 우하면 나는 좌하리라"
- 롯이 아브람을 떠나 요단 온 들을 택하고
  (여호와께서 소돔과 고모라를 멸하시기 전이라 여호와 동산 같고 애굽 땅과 같았더라, 소알까지 온 땅에 물이 넉넉)

동으로 옮겨 평지 성읍들에 머무르며 그 장막을 옮겨 소돔까지 이르렀으니
- 소돔 사람은 하나님 앞에 큰 죄인이었더라
- 아브람은 가나안 땅에 거함

하나님의 간섭으로 구원받은 아브람은 다시 하나님의 지시하심에 따라 벧엘로 돌아왔다. 아브람과 롯이 갈라서게 된 것은 바로 이때였다. 13장은 이 시련을 아브람이 어떻게 믿음으로 극복했는가를 보여 준다.

"롯도 함께하여 남방으로 올라가니." 성경에서 '올라가다, 내려가다'는 묘사는 지형조건과 관련되어 있다. 예를 들어 예루살렘은 산 위에 있고, 여리고는 사해 근처 낮은 땅에 있다. 따라서 여리고에서 예루살렘으로 갈 때는 '올라가니'라 말하고, 예루살렘에서 여리고로 갈 때는 '내려가니'라고 말한다. '남방으로 올라가니'에서 남방은 네게브를 말한다. 사막 평지에서 고산지대인 네게브로 갈 때는 '올라가니'로 말할 수 있다. 애굽으로 갈 때는 '내려가니'라고 한다.

롯은 형 하란의 아들로 하란은 일찍 죽었다. 아브람은 고향을 떠날 때 아내 사래와 조카 롯만을 데리고 왔다. 아브람은 조카 롯을 자식처럼 여겨 애굽에 데려갔었다.

'육축과 은금이 풍부'하다는 것은 아브람이 물질적으로 풍성한 생활을 했음을 보여 준다. 그러나 이 물질 때문에 근심이 일어나게 되었다. 애굽 땅에서 거짓 믿음으로 살며 얻은 재물은 복의 원천이기보다 재난의 원천이 된다.

벧엘에 도착했다. 이곳은 그가 처음으로 단을 쌓은 곳이다. 아브

람은 새로운 출발을 하듯 그가 처음 단을 쌓았던 곳에 돌아와 여호와의 이름을 불렀다. 이것은 그가 공식적으로 예배를 드리고, 여호와와의 관계를 새롭게 했음을 보여 준다. 애굽에서의 일을 생각할 때 감사할 것밖에 없다. 그는 하나님의 뜻과는 달리 애굽으로 갔으나 다시 가나안으로 돌아와 하나님의 은총 속에 거하고자 했다.

"그들의 동거함을 용납지 못하였으니." 그가 하나님과의 관계를 새롭게 함으로써 믿음생활에 변화를 가져왔으나 가정적으로 시련에 봉착하게 된다. 아브람과 롯이 더 이상 동거할 수 없게 된 것이다. 언약의 백성이라 할지라도 이 땅에서 시련을 겪게 되고, 이 시련을 통해 영적으로 성숙하게 된다는 사실을 보여 준다. 롯과의 갈등이 오히려 아브람의 신앙을 연단시켜 주었기 때문이다.

서로 동거할 수 없게 된 명목은 목자들 간의 다툼이지만 근본적으로는 두 사람의 생활을 지배하고 있는 원칙이 다르다는 점에서 찾을 필요가 있다. 아브람은 하나님을 좇았다. 그러나 롯은 하나님과의 직접적인 교제의 부족으로 하나님에 대한 충성심이 흐려졌던 것으로 보인다.

"목자가 서로 다투고." 아브람과 롯의 목자들 사이에 분쟁이 일어난 것은 하나님의 사람 아브람에게 주어진 또 다른 시련이었다. 롯의 목자들이 이방인 가나안 사람과 브리스 사람이 있는 앞에서 자기 목자들과 다툼을 벌리고 만 것이다. 가나안 족속들은 이들의 갈등을 이용해 두 사람 모두에게 불이익을 가져다줄 수 있었다. 이렇게 되면 문제가 커진다. 위기가 아닐 수 없다.

그 땅엔 가나안 사람뿐 아니라 브리스 사람도 함께 있어 더 복잡했다. 브리스 사람(Perizzites)은 '작은 마을에 사는 자, 시골사람'이라는 뜻을 가지고 있다. 어느 종족인지는 알 수 없다. 아모리 사람들이 이동해 올 때 가나안으로 이주해 온 것으로 추측되고 있다. 가나안 초기 거민 가운데 한 종족이다. 후에 이들은 이스라엘 사람들과 결혼하여 이스라엘을 타락시켰다(삿3:5－6). 솔로몬이 통치하는 동안 이스라엘과 동화되지 않고 남아 있던 사람들은 모두 이스라엘의 노예가 되었다(왕상9:20－21). 바벨론 포로기 이후까지도 가나안 땅에 살고 있었다.

아브람은 롯에게 말한다. "우리는 한 골육이라." 골육은 '형제', '친척'을 뜻한다. "서로 다투게 말자." 아브람이 먼저 싸우지 말자고 제의한다. 그는 성격상 다투기를 싫어했으며 이 사건을 선의로 마무리 짓고 싶어 했다.

"네가 좌하면 나는 우하고." 아브람은 이 위험을 신앙으로 극복하고자 했다. 그는 먼저 양보하고 롯에게 선택의 우선권을 주었다. 그는 롯에게 끝까지 관대한 자세를 취했고 세속적인 탐욕을 좇지 않았다. 아브람은 자신의 욕심보다 하나님의 사람으로서 선한 뜻을 이루고자 했다. 그는 결코 인간적인 방법을 택하지 않았다. 아브람은 믿음으로 결정했다. 이것은 엄청난 양보이다. 하나님에 대한 믿음이 없으면 불가능한 큰 사건이다. 이것은 단순한 사건이 아니라 믿음의 큰 사건이다.

롯이 요단 들을 바라보니 소알까지 온 땅에 물이 넉넉했다. 소알(Zoar)은 '작다'는 뜻을 가지고 있다. 요단 저지의 성읍이자 소돔과 고모라 부근에 있는 성읍이다. '벨라'라고도 한다. 온 땅은 히브리어 '콜 키카르'로 '둥근 땅'을 의미한다. 땅이 둥근 것이 아니라 사방이 탁 트인 평원이라 둥글게 보이는 데서 나온 말이다.

그 안에 소돔과 고모라가 있었다. 소돔(Sodom)은 '에워싼 장소'라는 뜻을 가졌다. 극도로 타락하고 부패한 도시의 대명사가 되었다. 부패한 지도자를 '소돔의 관원'(사1:10)이라 했으며, 예루살렘의 죄악을 가리켜 '소돔의 죄악'(겔16:49)이라 했다. 고모라(Gomorrah)는 '깊은, 물이 많은'의 뜻을 가졌다. 요단 저지에 있던 다섯 성읍가운데 하나다. 도덕적 퇴폐로 인해 소돔과 함께 유황불에 의해 멸망당했다. 롯은 불행하게도 그 기름진 동산 속에 썩어 가는 소돔과 고모라가 있었음을 깨닫지 못했다.

"여호와의 동산 같고"는 땅이 아름답고 비옥했음을 뜻한다. 이것은 롯의 선택이 신앙적 선택이 아니라 물질적 소득에 있었음을 보여 준다. 고대 히브리인들은 최상의 것, 즉 가장 훌륭한 것, 가장 큰 것, 가장 아름다운 것을 표현할 때 여호와의 이름을 붙여 사용했다. 호렙 산, 시내 산, 헤르몬 산과 같은 큰 산들을 가리켜 '여호와의 산'이라 했고, 큰 나무를 여호와의 나무라 했다. "여호와의 나무가 우택에 흡족함이여 곧 그의 심으신 레바논 백향목이로다"(시104:16).

"애굽 땅과도 같았더라." 롯의 마음이 애굽에 있었음을 보여 준다. 아브람은 가나안에 돌아온 후 다시는 애굽을 사모하지 않았다. 그러나 롯은 그렇지 못했다. 구약에서 애굽은 '혈육의 나라, 우상의 나라'로 간주된다. "도움을 받으려고 애굽으로 내려가는 자들은 화 있을진저."(사31:1).

요단 온 들은 소돔평야를 가리킨다. 롯의 선택은 다음과 같은 의미를 지닌다. 롯은 세속적인 성공에 대한 욕망의 갈등 속에서 자신이 원하는 것을 선택했다. 자신의 욕망을 택했다. 그는 양보가 없었다. 그는 젊었음에도 불구하고 나이 든 작은 아버지 아브람을 생각지 않았다. 롯은 보기에 좋은 것을 선택했다. 그 땅이 비옥하기는 했지만 영적으로 얼마나 타락한 땅인가를 생각지 않았다.

"소돔 사람은 악하여 하나님 앞에 큰 죄인이었더라." 소돔의 죄악은 극심했다. '악하다'는 것은 도덕적으로나 영적으로 '무감각하다'는 것을 의미한다. 그들의 대표적인 죄악은 동성애다. 하나님의 백성은 이런 사람들과 어울리거나 이익을 나누어서는 안 된다. 가까이하면 악한 영향을 받기 때문이다.

"소돔과 고모라와 그 이웃도시들도 저희와 같은 모양으로 간음을 행하며 다른 색을 따라가다가 영원한 불의 형벌을 받음으로 거울이 되었느니라."(유1:7).

"저희는 이성 없는 짐승같이 본능으로 아는 그것으로 멸망하느니라."(유1:10).

롯이 좋다고 택한 땅은 겉으로 볼 때는 아름다운 곳이었지만 영적으로는 문제가 있는 죄악의 도시들이 있었다. 소돔과 고모라가 누리는 부귀와 영화는 세속적인 향락의 상징이자 죄악세상의 상징이다. 소돔과 고모라는 유황불로 멸망당했고, 롯은 모든 재산을 잃었다. 물질을 더 사랑하는 자의 결과가 어떠한가를 롯을 통해 배울 필요가 있다.

2. 하나님의 약속과 단을 쌓은 아브람(14 - 18절)

- 롯이 아브람을 떠난 후 하나님께서 아브람에게
  "너는 눈을 들어 너 있는 곳에서 동서남북을 바라보라 보이는 땅을 내가 너와 네 자손에게 주리니 영원히 이르리라
  내가 네 자손으로 땅의 티끌 같게 하리니 사람이 땅의 티끌을 능히 셀 수 있을진대 네 자손도 세리라
  너는 일어나 그 땅을 종과 횡으로 행하여 보라 내가 그것을 네게 주리라"
- 아브람이 장막을 옮겨 헤브론 마므레 상수리 수풀에 거하며 하나님께 단을 쌓음

하나님은 아브람의 이 같은 태도를 기쁘게 보시고 다시 한 번 약속과 축복을 확언하셨다. 하나님은 다섯 번에 걸쳐서 아브람과 언약을 했다.
① 가나안에 가기 위해 하란을 떠날 때(창12:1 - 3)
② 롯과 작별한 뒤(창13:14 - 17)
③ 소돔 왕의 제의를 거절한 후(창15:1 - 5)
④ 아브람이 99세가 되었을 때(창17:1 - 19)
⑤ 이삭을 제물로 드린 후(창22:16 - 18)

이 다섯 번의 언약은 다음과 같은 세 가지 축복으로 요약된다.
① 땅의 축복: 가나안 땅은 그의 후손들의 기업이 될 것이다.
② 자손의 축복: 아브람의 후손은 번성하여 한 큰 민족을 이루어

하나님의 백성이 될 것이다.
③ 복의 근원이 되는 축복: 모든 민족들에게 그 복을 미치게 하는 구원의 통로적 역할을 하게 된다.

아브람은 이 언약을 받고 그 언약의 여호와를 믿었다. 하나님은 이를 그의 의로 여기셨다(창15:6,롬4:1-4). 이로써 아브람은 언약의 백성의 조상이 되었고, 믿음의 조상이 되었다.

"눈을 들어 동서남북을 바라보라." 많은 것을 양보한 아브람에게 소망을 바라보도록 하셨다. 양보한 것 이상의 땅을 아브람 자손에게 줄 것임을 확인시켜 주시는 대목이다. 지금 잃었다고 생각되는 것은 결코 잃은 것이 아니다. 그보다 더 큰 축복이 있음을 보라고 말씀하신다. 우리가 바라봐야 할 것은 이 순간의 절망이 아니라 다가올 희망이다.

"보이는 땅을 너와 네 자손에게 주리니 영원히 이르리라." 롯과 헤어진 후 아브람은 가나안 땅을 그와 그의 자손들에게 영원히 주시겠다는 하나님의 약속에 대한 확인을 받았다. 롯은 스스로 그 땅을 선택하기는 했지만 결국 그 땅을 소유하지 못했다. 그러나 하나님을 신뢰한 아브람은 롯이 선택한 곳까지 포함해 모든 땅에 대한 권리를 하나님으로부터 받았다. 양보함으로써 더 많은 것을 얻게 된 것이다. 이것이 바로 하나님의 계산법이다.

"헤브론 마므레 상수리 수풀에 거하며." 아브람은 이때부터 하나님의 약속을 믿고 이곳에 거했다. 이곳에 거함은 단순한 지리적 거함이 아니라 하나님의 약속을 굳게 믿고 그 약속에 자신이 뿌리를 내렸음을 보여 준다. 이곳은 아브람과 그 후손에게 매우 의미 있는 곳으로 롯이 소돔지역을 선택한 것과는 아주 대조적이다. 아브람은 마므레 상수리 수풀 근처에서 여호와를 만났고(창18:1), 은 사백 세겔을 주어 마므레 앞 막벨라에 있는 에브론의 밭을 사 그 속의 굴과 그 사방에 둘린 수목을 다 아브라함의 소유로 정했으며 사라를 그곳에 장사했다(창23:17-19). 또한 야곱의 후손은 야곱을 메어다 마므레 앞 막벨라 밭 굴에 장사했다(창50:13).

헤브론(Hebron)은 '친교, 동맹'의 뜻을 가졌다. 예루살렘 남쪽에 있다. 족장들의 무덤인 막벨라 굴이 있는 곳이다. 마므레(Mamre)는 아브라함 시대 헤브론 근처에 살았던 아모리 사람 이름이다. 마므레와 그의 형제 에스골과 아넬은 아브람과 동맹을 맺고 롯을 구출하는 일을 도와주었다(창4:13,14). 마므레 상수리 수풀은 큰 나무들이 많은 유명한 헤브론 근처로 마므레를 붙인 것은 아브람의 동맹자 마므레 이름에서 따온 것으로 보인다. 마므레는 아브람에게 이 숲을 우호관계의 상징으로 그에게 준 것으로 보인다.

"이에 아브람이 장막을 옮겨." 원문은 '옮겨 가면서'라 했다. 서서히 이동했음을 보여 준다. 그리고 헤브론 마므레 상수리 숲에 이르렀다.

"단을 쌓았더라." 아브람은 롯과의 갈등문제를 하나님의 사람답게 해결했으며 하나님은 그에게 다시금 언약을 확인시켰다. 그는 이 언약을 굳게 믿었다. 그가 하나님 앞에 단을 쌓은 것은 이 언약에 대한 아브람의 감사와 확신감을 보여 준다. 그는 이 사건을 통해 믿음을 진보시키는 결과를 얻었다. 갈등을 믿음으로 승화시켰기 때문이다.

1. 롯의 사로잡힘(1 - 12절)

- 당시 시날 왕(아므라벨), 엘라셀 왕(아리옥), 엘람 왕(그돌라오멜), 고임 왕(디달)이 소돔 왕(베라), 고모라 왕(비르사), 아드마 왕(시납), 스보임 왕(세메벨), 소알 왕(벨라)과 염해 근처 싯딤 골짜기에서 접전
- 그 원인: 소돔 왕들이 12년 동안 그돌라오멜을 섬기다가 13년에 배반 14년에 그돌라오멜과 그 동맹 왕들이 나서
- 르바 족속(아스드롯 가르나임에서), 수스 족속(함에서), 엠 족속(사웨 가랴다임에서), 호리 족속(세일에서)을 치고 엘바란 광야에 이르러 아말렉 족속(엔미스밧 곧 가데스에서)과 아모리 족속(하사손다말에서)을 친지라
- 소돔 왕들(다섯 왕)이 엘람 왕들(네 왕)과 교전
- 그 결과 싯딤 골짜기의 역청구덩이에 군사가 빠지고 소돔 왕과 고모라 왕은 도망 나머지도 산으로 도망
- 엘람 왕들이 이겨 소돔에 사는 롯도 사로잡히고 그 재물도 노략해 감

14장은 곤경에 처한 롯을 아브람이 구하는 장면을 소개하고 있다. 이 사실에서 우리는 각기 다른 상황에 처한 롯과 아브람을 볼 줄 알아야 한다. 롯은 소돔 사람들과 어울려 살면서부터 곤경에 빠졌다. 그러나 하나님이 선택해 주신 땅에 거했던 아브람은 위험이 없는 곳에 살면서 조용한 가운데 번성해 나갔다.

롯이 사로잡히게 된 사건은 불의 심판이 있기 전 하나님의 징계가 먼저 있었음을 보여 준다. 하나님의 목소리보다 자기 욕심의 소리를 들었던 롯은 매우 곤고한 환경에 처하고 또 구원을 받았음에도 양심이 깨어나지 않았다. 그러나 아브람은 하나님에 대해 바른 자세를 가지고 있었으므로 사람들과도 바른 관계를 지닐 수 있었고 형통한 삶을 살아갈 수 있었다.

'당시'에서 당시란 아브람이 롯과 헤어진 때를 말한다. 아브람의 나이 81세쯤 되었을 것으로 추측되고 있다.

시날 왕 이므라벨(Amraphel)이 인근의 네 왕늘과 연합하여 소돔과 고모라 지역을 쳤다. 시날 땅은 바벨탑을 쌓은 곳이다. 엘람(Elam) 왕 그돌라오멜의 영토는 티그리스 강 동부에 있었다. 이것은 약속의 땅이 정치세력들의 싸움터가 되었고, 아브람이 본의 아니게 이 싸움에 관여하게 되었음을 의미한다. 시날 왕이 먼저 소개된 것은 아브라함이 겪게 될 전투가 거룩한 전쟁임을 보여 준다.

아므라벨이 B.C. 18세기경의 하므라비 왕이 아닌가 추측되고 있으나 그가 가나안을 침범했다는 역사적 기록이 아직 발견되지 않았고, 역사적으로 후대인물이어서 동일시되기 어렵다. 싸움 결과 소돔과 고모라는 약탈당했고 롯마저 사로잡혀 포로가 되었다. 이것은 하나님의 무서운 징계였다. 하나님은 이 같은 징계로 롯에게 회개의 기회를 주었다. 그러나 롯은 아브람에 의해 구출되자 소돔에 다시 주저앉고 말았다. 불 심판을 받고 나서야 비로소 그곳을 벗어나 겨우 구원을 받았다.

소돔 왕 등이 엘람 왕 등 네 왕들에게 12년 동안 섬겨 오다 더 이상 조공을 바치지 않자 침공해 왔다. 소돔 왕 등 5개 성읍 동맹군이 대결했으나 지고 말았다.

싯딤(Siddim) 골짜기는 지금의 사해로 보통 해수의 4−6배 되는 염분을 포함하고 있기 때문에 생긴 이름이다. 염해라 한 것은 다시 보충하기 위해 붙인 것이다. 이곳은 수면이 지중해 수면에 비해 약 400m가 낮아 세계에서 가장 낮은 곳에 있는 호수이기도 하다. 10절의 "군사가 거기 빠지고" 부분은 원문에 없다.

'제14년에'라 한 것은 그돌라오멜은 아브람이 가나안에 이주해 오기 전 이미 요단평원을 정복했음을 보여 준다.

르바 족속은 가나안의 초기 원주민을 가리킨다. 암몬 땅의 원주민으로 가나안의 비옥한 땅을 차지하고 살았다. 이 족속은 바산 왕 옥을 마지막으로 지상에서 자취를 감추게 된다. 가나안 초기 원주민 가운데 다른 족속은 다음과 같다.

수스 족속도 가나안의 초기 원주민들이다. 요단 동쪽 평지에 거했으며 수도는 함이었다.

엠 족속도 가나안의 초기 원주민들로 '두려운 존재'라는 뜻을 가지고 있다. 모압인들이 거주하기 이전의 모압 땅에 살았으나 모압 족속에게 망했다.

호리 족속도 가나안의 초기 원주민들이다. 일찍이 에돔에 살았으나 에서의 후예들에게 쫓겨났다. 칠십인역에 히위 족속이 모두 호리 족속으로 되어 있는 것으로 보아 모두 같은 족속으로 이해되기도 한다.

엔미스밧(En Mishpat)은 '심판의 샘'이라는 뜻을 가졌다. 가데스와 같은 곳이다. 이 이름의 뜻을 보아 신탁을 얻는 성천(聖泉)이 있었던 것으로 보인다.

아말렉은 에서의 아들 엘리바스의 첩 딤나의 아들이다(창36:12). 여기에서 아말렉 족속이 등장하고 있는 것은 그때 아말렉 족속이 존재했기 때문이 아니라 훗날 그 지역에 아말렉이 점령하여 살았기 때문에 모세가 그 땅을 '아말렉 족속의 온 땅'이라 소급해서 말한 것이다.

2. 아브람의 승리(13 - 16절)

• 이 소식을 도망해 온 자로부터 들은 히브리 사람 아브람은 그와 동맹한 마므레와 함께 집에서 길리고 연습한 자 318인을 거느리고 단까지 쫓아가
• 아빔에 그들을 파하고 다메섹 좌편 호바까시 쫓아가 빼앗긴 톳과 모든 재물, 부녀와 인민을 다 찾아옴
• 아브람이 그돌라오멜과 그 동맹 왕들을 파함

히브리 사람 아브람에서 히브리(Hebrew)라는 민족의 명칭이 처음 나타난다. 아브람에게 이 명칭이 주어진 것은 언약의 뿌리가 아브라함이며, 그가 세상세력과 대적한 장수가 되었음을 보여 주는 것이다. 아브람을 다른 동맹군들과 구별하기 위해 이 단어가 사용된 것으로

이해되고 있다. 아브람이 겪는 전쟁이 거룩한 전쟁임을 보여 준다. 하나님은 그를 이 전쟁에 불러 이웃과 열방을 구원하는 통로로 삼았다.

히브리라는 말의 유래에 대해 다음과 같은 견해가 있다.

- 인명유래설: 셈의 족보에 나오는 '에벨'(창10:21)에서 나왔다.
- 의미유래설: '건너오다'는 뜻을 가진 히브리 동사 '아발'의 변형된 표현이다. 이것은 아브람이 우르를 떠나 하란을 거쳐 유프라테스 강을 건너온 자라는 사실에서 근거를 찾는다.
- 고대문서유래설: 아마르나 서판과 마리 서판 등 고대 서판에서 발견되는 '침입자'라는 뜻을 가진 '하비루'(Habiru 또는 Apiru)에서 유래된 것으로 본다. '하비루 족이 침공하니 원군을 요청함.'이 그것이다. 하비루는 종족을 나타내기보다 사회경제적으로 하층민을 나타낼 때 사용되었다.
- 칠십인역에서는 '지나가는 자', '유리하는 자'의 의미를 지닌 헬라어 '호 페라테스'로 번역했다. 히브리인은 유목민이었다.

히브리 사람은 유목민으로 고대로부터 하나님을 알고 그 앞에 제사드림으로 다른 민족과 뚜렷이 구별되었다. 애굽인들이 히브리인을 싫어한 이유도 여기에 있었다.

마므레(Mamre)는 아모리 족속으로 아브람이 그의 상수리 수풀 근처에 거했다. 마므레는 에스골과 아넬의 형제이다. 에스골과 아넬도 마므레와 함께 아브람을 도와 싸움에 임했다.

"이들은 아브람과 동맹한 자더라." 아브람은 가나안에서 나그네로 우거하는 소수민족이라는 것을 잊지 않았다(창23:4). 아브람은 삶의 방편으로 마므레, 에스골, 아넬 형제들과 동맹관계를 맺고 있었다.

동맹관계는 정치적으로 안전망을 확보하는 일이다. 이것은 아브람이 주변 부족과 좋은 협력관계를 유지했음을 보여 준다. 신앙적인 인물이 하나님을 전적으로 의지하지 않고 왜 그랬는가에 대한 비판도 있을 수 있지만 이것은 그리스도인이 어느 곳에 가든지 주변과 협력하면서 평화를 유지할 필요가 있음을 보여 준다. 우리는 이 세상 속에서도 지혜롭게 살 필요가 있다.

성도들도 세상과는 담을 쌓고 교회 안에서만 끼리끼리 사귀며 지내는 것은 좋지 않다. 그리스도인들도 사회의 건전한 일원이 되어 책임 있는 행동을 해야 한다. 갑자기 "교회에 나가자"고 말하기 전에 좋은 이웃을 만들 필요가 있다. 어디를 가든지 모든 사람과 더불어 평화하라. 평화를 위해 먼저 자신의 담을 헐라.

"아브람이 그 조카의 사로잡혔음을 듣고 집에서 길리고 연습한 자 318인을 거느리고 단까지 쫓아가서." 아브람은 가나안에 살면서 어느 정도 자리를 잡게 되었다. 그런데 갑자기 조카 롯이 포로가 된 사건이 발생한 것이다. 이 사건은 그로 하여금 영적인 잠을 깨우게 만들었고, 그를 이 전쟁의 소용돌이에 빠지게 했다.

전쟁에 참가한 병사들은 아브람 집에서 태어나고 군사훈련을 받은 사람들이다. 이것은 그의 위세가 어떠했는가를 보여 준다. 그러나 아무리 훈련이 잘 되어 있고 동맹군이 가세했다 해도 318명은 적은 병력이다. 그 소수 병력으로 막강한 적을 공격한다는 것은 인간적으로는 불가능한 일이었다. 하지만 그는 믿음으로 일어서 영웅적인 결단을 내렸다.

아브람이 사병 318명을 키워 대비한 것은 평소에 힘을 키우고 있었음을 보여 준다. 전능하신 하나님을 의지해야 할 그가 사병을 가졌다는 것은 신앙과 모순되는 것 같지만 꼭 그런 것은 아니다. 무슨 일이 날 때마다 하나님이 해결사로 나타나기를 기대하는 것은 참다운 믿음이 아니다. 물론 해결하기 어려운 때에 하나님께서 극적으로 개입하시기도 하지만 자기가 해야 할 일은 해야 하기 때문이다. 시험을 앞둔 학생이 공부는 하지 않고 기도만 한다고 시험이 통과되는 것은 아니다. 기도도 중요하지만 실력을 키워 놓아야 한다. 아브람의 사병 키우기는 우리에게 만일에 대비해 평소 힘과 역량을 키워야 한다는 것을 가르쳐 준다. "지혜 있는 자는 강하고 지식 있는 자는 힘을 더하나니"(잠24:5). 주님이 주신 달란트로 힘을 키워야 한다.

"밤을 타서 파하고." 야간기습을 말한다. 그의 작전은 기습공격의 이득을 최대한 살린 공격이었다. 이것은 아브람이 얼마나 전략적 마인드를 가지고 있었는가를 보여 준다. 적은 승리감에 방심하고 있었을 것이다. 하나님의 사람도 싸움을 할 때는 전략적이어야 한다.

3. 멜기세덱과 아브람의 십일조(17 - 20절)

- 왕들을 파하고 돌아올 때 소돔 왕이 사웨 골짜기 왕곡에 나와 아브람을 영접하고 살렘 왕 멜기세덱이 떡과 포도주를 가지고 나옴
- 멜기세덱은 지극히 높으신 하나님의 제사장
- 멜기세덱의 축복
  "천지의 주재시요 지극히 높으신 하나님이여 아브람에게 복을 주옵소서 너의 대적을 네 손에 붙이신 지극히 높으신 하나님을 찬송할지로다" 하매

• 아브람이 그 얻은 것에서 십분 일을 멜기세덱에게 줌

믿음의 사람 아브람은 여러 왕과 싸운 후 멜기세덱을 만나 새로운 힘을 얻게 된다. 이때 멜기세덱이 출현한 것은 매우 주목할 만하다. 그에 관해서는 시편과 히브리서에서 볼 수 있다. 히브리서는 특히 그리스도의 제사장직을 논하는 가운데 그를 그리스도의 예표로 언급하고 있다.

사웨(Shaveh) 골짜기는 예루살렘에서 약 400m 떨어진 곳에 있는 골짜기로 '왕의 골짜기'(왕곡)라기도 한다. '넓은 골짜기'로도 알려져 있다. 기드론 시내로 보기도 한다. 왕의 골짜기로 불린 이유는 확실하지 않다. 소돔 왕이 출영 나온 데서 그 이유를 찾기도 하고 훗날 압살롬이 이곳에 자기의 비석을 세운 것에서 나왔을 가능성이 있다.

살렘 왕에서 살렘(Salem)은 예루살렘을 말하며 '평화로운'이라는 뜻을 가지고 있다. 하나님께서 예루살렘을 이미 인간속죄의 무대로 선택하셨음을 보여 준다. 어떤 학자는 살렘을 요한이 세례를 베푼 에논 근방의 살렘(요3:23)으로 보기도 한다. 그러나 시편 76:2에서 볼 수 있는 것처럼 살렘은 예루살렘인 것이 분명하다. 역사가 요세푸스는 멜기세덱과 아브람이 상봉한 사웨 골짜기는 예루살렘에서 2스타디아, 곧 약 400m 떨어진 곳으로 기록하고 있어 지리적으로도 살렘은 예루살렘으로 보는 것이 타당하다.

멜기세덱((Melchizedek)은 히브리서 기자가 그에 대해 할 말이 많지만 인간의 지각이 둔하여 해석하기 어려우므로 언급하지 않겠다고 (히5:11) 말할 만큼 그는 신비의 존재이다. 히브리서 7장 3절은 그에 대해 "아비도 없고 어미도 없고 족보도 없고"라고 기록하고 있다.

이것은 그가 부모 없이 태어난 존재라기보다 신비적 존재로 놀라운 비밀이 내포되어 있음을 나타내는 말이다. 혈통적으로 세습되는 제사장이 아니라 하나님의 신비한 역사로 성별된 제사장이라는 뜻이다. 이 신비로움이 하나님의 아들 예수를 예표한다.

멜기세덱이라는 말은 왕이라는 뜻을 가진 '마르키'와 의라는 뜻을 가진 '체데크'가 합쳐진 말로 '의의 왕', '나의 왕은 의이시다'로 해석된다. 의의 왕은 그리스도의 예표적 명칭으로 간주된다(사32:1,17). 그는 그리스도의 그림자로 인식되고 있다. 제사장으로서의 그리스도를 나타내는 예표의 말씀은 다음과 같다.

"네가 영원히 멜기세덱의 반차를 좇는 제사장이라"(시110:4).

"하나님께 멜기세덱의 반차를 좇은 대제사장이라 칭하심을 받았느니라."(히5:10).

멜기세덱의 '반차(班次)를 좇아'라는 말은 '—와 같은 점을 따라서' 또는 '—의 유형을 따라서'라는 뜻이다. 그리스도가 멜기세덱의 특유한 어떤 유형을 따라 제사장이 되었다는 것이다. 원래 제사장이 되려면 아론의 자손이어야 하고(출28:1이하) 그 족보가 분명히 해야(느7:63이하) 한다. 그런데 제사장 멜기세덱은 "아비도 없고 어미도 없고 계보가 없는" 모습으로 기록된 것은 불가사의한 일이다. 그러나 그 속에 놀라운 비밀이 담겨 있다. 이것은 멜기세덱의 삶과 그 역할을 빌려 아론의 자손이 아닌 그리스도가 아론의 자손 제사장보다 우월함을 입증하고 있다. 멜기세덱의 반차를 좇는 그리스도의 대제사장적 제사는 아론의 반차를 좇는 레위 계통의 제사보다 우월하고 완전하다는 것을 보여 준다. 그리스도의 제사는 하나님의 언약에 바탕을 둔 것이고 죄 없으신 그리스도께서 단번에 드리신 제사이기 때문이다.

멜기세덱은 아브람의 믿음의 행위를 기려 떡과 포도주를 가지고 영접했다. 그는 이 승리가 하나님의 뜻이었음을 확신했다(20절).

"지극히 높으신 하나님의 제사장"에서 '지극히 높으신(Most High)'의 히브리어 '엘 엘리욘(El Elyon)'은 힘과 권위를 지닌, 하나님의 지고하신 주권을 나타낼 때 사용되는 하나님의 명칭 가운데 하나이다(민24:16;시7:17). 제사장의 히브리어는 '코헨'으로 어근은 불명확하다. 하나님과 사람의 사이를 중개하는 역할을 담당한다.

"천지의 주재시요 지극히 높으신 하나님이여 아브람에게 복을 주옵소서 너의 대적을 네 손에 붙이신 지극히 높으신 하나님을 찬송할지로다." "천지의 주재시요 지극히 높으신 하나님이여"라 말하고 그 하나님을 찬송했다. 이 전쟁에서 이기게 하신 분은 하나님이기 때문이다. 주재(creator)를 나타내는 히브리어 '가나'는 장설자, 창조자라는 뜻을 가지고 있다. 우주의 창조주시며 만물을 소유하시는 주인으로 역사의 주관자임을 나타내는 하나님에 대한 명칭이다.

"아브람이 그 얻은 것에서 십분 일을 멜기세덱에게 주니." 십일조의 유래가 이것에서 발생하였다. 자발적으로 드린 최초의 것이다. 이것은 전쟁의 승리가 전적으로 하나님의 은혜임을 잊지 않고 감사함을 담고 있다. 십분 일은 하나님에 대한 아브람의 감사와 멜기세덱의 제사장 직분을 인정한 것에서 비롯된 것이다. 십일조는 모세보다 500년 이전에 실시되었다. 모세도 아브람의 모범을 따라 이를 명했고(신12:6), 예수님도 십일조에 대해 언급하셨다(눅11:42). 우리도 하나님이 주신 은혜를 잊지 않고, 오직 주님만 의지하며 살아야 할 것

이다. 우리가 축복의 통로가 되려면 하나님이 베푸신 은혜에 감사할
줄 알아야 한다.

4. 소돔 왕의 제의를 거부한 아브람(21 - 24절)

- 소돔 왕, "사람은 내게 보내고 물품은 네가 취하라"
- 아브람, "하나님께 내가 손을 들어 맹세하노니 네 말이 '내가 아
  브람으로 치부케 하였다' 할까 하여 네게 속한 것은 물론 한 실
  이나 신들메라도 내가 취하지 아니하리라 오직 소년들이 먹은 것
  과 나와 동행한 아넬, 에스골, 마므레의 분깃을 제하여 그들로
  그 분깃을 취하게 하라"

소돔 왕은 사람은 자신에게 보내고 전리품은 가져가도록 명령했
다. 전리품을 네게 주겠다는 것이다. 이 명령은 군주로서의 신하에
대한 명령과 같다. 마치 그 모두가 자신의 전리품인 것처럼. 아브람
은 소돔 왕의 명령을 받아들이지 않았다. 그가 복종해야 할 분은 오
직 여호와 하나님 한 분이시기 때문이다.
  "아브람이 소돔 왕에게 이르되 천지의 주재시요 지극히 높으신 하
나님 여호와께 내가 손을 들어 맹세하노니." 여기서 아브람은 하나
님을 가리켜 "천지의 주재시요 지극히 높으신 하나님 여호와"라 했
다. 멜기세덱이 한 그 말을 그대로 반복한 것은 하나님을, 이 천지
에 찬송받으실 분은 오직 하나님이심을 함께 드러낸 것이다. 그는
맹세할 때 손을 들었다.

"네 말이 내가 아브람으로 치부케 하였다 할까 하여 네게 속한 것은 무론 한 실이나 신들메도 취하지 아니하리라." 아브람은 소돔 왕 때문에 부자가 되었다는 말을 듣고 싶지 않았다. 소돔 왕 때문이 아니라 하나님 은혜였기 때문이다.

신들메는 신발 가죽 끈을 가리킨다. 아브람이 소돔 왕에게 속한 전리품을 한 실이나 신들메라도 취하지 않을 것을 맹세한 것은 자신의 삶이 그들의 삶과 확실히 다르다는 것을 보여 준다. 만약 그의 말대로 전리품을 가져갔다면 훗날 아브람이 부자가 된 것은 그 전리품 때문이라는 말을 들을 수 있기 때문이다.

아브람은 자신이 받은 축복은 하나님으로부터 온다는 것을 확신했다. 그래서 세상의 어떤 제의도 거절했다. 창세기 23장에는 아내 사라가 죽어 그녀를 묻을 장지가 없자 헷사람 에브론이 막벨라 굴뿐 아니라 주변의 밭과 수목을 거저 주겠다고 제의했다. 그러나 아브라함은 그 제의를 거절하고 땅값 사백 세겔을 주고 사 장례를 치렀다. 아브라함이 당당하게 장례를 치렀을 뿐 아니라 지금도 이스라엘이 가나안을 자신의 땅이라고 당당히 말하는 것은 아브라함이 그 값을 치렀기 때문이다.

그리스도인은 세상에 살면서 물욕에 어두워 염치없는 짓을 해서는 안 된다. 계산을 확실히 해야 한다. 의로운 빛들로서 말과 행동이 달라야 한다. 불로소득을 좋아해서도 안 된다. 정당한 방법으로 얻는 것이 믿음의 정도이다. 돈을 덜 벌더라도 하나님의 방법을 택하라. 그리스도인이 세상에 살면서 당당함, 청결함, 예의바름, 투명함을 보여 주면 감동을 받게 된다. 아브람은 주변 사람들로부터 "당신은 우리의 방백이다"는 말을 들을 만큼 존경을 받았다. 존경받을 만한 행동을 했기 때문이다. 이 세상에서 우리도 그들과 다름을 보여 주어야 한다.

인생은 전반전과 후반전이 있다고 한다. 전반전에는 성공을 추구하며 살았다. 예수를 믿기 전이기 때문이다. 그러나 후반전은 하나님의 자녀로 산다. 이때는 물질적 성공보다 의미를 찾을 수 있어야 한다. 우리가 하나님의 자녀로 부름받은 그 순간부터 하나님과 이웃을 위한 축복의 통로가 되어야 한다. 축복의 통로가 되기 위해서는 세상 유혹을 물리치고 믿음의 정도를 걸어야 한다.

"오직 소년들의 먹은 것과 나와 동행한 아넬과 에스골과 마므레의 분깃을 제할지니 그들이 그 분깃을 취할 것이니라." 아브람 자신은 어떤 것도 가져가지 않았지만 마므레 등 동맹군들의 몫은 배려했다. 이것은 이기게 하신 분도 하나님이요 자신의 상급도 바로 하나님 자신이심을 알았기 때문이다. 우리에게는 나 자신보다 남을 배려하는 지혜가 필요하다.

1. 후사 및 후손에 대한 하나님의 언약(1 - 17절)

- 이상 중에 하나님의 말씀이 아브람에게 임함

  하나님, "두려워 말라 나는 너희 방패, 지극히 큰 상급"

  아브람, "주 여호와여, 내게 무엇을 주시려나이까. 나는 자식이 없어 다메섹의 엘리에셀이 나의 상속자가 되리이다. 주께서 내게 씨를 주시지 않으셨으니 내 집에서 길리운 자가 내 후사가 될 것이니이다."

  하나님, "그 사람은 너의 후사가 아니다. 네 몸에서 날 자가 네 후사가 되리라

  (아브람을 이끌고 밖으로 나가) 하늘을 보고 뭇별을 셀 수 있나 보라 네 자손이 이와 같으리라

  (아브람이 하나님을 믿으니 하나님께서 이를 그의 의로 여기시고) 나는 이 땅을 네게 주어 업을 삼게 하려고 너를 갈대아 우르에서 끌어낸 여호와라."

  아브람, "내게 이 땅으로 업을 삼을 줄을 무엇으로 알리이까?"

  하나님, "나를 위해 3년 된 암소와 3년 된 암염소, 3년 된 숫양과 산비둘기와 집비둘기 새끼를 취하라."

- 아브람이 모든 것을 취하여 그 중간을 쪼개되 새는 쪼개지 아니

하였으며 솔개가 사체 위에 내릴 때 아브람이 쫓더라.

- 해질 때 아브람이 깊이 잠든 중에 캄캄해지니 아브람이 두려워하더니

  하나님, "네 자손이 이방에서 객이 되어 그들을 섬기겠고 그들은 400년 동안 네 자손을 괴롭게 하리니 그 섬기는 나라를 내가 징치할지며 그 후에 네 자손이 큰 재물을 이끌고 나오리라. 너는 장수하다 평안히 조상에게 돌아가 장사될 것이요 네 자손은 사대만에 이 땅에 돌아오리니 이는 아모리 족속의 죄악이 아직 관영치 아니함이라"

- 해가 져서 어둘 때 연기 나는 풀무가 보이며 타는 횃불이 쪼갠 고기사이로 지나더라

창세기 15장은 여호와가 아브람에게 네 번째 나타나시어 언약하신 것을 기록한 것이다. 하나님은 아브람의 후손을 주실 것이며 약속의 땅을 주리라고 말씀하셨다. 이것은 하나님이 그를 불러 약속의 땅에 이르게 한 큰 이유 가운데 하나이다. 현재 아브람에게는 재산은 있었지만 후손이 없었다. 하나님은 그를 통해 후사를 얻을 것이며, 그 후손들이 이방, 곧 애굽에서 400년 있게 될 것도 말씀하셨다. 아브람은 하나님의 말씀과 그 섭리를 믿음으로 받아들였고, 하나님은 이를 의로 여기셨다.

'이상 중에.' 하나님이 환상 가운데 아브람에게 나타나셨다. 비록 그가 하나님이 약속한 땅에 거하기는 했지만 모든 환경이 그에게 호의적인 것은 아니었다. 게다가 이번에는 외침을 당할 만큼 주변 환경은 취약했다. 하나님은 이런 상황에서 다시금 그에게 언약을 재확인시키는 한편 앞으로 그의 후손들이 어떤 삶을 살게 될 것을 예언

하심으로써 미래에 대한 희망을 갖게 하셨다. 이상 중에 나타나신 것은 바로 이 희망을 전하기 위함이다.

"두려워 말라." 아브람은 여러 왕들과의 싸움에서 이기기는 했지만 보복을 두려워했음을 보여 준다.

"나는 너의 방패요." 이 말씀은 아브람이 하나님의 능력으로 동맹군들을 무찔렀을 뿐 아니라 앞으로도 하나님이 보호해 주실 것을 확약하는 말씀이다.

"나는 너의 지극히 큰 상급이니라." 아브람은 소돔의 보물로 부유해지라는 소돔 왕의 유혹에서도 승리했다. "나는 너희 지극히 큰 상급"이라는 말씀은 소돔 왕이 제공한 보수를 거절했을지라도 결코 아무것도 잃지 않았음을 주지시키는 말씀이다. 상급 중의 가장 큰 상급은 우리가 하나님의 자녀라는 사실이다.

아브람은 하나님께 아뢴다. "주 여호와여." 히브리어로 "아도나이 야웨"이다. 아도나이(adonai)란 스승, 주인, 지배자라는 뜻을 가지고 있다. 아도나이는 '아돈'의 복수형으로 구약에서는 하나님과 사람에게 사용되있다. 사람에게 쓰인 말로는 '주인'(창18:12,24:9,10,12)이 있다. 아내가 남편에 대해, 그리고 종이 주인에 대해 이 말을 사용했다. 여기서는 사람이 아니라 하나님에 대해 아도나이를 사용했다. 야웨는 능동적이고 스스로 계시는 분이란 뜻(출3:14)과 이스라엘의 구속자라는 뜻(출6:6)을 가지고 있다.

그리고 아뢴다. "내게 무엇을 주시려나이까. 나는 자식이 없어 다메섹의 엘리에셀이 나의 상속자가 되리이다. 주께서 내게 씨를 주시지 않으셨으니 내 집에서 길리운 자가 내 후사가 될 것이니이다." 상당히 불평과 섭섭함이 담긴 언사다. 그도 역시 우리와 같은 성정의 사람이었음을 보여 준다.

아브람은 종을 양자로 삼고 그를 상속자로 하고자 했다. 이것은 자녀가 없는 부유한 가정에서 하던 고대의 풍습이다. 누지 서판 등에 따르면 고대에서 자식이 없는 부부는 자신의 노후와 장례를 책임지겠다는 조건 아래 종을 양자로 입양할 수 있었다. 엘리에셀은 아브람의 충성하는 종이었고, 아브람은 그때까지만 해도 무자 한 상태였다. 아브람은 그 풍습에 따라 엘리에셀을 약속된 후사로 받아들여도 좋을지를 제안하고 있다.

엘리에셀(Eliezer)은 아브람이 자기의 상속자로 여길 만큼 신실한 종이었다. 그의 이름은 '나의 하나님은 나의 도움이시다'는 뜻을 가지고 있다. 그는 다메섹 사람이었다. 훗날 그가 늙었을 때 아브라함은 그를 메소포타미아로 보내 이삭의 아내를 택해 오라는 임무를 맡겼고, 그는 이 일을 잘 수행했다.

아브람의 불만을 들은 하나님은 그에게 후사가 있겠고, 그를 통해 하늘의 뭇별처럼 그의 자손들이 많게 될 것을 말씀하셨다. 믿음의 자손들인 것이다. 예수를 그리스도로 고백하는 사람은 그 자손 가운데 하나다.

"여호와를 믿으니 이를 그의 의로 여기시고." 이 절은 믿음이 무엇인가를 분명히, 그리고 구체적으로 보여 주고 있다. 하나님을 믿고, 그의 말씀을 믿고, 보이지 않는 약속을 믿고, 하나님을 의지하는 모든 것이 믿음과 연관된다.

'믿다'라는 말은 히브리어로 '헤에먼'으로서 하나님을 전적으로 의지하고 그분의 말씀에 인격적인 신뢰를 둔다는 뜻이다. '믿으니'의 시제는 미완결 과거로서 계속해서 하나님을 굳게 신뢰했음을 뜻한다.

아브라함이 하나님을 믿음으로 하나님은 그를 의인(right man)으로 여기셨다. 이것은 그에게 높은 점수(credit)를 주었다는 것을 의미한다. 보이지 않는 하나님의 약속을 믿는 그 믿음이 귀했기 때문이다. 이 약속은 하나님의 놀라운 구원의 약속과 그 풍성한 삶에 거하는 자의 축복을 담고 있다.

모든 구원은 믿음으로 주어지는 하나님의 은총의 선물임을 성경은 강조하고 있다. 바울은 아브라함을 행함이 아니라 믿음으로 의롭다 하심을 받은 본보기로 제시하였고, 할례는 신앙을 외적으로 확증하는 표시일 뿐 결코 구원의 조건은 되지 못한다고 보았다(롬4). 믿음은 하나님에 대한 전적인 신뢰에 바탕을 두고 있다. 상황이 좋든 나쁘든 하나님과 함께하는 마음이 중요하다.

"중간을 쪼개고"(cut them into two)는 동물을 반반씩 둘로 나누는 것을 말한다. 이것은 공식적인 언약체결의 의식으로 하나님과 아브람 사이에 언약이 공식적으로 수립됨을 나타낸다. 동물이 쪼개지고 그 쪼개진 동물 사이로 '연기 나는 풀무'와 '타는 횃불'로 상징되는 하나님의 모습이 지나감으로써 언약의 당사자들은 삶과 죽음의 약정을 맺게 된다. 이 언약을 깨는 자도 쪼개어진 동물과 같은 일을 낭하게 될 것이란 뜻을 담고 있다.

두 사람 사이에 계약을 세우는 경우 제물로 바치는 짐승을 두 조각 내어 양쪽에 갈라놓고 그 사이로 사람이 지나가게 되어 있다. 지나가면서 그들이 언약을 어기면 그 짐승과 같은 운명이 될 것을 선언하였다(렘34:17-20). 제물로 3년 된 짐승을 택한 것은 충분히 성장했고 건강하며 아름다움을 고려한 것이다.

"그 새는 쪼개지 아니하였으며." 새를 쪼개지 않는 것에 대해서는,

새가 평강과 사랑의 신인 성령을 상징하기 때문이라는 주장과 새가 너무 작아서 그렇게 할 필요가 없기 때문이라는 주장이 있다. 두 번째 견해가 무난한 것으로 보인다. 새를 특별하게 다루는 방법이 후에 성문법으로 제시되었다(레1:14-17).

"깊이 잠든 중에." 아브람이 절차와 의식에 따라 쪼갠 짐승들 사이로 지난 다음 하나님도 언약의 당사자로서 똑같은 행위를 아브람에게 보여 주셔야 했다. 그러나 그 행위를 보여 주시는 대신 환상 가운데서 아주 캄캄함을 보여 주었다. 아브람은 두려움에 빠졌다. 그 상황에 하나님이 나타나셔서 아브람 후손에 대해 언약의 말씀을 하셨다. 그다음 쪼갠 고기 사이로 지나가셨다.

"이방에서 객이 되어." 애굽에서의 노예생활을 지칭한다. 하나님은 아브람에게 약속한 후손들의 삶에서 일어날 미래의 역사와 사건들을 제시하셨다.

'400년 동안'은 이스라엘 백성이 애굽에서 400년간 노예생활 할 것을 말한다. 그들이 애굽에서 400년 동안 노예생활을 할 것이라는 사실이 예고된 것이다. 이것이 바로 하나님의 섭리다. 400년은 대략적인 숫자이며(행7:6) 정확한 수치는 430년이다.

그러나 중요한 것은 그러한 역사적인 고난이 히브리 민족을 하나님의 백성으로 양육하고 불러 모으기 위한 하나님의 계획이라는 점이다. 이것은 하나님이 궁극적으로 자신이 지으신 세계를 다스리시며, 구속을 위한 의로운 목적을 마침내 성취하실 것을 확고하게 보여 주고 있다. 하나님은 자녀들을 고난 속에서 믿음으로 단련시킨 다음 구원의 손을 펴신다.

'그 섬기는 나라'에 대해서는 언급하지 않으셨다. 그 나라가 어떤 나라가 될 것인가는 하나님의 은밀하신 계획 아래 있다.

"내가 징치할지며." 징치(徵治, punishment)란 재판에 의한 징벌을 뜻한다. 하나님은 자신의 뜻을 어기고 이스라엘을 괴롭히는 애굽을 열 가지 재앙으로 징벌하셨다.

"큰 재물을 이끌고." 출애굽 할 때 이스라엘 사람들이 애굽 사람들의 보석을 가지고 나온 것으로 그대로 성취되었다(출12:35).

"너는 장수하다가 평안히 조상에게로 돌아가 장사될 것이요." '장수하다가'는 '세바토바', 곧 '좋은 백발로'란 뜻이다. 노년에 평안하게 되리라는 말씀이다. 조상에게 돌아가 장사될 것은 무덤을 우회적으로 표현한 말이다. 아브람은 자기 조상들이 묻힌 곳으로 돌아갔다고 볼 수 없다. 그러므로 이 말은 아브람이 그의 조상들이 가 있는 하늘나라로 돌아갈 것을 의미한다(히11:13).

'사대 만에.' 사대의 보기를 들면 다음과 같다. 레위－고핫－아브람－모세. 아브람이 100세에 아들을 낳은 것을 기준하여 나타낸 말로 400년간을 사대로 표현했다.

17절에 하나님의 상징적 모습이 풀무(smoking firepot)와 타는 횃불(blazing torch)로 묘사되었다. 환상 속에서도 하나님의 모습은 상징적으로만 보이셨다. 그리고 하나님은 언약의 당사자로서 쪼갠 고기 사이를 지나가셨다. 이것은 하나님이 아브람과 언약을 확실히 세우셨음을 나타낸다. 이렇듯 언약이 세워진 것은 아브람의 공적 때문이 아니라 오직 하나님의 은혜일 따름이다.

2. 가나안 땅에 대한 약속(18 - 21절)

- 그날 여호와께서 아브람과 언약을 세우심
- "내가 이 땅을 애굽 강에서부터 그 큰 강 유브라데까지 네 자손에게 주노니 곧 겐, 그니스, 갓몬, 헷, 브리스, 르바, 아모리, 가나안, 기르가스, 여부스 족속의 땅이니라."

"애굽강에서부터 유브라데까지." 이 언약은 다윗 시대에 와서 비로소 성취되었다.

겐 족속(Kenites)은 가나안의 원주민이 아니라 미디안 족속 가운데 하나이다. 모세의 장인 이드로가 이 족속이다.

그니스 족속(Kenizzites)은 에돔 족속 가운데 하나로 그들은 이스라엘 역사에 크게 공헌했다. 유다 지파를 대표했던 갈렙도 본래는 그니스 족속이었다(민13:6,32:12).

갓몬 족속(Kadmonites)은 동방 족속이라는 뜻이다. 성경에서는 이곳에서만 나타난다. 일부 학자들은 이 말뜻으로 미루어 단순히 '동방사람들'로 보기도 한다. 그러나 그 이름 앞에 정관사가 붙어 있어 한 종족의 이름으로 간주되고 있다.

아모리 족속(Amorites)은 '서부인'이라는 뜻을 가졌다. 원래 아라비아의 유목민이었으나 그 세력이 확대되어 가나안의 대부분을 점령하였다. 수리아와 팔레스타인은 종종 아모리 사람의 땅으로 불린다. 하나님은 "아모리 족속의 죄악이 관영"했을 때를 이스라엘 민족이 애굽을 떠나오는 시기로 잡았을 만큼(창15:16) 아모리 족속은 이스라엘의 가나안 행 시기와 깊이 연관되었다. 아모리 족속의 죄악과 교만

이 이스라엘 족속의 귀환과 연결된 것은 그 족속에 대한 심판과 연결되었음을 보여 준다. 결국 아모리 족속의 땅도 아브람에게 약속한 땅으로 귀속된다.

1. 하갈의 이스마엘 잉태와 사래의 고통(1 - 6절)

- 사래가 생산치 못하여 그 여종 애굽인 하갈과 동침을 권유 자녀를 얻을까 하니 아브람이 사래의 말을 들음
- 하갈을 아브람의 첩으로 준 때는 아브람이 가나안 땅에 거한지 10년 후였음
- 하갈이 잉태함을 깨닫고 사래를 멸시함
- 사래, "나의 받는 욕은 당신이 받아야 옳도다. 그가 자기의 잉태함을 깨닫고 나를 멸시하니 당신과 나 사이에 여호와께서 판단하시기 원하노라"
- 아브람, "그대의 여종은 그대의 수중에 있으니 그대의 눈에 좋은 대로 그에게 행하라"
- 사래가 하갈을 학대하니 하갈이 도망하였더라

16장은 아브람이 아내 사래의 부추김을 받아 하나님의 목적을 인간의 머리와 꾀로 진전시키려 했음을 보여 준다. 이로써 아브람은 두 번째로 믿음의 길에서 실족하게 된다. 실패의 결과는 그 이후의 역사를 통해 내내 그 영향을 미친다.

아브람의 어리석은 행동으로 가정에 불화가 생기고 사래와 하갈 사이에 갈등이 생겨 마침내 하갈이 사래의 학대 때문에 도망하는 일까지 벌어진다. 이것은 먼 장래까지 미쳐 이스마엘 후손이 이삭의 후손에게 끊임없이 환란을 일으키는 결과로 나타난다. 이것을 통해 우리는 악의 결과는 후대에까지 영향을 미친다는 것을 알 수 있다. 이 사건을 통해 믿음은 인간의 꾀가 아니라 하나님의 뜻을 바로 믿고 살아야 한다는 원리를 가르쳐 주고 있다.

하갈(Hagar)은 '도망하다'는 뜻을 가지고 있다. 그는 아브람이 애굽에 있을 때 바로로부터 얻은 것으로 추정된다.

"그로 말미암아 자녀를 얻을까 하노라." 누지 서판에 따르면 당시 자식을 낳지 못하는 여인은 대신 여종 중의 하나를 남편에게 주어 후사를 잇도록 해야 한다는 규정이 있었다. 사래도 당시의 관습에 따라 하갈을 아브람에게 주어 이스마엘을 얻게 했다.

이스마엘을 잉태한 하갈은 자기의 여주인 사래를 멸시하기 시작했다. "여주인을 멸시한지라"의 원문은 "그녀의 눈에 그녀의 주인이 가벼웠더라."이다. 존경이 아니라 경시의 대상으로 전락한 것이다.

몸 종 하갈을 통해 후손을 얻고자 한 아브람과 사래의 이 같은 행위는 당시 세계, 특히 인간세계에서는 지극히 상식적이고 정상적인 방법이었지만 하나님의 방법을 따른 것이 아니었다. 하나님이 그 방법을 허락하신 것은 아니기 때문이다. 오히려 그들은 하나님의 뜻을 거스르는 죄를 범했다.

이 사건을 통해 우리는 다음 사항에 주목할 필요가 있다.

① 아브람과 사래처럼 믿음이 있다는 사람도 넘어질 수 있다는 것이다.

② 그들의 인간적 방법은 하나님의 창조질서를 어긴 것이다.

③ 하나님의 약속은 하나님의 거룩한 방법으로만 이루어져야 한다는 것이다. 하나님의 약속은 이스마엘이 아니라 아브람이 100세 때 얻은 이삭을 통해 성취된다.

④ 하나님의 방법과 인간의 방법이 다르고, 그분의 생각이 우리의 생각보다 높다는 것을 알 수 있다(사55:8－9).

⑤ 아브람 씨 중에 불경건한 씨가 섞이게 되어 두고두고 큰 불행을 낳게 되었다.

이스마엘을 잉태한 뒤부터 가정불화가 생기고, 이스마엘과 이삭 두 아들의 후손은 오랜 세월을 두고 서로 반목하게 되었다. 이것은 인간이 거룩한 창조질서를 어기면 어떻게 되는가를 보여 준다.

"가나안 땅에 거한 지 10년 후였더라." 이 말은 아브람의 나이 85세였음을 보여 준다. 그는 75세에 하나님의 언약을 믿고 하란을 떠났다. 그 언약의 주된 내용은 후손에 대한 약속이었다. 그런데 85세가 된 지금에도 하나님의 약속은 이뤄지지 않았다. 그들은 지치고 말았다. 우리는 히브리서의 다음과 같은 말씀을 기억할 필요가 있다. "너희에게 인내가 필요함은 너희가 하나님의 뜻을 행한 후에 약속을 받기 위함이라"(히10:36).

그러나 사래는 머리를 쓰게 되고 아브람은 하나님 말씀 대신 아내의 말을 따르게 되었다. 하나님의 약속을 믿었던 아브람마저 그녀의 인간적 제의에 동의하고 만 것이다. 이것은 결국 그도 참지 못하고 의심하기에 이르렀음을 보여 준다. 사래가 아들을 낳을 수 없다고 생각하고 단지 혈육을 따라 상속자를 잇고자 한 것이다.

인간적으로 볼 때 10년을 기다렸다면 오래 기다린 것일 수 있다.

그러나 믿음을 가진 사람은 10년이 아니라 20년이든 30년이든 언약이 성취될 때까지 기다려야 한다. 하나님이 계획한 시간이 있기 때문이다. 믿음이 없는 조급한 행위는 일을 더욱 어렵게 만든다. 그러나 신앙의 인내는 바람직한 결과를 가져다준다. 하나님은 자신의 약속을 믿는 사람에게 축복해 주신다.

"그대의 수중에 있으니." 고대법에 따르면 남편의 아이를 낳은 여종은 쫓아낼 수 없다. 하지만 그 여종은 여주인에게 절대 복종해야 했다. 이런 법과는 달리 하갈은 사래의 학대를 이기지 못하고 도주하고 만다. 하갈이 사래의 학대를 받았다는 것은 비록 그가 아이를 잉태했지만 더 이상 아브람의 첩이 되지 못했음을 보여 준다. 이런 경우 하갈이 비록 곤경에 처하게 되지만 사래로서는 주인으로서의 권리를 행사한 것이므로 당시 관례상 위법은 아니다.

2. 하갈에 대한 하나님의 약속(7 – 16절)

- 여호와의 사자가 광야의 샘곁, 곧 술길 샘물 곁에서 그를 만남
- 사자, "하갈아. 네가 어디서 왔으며 어디로 가느냐?"
- 하갈, "나의 여주인 사래를 피하여 도망하나이다."
- 사자, "네 여주인에게로 돌아가서 그 수하에 복종하라. 내가 네 자손으로 크게 번성케 하리라. 네가 잉태하였은즉 아들을 낳으리니 그 이름을 이스마엘이라 하라 이는 여호와께서 네 고통을 들으셨음이라. 그가 사람 중에 들 나귀같이 되리니 그 손이 모든 사람을 치겠고 모든 사람의 손이 그를 칠지며 그가 모든 형제의

동방에서 살리라."

- 하갈이 자기에게 이르신 여호와의 이름을 감찰하시는 하나님이라 하였고
- 그곳 샘을 브엘라해로이(나를 감찰하시는 생존자의 우물)라 함 그것이 가데스와 베렛 사이에 있더라
- 하갈이 아들을 낳으니 아브람이 이스마엘이라 함
- 그때 아브람의 나이 86세

'여호와의 사자'가 하갈을 만난다. 사자(angel)의 원어 '말리크'는 어떤 임무를 띠워 보낸 사람을 의미한다. 성경에서 사자는 항상 그런 것은 아니지만 때로 신의 현현으로 인식된다. 하나님이 자신을 세상에 드러내신 것이다.

사자는 하나님에 의해 보냄을 받고 하나님께 기도하기도 하고, 하나님처럼 말하고 하나님으로 동일시되기도 한다. 때로는 하나님의 대권을 수행하기도 한다. 이 때문에 하나님 안에 다른 인격이 있다는 생각을 갖게 되었다. 구약에서의 사자는 종종 그리스도가 성육신 되기 전의 모습으로 나타나신 것으로 인식되고 있다.

"만군의 여호와가 이르노라 보라 내가 내 사자를 보내리니 그가 내 앞에서 길을 예비할 것이요 또 너희의 구하는 바 주가 홀연히 그 전에 임하리니 곧 너희의 사모하는바 언약의 사자가 임할 것이라"(말3:1).

술길(road to Shur)은 술로 가는 길을 말한다. 브엘세바에서 애굽으로 가는 길로 팔레스타인 남쪽, 애굽의 동쪽에 있는 광야의 일부이다. 술은 수르광야 또는 애담광야라 불리기도 한다. 하갈이 애굽

쪽으로 간 것은 그의 고국이 애굽이었기 때문이다.

이 일 가운데서도 하나님은 하갈을 선대하셨고, 그로 인해 그녀는 광야의 우물을 '브엘라해로이', 곧 '나를 감찰하시는 생존자의 우물'이라 했다.

"네가 아들을 낳으리니 그 이름을 이스마엘이라 하라." 이스마엘 (Ishmael)이라는 이름은 '하나님께서 들으셨다'(God hears)는 뜻을 가지고 있다. 이것은 하갈의 고통을 하나님께서 들으신 것에서 비롯되었다. 하나님은 쫓겨 고통 가운데 있는 하갈이 구원을 호소하는 외침을 들으셨다.

이것은 하나님이 곤경에 처한 사람의 외침을 들으시며 그 곤경을 감찰하신다는 것을 보여 준다. 이 들으심은 단지 하갈만을 위한 것이 아니라 가정불화로 고통을 당하는 아브람과 사래, 나아가 곤경에 처한 모든 사람을 위한 것이기도 하다.

태어날 아이의 이름을 이스마엘로 부르라는 하나님의 말씀을 전했을 때 아브람과 사래는 '하갈의 고통을 들으신 것'에 놀랐을 것이다. 아브람과 사래는 여종의 경험을 통해 고통의 외침을 들으시는 하나님임을 인식히게 되었을 것이다. 하나님의 백성에 있어서 가상 좋은 소식은 하나님께서 자신의 간구를 들으신다는 사실이다. 하나님은 자녀의 간구에 기꺼이 응답하는 분이시다.

"그가 사람 중에 들 나귀 같이 되리니." '들 나귀(wild donkey)같이'란 이스마엘 자손이 앞으로 어떤 삶을 살게 될 것인가를 보여 준다. 그의 자손은 아브람의 다른 자손을 대적하게 될 아랍 종족들이 된다(창25:12-18). 광야의 들 나귀는 풀을 찾아다닌다. 그러나 사냥감으로 쉽게 지목된다. 들 나귀는 유목민 이스마엘 족속의 자존심과 독립심을 상징한다. 그들은 그들의 자유를 앗아 가려는 어떤 세력과도 싸우며 살아가게 된다. 아랍과 이스라엘의 적대관계는 역사적으로 유명하다.

"그 모든 형제의 동방에서 살리라." 이스마엘 족속이 동방에서 살게 될 것을 의미한다. 그러나 원문은 '동방에서 살리라'가 아니라 '면전에서 살리라'이다. 이스라엘로부터 멀리 떨어져 살지 않고, 그들과 맞서 도전적으로 살게 될 것을 의미한다. NIV성경은 "그의 모든 형제들에 대해 적개심을 품고 살게 되리라"고 해석했다(NIV).

하갈은 여호와를 '감찰하시는 하나님'이라 불렀다. 감찰하시는 하나님(God who looked upon me)은 '나를 보시는 하나님(God who sees me)'이란 뜻이다. 여기서 '본다'는 것은 '생각해 준다', '관심을 갖는다', '염려한다'는 뜻을 갖고 있다. 하갈은 스스로 버림받았다고 생각했다. 그러나 하나님이 자신에게 나타나 장래 일을 계시하고 다시 집으로 돌아가도록 함으로써 하나님이 자신을 돌보아 주고 계신다는 것을 확신하게 되었다. 그래서 자기에게 관심을 가지신 하나님을 향해 감격과 환희 가운데서 '감찰하시는 하나님'이라고 부르게 된다. 하나님께서 들으시고 감찰하신다는 것처럼 좋은 소식은 없다.

"내가 어떻게 여기서 하나님을 뵈었는고." 하갈은 아브람과 멀리 떨어진 곳에서 아주 외로운 존재로 서 있는 자신에게 하나님이 나타났다는 사실에 놀랐다. 죄인인 인간이 하나님의 얼굴을 보게 되면 죽는다고 믿었다. 따라서 RSV는 이것을 "내가 진정 하나님을 보았으며 하나님을 뵌 후에도 살아남을 수 있단 말인가?"라고 바꾸어 표현하였다. 어떤 역본은 그가 하나님의 얼굴을 직접 보았다기보다 하나님의 등을 본 것으로 해석하기도 한다.

하갈은 그 샘을 브엘라해로이라 했다. 브엘라해로이(Beer Lahai Roi)는 '나를 감찰하시는 살아계신 분의 우물(well of the Living One who sees me)'이라는 뜻이다. 13절에서는 감찰하시는 자(로이)를 반복 사용하고 있다. 하갈이 하나님을 새롭게 깨닫고 인식함으로써 고백한 표현이다. 이곳의 위치는 브엘세바의 남서쪽일 것으로 추정되고 있다. 성경은 가데스와 베렛 사이에 있다고 했다. 가데스(Kadesh)는 가데스 바네아라 부르기도 한다. 신광야에 있다. 이스라엘 민족이 가나안으로 들어오기 전 이곳에서 오랫동안 머물렀다. 베렛(Bered)은 브엘라해로이 샘의 위쪽인 네게브 지방에 있었던 마을로 현재 정확한 위치는 확인되지 않고 있다.

창세기 17장 할례 언약과 이삭 출생 약속

1. 네 이름을 아브라함이라 하라(1-8절)

- 아브람이 99세 때 하나님이 나타나서 말씀하심
- "나는 전능한 하나님 너는 내 앞에서 행하여 완전하라
  내가 너로 심히 번성케 하리니 (아브람이 엎드림)
  네 이름을 아브람이라 하지 아니하고 아브라함이라 하라
  열국이, 열왕이 네게로 쫓아나며 내가 영원한 언약을 세워   너
  와 네 후손의 하나님이 되리라 내가 가나안 일경을 주어 영원한
  기업이 되게 하리라."

하나님이 아브람에게 다섯 번째로 나타나셔서 거룩한 언약을 맺으신다. 이때 하나님은 그의 이름을 아브람에서 아브라함으로 바꾸도록 하셨다. 이름을 바꾸도록 한 것은 단지 명칭만 달라지는 것이 아니라 그동안 약속하신 언약들이 그를 통해 실제적으로 구체화될 것을 의미한다. 하나님의 목적이 인간의 시간이 아니라 하나님의 시간 속에서 구체적으로 진행될 것임을 보여 준다.

'99세 때'는 하갈 사건 이후 13년이 흘렀음을 의미한다. 이 13년에 대한 견해가 크게 두 가지가 있다. 하나는 침묵의 기간으로 보는

것이다. 이 침묵은 하나님이 13년 동안 아브람과 교제를 끊은 것으로 간주된다. 아브람이 이스마엘을 낳으므로 실수를 범했기 때문이다. 이제 하나님께서 이 침묵을 깨고 사래가 아이를 낳게 되리라는 언약을 다시 상기시킬 필요에 따라 하나님이 그에게 나타나신 것이다. 다른 하나는 이 기간 동안 아브람은 번창했고 태평하게 지나는 가운데 있었다는 주장이다. 그동안 아브람은 사래의 몸에서 아들을 낳으리라는 희망을 모두 포기했고, 이로 인해 하나님은 아브람에게 하나님의 언약을 다시 상기시키는 일이 필요했다.

전능한 하나님(God Almighty)은 '엘 샤다이(El Shaddai)'로 하나님의 다른 칭호이다. '샤다이'는 가슴이나 산을 뜻하는 아카드어에서 유래된 것으로 간주되고 있으며 히브리어로는 '충분하다'는 뜻을 가지고 있다. 이 뜻이 적용될 경우 하나님의 풍부하신 능력과 전능을 연상케 한다. 특히 약속을 성취시켜 나가시는 하나님의 초자연적인 능력과 연관된 것으로 승리사, 신별자, 전능자를 의미한다. 인간적으로는 불가능하게 생각되는 일이 전능하신 하나님의 힘으로 성취된다는 것이 강조된다.

하나님이 여기서 자신을 전능한 하나님이라 하신 것은 아브람이 자신의 힘으로 하나님의 약속과 계획을 성취하려는 어리석음을 지적하고 하나님의 나라뿐 아니라 언약의 모든 것, 특히 이삭의 출생이 오직 전능하신 하나님의 능력으로 이루어져 가는 것임을 강하게 보여 주고 있다.

"너는 내 앞에서 행하여 완전하라." 이 말씀은 하나님께서 그의 배후에서 그를 돌보고 있음을 가리킨다. 이것은 우리 배후에 하나님이 지켜보고 계신다는 것을 확신하고, 모든 면에서 그 앞에서 완전해야 함을 보여 준다.

하나님은 이미 아브람에게 네 차례나 나타나셔서 언약을 하셨다. 그동안 하나님은 언약이라는 말씀을 한번 사용하셨다(창15:18). 그러나 이번에 나타나셔서는 무려 13번이나 언약이라는 말씀을 사용하셨다. 더 새로운 것은 단지 언약이라 말씀하지 않으시고 '내 언약'(9회), '영원한 언약'(3회), 그리고 '나와 너희 사이의 언약'(1회) 등 여러 형용사를 직접 사용하셨다는 점이다. 이것은 언약의 확실한 이행과 그 이행의 때가 임박했음을 보여 준다.

"열국, 열왕이 네게로 좇아나리라." 여러 민족과 왕들이 출현할 것을 예고하고 있다. 미디안 족속, 이스마엘 족속, 에돔 족속, 이스라엘 족속 모두 아브라함의 후손들이다. 아브라함은 다양한 혈통을 가진 여러 그리스도인들의 영적 조상이기도 하다.

하나님이 아브람의 이름을 아브라함(Abraham)으로 바꾸신 것은 매우 중요한 의미를 갖는다. 새 이름인 아브라함은 '열국의 아비(father of many 또는 a multitude)'라는 뜻이다. 언약대로 되리라는 의미를 담고 있다. 그러므로 그가 자신을 과거의 아브람이 아니라 아브라함이라 부를 때마다 하나님의 언약을 상기하게 될 것이다.

이것은 99세의 노인이 자신은 앞으로 '열국의 아비'가 된다고 말하는 것과 다름이 없다. 다른 사람이 그 말을 듣고 웃기도 하겠지만 그는 하나님의 약속을 굳게 믿고 인내했다.

2. 언약의 표징 할례(9 - 14절)

- 너희 중 남자는 다 할례를 받으라
- 이것이 나와 너희와 너희 후손 사이에 지킬 내 언약의 표징
- 대대로 남자는 집에서 난 자나 혹 너희 자손이 아니요 이방사람에게서 돈으로 산 자라도 난 지 8일 만에 할례를 받을 것
- 할례를 받으면 내 언약이 너희 살에 있어 영원한 언약이 될 것이며 할례를 받지 않으면 내 언약을 배반하였으니 백성 중에서 끊어지리라

하나님은 할례를 명하셨다. 이것은 보이지 않는 내적 관계에 대한 보이는 외적 표징이었다. 할례의 의미는 영적인 것이지만 육체적으로 볼 때도 정결한 것이었다.

언약을 맺는 과정에서 아브라함이 해야 할 것은 할례(circumcision)였다. 할례는 남성 성기의 표피를 약간 잘라 내는 것으로 당시 근동지방에서 성인으로 인정받기 위해 널리 행해졌던 것이었다. 그러나 이 할례가 아브라함과 그의 후손에게는 하나님의 백성으로서 언약의 관계로 들어선다는 새로운 의미를 지니게 되었다. 이삭을 낳기 전에 이 의식이 제정되었다.

하나님은 언약의 표징으로 할례를 받게 했다. 할례는 언약관계를 더욱 확고히 한다. 이 의식을 통해 하나님 백성의 일원이 된다(14절). 훗날 할례는 생후 8일 만에 하도록 했다. 할례는 다음과 같은 성격을 가지고 있다.

할례는 하나님의 언약에 대한 믿음과 복종의 표시이다. 언약의 하

나님께 영적으로 의탁하는 결단이 수반되어야 한다.

할례는 언약의 공동체에 가입되었다는 상징적 행위이다. 히브리인으로서 할례를 거부하는 것은 그 자신을 언약의 공동체, 곧 언약의 백성으로부터 제외시키는 것이었다. 할례를 받지 않으면 백성 중에서 끊어진다(14절). 끊어진다는 것은 '죽임을 당하다'(니크레타)는 뜻으로, 백성의 반열에서 제외되거나 백성으로 간주되지 않음을 의미한다.

할례는 이방인과 아브라함의 씨를 구별하는 징표이다.

할례는 이후 모세 율법을 통해 언약백성의 외적인 표지로 구체화된다(레12:3).

할례는 하나님에게 속했음을 상징하는 표시가 되었다(렘4:4).

할례는 악으로부터 정결케 된 것을 의미한다.

할례는 단순히 양피를 베는 것에 의미가 있는 것이 아니라 마음의 할례, 곧 하나님의 백성으로서 그분의 약속을 믿고 그분의 백성답게 살아가겠다는 내용이 중요하다(신10:16,30:6;롬2:25,3:30;고전7:19;갈5:6;엡2:11-15;골3:1). 마음의 할례란 자신의 생각을 버리고 하나님의 뜻에 전적으로 맡기는 것을 의미한다. 할례받지 못한 마음은 전혀 그렇지 못한 것을 말한다.

할례는 모든 죄를 씻고 인생의 본바탕을 정화시킨다는 의미와 그리스도를 통해 비로소 모든 깨끗하게 하는 일이 마무리된다는 메시아 대망의 의미도 내포되어 있다.

할례는 언약의 영원성을 드러낸다. "내 언약이 너희 살에 있어"(13절)는 '살에 새긴'이라는 뜻으로 살에 새기면 영원히 지워지지 않듯 살에 새긴 언약도 영원히 없어지지 않는다는 것이다. 언약의 영원성을 나타낸다.

새 언약의 중재자이신 예수가 오신 뒤로 이 옛 언약의 표징은 지
킬 필요가 없게 되었다(행15:1;롬3:30,4:9 – 11;고전7:18이하).

3. 이삭을 낳으리라(15 – 27절)

- 사래는 이름을 사래라 하지 말고 사라라 하라
- 내가 그에게 복을 주어 아들을 낳게 하며 열국의 어미가 되게 하
  리니 민족의 열왕이 그에게서 나리라
- 아브라함이 엎드리어 웃으며(이삭이라 한 이유) 심중에 이르되(백
  세 된 사람이 어찌 자식을 낳을까 사라는 90이니 어찌 생산하리)
- 아브라함, "이스마엘이나 하나님 앞에 살기를 원하나이다."
- 하나님, "사라가 정녕 아들을 낳으리니 그 이름을 이삭(웃음)이라
  하라
  내가 그와 언약을 세워 그 후손에 영원한 언약이 되리라
  내 언약은 내가 명년 이 기한에 사라가 네게 낳을 이삭과 세우
  리라
  이스마엘에게도 복을 주어(생육이 중다하여) 크게 번성하게 할지니
  그가 열두 방백을 낳아 그로 큰 나라가 되게 하리라"
- 당일 아브라함(99세)과 이스마엘(13세) 및 그 집의 모든 남자가
  할례를 받음

하나님은 사래의 이름도 사라(Sarah)로 바꾸도록 하셨다. 사래는
'공주'를 의미하고, 사라는 '여주인', '왕비'를 뜻한다. 사라는 아브라
함과 같이 왕비로서 '열국의 어미'가 되는 것이다. 이것은 그도 언약

의 동참자로서 앞으로 언약의 수행에 중요한 몫을 담당하게 될 것임을 의미한다.

이로써 아브라함과 사라는 모든 사람에게 '열국의 아비', '열국의 어미'로 불리게 된다. 이삭도 낳지 않은 그때에 자신들을 '열국의 아비', '열국의 어미'라고 부르는 것이 얼마나 쑥스런 일이겠는가. 그러나 그들은 이것을 믿음으로 받았다.

엎드림(fell facedown)은 그가 믿음의 사람이었음을 보여 준다. 겸손하게 하나님을 경배하는 모습을 드러낸다.

'웃으며'는 아브라함이 속으로 웃은 것(laughed)을 뜻한다. 이 웃음을 두고 여러 주장이 있다.

첫 번째 주장은 기쁘고 놀란 나머지 웃었다는 것이다. 이 주장은 하나님의 언약을 의심했다거나 염려해서 불안한 마음을 나타낸 것은 아니며 그 약속이 실현될 것을 기뻐했다는 것이다. 아브라함이 의심하지 않1았다는 주장의 근거는 로마서 4장에 있다.

"그가 백세나 되어 자기 몸의 죽은 것 같음과 사라의 태 죽은 것 같음을 알고 믿음이 약하여지지 아니하고 믿음이 없어 하나님의 약속을 의심치 않고 믿음에 견고하여져서 하나님께 영광을 돌리며 약속하신 그것을 또한 능히 이루실 줄을 확신하였으니"(롬4:19-21).

두 번째 주장은 기쁨보다는 의심을 담고 있다는 것이다. 18절이 그것을 잘 말해 주고 있다. 자신이 이미 100세이고 사라 또한 아이를 낳기에 너무나 나이가 들었음을 생각하면 곧이곧대로 믿기 어려웠을 것이다. 따라서 자신이나 사라가 과연 아이를 낳을 수 있을까 생각하면서 웃었다는 것이다.

세 번째 주장은 기쁨과 소망이 함께 담긴 이중의 의문사라는 주장이다. '어찌 자식을 낳을까'와 '어찌 생산하리요'라는 농축된 감탄사가 속웃음으로 표현되었을 것으로 본다. 하나님이 그런 그의 믿음과 기쁨과 소망을 확인하시고 그 아들 이름을 '이삭'이라 하셨다.

만일 아브라함의 웃음이 의심 때문이었다면 그는 웃기보다 하나님의 전능하심을 먼저 생각해야 했다. 하나님께서 아브라함에게 자신을 '엘 샤다이'라 하신 것은 스스로 능치 못할 일이 없으심을 나타내신 것이기 때문이다.

아브라함이 '이스마엘이나'(only Ishmael)라고 말한 것은 '새 아들은 그만두고 이스마엘이나'란 것으로, 이것은 하나님의 뜻과는 어긋난다. 그는 그동안 자신의 마음을 차지하고 있던 이스마엘 문제를 끄집어냈다. 그는 사라가 나이가 들어 자식을 낳게 된다는 것은 인간적으로는 불가능하다는 것을 잘 알고 있었다. 따라서 인간적으로 이스마엘이나 하나님 앞에 축복받으며 잘 살기를 바랐다. 이것은 그 사이 이스마엘을 그토록 소중히 여길 정도가 되었음을 보여 준다. 인간적인 정 때문에 우리도 하나님의 뜻을 가로막을 때가 있다. 또한 이것은 아브라함이 여종의 아들이 여주인에게 태어날 아들의 종이 되어 그를 섬겨야 한다는 것을 깨닫지 못했음을 보여 준다.

"사라가 정녕 아들을 낳으리니" 아브라함의 제의에 대해 하나님의 답변은 냉정했다. 그 냉정함 속에서 우리는 오히려 하나님의 친절을 읽을 수 있어야 한다.

"이삭이라 하라." 이삭이란 '그가 웃었다'(he laughs)는 뜻에서 나온 것이다. 이것은 아브라함이 웃은 것에서 비롯되었다.

"이스마엘로 크게 번성케 할지라." 하나님은 이스마엘에게도 큰 축복을 내리실 것을 약속하신다. 이스마엘에 대한 축복은 "내가 네 말을 들었나니"에서처럼 이스마엘에 대한 아브라함의 염려하는 말을 들으셨기 때문이었다. 하나님은 이스마엘이 비록 인간의 뜻에 따라 태어난 존재지만 불쌍히 여기셨다. 여기서 우리는 하나님의 넓으신 사랑을 만날 수 있다.

"내 언약은 명년 이 기한에 이삭과 세우리라." 비록 몸종에게서 얻은 종의 자식보다 늦게 태어났다 해도 법적으로 적자가 상속자가 된다. 그러나 여기서 '이삭과 세우리라' 하신 것은 단순히 법적인 차원보다는 언약의 차원으로 이해되어야 한다.

'명년 이 기한에'는 언약의 성취 시기가 구체화되고 또 가까워졌음을 말해 준다. 이삭이 태어날 시기를 정확히 밝히셨기 때문이다. 이삭과 세워질 언약을 통해 많은 민족이 복을 받게 된다.

"그를 떠나 올라가셨더라." 아브라함에게 나타나 먼저 대화를 시작하신 분도 하나님이시고, 대화를 마무리하신 분도 하나님이심을 보여 준다. 하나님은 인간과의 관계에서 언제나 알파요 오메가시다. 하나님은 피조물인 인간에 대해 절대적 주권을 가지신 유일한 분이시며, 그 주권을 통해 그분의 뜻을 성취하신다.

하나님은 아브라함을 설득하셨고, 아브라함은 엎드려 경배함으로 그 계시를 받아들였다. 처음에는 믿기 어려웠지만 하나님의 인내와 감화를 통해 불가능한 일을 가능케 하시는 분, 곧 '엘 샤다이'이심을 확신한 것이다. 그리고 그는 명하신 대로 할례를 시행했다. 아브라함은 조금도 주저하지 않고 언약의 징표인 할례를 받았다. 아브라함은 물론 이스마엘, 그리고 그 집의 모든 남자들이 할례를 받았다.

1. 세 방문자와 사라의 웃음(1 - 15절)

- 마므레 상수리 수풀 근처 아브라함 장막 근처에 오정 즈음 하나님이 나타나심
- 세 사람이 장막 문 앞에 선 것을 보자 달려 나가 영접함
- 아브라함, "내가 주께 은혜를 입었사오니 그냥 지나가지 마옵시고 물로 발을 씻고 나무 아래서 쉬소서. 떡도 드시고 마음이 쾌활하신 후에 가소서."
- 사라더러 고운 가루 세 스아로 떡을 만들게 하고 기름지고 좋은 송아지를 잡아
- 하인더러 요리토록 하여 버터와 우유, 요리한 송아지로 대접함
- 하나님, "사라가 어디 있느냐?"
- 아브라함, "장막에 있나이다."
- 하나님, "기한이 이를 때에 내가 정녕 네게로 돌아오리니 네 아내 사라에게 아들이 있으리라."
- 사라가 이 말을 엿듣고 내외가 나이 많고 경수도 끊어졌는지라 속으로 웃으며
- 사라, "내가 노쇠하였고 내 주인도 늙었으니 내게 어찌 낙이 있으리요."

- 하나님, "사라가 왜 웃으며 늙었는데 어떻게 아들을 낳겠는가 하는가? 여호와께 능치 못한 일이 있겠느냐. 사라가 아들을 낳으리라."
- 사라,(두려워) "내가 웃지 아니하였나이다."
- 하나님, "네가 웃었느니라."

18장은 하나님이 여섯 번째로 아브라함에게 나타나신 기사로 하나님과 아브라함의 관계에 있어서 몇 가지 국면이 나타난다. 하나님이 아브라함을 방문하시자 아브라함이 하나님을 대접하였고, 하나님은 내년 이맘때 아들을 낳으리라는 기쁜 소식을 주셨다. 또한 하나님이 평지 성읍들에 대한 심판의 뜻을 아브라함에게 알리셨다. 슬픈 소식이었다. 아브라함은 거듭 중보의 기도를 드렸고, 그 가운데서 우리는 하나님의 인내를 보게 된다.

하나님이 아브라함을 방문하자 그가 하나님을 대접하였다. 아브라함이 초자연적인 방문자들을 대접하는 모습은 하나님에 대한 그의 사랑과 충성을 보여 준다.

창세기 18장 1절에서 8절은 아브라함이 평소 그의 삶에서 어떤 섬김의 자세로 살았는가를 잘 보여 주고 있다. 그는 남에게 관심을 가졌고, 그들의 아픔을 이해하며, 그것을 해결하기 위해 헌신적으로 살았다. 한마디로 봉사의 모범이 되었다. 그의 이러한 삶은 하나님을 기쁘게 했으며 결국 축복을 받기에 이르렀다. 그리스도인의 삶은 봉사의 삶이다. 그 봉사는 하나님이 원하시는 봉사요 하나님께 상달되는 봉사여야 한다. 아브라함을 통해 그리스도인의 봉사의 자세를 살펴보기로 한다.

하나님이 마므레 상수리 수풀 근처에 나타나셨다. 마므레는 헤브론에서 서북쪽 2.4㎞ 지점에 있는 라메트 엘 칼릴(Ramet el Khalil)이거나 헤브론 근처 데일 엘 아르바인(Deir el Arbain)으로 추정하고 있다. 이 가운데 후자가 유력하다. 그 이유는 창세기 23장 19절에서 마므레를 헤브론과 같은 장소로 묘사하고 있기 때문이다. 상수리 수풀의 나무는 너도밤나무 과에 속하는 갈잎 큰키나무다. 나무의 키가 10m 이상 자라며 무성한 가지가 옆으로 퍼지기 때문에 좋은 휴식처 역할을 한다.

아브라함이 지나는 사람을 도운 것은 '오정 즈음'이다. 히브리인에게 있어서 '오정 즈음'은 '주변여건이 어려울 때', 곧 더워서 손님을 맞기 가장 어려운 때이다. 원문 '케홈 하욤'은 '낮의 열기 때', 대낮 더운 때를 말한다. 쉬고 싶은 그 시간에 오히려 남을 도우려 했다. 이것은 우리의 봉사도 자기가 봉사하고 싶은 때만 봉사하는 것이 아니라 하기 싫은 때라 할지라도 섬김의 삶을 살아야 한다는 것을 가르쳐 준다.

"장막 문에 앉았다가" 장막문은 아브라함의 거처가 호화로운 곳이 아니있음을 보여 준다. 힘든 장막 생활을 하면서도 그는 하나님의 말씀을 의지하며 살았다. 아브라한은 먼 곳에 나가 봉사하지 않았다. 그의 장막 근처가 섬김의 마당이 되었다. 이것은 섬기기 위해 꼭 멀리 가야만 하는 것이 아니라 우리가 몸담고 있는 곳에서부터 시작되어야 한다는 것을 보여 준다.

아브라함이 눈을 들어본즉 사람 셋이 맞은편에 서 있는 것을 보았다. '눈을 들어본즉'이라는 말씀은 아브라함이 매사에 세심한 관심을 기울이고 살았음을 보여 준다. 그는 이 순간에도 섬길 자를 발견하는 눈과 마음을 가지고 있었다. 그리스도인들은 이웃에 대해 관심의 눈을 가지고 그들에게 무엇이 필요한가를 주의 깊게 살펴볼 필요가 있다.

2절의 사람 셋에서 적어도 두 사람은 천사들(창19:1)이고 나머지 한 사람은 주님 자신이다(22절). 문제는 아브라함이 과연 하나님인 줄 알았는가 하는 점이다. 1절은 "여호와께서 나타나시니라"고 말씀하심으로써 그 세 사람 가운데 한 분은 하나님임을 보여 주고 있다. 예수님이 오시기 이전에도 하나님은 이처럼 육신의 몸으로 오시었음을 보여 주는 장면이다.

문제는 아브라함이 그 세 분의 존재를 알았다면 그분들에 대한 아브라함의 관심이나 봉사의 태도가 남다를 수밖에 없다는 결론이 나올 수밖에 없기 때문이다. 상당수 학자들은 손님을 향해 "내 주여 내가 주께 은혜를 입었사오면"이라고 말한 것은 그가 하나님의 존재를 인식했을 가능성을 높여 준다고 말한다. 이런 경우 그 앞에 나타난 세 사람에 대한 그와 같은 극진한 대접은 마땅한 태도이며 따라서 특이할 것이 없다는 주장이 나오게 된다.

그러나 이와 견해를 달리하는 학자들은 "손님 대접하기를 잊지 말라 이로써 부지중에 천사들을 대접한 아들이 있었느니라."는 히브리서 13장 2절의 말씀에 주목하고 있다. '부지중에'라는 말씀은 아브라함이 그들이 천사요 그 가운데 한 분이 하나님이신 줄 몰랐다는 것을 강하게 보여 준다. 이런 경우 그가 보여 준 지극한 섬김의 태도는 아주 남다른 면이 있으며 아주 모범적이다. 그가 부지중에 하나님을 섬기는 영광을 얻게 된 것은 축복이 아닐 수 없다.

예수님은 지극히 작은 자에게 한 것이 곧 나에게 한 것이라 말씀하시고, 그리스도인이 서로 섬김의 삶을 살도록 하셨다. 또한 자신은 섬김을 받으러 온 것이 아니라 오히려 섬기러 오셨다고 말씀하셨다. 이것은 우리가 이 땅에서 어떤 삶을 살아야 하는가를 보여 준다.

2-8절의 이야기는 근동지방의 손님접대 방식을 보여 준다. 2절에 따르면 아브라함은 그들을 보자마자 곧 장막 문에서 달려 나가 영접하였다. '보자마자 곧'은 주저함이 없었다는 것을 보여 준다. 그는 기쁜 마음으로 신속하게 움직였다. 100세인 그가 곧 달려 나간 것이다. 상대의 처지를 앞서 생각하는 사랑의 마음이 그를 빠르게 움직이게 한 것이다. 그리스도인은 무엇보다 기쁜 마음을 가지고 봉사할 필요가 있다. 기쁨의 대접은 크게 세 가지 결과를 가져왔다. 하나님과 천사를 대접하는 영광을 얻었고, 자식을 갖게 되었으며, 하나님의 사역에 동참하게 되었다(17절).

"몸을 땅에 굽혀." 그가 몸을 땅에 굽힌 것은 손님을 얼마나 정중하게 맞아들였는가를 보여 준다. 그리고 상대를 주라 하고, 자신을 종이라 했다. 찾아온 사람을 높이고 자신을 철저히 낮춘 것이다. 아브라함은 주변국가의 수장들에 대해 자신을 종으로 낮춘 적이 없었다. 그럼에도 불구하고 그는 하나님에 대해서만큼은 자신을 철저히 낮추었다. 이것은 오직 하나님께만 자신이 주종관계를 맺고 있음을 명확히 보여 준다.

그는 "원컨대 종을 떠나 지나가지 마옵시고"라고 말함으로써 자신의 봉사자세가 적극적임을 보여 주었다. 그의 행동은 말에 그치지 않았다. 발을 씻을 물을 준비하고, 나무 아래서의 쉬게 함은 물론, 떡을 빚고, 기름지고 좋은 송아지를 잡아 요리하게 하며, 버터 및 우유와 함께 흔쾌히 음식을 대접한 것에서 나타나 있다. 최선을 다한 것이다.

스아는 곡식의 한 척도로 부피가 분명하지 않다. 그러나 1스아(seah)는 약 12l로 추정되고 있다. 송아지는 '소의 아들', 곧 수송아지를 말한다. 진설(陳設)은 음식을 상 위에 차려놓는(set) 것을 의미한다. 음식을 그들 앞에 정성스럽게 차려놓은 것이다. "그들이 먹으니라." 하나님은 다른 두 천사와 함께 준비한 음식을 드셨다. 아브라함은 아직 장막 성전과 제단이 없었을 그때에 장막에서 주님께 상을 차려 드림으로써 이스라엘 족속의 예배를 개시하고 실증해 보인 것으로 해석하기도 한다.

중동의 날씨는 건조하고 먼지가 많아 주인이 하인을 시켜 발을 닦아 주는 것은 예의다. 아브라함도 그렇게 하고자 했다. 학자에 따라서는 물을 가져다 발을 씻게 한 것은 메시아가 오셔서 받으실 세례를 예표한 것이며, 떡을 대접한 것은 메시아가 베푸실 만찬의 떡을 상징한 것으로 이 같은 믿음은 하나님이 주신 것이며 그의 믿음이 진실함을 보여 주는 것으로 해석하기도 한다. 그러나 이 세족 행위를 예수님의 세례에 비유하거나 그 예표라고 하는 것은 잘못이라는 학자도 있다.

"쾌활케 하신 후에 지나가소서 당신들이 종에게 오셨음이니이다."는 '원기를 회복하신 후에 가시라'라는 뜻이다. 종에게 오셨음은 아브라함에게 손님으로 방문한 것처럼 느끼게 한다. '종에게 오셨음이니이다'의 원문은 "종의 앞을 거쳐 가시기 때문이니이다"로 되어 있다. 원문은 지나가시는 길임을 확실히 한다. 그래도 아브라함은 최선을 다하고자 했다. 이러한 태도는 자신이 바라던 대로 상대의 마음을 쾌활케 하기에 충분했다. 하나님의 마음을 감동시키기에 이른 것이다. 그 결과 하나님은 아브라함의 삶의 모습을 보시고 사라에게 아들이 있을 것을 약속하신다(10절). 그 가정에 가장 기쁜 소식을 전해 주신 것이다. 그 약속은 즉시 실현되어 자식을 갖기에 이른다.

"기한이 이를 때." 원문은 "생명이 움트는 계절에"이다. 생명이 움트는 봄철을 말하는지 죽은 태에 생명이 태동하는 시기인지 분명하지는 않다. 중요한 것은 하나님의 그때는 정하신 시기라는 것이다. 창세기 17장 21절을 빌려 내년 이맘때로 해석하기도 한다. 하나님은 아브라함의 정성을 다하는 대접에 보답하셨다. 하나님이 아들을 주겠다고 하신 말씀은 17장의 약속과 다를 것이 없다. 그때와는 환경이 다르고 사라의 믿음이 도전을 받았다는 차이가 있다.

"경수는 끊어졌는지라." 경수(經水)는 월경을 말한다. 경수가 끊어졌다는 말은 생리적으로 아이를 낳을 수 없는 조건을 갖고 있다는 뜻이다. 이 말은 매우 중요한 의미를 가지고 있다. 하나님은 아브라함 내외에게 자손이 번성하게 되리라는 약속과 함께 '열국의 아비'와 '열국의 어미'라는 명칭을 주었지만 지금까지 아이를 갖지 못했다. 75세에 우르를 떠난 아브라함이 99세가 되었다. 그는 약속을 신뢰하면서도 한편 나이가 들어 그 가능성에 대해 회의적일 때도 있었다. 인간적인 방법을 사용하기도 했다. '이스마엘이나' 잘되게 해 달라고 말할 정도로 포기상태였다.

하나님은 인간이 어찌할 수 없다고 생각되는 그 순간을 기다리셨다. 그 순간부터 하나님이 개입하기 시작하신 것이다. 인간에게 불가능하다고 생각되는 그 시간에 하나님의 가능이 시작된다. 우리가 "이제 모든 것을 주님께 맡깁니다."며 두 손 들고 하나님 앞에 나올 때 하나님은 일하기 시작하신다.

"사라가 속으로 웃고." 아들 출생에 관한 약속을 듣고 사라도 아브라함처럼 속으로 웃었다(laugh). 웃은 이유는 하나님이 약속하신 내용(창17:16, 19)에 대해 아브라함이 사라에게 말하지 않아 그 약속을 알지 못했거나 그 약속을 알고 있었지만 그것이 성취되리라고 믿지 않았기 때문으로 간주된다. 사라의 웃음은 능치 못한 일이 없으신 주님의 능력을 의심한 어리석음을 영원히 상기시켜 주는 일이 되었다.

"여호와께 능치 못한 일이 있겠느냐." 하나님의 뜻 안에서는 창조와 구속을 포함하여 그 어떤 것도 하실 수 없는, 어려운 일이란 (anything too hard for the Lord) 없다.

아브라함이 웃은 것에 대해 하나님은 부드럽게 말씀하셨지만 사라가 웃은 것에 대해서는 책망하셨다. 이것은 사라의 웃음이 불신에서 비롯된 것이었음을 드러내 주고 있다. 사라는 이 책망을 받은 뒤 올바른 믿음을 갖게 되었다. "믿음으로 사라 자신도 나이 늙어 단산하였으나 잉태하는 힘을 얻었으니 이는 약속하신 이를 미쁘신 줄 앎이라."(히11:11).

"사라가 두려워서 승인치 아니하여." 이것은 사라가 손님들의 신분을 깨닫고 놀라 떨고 있었음을 보여 준다. 그가 두려워했다는 것은 그만큼 믿음이 있었음을 입증한다.

2. 소돔과 고모라에 대한 심판 예고(16 – 21절)

- 그들이 소돔으로 향하고 아브라함이 전송하니
- 하나님, "나의 하려는 것을 아브라함에게 숨기겠느냐 아브라함은 강대한 나라가 되고 천하 만민은 그를 인하여 복을 받으리라 내

가 그를 택함은 여호와의 도를 지켜 의와 공도를 행하게 하고 내가 아브라함에게 말한 일을 이루려 함이니라. 소돔과 고모라에 대한 부르짖음이 크고 그 죄악이 심히 중하니 내가 내려가서 그 모든 행한 것이 과연 내게 들린 부르짖음과 같은지 내가 보고 알려 하노라."

하나님은 "나의 하려는 것을 아브라함에게 숨기겠느냐"(창18:17) 하시며 하나님께서 천사들을 대동하고 왜 이 땅에 오시게 되었는가를 아브라함으로 하여금 알도록 하셨다. 소돔과 고모라 등 평지 성읍들에 대한 자신의 뜻을 알리셨고 그 이유에 대해서도 말씀하셨다. 이 부분의 내용은 아브라함이 하나님의 친구라고 불리게 된 근거를 제공하고 있다(대하20:7;사41:8;약2:23).

아브라함은 하나님과 언약을 통해 벗이라는 귀한 칭함을 받았기 때문에 하나님은 그에게 하늘에 속한 계획, 곧 아브라함을 위한 구속과 소돔과 고모라에 대한 심판을 알려 주셨다. 원래 소돔의 히브리어는 '세도마'이고, 고모라는 '아모라'이다. "나의 하려는 것을 아브라함에게 숨기겠느냐"는 말씀은 하나님께서 아브라함을 동역자로 인정하셨음을 보여 준다. 여기에 시대를 통해 예증되는 하나님의 언약 백성의 위대한 특권이 있다. 하나님은 자기 백성들을 향한 위대한 계획을 계시하신다.

하나님이 두 성읍을 멸망시키려는 의도를 아브라함에게 계시하신 이유는 크게 두 가지다. 첫째, 아브라함은 하나님의 친구였기 때문이다(대하20:7;사41:8;약2:23). 그는 하나님의 일을 알고 이에 동역하는 영광을 얻게 되었다. 하나님은 섬김에 있어서 최선을 다하는 그의 삶을 기억하시고 선히 갚으셨다. 둘째, 아브라함의 후손에게 불의에 대한 경고가 필요했기 때문이다.

"내가 그를 택하였나니." 이 말의 원래 뜻은 '내가 그를 알았다'이다. 알았다는 것은 하나님이 언약을 성취시킬 백성으로 이스라엘을 뽑으셨음을 의미한다. 언약의 관계가 공고한 관계로 들어섰음을 말해 준다.

성경은 하나님이 아브라함을 택한 이유에 대해 명백히 하고 있다. 그 이유는 크게 두 가지로 나타난다. 하나는 그로 그 자식과 권속에게 명하여 여호와의 도를 지켜 의와 공도를 행하게 함이다. 아브라함이 자기 가정을 영적으로 지도하는 데 신실했던 점이 바로 하나님이 그를 사용하시게 된 결정적 원인이 된다. 다른 하나는 하나님이 아브라함에게 말한 일을 이루려 함이다.

소돔과 고모라는 물이 많은 요단 저지대 성읍들로 도덕적인 퇴폐 때문에 하늘에서 유황불이 쏟아져 멸망되었다. 이곳의 위치는 사해 남부 해저부분으로 추정되고 있다. 소돔과 고모라는 아브라함이 사는 헤브론과 멜기세덱이 사는 예루살렘에서 가깝다. 소돔과 고모라에 대한 심판은 홍수 이후 400년이다.

소돔과 고모라에 대한 부르짖음이 크다는 것은 소돔과 고모라의 사악한 행위가 하늘에 닿았음을 의미한다. 원문은 '소돔과 고모라의 아우성', 곧 죄의 아우성이다. 그곳의 범죄와 악행이 하나님을 불쾌하게 만들었다는 말이다. 그들이 범한 무서운 죄악들이 징벌을 하늘에 호소한 것이다(창4:10). 하나님은 이 죄악의 소리를 들으셨고 이제 이 일에 하나님이 간섭하시겠다는 의지를 나타내셨다.

"그 죄악이 심히 중하니." 에스겔 16장 49-50과 유다서에 소돔의 죄악이 기록되어 있다.

> "네 아우 소돔의 죄악은 이러하니 그와 그 딸들에게 교만함과 식물의 풍족함과 태평함이 있음이며 또 그가 가난하고 궁핍한 자를 도와주지 아니하며 거만하여 가증한 일을 내 앞에서 행하였음이라 그러므로 내가 보고 곧 그들을 없이 하였느니라."(겔16:49 – 50).
> "소돔과 고모라와 그 이웃 도시들도 저희와 같은 모양으로 간음을 행하며 다른 색을 따라가다가 영원한 불의 형벌을 받음으로 거울이 되었느니라."(유1:7).

소돔은 성경에 극도로 타락한 죄악을 상징하고 있다. 소돔의 포도나무(신32:32)나 소돔의 관원(사1:10)은 부패한 지도자를 가리킨다. 에스겔 선지자도 예루살렘의 죄악을 소돔의 죄악이라 했다(겔16:49). "내가 보고 알려 하노라." 하나님은 소돔과 고모라의 죄악상이 어떠한지 확인하기 위해 내려가겠다고 하셨다. 이것은 하나님이 그 성에 가 보시기 전까지는 사실을 알 수 없기 때문이 아니다. 하나님은 그곳에서 무슨 일이 벌어지고 있는지 모두 알고 계셨다. 그럼에도 불구하고 친히 오신 것은 공의의 하나님이 모든 사실을 관할하고 계시며 나아가 아무런 근거 없이 심판을 내리시지 않음을 보여 준다. 하나님은 모든 것을 온전히 공평하게 살피신 다음 공의로운 심판을 하신다. 하나님의 심판은 심증으로 하는 심판이 아니라 사실에 기반을 둔 심판임을 보여 준다. 증거주의는 성경적이다.

3. 아브라함의 중보기도(22 - 33절)

- 그 사람들이 소돔으로 가고 아브라함이 하나님 앞에 그대로 섰더니 아브라함이 가까이 나아가
- 아브라함, "주께서 의인을 악인과 함께 멸하시려나이까. 그 성에 의인 50이 있으면 그 50의인을 위하여 용서치 아니하시리이까?
  그 이유 (1) 의인과 악인을 함께 죽임은 불가
          (2) 의인과 악인을 균등히 하심도 불가
          (3) 세상을 심판하시는 이가 공의를 행하실 것"
- 하나님, "소돔 성 중에 의인 50을 찾으면 그들을 위해 온 지경을 용서하리라."
- 아브라함, "티끌과 같은 내가 주께 고하니 45의인이 있다면 멸하시리이까?"
- 하나님, "45의인으로 용서하리라."
- 아브라함, "의인 40을 찾으면 어찌 하시려나이까?"
- 하나님, "40인으로 멸하지 아니하리라."
- 아브라함, "내 주여 노하지 마옵소서. 30인이 있다면 어찌 하시려나이까?"
- 하나님, "30인으로 멸하지 아니하리라."
- 아브라함, "내가 감히 주께 고하나이다. 20인이 있다면 어찌 하시려나이까?"
- 하나님, "20인으로 멸하지 아니하리라."
- 아브라함, "주여 노하지 마옵소서. 이번만 더 말씀하리이다. 거기서 10인을 찾으시면 어찌 하시려나이까?"
- 하나님, "내가 10인을 인하여 멸하지 아니하리라."
- 하나님이 아브라함과 말씀을 마치시고 즉시 가심

• 아브라함도 자기 곳으로 돌아감

아브라함은 열국에 미칠 복을 맡은 사람이었다. 따라서 그의 자손들이 소돔이 망해야 하는 이유를 알아야 하는 것은 당연한 것이었다. 아브라함의 위대함은 그의 중보기도(도고)[2]에서 나타난다. 아브라함의 거듭되는 중재에서 우리는 하나님의 인내를 보게 된다. 하나님은 간곡한 기도에 언제나 귀를 기울이신다. 그 결과 우리는 하나님이 우리가 구하는 것 이상의 일을 행하신다는 것을 보게 된다. 아브라함은 열 명 선까지 탄원했다. 그의 탄원을 듣고 하나님은 연약한 믿음을 가진 단 몇 사람을 구원해 주셨다.

두 천사가 소돔을 향해 떠난 뒤에도 아브라함은 여호와를 붙잡고 소돔을 멸망시키지 말라고 간구했다. "여호와 앞에 그대로 섰더니"라는 표현은 어떻게 해석될 수 있을까? 어떤 학자는 그가 결코 물러나지 않고 얼마나 진지한 자세로 간구하고 있는가를 보여 준다고 한다. 하지만 맛소라 사본에는 "주께서 아브라함 앞에 그대로 섰더니"로 기록되어 있고, 히브리 원문도 "여호와는 아직도 아브라함 앞에"라 되어 있다. 이 원문을 "여호와 앞에 그대로 섰더니"로 바꾼 것은 주님이 아브라함 앞에 선 것으로 하면 하나님의 권위가 손상되기 때문이라는 해석을 하기도 한다. 그러나 다른 두 천사는 떠나고 단 한 분 곧 하나님만이 그 앞에 그대로 있었기 때문에 이 단어를 사용한

---

2) 중보의 기도는 원래 우리를 위한 예수님의 기도에만 해당한다. 우리가 이웃을 위해 하는 기도는 도고(禱告, intercessory prayer, 아룀 기도, 딤전2:1) 또는 이웃을 위한 기도라 부른다. 아브라함의 기도는 도고에 해당한다.

것이다. 원문은 하나님이 지금 아브라함과 독대하고 계신다는 사실을 밝히고 있다.

"가까이 나아가 가로되." 아브라함은 언약으로 맺어진 하나님과의 관계에 의지해서 그분에게 가까이 나아갔다. 이것은 그가 소돔성을 위해 기도(도고)를 드렸음을 의미한다. 기도는 먼저 하나님 앞에 나아가는 것이다. 그리고 그 앞에서 죄의 문제를 해결해야 한다. 아브라함은 "내가 주께 은혜를 입었사오면"이라 한 바 있다. 자신이 은혜를 입으면 남을 위해서도 은혜를 간구하고, 은혜를 베풀 수 있어야 한다.

중보기도의 목적은 질병의 치료(약5:14-16), 심판의 모면(민14:11-21), 구원(삼상7:5-9), 회복(욥42:8-10), 회개(롬10:1-4) 등 다양하다. 성경에 따르면 아브라함은 물론 모세, 여호수아, 여호사밧, 이사야, 다니엘, 바울도 중보(도고) 기도를 드렸다. 예수님의 중보기도는 요한복음 17장 1-26에 소개되어 있다.

하나님은 공의의 하나님이요 사랑의 하나님이시다. 아브라함이 "세상을 심판하시는 이가 공의를 행하실 것이 아니니이까"라고 한 것은 하나님이 심판에서 공의를 행하시지 않는다고 의심한 것은 아니다. 하나님은 공의를 행하신다. 아브라함은 하나님의 의로우신 성품과 인자하심을 인식하며 그러한 성품에 호소했다. 이것은 우리의 기도가 응답되려면 하나님의 성품과 계시된 뜻에 일치해야 한다는 것을 보여 준다.

"의인을 악인과 함께 멸하시려나이까." 소돔성의 악함이 하나님의 말씀대로라면 멸망당할 것이 분명했다. 성경은 아브라함이 그 성에 사는 조카 롯을 생각했다는 기록은 없다. 하지만 그는 그 성 사람들이 롯의 영향을 받아 적어도 하나님을 믿는 의인 몇 명 정도는 있지 않겠느냐고 생각했을 수도 있다.

롯이 그곳에 산 지 24년이 되고, 1년에 2명가량 전도했다면 48명 정도는 되었으리라는 계산이 있을 수 있고, 그래서 의인의 수를 50부터 시작했을 수도 있다. 그러나 소돔성이 의인 10명이 없어 멸망당한 것을 볼 때 롯은 전도하는 삶을 살지 못한 것으로 간주된다.

롯은 어떤 사람이었을까? 베드로후서는 "무법한 자의 음란한 행실을 인하여 고통 하는 의로운 롯을 건지셨으니"(벧후2:7)라고 말함으로써 롯을 의인의 하나로 인정하였다. 그리고 계속해서 "이 의인이 저희 중에 거하여 날마다 저 불법한 행실을 보고 들음으로 그 의로운 심령을 상하니라"(벧후2:8) 기록하고 있다.

아브라함의 기도는 다음과 같은 특징이 있다. 첫째, 과거 롯을 위해 용감히 싸웠던 만큼이나 강하고 담대하고 너그러운 마음을 가지고 하나님께 긴구했다. 둘째, 아브라함의 기도는 이웃을 향한 사랑의 기도였다. 그가 자신을 위해 간구하지 않고 일반 백성을 위해 간구한 것은 믿음의 조상으로서 이웃에 얼마나 관심이 있었는가를 보여 준다. 셋째, 끈기 있고, 겸손한 기도였다. 끝으로, 그는 매우 구체적으로 기도했고 내용도 명확했다. 우리도 기도할 때 분명한 말, 명확한 내용을 가지고 기도해야 한다는 것을 보여 준다.

의인의 수를 50에서 10인으로 줄이는 데도 성공했다. 하나님은 그와 같은 아브라함의 기도에 여섯 번 모두 응답하셨다. 그러나 횟수가 늘어가면서 그의 탄원의 강도는 약해졌고 하나님은 더욱 엄격해지셨다.

그의 기도에 한 가지 부족한 점이 있다면 소돔을 향한 하나님의 심중을 깨닫지 못했다는 점이다. 하나님의 계획과 목적에 부합한 진실 되고 인내심 있는 기도야말로 이상적인 기도이다. 나를 사랑하는 자만을 위한 기도보다 나를 핍박하는 자, 하나님을 알지 못하는 자를 위한 중보기도(도고)가 성숙한 기도이다. 하나님은 당신의 거룩하심과 공의에 위배되지 않는 범위에서 탄원하는 사람들의 기도에 응답하신다. 보잘것없는 소수에 불과하지만 의인의 영향력은 대단한 것일 수 있다. 한 사람이 중요하다. 그로 인해 축복을 받을 수 있고 심판을 받을 수 있다. 인내를 가지고 중단 없이 기도하는 것이 중요하다.

"티끌과 같은 나라도." 티끌은 히브리어로 먼지를 뜻하는 '아파르'와 재를 뜻하는 '에페르'다. 먼지와 재는 기도하는 자의 태도는 피조물로서의 자기 발견에 있음을 보여 준다. 티끌처럼 보잘것없는 자는 하나님 앞에 자신을 철저히 낮추었음을 의미한다. 그는 자신을 티끌과 같은 존재로 하나님께 요청할 아무런 권리가 없음을 인정했다. 그리스도인의 존재가치는 이러한 자임에도 불구하고 이웃을 위해 눈물의 기도를 한다는 점이다.

우리는 소돔과 고모라에 살고 있다. 의인 10이 지금도 꼭 필요하다. 10사람만 있어도, 소수사람만 있어도 놀라운 일을 할 수 있다. 소돔을 변화시킬 수 있다. 롯처럼 자기 경건만 가지고 소극적으로 행동해서는 안 된다. 요한 웨슬리는 "타락한 영국을 위해 이 땅에 새로운 부흥을 주시옵소서." 기도했다. 이 땅을 구원해 달라고 기도하고, 우리와 가정이 보다 거룩해지도록 노력해야 할 것이다.

1. 소돔성의 롯과 두 천사(1 - 11절)

- 해 저물 때 두 천사가 소돔에 이르니 롯이 소돔 성문에 앉았다가 그들을 영접하되
- 롯, "주여 종의 집에 들어와 발을 씻고 주무시고 일찍 일어나 가소서."
- 천사들, "아니라 우리가 거리에서 경야하리라."
- 롯이 간청하니 응하고 롯이 그들을 위해 무교병을 대접
- 천사들이 눕기 전 모든 소돔백성들이 롯의 집을 에워싸고
- 소돔백성, "이 저녁 네게 온 사람을 이끌어내라 우리가 그들을 상관하리라"
- 롯, "형제들아 이런 악을 행하지 말라. 대신 남자를 가까이하지 않은 내 두 딸을 내줄 터이니 너희들 좋을 대로 하라. 이 사람들은 내 집에 들어왔은즉 이 사람들에게는 아무 짓도 하지 말라."
- 소돔백성, "너는 물러나라. 이놈이 들어와 우거하면서 우리의 법관이 되려는구나 우리가 그들보다 너를 너 해하리라."
- 소돔백성들이 롯을 밀치며 문을 깨려 하는지라
- 두 천사가 손을 내밀어 롯을 집으로 끌어 들이고
- 문밖 온 무리의 눈을 어둡게 하니 그들이 문을 찾으려 곤비

해 저물 때 천사들이 롯을 찾아왔다. '해 저물 때'는 원문에 '그 저녁때'로 '그날 저녁때'를 말한다. 저녁때가 돼서야 소돔성 롯 집에 도달한 것이다.

롯은 소돔성에서 높은 위치를 차지하고 있었다. '성문에 앉았다'는 말이 그것을 암시한다. 성문은 주로 장로들의 모임 장소였다. 이로 보아 롯은 지도자의 위치에 있었던 것으로 보인다.

그는 진리와 정의, 의로움과 불의를 분별할 줄 아는 사람이었다. 따라서 소돔의 음란한 행실을 고통스럽게 생각했다. 이런 점에서 그는 의로운 사람이었다. "무법한 자의 음란한 행실을 인하여 고통하는 의로운 롯을 건지셨으니 이 의인이 저희 중에 거하여 날마다 저 불법한 행실을 보고 들음으로 그 의로운 심령을 상하니라."(벧후2:7-8).

그러나 그의 거룩한 영향력은 발휘되기 어려웠다. 저녁에 성읍 사람들이 악행을 저지르려고 왔을 때 소돔 사람들은 그의 말을 받아들이지 않았다. 그가 보여 준 연약한 모습은 평소에 그가 믿음의 증거를 보이지 못했음을 말해 준다.

소돔의 타락은 말로 다 할 수 없을 만큼 천사들에 대한 패역한 태도에서 적나라하게 드러났다. 평지 성읍의 파멸은 타락과 불경건한 번영에 뒤따른 것이었다. 그는 소돔을 자신의 성공 파트너로 착각하며 살았다. 그는 소돔을 변화시키지 못했다.

롯은 자기 집에 머물기를 청하였다. 하지만 "거리에서 경야하리라."며 롯의 호의를 사양했다. 밤 기후가 시원해서 거리에서 밤을 나고자 하는 마음이 들었을 수도 있다. 하지만 거리에 있으면서 소돔성의 죄악상을 직접 확인하기 위한 것이 사양의 목적이라는 주장이 더 설득력을 가진다. 롯은 나그네가 거리에서 밤을 보낼 경우 어떤 일이 벌어질지 잘 알고 있었기 때문에 거리에서 경야하지 않도록 간청했다.

"무교병을 구우니." 누룩을 넣지 않고 만든 빵을 말한다. 이스라엘 사람들은 유월절 다음 날부터 일주일간 이 빵을 먹으면서 급히 출애굽 한 것을 회상한다(출12:39). 롯이 무교병을 구운 것은 그 이전이므로 애굽과는 상관이 없다. 다만 다른 음식보다 빨리 준비할 수 있었기 때문으로 보인다.

"무론 노소하고." 어른, 아이 할 것 없이 사방에서 소돔 사람들이 롯의 집을 찾아왔다. 많은 사람들이 롯의 집으로 몰려온 것을 볼 때 천사들이 보기에 미남이었던 것으로 보인다. 남색에 빠진 사람들이 자신의 정욕을 채우기 위해 그의 집으로 몰려왔기 때문이다.

'상관하리라'는 '동침하리라, 겁탈하리라'는 뜻이다. 남자끼리라면 동성의 성행위(sex)를 의미한다. 남색을 의미하는 소도미(sodomy)는 성적 분란이 극에 달한 소돔에서 유래한 것이다. 율법은 동성애를 짐승과의 교접행위와 같은 수준의 중죄로 단죄하고 있다(레18:22;20:13). 신약에도 이를 금지하는 내용이 언급되어 있다(롬1:26-27;고전6:9;딤전1:10). 소돔 사람들이 '상관하리라'고 말한 것은 공개적으로 악을 행할 의지를 보인 것이므로 죄악이 얼마나 만연되어 있는가를 보여 준다. "이런 악을 행치 말라." 롯이 소돔 사람들에게 이렇게 청한 것을 보면 동성애가 성경적으로 악한 것임을 보여 준다.

롯은 이들의 말을 천사가 듣지 못하도록 그들 뒤로 문을 닫았다. 그리고 무리들에게 말했다. "내게 두 딸이 있노라 내가 그들을 너희에게로 이끌어 내리니 너희 눈에 좋은 대로 그들에게 행하고" 롯의 이 제안은 상황이 얼마나 절박했는가를 보여 준다. 그의 제안은 비록 천사들을 위한 것이기는 하지만 한 가지 나쁜 일을 피하기 위해 다른 악을 제의하는 것이어서 신앙인으로서 바른 태도가 아니다. 이것은 그가 소돔 사람들의 생활방식에 익숙했기 때문에 나온 것이다. 이 제안은 오히려 소돔 사람들을 격분시켰고, 사태를 악화시켰다.

"이놈이 들어와서 우거하면서 우리의 법관이 되려 하는도다 이제 우리가 그들보다 너를 더 해하리라 하고 롯을 밀치며." 롯의 영향력이 전혀 작용하지 않음을 보여 준다. '이놈이 들어와서 우거하면서'의 원문은 '더불어 살러 온 혼자', 곧 '더불어 살러 온 외톨이가'라는 뜻으로 롯을 몹시 비하하는 표현이다. 또한 롯의 행동을 법관 노릇을 하려는 태도로 간주하고 오히려 꾸짖는다. 악행을 저지려는 것을 막고자 하는 행위를 수용하지 않는 것은 저들이 얼마나 악한가를 보여 준다.

"무론 대소하고 그 눈을 어둡게 하니." 이것은 일시적으로 시각장애를 일으킨 것을 말한다. 사람들이 문이 어딘지 몰라 헤맨 것을 보면 갑자기 착란현상이 발생한 것을 알 수 있다. 시력을 상실했다기보다 허상에 이끌려 정상적인 판단을 할 수 없었음을 보여 준다. 하나님은 때로 악한 자를 징벌하실 때 이 방법을 사용하신다(왕하 6:18). 무론대소의 원문은 '작은 장서 큰 자까지'이다. 문을 열고 들어오려는 자는 큰 자든 작은 자든 가릴 것 없이 하나님께서 그 눈을 어둡게 했다는 것이다.

2. 소돔과 고모라의 멸망(12 - 29절)

- 두 천사, "사위나 자녀나 성 중에 네게 속한 자를 성 밖으로 이 끌어내라 하나님 앞에 그들에 대하여 부르짖음이 크므로 하나님께서 우리로 이곳을 멸하러 보내셨나니 우리가 멸하리라."
- 롯이 정혼한 사위들에게 말하니 그들이 농담으로 여김(14)
- 동틀 때 천사가 "일어나 네 아내와 두 딸을 이끌라" 재촉해도 롯이 지체하니 천사들이 롯, 그 아내, 그리고 두 딸의 손들을 잡아 인도하여 성 밖에 두니 (하나님께서 그에게 인자를 더하심이라)
- "도망하여 생명을 보존하라 돌아보거나 들에 머무르거나 하지 말고 산으로 도망하여 멸망함을 면하라"
- 그러나 롯은 '내가 도망하여 산까지 갈 수 없나이다. 가다가 재앙을 만나 죽을까 하나이다. 보소서 저기 성이 있는데 그 성은 도망하기 가깝고 작기도 하니 그리로 도망하게 하소서" 하니 그 소원도 들어주어 "네가 말하는 성을 멸하지 아니하리니 속히 도망하라 네가 거기 이르기까지는 내가 아무 일도 행할 수 없노라" 그 성을 소알(삭음)이라 불렀더라
- 롯이 소알에 들어갈 때 해가 돋았더니 하늘(곧 여호와)에서 유황과 불을 비같이 소돔과 고모라에 내려 그 성들과 온 들, 성의 온 백성, 땅에 난 것을 다 엎어 멸하심
- 롯의 아내는 뒤를 돌아 본 고로 소금기둥이 됨
- 아브라함은 그 아침 여호와 앞에 섰던 곳에서 연기가 옹기점 연기같이 소돔과 고모라와 그 온 들에서 치밀음을 보았으며
- 하나님이 아브라함을 생각하사 롯을 그 중에서 구원하심

롯의 영향이 소돔 사람뿐 아니라 자신의 가족에게조차 미치지 못

했다는 점에서 그의 실패는 더욱 뚜렷하게 드러난다. 롯은 하나님의 심판에 대해 들었지만 속히 소돔을 떠나지 않고 망설였다. 임박한 심판 앞에서도 우물쭈물할 만큼 지혜롭지 못했다. 그만큼 세상의 일락에 깊이 빠져 있었다. 결국 천사들이 그의 손을 잡고 사실 강제로 끌고 나갔기 때문에 겨우 구원을 받았다. 그가 심판을 피할 수 있었던 것은 전적으로 하나님의 은혜였다.

롯이 비참하게 실패한 것에 반해 아브라함은 견고한 믿음의 사람으로 드러난다. 아브라함은 소돔을 위해 중재한 후 여호와를 만났던 곳에 서서 평지 성읍들을 바라보고 있었다.

"우리가 멸하리라." 소돔 사람들의 죄악이 분명하게 드러났기 때문에 더 이상 지체할 필요가 없었다. 천사들은 롯에게 자기들이 온 목적을 알렸고 성이 곧 멸망할 것을 고했다.

"정혼한 사위들에게." 앞으로 결혼하기로 되어 있는 상태이거나 이미 결혼한 상태로 간주된다. 라틴 역은 약혼한 사이로, 칠십인역은 이미 결혼한 것으로 번역했다. 그러나 롯이 소돔 사람들에게 자신의 딸을 가리켜 '남자를 가까이 아니 한'이라 한 것으로 보아 약혼한 사이로 보는 것이 더 타당하다.

"농담으로 여겼더라." 롯이 정혼한 사위들을 찾아가 "일어나 이곳에서 떠나라"고 경고했다. 그러나 그들은 이를 농담(joking)으로 여겼다. 원문은 "그의 사위들의 눈에 장난으로 보였더라."이다. 심판의 무서운 경고에도 귀를 기울이지 않았다. 하나님의 말씀을 비웃는 불신앙은 결국 멸망을 맛보게 된다. 우리도 하나님의 경고를 어떻게 받아들이고 있는지 살펴봐야 한다.

"여기에 있는 네 아내와 두 딸을 이끌라." 이 말은 집에 함께 있는 식구들을 가리키는 것으로 출가해 집에 함께 있지 않은 자녀들이 있었고, 그들은 소돔과 함께 멸망당한 것이 아닐까 추정하기도 한다.

"롯이 지체하매." 롯의 지체는 아직도 소돔에 미련이 남아 있음을 보여 준다. 하나님의 공의의 심판이 닥쳐온다는 것을 알고 있음에도 불구하고 그는 자신의 많은 재물과 그동안 누렸던 소돔의 안락한 생활을 생각하며 머뭇거렸다. 이 모습은 그의 믿음이 얼마나 연약한가를 보여 준다. 아울러 "고향을 떠나라"는 하나님의 명령에 전적으로 순종한 아브라함과는 대조를 이루고 있다.

"손을 잡아 인도하여." 천사들은 지체하는 롯의 식구들의 손을 잡아(grasped) 이끌어 성 밖 안전한 곳에 두었다. 여기서 우리는 하나님의 불가항력적 은혜를 볼 수 있다. 하나님의 강제가 하나님의 인자이자 은혜이다. 아울러 이 사건은 롯의 식구들이 하나같이 소돔에 미련을 두고 있었을 뿐 아니라 멸망이 급속함을 보여 준다. 자발적으로 순종한 아브라함과 어쩔 수 없이 끌려 나오는 롯을 비교해 보라. 이런 가운데서도 그가 구원을 받은 것은 전적으로 하나님의 은혜이다.

'돌아보거나.' 돌아보지 않도록 한 것은 소돔에 마음을 두지 말 뿐 아니라 하나님이 심판하시는 행위를 보지 않도록 하기 위한 것이다.

"들에 머무르거나 하지 말고." 요단 들은 소돔에서 가깝게 있다. 따라서 가까운 곳에 머물 경우 화를 당하기 쉽다. 들은 행함이 없는 가르침이나 교리를 상징한다. 들에 머물지 말라는 것은 환난 때 헛된 지식이나 교리에 의지하지 말라는 영적인 의미로도 해석한다.

"산으로 도망하여." 가급적 멀리 피하도록 한 것이다. 영적으로 보면 산은 거룩한 마음으로 하나님을 예배하는 상태에 비유된다. 산으로 도망하라는 것은 세상의 거짓과 악으로부터 벗어나 하나님께 거룩하게 나아가라는 명령과도 같다.

"내 주여 그리 마옵소서 [······] 산까지 갈 수 없나이다." 먼 산까지 피신하기 어렵다는 것을 안 롯은 제발 그렇게 하지 말라 당부한다. 심판을 보류해 달라는 청원은 아니다. 그리곤 "그 산까지 도망할 수 없나이다." 애걸한다. 위기 상황에서 롯은 산까지 갈 수 없다고 말하는 것은 그가 얼마나 이기적이고 자신을 배려하시는 하나님의 섭리를 무색하게 만드는 것인가. 이미 하나님은 롯의 식구를 구원하고자 하셨는데 무슨 걱정인가.

"작은 성(소알)으로 도망하게 하소서 이는 작은 성이 아니니이까." 롯은 목숨을 건지는 것으로 만족하지 않고 천사들에게 요청을 한다. 멀리 있는 산보다는 가까운 성에 피하겠으니 제발 그 성은 멸망시키지 말아 달라는 것이다. 그 성은 작은 성이 아니냐며 매달린다. 소알의 사람들이 자기 때문에 심판에서 면제된다 해도 그 수는 적다며 천사들의 이해를 구한다. 이런 요청에도 불구하고 하나님은 끝까지 참으시고 그에게 은혜를 베푸셨다. 소알도 소돔이나 고모라와 별반 다르지 않은 곳이다. 우리는 아직도 롯처럼 육적인 것에 대한 미련을 버리지 못하고 있지 않은가? 우리에게 소알은 없는가?

"거기에 이르기까지는 내가 아무 일도 행할 수 없노라." 하나님은 아브라함을 생각하여 그들이 피할 수 있을 때까지는 어떤 조치도 할 수 없다고 말씀하신다. 의인의 간구는 역사하는 힘이 많다(약5:16).

소알(Zoar)은 '작다'(small)는 뜻을 가지고 있다. 롯이 작은 성이라 부른 데서 유래되었다. 사해 남쪽의 저지대(들)에 위치한 성읍이다. 창세기 14장 2절에서는 '벨라'라는 이름으로 소개되고 있다. 현재 세일 엘 쿠라히에 가까운 에스사피 지역으로 추측하고 있다. 모세가 비스가 산에서 죽기 전 가나안 땅을 바라보았을 때 마지막으로 본 성이 바로 소알이다.

유황과 불(burning sulfur)은 하나님이 멸망시킬 때 사용하는 도구로 자주 언급된다. 심한 지진인지 화산폭발인지 그야말로 하늘에서 유황과 불이 내렸는지 알 수 없다. 우리가 믿음을 등지고 세속과 짝해 쾌락을 일삼고 있을 때 하나님은 심판을 통해 모든 것들을 깨뜨리고 소멸시키신다.

소돔과 고모라, 평지에 있는 이 두 성 이외에 아드마와 스보임에도 재앙을 내리셨다. 이 성들이 이처럼 멸망당한 것은 평지에 있는 성들이 다 같이 얼마나 패역했는가를 보여 준다. 멸망당한 성들은 모두 사해에 가라앉은 것으로 추측되고 있다.

"뒤를 돌아본 고로." 하나님의 구원과 영적인 진리보다는 재물에 대한 물욕으로 인해 하나님의 은혜를 무시한 행동이다. 롯의 아내는 절체절명의 순간에서조차 하나님의 말씀을 절대적으로 순종하기보다 소돔 생활에 미련을 버리지 못해 뒤를 돌아봄으로써 목숨을 잃었다. 몸은 비록 소돔을 떠나 있었지만 마음은 언제나 그곳에 있은 것이다. 이로써 그는 실패한 인생이 되었다. 이것은 그리스도인인 우리가 악에 마음을 두고 있는 그 자체가 문제인 것을 가르쳐 준다.

그녀의 불순종과 지체는 후세대에게 교훈이 되었다. 예수님은 재림 때 일어날 사건들을 말씀하시면서 이렇게 말씀하셨다.

"롯의 처를 생각하라 무릇 자기 목숨을 보존하고자 하는 자는 잃을 것이요 잃는 자는 살리리라."(눅17:32).

아랍인들은 사해를 가리켜 '바르 롯', 곧 '롯의 바다'라 부른다. 사해 남서쪽의 한 귀퉁이에 나지막한 소금산과 암염이 있다. 암염이 소돔을 향해 고개를 돌린 여인의 모습과 비슷해 롯의 아내가 소금 기둥으로 변한 것이라 추정하고 있다. 롯의 아내가 소금기둥이 된 역사적 사실과 현재 소금 기둥으로 추정하는 그것이 롯의 아내이냐 하는 것은 별개의 문제다.

중요한 것은 이 소금 기둥 사건을 통해서 우리에게 두 가지를 경고하고 있다는 사실이다. 첫째, 말씀에 전적으로 순종하라는 것이다. 그녀는 뒤를 돌아보지 말라는 하나님의 말씀에 따르지 않았다. 믿음의 참된 것보다 거짓 것에 집착하여 뒤를 돌아다보면 우리도 결국 소금 기둥으로 굳게 된다. 결코 세상 것에 미련을 두지 말라. 둘째, 하나님이 지상에 개입하셔서 직접 행동하실 때 인간은 하나님의 행위를 구경할 수 없다는 것이다. 피하라 할 때 즉시 그대로 순종하고 따라야 한다.

롯이 구원받은 이유는 하나님이 아브라함을 생각하셨기(remembered) 때문이었다. 즉 하나님이 그를 구원하신 것은 그의 의로움 때문이 아니라 아브라함의 의와 믿음을 생각하신 때문이다.

평지 성읍들의 멸망으로 우리는 아브라함의 기도가 응답을 받지 못한 것으로 생각하기 쉽다. 그러나 그렇게 생각하는 것은 틀린다는 것을 여기에서 보여 준다. 하나님이 아브라함을 생각하사 롯을 그 엎으시는 중에서도 내어 보내셨기 때문이다. 의인의 기도는 이처럼 역사하는 힘이 있다.

아브라함과 롯은 둘 다 경건한 믿음의 사람이었다(창15:6;벧후2:7-8). 그러나 아브라함이 하나님의 나라를 바라본 것(히11:10)과는

달리 롯은 영원한 것보다 현재 만족을 주는 것에 관심을 기울였다
(창13:5 - 18). 결국 그것이 롯에게 불행을 가져다주는 요소가 되었다.
하나님의 강권하시는 은혜가 없었더라면 그는 멸망하고 말았을 것이다.

3. 롯과 두 딸(30 - 38절)

- 롯이 소알에 거하기를 두려워하여 두 딸과 소알에서 나와 산에
  올라 굴속에서 거하더니
- 큰 딸이 작은 딸에게,
  "우리 아버지는 늙으셨고 이 땅엔 세상의 도리를 좇아 우리 배필
  될 사람이 없으니 우리가 아버지를 술취하게 하고 동침하여 우리
  아버지로 인종을 전하자" 제의
- 큰 딸이 첫날 밤, 작은 딸이 ㄱ 이튿날 밤 동침하나
- 아비는 그 딸의 눕고 일어나는 것을 깨닫지 못함
- 롯의 두 딸이 아들을 낳음
- 큰 딸의 아들은 모압(모압 족속의 조상)
- 작은 딸의 아들은 벤암미(암몬 족속의 조상) 이라함

재물에 눈이 어두운 롯의 마지막이 얼마나 수치 속에 막을 내리
는가를 보여 준다. 그는 재물 때문에 소돔 사람들과 어울렸다. 또한
소돔에서 피해 굴속에서 생활하면서 술에 취해 무의식중에 두 딸과
관계를 가지는 지경에까지 이른다. 그리스도인이 두려워해야 할 것
은 믿음의 상실이지 소유나 명예의 상실이 아니다. 그는 가장으로서
도 영적인 리더십을 잃었다.

"소알에 거하기를 두려워하여." 롯은 자신이 피신처로 소알을 택한 것도 올바르지 않음을 깨닫게 된다. 소알에 대한 심판이 일시적으로 유보되었지만 머지않아 이곳도 소돔처럼 되지나 않을까 걱정하게 되었다. 소돔의 멸망이 롯에게 어느 정도 책임이 있다고 사람들이 생각했기 때문이거나 롯이 더욱 큰 지진이나 재난이 일어날 것을 두려워했기 때문으로 해석되고 있다. 이런 생각에 미치자 그는 결국 이곳에 더 이상 머물 수 없다고 생각하고 처음에 그렇게 가지 않겠다고 고집하던 산으로 가게 된다. '산에 올라'는 바로 '그 산'을 말한다. 결국 하나님의 뜻은 이루어진다는 것을 입증한다.

롯은 불 가운데서 구원을 받았다. 롯의 약함에도 불구하고 하나님은 그에게 긍휼을 베푸셨다. 그러나 그 구원은 부끄럽게 받은 구원이라 할 것이다. 우리는 거룩한 영향력을 발휘해야 한다.

"굴에 거하였더니." 사해 주변에 있는 산들에는 지금도 많은 동굴이 있다. 사해사본도 이 동굴에서 발견되었다.

"아버지로 인종을 전하자." 두 딸은 죄악에 대한 하나님의 심판이 얼마나 끔찍한가를 체험했음에도 불구하고 소돔의 사고방식을 배워 아버지와의 근친관계를 통해서라도 자식을 가지고자 했다. 이 행동은 비난받아 마땅한데도 딸들은 아무런 죄책감 없이 일을 저지르고 만다.

이 불륜관계에서 모압과 암몬 족속의 조상이 태어나게 되고, 이 두 족속은 훗날 이스라엘 민족을 괴롭히는 대표적인 족속이 된다. 특히 우상숭배와 퇴폐풍조를 아브라함의 자손들에게 파급시켜 영적으로나 도덕적으로 문제를 일으켰다.

모압(Moab)은 원래 '아버지로부터 났다'(from father)는 뜻이다. 롯과 그의 큰 딸 사이에서 태어난 아들, 그의 후손, 그 후손이 살던 땅을 가리킨다. 이 땅은 동쪽으로 아라비아 사막, 서쪽으로 사해, 북으로는 아르논 강 사이에 있다(민25:1-3).

벤암미(Ben-Ammi)는 '내 백성의 아들'이라는 뜻을 가지고 있다. 즉 그의 아버지와 어머니가 한 가족이라는 뜻을 내포하고 있다. 암몬은 롯과 그의 작은 딸 사이에서 태어난 아들 벤암미의 후손, 그들이 살던 땅을 가리킨다. 요단 동쪽, 모압 북쪽에 위치해 있다(레 18:21).

1. 아브라함의 거듭된 실수(1 - 7절)

- 아브라함이 남방으로 이사 가데스와 술 사이 그랄에 우거
- 사라를 자기 누이라 함으로 그랄 왕 아비멜렉이 사라를 취함
- 하나님이 현몽하시되
- 하나님, "네가 취한 이 여인으로 네가 죽으리니 그가 남의 아내라"
- 아비멜렉, "(그 여인과 가까이하지 아니한 고로) 주께서 의로운 백성도 멸하시나이까. 그가 이는 내 누이라 하였고 그 여인도 그는 내 오라비라 하여 나는 온전한 마음과 깨끗한 손으로 이렇게 하였나이다."
- 하나님, "나도 그런 줄 알았으므로 너를 막아 내게 범죄 하지 않도록 여인에게 가까이 못하게 함이라. 그 사람의 아내를 돌려보내라 그는 선지자라 그가 너를 위하여 기도하리니 네가 살려니와 돌려보내지 않으면 너와 네게 속한 자가 정녕 죽으리라."

하나님은 아브라함의 거듭되는 잘못(창12:10 - 20,16:1 - 6)에도 불구하고 자신의 언약과 구속의 목적을 이루어 가신다. 따라서 본 장에 기록된 사건은 구원이 전적으로 하나님의 은혜에 있음을 보여 주

고 있다. 창세기 20장은 단지 아비멜렉이 사라를 취한 사건보다 아브라함이 신앙의 길에서 거듭된 실수와 실패의 모습을 소개하고 있다. 18장이나 19장에서 아브라함은 매우 믿음이 강한 자로 소개되었다. 그러나 성경은 강하다고 생각될 때 겸손해야 함을 보여 준다. "그러므로 선 줄로 생각한 자는 넘어질까 조심하라"(고전10:12). "만일 누구든지 무엇을 아는 줄로 생각하면 아직도 마땅히 알 것을 알지 못하는 것이요"(고전8:2).

"남으로 이사하여." 아브라함이 남, 곧 네브게 지역으로 이사했다. 이것은 그가 환경변화에 얼마나 약했는가를 보여 준다. "가데스와 술 사이 그랄에 우거하며"의 원문은 "가데스와 술 사이에 거주하다가 또 후에 그랄에"로 되어 있다. 가데스와 술 사이는 네게브 지방이지만 그랄은 북쪽에 위치해 있다. 아브라함은 남쪽으로 이주했다가 다시 북쪽으로 간 것이다.

가데스(Kadesh)는 가데스바네아 또는 게네스라 불리기도 한다. 이스라엘 남쪽 끝 신광야에 위치해 있다. 이곳은 출애굽 당시 이스라엘이 가나안을 목전에 두었을 때 모세가 정탐꾼을 보냈던 곳이다. 이스라엘 민족이 광야생활을 했던 곳이기도 하다.

술(Shur)은 애굽 동북쪽에 있는 광야로 이스라엘 민족이 홍해를 건넌 제일 먼저 당도한 곳이다. '수르'라 불리기도 한다.

그랄(Gerar)은 헤브론 서쪽 64㎞, 가나안과 애굽의 경계에 위치해 있다. 해안 가까이 있는 불레셋 성읍이다. 가사 남쪽의 산악지대에 위치해 있다. 그랄 사람은 그 땅의 원주민을 쫓아낸 호전적인 불레셋 사람들이 거주하고 있었다.

"자기 누이라." 아브라함은 그랄에 가까이 오면서 옛날의 두려움이 생겨났다. 결국 이전의 잘못을 저지르게 된다. 믿음의 사람이라 할지라도 되풀이해서 연약해질 때가 있음을 보여 준다.

하나님이 그를 불러 아비 집을 떠나 두루 다니게 하실 때 그와 사라는 가는 곳마다 오누이 노릇을 하며 위험을 피하려는 연약함을 가지고 있었다. 그만큼 하나님의 보호에 대한 인식이 철저하지 못했다.

아브라함은 그랄 사람을 윤리나 도덕도 없는 사람으로 생각했다. 지나치게 두려워한 나머지 아내를 누이라 하도록 했다. 이 사건을 통해 그의 이러한 생각이 착각이었음이 입증되었다. 이 같은 생각으로 아브라함은 아내에 대해서도 비겁한 남자가 되었고, 이웃에 대해서도 못할 짓을 한 사람이 되었다.

하나님은 1년 이내에 사라가 아들을 낳으리라고 말씀하셨다. 이 약속 안에는 부부생활의 순결함에 대한 보호가 포함되어 있다. 그러나 아브라함은 이민족을 두려워한 나머지 하나님의 권능과 보호하심을 잊고 거짓말을 하도록 했다.

그러나 이 사건은 아브라함이 언약을 이루기까지 아직도 더 시험을 받아 순화되어야 했음을 보여 준다. 그리고 그때마다 하나님의 은혜를 더 많이 체험하고, 하나님만을 의지하고 언약을 확실히 붙들며 사는 성숙한 믿음을 가져야 했다.

애굽의 왕을 바로라 부르는 것처럼 블레셋 왕을 부를 때 그랄 왕 아비멜렉(Abimelech)이라 불렀다. 아비멜렉은 '왕의 아버지', '나의 아버지는 왕이다'는 뜻을 가지고 있다. 구약에 아비멜렉이 여러 명 등장하는데 그랄 왕 아비멜렉이 그중 첫 번째 인물이다. 그는 사라를 취하려다 실패했다. 훗날 이삭의 아내 리브가를 취하려다 실패한 인물도 아비멜렉인데, 이 아비멜렉은 다른 인물이다. 당시 그랄 왕 아비멜렉은 정직하고 의롭게 살려고 노력한 사람이었다. 아브라함의 비겁함으로 그는 하마터면 하나님 앞에 죽임을 당할 뻔했다.

"사라를 취하였더니." 사라의 나이 90세라는 점에서 그를 취했다는 사실은 이해하기 어려울 수도 있다. 이 사실은 몇 가지로 이해되기도 한다.

첫째, 나이가 많음에도 불구하고 그녀의 아름다운 미모는 여전했다는 주장이다. 이것은 아브라함이 아내를 자기 누이라고 한 점에서 드러난다. 둘째, 미모보다는 정치적인 목적으로 사라를 취했을 수도 있다는 주장이다. 아브라함은 부유한 족장으로 힘을 가지고 있었기 때문에 이 일을 통해 그의 세력을 견제할 수 있기 때문이다. 셋째, 아브라함의 일생이 엄격하게 연대순에 따라 기록된 것이 아닐 수도 있기 때문에 이 사건이 사라가 아직 젊었을 때의 사건일 수도 있다. 이 주장들 가운데 첫 번째 주장이 가장 폭넓게 수용되고 있다.

하나님은 아비멜렉에게 꿈으로 일의 잘못됨을 일깨워 주셨다. 아브라함의 거듭된 잘못으로 위험상황에 처하자 하나님은 사라를 보호하심으로 언약을 이루고자 하셨다. 꿈은 인간의 잘못에도 불구하고 하나님이 이 약속을 어떻게 지기시는가를 보여 준다.

꿈은 구약시대에 빈번히 사용된 계시의 한 양식이다. 아브라함이 비록 잘못을 저지르게 되지만 이러한 잘못이 하나님과의 근본적이고 본질적인 관계를 파괴하는 중차대한 잘못은 아니었다. 단지 믿음의 원리들을 생활의 사소한 문제들에 적용하는 데서 비롯된 잘못들이었다. 결과는 그 이전의 경우와 같았다. 하나님은 아브라함의 잘못에도 불구하고 그를 생각하시어 꿈을 통해 선한 결과를 이끌어 내신다.

"나는 온전한 마음과 깨끗한 손으로 이렇게 하였나이다." 아비멜렉은 자신의 인테그리티의 문제를 꺼냈다. 온전한 마음과 깨끗한 손은 자신의 인테그리티가 어떠한가를 가르쳐 준다. 인테그리트가 좋아야 할 사람은 아브라함인데 여기서는 아비멜렉에게 적용되고 있다. 아브라함이 위기를 모면하기 위해 거짓말을 했기 때문에 그의 인테그리티는 크게 손상을 입었다. 아브라함이 처음부터 정직했더라면 다가올 위기를 다니엘이나 다니엘의 세 친구 사건에서처럼 하나님께서 처리해 주셨을 것이다. 풀무 불 안에서도 무사하고, 사자 우리에서도 지켜 주지 않았던가. 아브라함은 문제 앞에서 하나님보다 사람을 두려워하는 잘못을 범했다. "사람을 두려워하면 올무에 걸리게 되거니와 여호와를 의지하는 자는 안전하리라"(잠29:25).

"네가 온전한 마음으로 이렇게 한 줄을 나도 알았으므로." 아비멜렉은 사라에게 가까이하지도 않았고, 그 일에 대해 자신이 깨끗함을 말했다. 하나님이 사라가 남편이 있는 몸임을 알려 줌으로써 결혼의 신성함을 일깨워 주자 왕은 그것을 인정하였다. 이것은 왕이 현명했음을 보여 준다. 아브라함은 그럴 사람들이 자신보다 훨씬 못한 사람들로 생각했다. 하지만 왕은 오히려 그보다 나은 윤리를 가지고 있었다.

우리도 안 믿는 사람이라고 악하다고 생각해서는 안 된다. 오히려 믿는 사람 가운데도 아브라함처럼 못된 짓 하는 사람도 있다. 저 사람들이 나쁘니까 나도 나쁘게 해야겠구나 생각하는 것 자체가 실수다. 사회에는 법, 규범이 있어 바르게 사는 것을 좋아한다. 그리스도인은 세상사람 뺨치는 방법으로 살아가는 것이 아니라 언제 어디서나 하나님의 방법으로 살아가야 한다. "나도 알았으므로"는 '나도 안다'는 뜻이다. 하나님께서 이미 왕의 깨끗함을 아셨다. 우리가 깨끗하면 하나님께서 알아주신다.

"그는 선지자라 그가 너를 위하여 기도하리니." 성경에서 선지자(prophet)로 불린 인물은 아브라함이 맨 처음이다. 하나님의 영광을 보여야 할 선지자가 거짓말을 하고 남을 죄짓게 만들었다는 것은 하나님의 영광을 실추시키기에 충분하다. 이것은 우리에게 "너도 그렇게 되지 않도록 두려운 마음을 가지라"고 말씀하시는 것과 같다.

히브리어로 선지자는 '나비'(Nabi)이다. 나비는 '선포하다', '선언하다', '중개인으로서 말하다' 등의 뜻이 있다. 하나님의 말씀을 맡아 가감 없이 그대로 선포하고 실천하는 사람을 의미한다. 따라서 선지자의 말에는 신적인 권능이 내재해 있다. 선지자는 하나님과 사람의 중재자로 하나님의 메시지를 사람들에게 전하고 그들을 위해 중재기도를 한다. 선지자의 이러한 역할은 구약의 종교를 여호와와 이스라엘 사이의 의식적 종교, 계시와 권위의 종교, 사람이 듣고 복종하는 종교로 규정짓게 하는 데 기여했다.

"그는 선지자라"는 말씀은 아브라함과 하나님과의 관계를 보여줌으로써 인간적으로는 연약한 아브라함이지만 선지자로서의 그의 역할을 믿고 그의 말을 두려운 마음으로 받으리는 뜻이 담겨 있다. 하나님이 그를 선지자라 하신 것은 그가 하나님의 계시를 받고 선포하는 자임을 드러낸 것이다. 선지자 노릇을 제대로 하지 못한 아브라함을 다시 회복시키는 하나님을 보라. 이것은 아브라함의 등 뒤에 하나님이 계신다는 사실을 입증한다. 아브라함이 아비멜렉의 생명을 구하고 그 집안의 불임이 해결되도록 하는 중재자로서의 공적인 성격은 선지자의 성격을 그대로 보여 준다.

아브라함이 기도함으로 아비멜렉의 집에 태의 문을 여셨다. 하나님은 아비멜렉(자손생산의 문)이나 아브라함(기도하는 선지자 역할) 모두 상생할 수 있도록 하셨다. 누구에게나 영적으로 위기가 온다. 그때마다 정직과 성실함으로 하나님과 사람 앞에서 그리스도인으로서의 인테그리티를 지킬 수 있어야 한다.

2. 선히 해결케 하신 하나님(8 - 17절)

- 아비멜렉이 그 아침 아브라함을 불러 추궁하니 (아브라함이 아내를 누이라 한 이유)
- 이곳은 하나님을 두려워하지 않으니 내 아내를 인하여 나를 죽일까 두려워함
- 내 처는 사실 이복누이
- 내가 아내에게 이르기를 내 아비 집을 떠나 두루 다닐 때 가는 곳마다 나를 오라비라 하면 그대가 내게 베풀 은혜라 했음
- 아비멜렉이 사라를 내어주고도 아브라함에게 양과 소와 노비를 주었으며 그 땅에 마음대로 거하게 했다
- 하나님이 사라일로 아비멜렉의 집 모든 태를 닫히게 했으나 아브라함의 기도로 하나님이 치료하여 생산케 했으며
- 아비멜렉이 은 천개를 아브라함에게 주어 여러 사람 앞에서 사라의 수치를 풀어(눈을 가리우게) 사라의 일도 선히 해결됨

이 사건은 근본적으로 그리스도인들이 비그리스도인들에 대해 어떻게 행동해야 하는가를 보여 줌으로써 깊이 성찰하도록 하고 있다. "네가 나와 내 나라를 큰 죄에 빠질 뻔하게 하였느냐." 하나님은

아브라함을 직접 책망하지 않으시고 아비멜렉을 통해 간접적으로 책망하셨다.

"네가 무슨 의견으로 이렇게 하였느냐." 아비멜렉의 이 같은 추궁은 아브라함에게 무슨 문제가 있었는가를 잘 보여 준다. 하나님의 사람이 자신의 잘못 때문에 이방 왕으로부터 추궁을 당하는 장면은 우리로 하여금 많은 것을 깨닫게 만든다.

아브라함은 이 사건을 통해 다음과 같은 점에서 결핍을 드러냈다. 하나님의 절대주권과 어느 곳에나 계신다는 무소부재 의식의 결핍(11절), 임기응변을 통해 확고한 가치관의 결핍(12절), 그리고 용기의 결핍(13절)이다.

"가는 곳마다 나를 그대의 오라비라 하라." 범한 실수를 대수롭지 않게 생각하는 나쁜 버릇이 있음을 보여 준다. 그의 이런 버릇이 상습화되었다. 갈대아 우르를 떠날 때도, 25년 전 애굽에서도, 그리고 지금. 이런 살못된 버릇은 덜미 잡힐 때가 온다.

"그는 실로 나의 이복누이로서 내 처가 되었음이니라." 사라는 아브라함의 부친 데라가 낳은 이복누이 동생이었다. 당시는 근친결혼이 허용되었고, 친동생이 아니기 때문에 두 사람이 결혼하는 데는 무리가 없었다. 근친결혼은 그 후 서서히 금지되다가 모세에 와서 완전히 금지되었다(레18:9;신27:22).

"이것이 그대가 내게 베풀 은혜라 하였노라." 아내를 누이라 속임으로써 얻을 수 있는 것을 아브라함은 아내가 자신에게 베풀 은혜로 생각했다. 아내를 담보로 해서 얻을 수 있는 혜택, 곧 그것이 자신의 생명을 구하는 일이든 재물을 얻게 되든 좋다는 것은 아브라함이 얼마나 비열한 인물이었는가를 보여 준다.

"사라도 그에게 돌려보내고." 거듭된 실수에도 불구하고 하나님은 그를 버리지 않으셨다. 아브라함과 사라는 그랄 왕을 통해 하나님의 개입사실을 알게 되었을 때 심히 부끄러웠을 것이다. 하지만 그들은 하나님이 약속을 저버리지 않았음을 확신하게 되고 다시금 하나님의 약속을 확고히 붙잡게 되었다.

"너 보기에 좋은 대로 거하라." 일부 학자는 이 사건이 애굽 때와 유사한 점을 두고 두 사건이 같은 전승을 변형시킨 것이라고 주장한다. 하지만 이 사건은 같은 사건이 아님을 15절에서 입증하고 있다. 애굽의 경우에는 그 일로 애굽을 떠나야 했지만 이번에는 그 땅에 머물라는 명령을 받았기 때문이다.

아비멜렉은 사라에게 은 천 개를 주며 아브라함에게 전해 주도록 했다. 당시 종 한 사람의 몸값이 30개였다. 따라서 은 천 개는 상당한 액수다. 이것은 아비멜렉이 선지자 아브라함을 높이 평가한 뜻도 있고, 사라가 당한 수치를 씻어 주려는 관대한 처사일 수도 있다.

"그것으로 여러 사람 앞에서 네 수치를 풀게 하였노니 네 일이 다 선히 해결되었느니라." 아비멜렉의 많은 선물은 아브라함과 사라에 대한 그의 높은 경의를 증명한다. 이것은 사라가 아비멜렉에게 당한 수치를 그녀의 동행들 앞에서 풀어 주는 역할을 했다.

"아브라함이 하나님께 기도하매." 하나님은 오히려 아비멜렉을 위해 중보기도하게 만들었다. 선지자 아브라함의 기도로 그랄 왕은 생명을 보존하게 되었을 뿐 아니라 집안에 내려진 불임 문제를 해결받게 되었다. 아브라함은 연약했지만 하나님은 언제 어디서나 강하시다.

"아비멜렉의 집 모든 태를 닫히셨음이더라." 이것은 아브라함이 자신의 책임을 저버린 것에 대해 하나님께서 어떻게 사라를 보호해 주셨는가를 보여 주는 아름다운 증언이다. 아비멜렉 집안의 불임문제는 사라 사건으로 인해 갑자기 하나님께서 그 집안의 태를 닫게 하셨는지 아니면 그전부터 문제가 있었는지 확실하지 않다. 닫힌 시기에 대해 정확한 언급이 없기 때문이다. 기도로 인해 해결함을 받은 것은 불임증이었다.

이 아브라함의 사건은 한 인간을 내세우는 것이 아니라 연약한 대언자를 버리지 아니하시고 언약을 이루어 가시는 하나님의 성실하심에 초점이 맞춰져야 한다.

우리도 믿음의 길에서 염려스런 여러 문제들을 만날 때 하나님께 온전히 맡기지 못하면 문제가 발생하기 쉽다. 사업상의 문제, 가정문제, 위험에 직면했을 때 때로 우리는 주님을 불명예스럽게 행동하기도 한다. 가장 훌륭한 믿음의 행동은 위기에 처해 있을 때뿐 아니라 일상생활에서도 철저하게 하나님을 신뢰하는 자세를 유지하는 것이다.

1. 이삭의 출생(1 – 13절)

- 하나님 말씀대로 사라가 잉태하여 이삭을 낳고 낳은 지 8일 만에 할례
- 이삭이 젖을 떼는 날 큰 잔치 베품
- 여종 하갈의 소생이 이삭을 희롱
- 사라가 아브라함더러, "이 여종과 그 아들을 내어 쫓으라 종의 아들은 내 아들 이삭과 함께 기업을 얻지 못하리라"
- 아브라함이 근심하매 하나님이 아브라함에게, "사라가 이른 말을 다 들으라. 이삭에게서 나는 자라야 네 씨라 칭할 것이라 여종의 아들도 네 씨니 내가 그로 한 민족을 이루게 하리라."

하나님은 아브라함의 나이 75세가 되었을 때 그를 부르셨다. 그리고 약속을 주셨다. 이제 100세 때 약속한 아들을 주셨다. 아브라함의 가정에 아들 이삭이 태어났다. 하나님은 이미 오래전에 그가 태어날 것을 약속하셨고, 이것은 아브라함을 향한 하나님의 은혜였다. 늙은 아브라함이 아들을 낳은 것이다.

약속의 말씀대로 그 꿈이 이루어졌다. '그 말씀하신 대로'가 두

번, 그리고 이어 '하나님의 말씀하신'이 한 번 도합 세 번 나타난다. 이것은 말씀이 성취되었음을 의미한다. 말씀을 지키시는 하나님이심을 보여 준다.

아브라함의 거듭된 실수에도 불구하고 하나님의 약속은 신실하게 지켜진다. '그 말씀대로'는 이삭의 출생이 하나님의 약속과 예언에 따른 것임을 강조하고 있다. 한 절에서 '그 말씀대로'가 두 번이나 등장한다. 한번은 사라를 향한 하나님의 뜻이 가까이 임했음을 말하는 것이고, 다음은 그 약속이 말씀대로 이루어졌음을 의미한다. 사라의 잉태는 모두 하나님의 뜻이 작용했음을 나타낸다.

권고는 하나님이 자비를 베푸시거나 심판하실 목적으로 사람에게 가까이 접근할 때 사용된다. 권고란 원래 "하나님이 가까이 오신다."는 뜻을 가지고 있다. 그가 가까이 오시면 은혜가 나타나든지 심판이 나타나든지 한다. 여기서는 하나님께서 자신의 언약을 이루기 위해 함께하셨음을 의미한다. 사라를 향한 하나님의 권고는 그의 태의 문을 열어 아들을 낳게 할 것임을 나타내는 것이다. 그 약속이 말씀대로 이뤄지게 되었다.

"말씀하신 기한에 미쳐." 원문은 '그 정한 때'이다. 말씀하신 시기가 되었다는 것은 하나님의 약속이 이루실 때가 되었음을 의미한다. 그때는 하나님 백성들에게 그 꿈이 성취되는 시간이다. 이때는 자아가 죽고 주님만 의지하는 자에게 성령이 역사할 때이고, 육신의 때가 아니라 성령의 때를 말하며, 육신의 아들 이스마엘의 때가 아니라 성령의 아들 이삭의 때를 말한다.

이것은 하나님이 약속하신 때가 되자 이삭이 출생하게 되었음을 의미한다. 하나님은 뜻이 있으셔 그 언약의 성취를 25년간이나 미루셨다. 그러나 하나님이 정하신 때가 되자 인간적으로는 생각할 수 없는 경이로운 일이 벌어졌다. 아이를 낳을 수 없는 사라가 아들을 낳은 것이다. 하나님이 말씀하신 때는 약속이 성취되는 가장 좋은 때이며 하나님은 그때 가장 좋은 방법으로 결과를 가져오게 하신다.

이 구절은 하나님이 정한 기한에 정하신 일을 행하신다는 것을 보여 준다. 이 기한은 하나님의 기한으로 하나님이 기뻐하시는 방법에 따라 행하신다. 이 기한은 인간의 기한, 인간의 방법과는 다르다. 이스마엘은 인간의 방법에 따라 태어났지만 이삭은 하나님의 방법에 따라 하나님이 정하신 기한에 태어났다.

예수님도 하나님의 약속된 때가 차매(갈4:4) 이 땅에 오셨다. 예언이 이뤄진 것이다. 주님은 사람의 방법으로 오신 것이 아니라 하나님의 방법, 곧 동정녀의 몸에서 기적적으로 태어나셨다. 우리도 일을 함에 있어 인간의 때보다 하나님의 때까지 기다릴 필요가 있다.

"아들을 낳으니." 아브라함의 나이 100세 때 이삭을 얻었다. 25년을 기다려 얻은 아들이다. 이스마엘이 15살 때 이삭이 출생했다. 바울은 갈라디아 4:21-31에서 이 두 아이의 이야기를 모세와 그리스도에 대한 예언적 비유로 인용했다.

"이삭이라 하였고." 아브라함 부부는 아이 이름을 "이삭이라 하라"는 말씀에 순종해 이름을 그대로 지었다. 이삭이라는 이름은 하나님이 특별한 뜻을 가지시고 정하신 것이다. 아브라함과 사라는 이 이름을 부를 때마다 하나님이 약속하신 것에 대해 자신들이 웃었던 일에 대한 부끄러움을 상기시키기에 충분했을 것이다. 또한 하나님의 놀라우신 은혜, 그리고 그로 인해 누린 큰 기쁨을 잊지 못하고 감사했을 것이다.

사라의 과거 웃음은 의심이 담긴 냉소적 웃음이었지만 지금의 웃음은 기쁨과 감사의 웃음이다. 이삭은 웃음, 기쁨을 뜻한다. 이삭은 구속사적 뿌리를 잇고 있다. 이를 통해 하나님의 목적과 약속이 성취되기 때문이다.

출생 후 8일 만에 할례의식을 행함으로써 언약의 백성 됨을 나타낸다. 하나님의 말씀을 살에 새기겠다는 것이다. 원래 할례는 남성 포피의 끝을 잘라 내는 것이지만 마음의 할례(신30:6), 입술의 할례(출6:12), 귀의 할례(렘6:19)에도 비유적으로 사용했다. 할례받지 않은 마음은 강퍅한 마음을 뜻한다.

"하나님이 나로 웃게 하시니." 이 웃음은 "네가 아이를 낳으리라" 했을 때의 웃음이 아니라 실제 아이를 낳게 됨에 따라 마음 놓고 기뻐하는 환희의 웃음이다. 아브라함이나 사라 모두 나이가 들어 사실 웃을 수 없는 존재였지만 하나님의 자식을 낳는 큰 기쁨을 주셨다. 이 웃음의 창조자는 하나님이시다. 사람이 만드는 웃음은 얼마 가지 못한다. 그러나 하나님이 주시는 웃음은 기쁨을 샘솟게 한다. 이 기쁨은 하나님의 신실하심을 체험한 믿음의 기쁨이기도 하다.

예수 믿는 사람은 "나 같은 사람이 주님을 믿다니" 웃지 않을 수 없다. 근심, 걱정, 우울은 예수 그리스도가 내 마음에 없는 증거다. 그리스도인은 하나님이 주시는 기쁨을 누릴 뿐 아니라 누릴 수 있어야 한다.

'아브라함 노경에.' 노경은 아내 사라가 나이가 많아 그가 더 이상 아이를 갖지 못할 것이라고 생각하던 때를 말한다. 아브라함이 100세, 사라가 90세였다. 인간이 생각할 수 없는 때, 인간적인 희망이 다 끊어졌을 때에 하나님은 기적을 베푸시고 일을 성취시키셨다.

'젖을 떼는 날.' 90세의 나이에도 젖이 풍부하게 하셨다. 고대 근동지역에서 아이들은 두세 살이 되어서 젖을 떼었다. 따라서 이삭도 그 나이로 추정되고 있다. 우리의 돌처럼 이날을 아이의 일생에 이 정표가 되는 날로 삼아 크게 축하하는 풍습이 있었다. 아브라함의 경우 이날은 이삭을 믿음의 표상으로 얻은 은혜를 기리는 기쁨의 날이었을 것이다.

'희롱하는지라.' 여기서 희롱하다는 말은 이스마엘이 이삭을 제멋대로 다루고 조롱하는 행동을 했음을 의미한다. 당시 이스마엘은 16－17세였을 것으로 추정된다. 희롱사건은 이삭이 젖을 떼는 것을 축하하는 날에 일어난 것으로 보인다. 그동안 독자로서 사랑을 독차지했던 이스마엘이 이삭의 등장으로 점차 사람들의 관심으로부터 멀어지는 것을 느꼈고, 그 소외감이 젖을 떼는 날의 축제 속에서 더 느껴짐으로써 학대로 나타나게 되었다. 바울은 이 사건을 육체를 따라 난 자가 성령을 따라 난 자를 핍박했다(갈4:29)고 해석했다. 불신의 아들이 언약의 아들을 희롱한 것이다.

이삭은 원래 '그가 웃었다'는 뜻을 가지고 있다. 본문의 희롱하다는 말도 '웃다'는 말과 어원이 같다. 그러나 이삭을 향한 이스마엘의 웃음은 함께 기뻐하는 웃음이 아니라 비웃음과 희롱으로 나타난다.

"내어 쫓으라 이삭과 함께 기업을 얻지 못하리라." 희롱사건은 사라의 분노를 촉발시켰고, 가차 없는 결단으로 이어진다. 사라는 누가 아브라함의 기업을 잇느냐 하는 문제에 있어서 이스마엘로 인해 발생하게 될 문제, 곧 상속권의 일부를 요구하게 될 것을 잘 알고 있었다. 이스마엘이 이삭과 함께 기업을 얻지 못하리라는 주장은 이스마엘의 상속권을 상실하게 될 것을 선언하는 것과 같다. 하나님께서 이미 이삭을 통해 기업이 이어질 것을 말씀하셨기 때문에 사라의 주장은 당연하다. 육체를 따라 난 자가 성령을 따라 난 자와 함께 기업을 얻지 못한다. 이것은 하나님의 새로운 역사가 시작될 것을 의미한다.

"그 일이 깊이 근심이 되었더니." 하나님의 말씀에 따를 때 아브라함은 사라의 주장이 옳다는 것을 잘 알고 있었다. 그러나 자기가 범한 실수와 그로 인해 발생한 열매에 대해 책임을 벗어 버릴 수 없었다. 이 문제에 대해 그는 오직 하나님의 도우심을 바랄 수밖에 없었다.

일부는 사랑과 법적인 관습이 근심의 한 요소로 작용했을 것으로 보기도 한다. 누지서판에 따르면 후사를 낳아 준 여종과 그 자식을 내어 쫓지 못하게 되어 있었다. 아브라함은 여종의 아들을 임의로 추방하는 것을 금지한 당시의 사회적 관습을 알고 있었다. 그러나 아브라함의 근심은 관습법 때문에 고민한 것이 아니라 인간적 책임 때문이었을 것이라는 것이 더 타당하다.

"이삭에게서 나는 자라야 네 씨라." 이것은 사라의 주장이 정당함을 하나님이 재확인시켜 주는 말씀이다. 하나님께서 아브라함의 큰 고민에 직접 개입하셔서 그가 문제를 어떻게 풀어 가야 하는가를 보여 주셨다.

이삭과 이스마엘의 비교

	이 삭	이스마엘
출 생	하나님의 말씀대로 출생 언약의 이행	인간의 생각대로 출생 아브라함의 실수
기쁨여부	기쁨: 웃음(창21:1 - 8) 기다림의 대가	고통: 근심(창21:12) 실수의 대가
축 복	하나님의 축복	축복: 하나님의 사랑에 힘입어

"여종의 아들도 민족을 이루게 하리라." 하나님은 이스마엘의 경우에도 큰 민족을 이루게 하겠다고 약속을 하심으로써 하나님의 자애로움을 나타내셨다. 이스마엘도 아브라함의 씨이기 때문이다. 하나님은 아브라함의 실수에 대한 책임을 묻지 않으시고 그 아들에게도 민족을 이루게 하는 복을 주셨다. 하나님은 이스마엘을 축복하심으로 그의 실수에 대한 책임을 사랑으로 대신 져 주셨다.

2. 하갈의 방황(14 - 21절)

- 아브라함이 아침 일찍 떡과 물 한 가죽부대를 하갈의 어깨에 메어주고
- 그 자식을 이끌고 가게 하매 하갈이 떠나 브엘세바에서 방황
- 물이 떨어지자 자식을 떨기나무 아래 두고 자식의 죽는 것을 차마 보지 못하겠다 하고 방성대곡
- 그 아이의 소리를 들으신 하나님,
  "두려워 말라 일어나 아이를 일으켜 네 손으로 붙들라 그로 큰

민족을 이루게 하리라"
- 하나님이 하갈의 눈을 밝히시니 샘물을 보고 가죽부대에 물을 채워 아이에게 마심
- 아이가 자라 광야(바란 광야)에 거하며 활 쏘는 자가 되고, 애굽 여인을 아내로 맞음.

아브라함은 개인적 애정에도 불구하고 순전한 마음으로 복종하여 여종의 아이를 내보냈고, 약속의 성취를 위한 하나님의 준비만을 위해 전적으로 매달렸다.

"아침에 일찍이 일어나서." 아브라함은 하나님의 말씀을 듣고 더 이상 지체할 수 없음을 깨닫고 단호히 결정을 내렸다. 그는 아침 일찍부터 서둘렀다. 여기에서 우리는 아브라함의 과감한 결단과 순종적 태도를 볼 수 있다.

물 한 가죽부대를 하갈의 어깨에 메어 주었다. 가죽부대는 물이나 우유 또는 포도주를 담는 부대로 염소나 양과 같은 동물의 가죽으로 만들었다.

"그 자식을 이끌고 가게 하매." 이스마엘이 17세 난 때로 추정된다. 이스마엘을 추방한 사건은 매우 단순한 사건으로 보이지만 바울은 이것을 구원사의 예표로 삼았다. 즉 복음을 믿고 성령으로 거듭난 사람들이 참된 후예들이며, 유대주의자들을 포함해서 복음을 믿지 않는 사람들은 하나님의 유업을 차지하지 못하고 결국 쫓겨나게 될 운명이라는 것이다(갈4:21-31).

"하갈이 나가서 브엘세바 들에서 방황하더니." 브엘세바는 헤브론에서 남쪽으로 32㎞ 지점에 있다. 가나안의 남쪽 끝에 있으며 이곳

에 일곱 우물이 있다. 브엘세바 들이란 황무지와 같은 브엘세바 광야(desert)를 뜻한다.

"살 한 바탕쯤 가서 마주 앉아 바라보며 방성대곡하니." '살 한 바탕쯤'은 활의 사정거리, 곧 화살이 날아갈 수 있을 정도(bowshot)의 가까운 거리를 가리킨다. 원문은 '궁수들이 마주 서는 거리'이다. 하갈은 그곳에서 물이 없어 죽어 가는 이스마엘을 보고 통곡하게 된다. 칠십인역에는 하갈이 근처에 앉아 있고 아이가 우는 것으로 표현되어 있다. 아주 절망적인 상태에 있음을 나타내고 있다.

"하나님이 그 아이의 소리를 들으시므로 하나님의 사자가 하늘로부터 하갈을 불러 가라사대." 하갈은 이전에 사라의 학대를 피해 광야로 도망했을 때도 여호와(야웨)의 사자를 만났다(창16:7). 이번에도 하나님(엘로힘)의 사자를 만났다. 그러나 창세기 16장에는 여호와의 사자라 했지만 지금은 하나님의 사자라는 명칭으로 소개되고 있다. 모리스에 따르면 여호와의 사자라는 명칭은 언약과 관계되지만 하나님의 사자라는 명칭은 언약보다 창조와 권능에 관련된다. 이것은 하갈이 이미 약속된 언약과는 관계가 없음을 보여 주는 것이다.

하지만 언약의 가문으로부터 쫓겨난 하갈이라 할지라도 하나님은 애타게 부르짖는 그의 음성을 들으시고 그에게 나타나심으로써 그도 하나님의 보호하심(섭리) 아래 있다는 것을 일깨워 준다.

"그로 큰 민족을 이루게 하리라." 이스마엘은 열두 아들을 두었으며(창25:13-15) 이들로부터 오늘날의 아랍민족이 형성됨으로써 하나님이 그로 큰 민족을 이루게 하리라는 약속이 성취되었다.

"하나님이 하갈의 눈을 밝히시매 샘물을 보고 가서." 하나님은 하갈의 눈을 열어 샘을 보게 하셨다. 그동안 눈앞에 있는 샘을 보지 못한 것은 그만큼 기진해 있었다는 것을 보여 준다. 광야의 샘물들은 과도한 증발을 막기 위해 나뭇가지나 돌로 덮어 둔다. 지나가는 사람들이 쉽게 발견할 수 있도록 표시를 해 두는 것이 보통이다. 하갈은 하나님의 도움을 받아 이 표시를 발견한 것으로 보인다. 이것은 하나님이 이스마엘과 함께하신다는 것을(20절) 보여 주는 사건이다.

"그가 바란광야에 거할 때." 바란광야는 시나이 반도의 중앙부에 펼쳐져 있는 넓은 광야로 신광야도 이 광야의 일부이다. 가데스 바네아와 이스라엘 민족의 숙영지가 이곳에 있다.

"그 어미가 그를 위하여 애굽 땅 여인을 취하여 아내를 삼게 하였더라." 이스마엘이 애굽 여인을 아내로 맞은 것은 이삭의 자손과 이스마엘의 자손이 정신적으로 갈라서게 만든 계기가 된다.

3. 아브라함과 아비멜렉의 언약(22 - 34절)

- 브엘세바(맹세의 우물, 아비멜렉과 아브라함이 서로 맹세한 곳)
- 아비멜렉과 그 군대장관 비골이 아브라함에게,
  "네가 무슨 일을 하든지 하나님이 너와 함께 계시니
  너는 나와 내 후손에게 거짓되이 행치 않기를 하나님을 가리켜
  맹세하라." 하니 아브라함이 맹세하고
- 아브라함이 아비멜렉의 종들이 아브라함의 우물을 늑탈한 것을
  책망하니
- 아비멜렉이 처음 듣는 일이라
- 아브라함이 아비멜렉에게 양과 소를 취하여 주되 일곱 암양 새끼

를 따로 놓고 이 암양 새끼들을 받아 "내가 이 우물 판 증거를 삼으라" 하니

- 두 사람이 거기서 서로 맹세하매 이름을 브엘세바라 하고 언약을 세우매
- 아비멜렉과 비골은 블레셋 족속 땅으로 돌아갔고
- 아브라함은 브엘세바에 에셀(grave) 나무를 심고 하나님을 불렀으며 그가 블레셋 땅에서 여러 날을 보냄

"거짓되이 행치 않기를 맹세하라." 그랄 왕 아비멜렉이 아브라함과 언약을 맺으려 한 것은 하나님이 아브라함과 함께 계시다는 사실을 그가 확고히 인식한 데서 이루어졌다. 자신이 비록 군사적으로나 정치적으로 우세하기는 하지만 아브라함은 하나님의 보호하심 아래 있음을 알게 된 것이다. 아브라함이 비록 자기로부터 책망을 듣기는 했지만 아브라함이 신앙의 인물이며 하나님이 그를 축복하신다는 것을 알았다. 따라서 그는 아브라함과 언약을 맺음으로써 장차 있을지도 모를 화근을 제거하고 아브라함과 우호관계를 유지하고자 했다.

아브라함은 이 제안을 받아들였다. 이 언약은 당사자뿐 아니라 그의 후손에게도 해당되는 것이다. 이것은 믿음의 사람들이 하나님께 대한 충성을 통해서만 믿지 않는 이들에게 영향을 미칠 수 있음을 보여 준다.

"우물을 늑탈한 일에 대하여 아브라함이 아비멜렉을 책망하매." 늑탈은 남의 소유물을 완력을 써 억지로 빼앗는 것을 말한다. 팔레스타인에는 강우량이 많지 않아 우물 소유권을 둘러싸고 싸움이 잦게 일어났다. 아비멜렉이 아브라함에게 언약을 제시하자 아비멜렉의

종들이 아브라함의 우물을 늑탈한 것에 대해 아비멜렉을 책망했다. 이 책망은 아비멜렉이 아브라함을 책망한 이전 사건과는 대조적인 모습을 보여 준다. 아브라함은 아비멜렉이 모르고 있는 사건에 대해 언급함으로써 기선을 잡았다.

"양과 소를 취하여 아비멜렉에게 주고 두 사람이 서로 언약을 세우니라." 아브라함이 아비멜렉에게 준 양과 소는 언약을 세우기 위한 희생물이다. 아비멜렉은 종들이 한 일을 모른다고 말했지만 그 샘이 아브라함의 것임을 알고 있었다.

"일곱 암양 새끼를 따로 놓으니." 암양 새끼 일곱 마리를 분리해 아비멜렉에게 준 것은 논쟁의 대상이 되고 있는 우물을 아브라함이 팠다는 증거로 삼기 위한 것이다(30절). 증인 앞에서 선물을 내놓는 것은 그 언약을 공증하는 행위이다. 이 같은 행동을 꼭 해야 하는 것은 아니다. 따라서 아비멜렉은 아브라함이 주는 뜻밖의 선물에 놀란다. 일곱은 완전 숫자로 그 언약에 대한 진실성을 상징한다.

"두 사람이 거기서 서로 맹세하였으므로 그곳을 브엘세바라 이름하였더라." 브엘세바(Beersheba)는 '맹세의 우물' 또는 '일곱 우물'이라는 뜻을 가지고 있다. 그곳에 일곱 개의 우물이 있기 때문이다. 쉐바는 일곱을 뜻하기도 한다. 이곳은 족장들의 신앙과 깊게 연결되어 있어 이스라엘 민족은 이곳을 성소로 간주하고 순례한다. 아브라함이 샘을 가질 권리를 가진 것은 그의 자손이 그 땅을 차지하리라는 언약에 대한 증거가 된다.

"아비멜렉과 그 군대 장관 비골은 떠나 블레셋 족속의 땅으로 돌아갔고." 가나안을 블레셋 사람의 땅으로 표현한 것은 후대 역사를 반영한 것이다. 왜냐하면 블레셋 사람들이 갑돌(그레데 섬)에서 가나안으로 이주해 온 것은 아브라함 이후로 추정되기 때문이다(렘47:4; 암9:7). 아비멜렉 족속은 이들에 속했던 것으로 보인다.

"아브라함은 브엘세바에 에셀나무를 심고." 에셀나무(tamarisk tree)는 상록수의 일종으로 봄에 분홍과 흰색의 꽃이 피는 장식성이 높은 나무이다. 가지는 수양버들처럼 축 늘어지고, 좁고 작은 잎이 비늘처럼 가지에 총총히 붙어 있어 수분의 증발이 적어 사막뿐 아니라 염분이 많은 늪과 강변에서 잘 자란다. 재질이 단단하고 수명이 긴 나무이다. 아브라함의 행위 속에서 언약의 지속성과 불변성을 간절히 기원하는 마음을 이 나무를 통해 볼 수 있다.

아브라함이 브엘세바에 에셀나무를 심은 것은 아비멜렉과의 언약만으로는 그 땅에 대해 충분한 보장이 될 수 없으며 영원하신 하나님의 보호가 있어야 한다는 것을 알았기 때문이다. 그는 하나님을 바라보았고, 그 땅을 영원히 그의 후손에게 주시겠다는 약속을 믿었다.

"거기서 영생하시는 하나님 여호와의 이름을 불렀더라." 영생하시는 하나님은 히브리어로 엘 올람(El Olam), 곧 '영원히 계시는 하나님(God of Eternity)', '영원하신 하나님'이라는 의미다. 이 말은 하나님이 과거나 현재나 미래나 영원히 동일하시며 자신의 언약을 신실하게 성취해 나가시는 분임을 증거하고 있다.

창세기 22장 아브라함에 대한 시험과 축복

1. 이삭을 예물로 바친 아브라함(1 – 8절)

- 그 일 후에 하나님이 아브라함을 시험하시려고 그를 부르심.
- 하나님 "네 아들 네 사랑하는 독자 이삭을 데리고 모리아 땅으로 가서 내가 지시하는 산에서 그를 번제로 드리라."
- 아침 일찍 나귀에 안장을 지우고 두 사환 및 이삭과 함께 번제에 쓸 나무를 쪼개어 3일을 걸려 가더니
- 사환을 나귀와 함께 있게 하고 번제나무를 이삭에게 지우고 아브라함은 불과 칼을 손에 들고 동행
- 이삭, "불과 나무는 있거니와 번제할 어린 양은 어디 있나이까?"
- 아브라함, "번제할 어린 양은 하나님이 자기를 위하여 친히 준비하시리라."

본 장은 하나님이 아브라함에게 일곱 번째 나타나신 기사가 소개되고 있다. 이 기사는 하나님이 아브라함에게 가장 어려운 시험을 주시고, 그 결과 그와 더 깊은 친교를 나누게 되는 내용이다.

'그 일 후에.' 그 일은 아브라함이 브엘세바에 에셀나무를 심고 하나님 여호와의 이름을 부른 것을 말한다. 이것은 그의 신앙이 성장

했음을 의미한다.

'시험하시려고.' 이 시험(test)은 죄를 짓도록 유혹한 것(temptation)이 아니라 그의 마음의 상태를 드러내기 위해 시험하신 것이다. 의인 욥도 시험을 받았다는 사실을 기억하라. 하나님은 신앙으로 감당할 수 없는 시험을 주시지 않는다. 그러므로 아브라함이 받은 시험은 하나님께서 그가 신앙적으로 감당할 수 있는 것으로 보았음을 의미한다. 이 시험은 인간적으로 볼 때 견디기 어려운 것이었다. 그러나 그는 믿음으로 이 시험을 통과하였다.

하나님이 사랑하는 자를 시험하시는 것은 잔류해 있는 불순물을 걸러내 영적으로 한층 더 도약하기 위함이다. 하나님을 향한 아브라함의 신앙을 의심하거나 불신하셨기 때문이 아니라 이삭에게 쏟는 그의 극진한 자식사랑 때문에 하나님을 등한히 할지 모르는 영적인 위험성을 제거함으로써 그의 믿음을 굳게 하고 하나님이 세우신 새로운 역사의 장에서 강한 지도자가 될 수 있도록 하기 위한 것이다. 따라서 그가 혹이라도 그런 위험에 빠져 있다면 이 문제는 하나님 앞에서 하루라도 빨리 해결되어야 한다. 그에 대한 하나님의 시험이 오히려 축복의 시험이 된다는 것은 이 때문이다.

하나님이 아브라함을 시험하셨다는 것은 그 자체로서 매우 암시적이다. 하나님은 시험을 통과한 자를 높이신다. 아브라함은 롯과 달리 소돔의 유혹을 피하였다. 하나님은 그러한 아브라함을 더욱 축복하기 위해 그를 시험하셨다.

'네 아들 네 사랑하는 독자'라는 표현 속에서 이 시험이 자식에 대한 부모의 사랑과 하나님의 명령 준행이라는 신성한 의무 사이에서 깊은 긴장 관계가 설정되고 있음을 보여 주고 있다.

아브라함이 이삭을 그토록 사랑함으로써 이삭이 그의 우상이 되어 있을 수 있다. 이 시험은 영적인 삶에서 자식이 우상화되어서는 안 된다는 것을 가르쳐 준다.

또한 '네 아들 네 사랑하는 독자'라는 표현은 하나님께서 우리를 구원하시기 위해 "자기 아들을 아끼지 아니하시고 우리 모든 사람을 위하여 내어 주신 이"(롬8:32)였음을 일깨워 준다.

아브라함의 시험에 관한 이 기사는 인간적인 생각으로는 이해하기 어려울 것이다. 그러나 신앙적인 관점에서 볼 때 이 사건은 세상을 사랑하셔서 독생자를 내어 주신 하나님의 사랑을 예시해 주고 있다. 이삭이 그리스도 죽음의 예표가 됨은 이 때문이다. 이것에는 숨겨진 하나님의 계획이 있다.

이삭은 독자였고, 희생으로 드려지도록 준비되었다. 아브라함은 하나님이 이삭을 죽은 자들 가운데서 다시 살리시리라고 확신하였다(히11:17-19). 아브라함의 후손들이 이름을 얻게 된 것도 이삭을 통해서였다. 예수 그리스도도 하나님의 독생자이며 희생제물로 드려지셨고 죽은 자 가운데서 부활하셨다. 그리스도의 구속사역을 통해 만민이 구원을 얻는다(롬5:15-21).

모리아 땅은 모리아 지역을 말한다. 하나님이 지시하는 곳은 그곳의 어떤 산인지는 확실하게 명시하지 않았지만 솔로몬이 성전을 건축했던 모리아 산일 것으로 생각된다. 모리아 산은 예루살렘에 있다(대하3:1). 솔로몬은 이 산에 여호와의 전을 건축했다. 아브라함이 모리아 땅 한 산에서 이삭을 제물로 바쳐야 했던 사실은 후에 이스라엘 백성이 이곳에 번제 단을 세우게 될 것을 예시한 것이다.

"네 사랑하는 독자 이삭을 번제로 드리라." 기독교는 '나'를 부르는 종교이다. 하나님은 아브라함에게 다른 것을 번제로 드리라 하지 않으시고 '네' 사랑하는 독자 이삭을 번제로 드리라고 명령하신다.

번제는 동물을 통째로 불에 태우는 제사이다. '그를 번제로 드리라'는 것은 제일 귀한 것을 드리라는 것이다. 사람을 제물로 드리는 것은 이방의 중요한 제사형태이다. 하나님이 그 명령을 내렸다. 하나님이 인신제사를 요구하셨다는 것에 대해 많은 사람들은 그럴 수 없다고 문제를 제기한다. 하지만 이 사건의 초점은 하나님과 결부된 인신제사의 도덕적인 문제에 있지 않다. 하나님이 그에게 요구하시는 제사는 이방의 제사와는 전혀 다르다. 제사보다는 믿음을 시험하기 위한 것이다.

이전까지는 하나님의 초자연적인 능력의 사역이었지만 이제부터는 희생이 구속사역의 필수적인 위치를 차지한다. 이 사건을 통해 번제는 상징적인 희생제물을 드리는 자 자신의 생명을 드리는 것이고, 비정상적인 죄의 관계에서는 자신의 생명을 드릴 수 있는 자격이 없음을 보여 주었다. 따라서 한 생명이 다른 생명을 대신하는 대속의 원칙이 나타나게 된다.

이삭을 번제로 드리라는 명령은 아브라함의 자손이 "하늘의 별과 같이 많게 하겠다, 가나안 땅을 그 자손에게 주겠다."는 하나님의 약속과 어긋난다. 이것을 반(反)언약이라 함은 이 때문이다. 인간적으로 볼 때 부당하고 모순되며 비이성적으로 보이는 하나님의 명령에도 불구하고 그는 그것을 따지지 아니하고 순종하고 나섰다. 아브라함이 결코 의심하지 않고 그분의 인격과 능력을 전적으로 신뢰했다는 사실이 중요하다.

아브라함은 하나님이 파괴와 죽음을 일삼는 분이 아니라 생명과 구원과 치유의 하나님이심을 잘 인식하고 있었다. 이러한 이해를 바탕으로 그는 하나님을 전적으로 의지하는 신앙을 보였다. 그는 하나님이 자신에게 무엇을 요구하실 때 결코 사람의 능력에 넘치는 것을 요구하지 않으신다는 것을 잘 알고 있었다.

"아침에 일찍이 일어나 가더니." 시간을 끄는 것은 간접적인 거절이다. 아브라함은 즉시 순종했다. 우리는 여기에서 아들보다 하나님을 경외하는 아브라함을 보게 된다. 아브라함의 특징은 믿음으로 행하고 언제든지, 그리고 즉시 복종하는 모습이다. 하나님의 깊은 뜻을 믿는 사람은 언제나 기쁜 마음으로 하나님께 복종할 수 있다.

아브라함은 아들 이삭을 통해 자신에게 주어진 축복을 누리기보다는 하나님을 더 의지하고 그분만을 유일한 복으로 여겼다. 진정 하나님의 약속을 의지한다면 희생이 따르더라도 하나님께 복종할 수 있을 것이다.

아브라함은 우르에서 하나님의 부르심에 결단하고 출발한 뒤에 때로 시행착오도 거치고, 하나님의 능력을 체험하기도 하고, 두려움과 의심을 갖기도 하면서 긴 과정을 거쳐 왔다. 하지만 이제 이 사건을 통해 그는 마침내 자신을 완전히 포기하고 헌신하는 성숙한 신앙의 단계에 도달했음을 보여 주고 있다.

"쓸 나무를 쪼개어 가지고 떠나." 모리아 산에 올라 그곳에서 나무를 준비하는 것이 아니라 미리 준비해 갔다. 하나님이 지시하시는 그 땅에 나무가 없을 수도 있지만 하나님을 위해 그의 주도면밀함이 어떠한가를 읽을 수 있다.

'제3일에.' 그랄에서 모리아산까지는 80㎞ 정도 된다. 그는 3일 동안 한눈팔지 않고 하나님의 명령을 수행하기 위해 갔다. 아브라함과 이삭은 3일 동안 걸어갔다. 그동안 아브라함의 마음은 너무 아팠을 것이다. 이 3일은 시간의 시험이었다. 아들이 죽을 줄 알면서 아들과 함께 걸어가야 하는 아버지의 괴로운 마음을 누가 알겠는가. 이 괴로움이 3일이나 지속되어야 했다. 주기철 목사는 순교를 당할 줄 알았다. 그래서 "차라리 빨리 주님께 가고 싶다"고 했다. 기다리는 시간이 너무 아팠기 때문이다.

이삭은 아브라함의 마음속에서 3일을 죽어 있었다. 3일이라는 시간이 지났음에도 불구하고 그의 순종에 변함이 없었다는 것은 그의 순종이 얼마나 결의 있는 순종임을 보여 준다. 그는 이 일을 묵묵히 수행해 나갔다. 그의 이러한 자세는 소돔을 멸망시키지 말라고 열변을 토하던 자세와는 아주 대조적이다.

"여기서 기다리라." 두 사환을 산 밑에 두고 올라갔다. 두 사환은 그의 종들 두 명을 말한다. 이삭을 제물로 드리는 순간 그들이 만류할 수 있으므로 그러한 우려되는 사태를 미리 제거하기 위한 것으로 보인다. 종들은 이곳까지 제사에 쓸 짐들을 날랐다.

아이, 곧 '나알'은 갓난아이에서 청년까지 일컫는 폭넓은 개념이다. 사라가 죽었을 때 이삭의 나이는 37세였다. 22장의 사건은 사라가 죽기 이전에 일어난 것이어서 당시 이삭은 청년이었을 것으로 판단된다.

"함께 너희에게로 돌아오리라." 히브리 동사에는 1인칭 동사를 사용함으로써 제사를 드리고 이삭과 함께 돌아올 것을 의미하고 있다. 이 말은 단지 종들의 의심을 사지 않으려고 거짓말을 한 것이 아니라 이삭을 통해 큰 민족을 이루게 하시겠다는 하나님의 약속과 이 약속이 성취되기 위해서는 하나님이 이삭을 살리실 것을 믿었음(확신)을 내포하고 있다. 그는 죽은 자도 살리시는 하나님의 능력뿐 아니라 이삭이 다시 살아나리라는 부활신앙을 가지고 있었다. "저가 하나님이 능히 죽은 자 가운데서 다시 살리실 줄로 생각한지라 비유컨대 죽은 자 가운데서 도로 받은 것이니라."(히11:19).

이삭은 불과 나무는 있는데 번제할 어린 양은 어디에 있느냐고 묻는다. 아브라함은 담담히 대답한다. "하나님이 자기를 위하여 친히 준비하시리라." '준비하시리라'의 원문은 '이르에'로 '그가 보리라'이다. 하나님이 적절한 양을 미리 보아 두실 것이라는 말이다. 이삭이 제물이 될 것을 안 아브라함에겐 얼마나 가슴 아픈 말인가.

2. 하나님이 이삭을 살리심(9 – 14절)

- 하나님이 지시하신 곳에 단을 쌓고 나무를 벌인 다음 이삭을 결박하여 단 나무 위에 놓고 손을 내밀어 칼을 잡고 이삭을 잡으려 하더니
- 하늘로부터 여호와의 사자,
  "그 아이에게 네 손을 대지 말라 네가 네 독자라도 내게 아끼지 아니하였으니 네가 하나님을 경외하는 줄을 아노라."
- 살펴본즉 뿔이 수풀에 걸린 숫양이 있어 가져다가 아들 대신 번제를 드렸더니 아브라함이 그 땅 이름을 '여호와이레'라 함.

단을 쌓는 모든 행위는 제사(예배)를 뜻하며 하나님을 위해 성별했음을 의미한다. "나무를 벌여 놓고" 벌인다는 것은 나무를 가지런

히(in order) 놓는 것을 말한다. 이 행위는 그 위에 희생제물을 놓기 위한 것이지만 희생을 통한 자기결단이 담겨 있다.

"이삭을 결박하여." 아브라함이 이삭을 결박할 때 청년 이삭은 아버지의 의도가 무엇인지 충분히 알고 있었다. 따라서 그가 원했다면 아버지를 제치고 위험상황을 벗어날 수 있었다. 그러나 성경에는 그가 반항했다는 어떤 내용도 없다. 그는 자기를 결박하는 아버지에게 묵묵히 순종했다. 이 모습 속에서 죽기까지 복종하신 예수님을 보게 된다(빌2:8).

아브라함이 자신에게 있어서 가장 베스트인 이삭을 결박한 사건은 하나님께서 자신 중의 자신(베스트)인 예수 그리스도를 십자가에 매달리게 하신 것을 생각나게 한다. 독자를 내놓는 아브라함의 고통을 통해 하나님의 고통을 느껴야 한다. 아브라함의 고통은 실행되지 않은 고통이지만 십자가의 고통은 실행된 고통이다.

"그 아들을 잡으려 하더니." 아들을 잡으려 한 것은 체면적인 순종이 아니라 진심의 순종이었음을 보여 준다. 진심으로 순종한 모습들이 다음과 같이 점차적으로 나타난다.

① 나무를 쪼개어 가지고 감(3절)
② 두 사환을 산 밑에 두고 올라감(5절)
③ 이삭을 결박함(9절)
④ 이삭을 잡으려 함(10절)

이삭을 잡으려 칼을 높이 든 아브라함의 모습은 인간의 이성을 뛰어넘어 하나님의 요구를 수용하는 신앙의 깊이를 드러내고 있다. 아브라함이 이삭을 하나님께 드리기로 했을 때 이삭을 희생제물로 바치라는 명령과 그를 통하여 자손의 번영을 약속하신 과거의 언약이 어떻게 조화될 수 있는가 딜레마에 빠졌을 수도 있다. 언약과는 논리적으로 맞지 않는 것이었지만 아브라함은 이제 칼을 듦으로써 그 문제를 극복했다.

여호와의 사자가 그를 부른다. 절정의 순간에 하나님이 개입하셨음을 보여 준다. 하나님은 인간이 자신의 생각을 완전히 포기하고 하나님께 전적으로 의지할 때 구원의 능력을 베푸신다. '아브라함아 아브라함아' 하나님이 침묵을 깨시고 인류의 역사에 개입하심을 보여 준다.

"내가 이제야 네가 하나님을 경외하는 줄을 아노라." "내가 이제야 아노라"라는 말씀은 그동안 아브라함의 신앙을 알지 못했으나 이제야 알게 되었다는 것이 아니다. 과거에 몰랐다면 하나님의 전지성(모든 것을 앎)은 어찌 되는가. 여기서 '아노라'의 원문은 '야다'다. 지식적인 앎이 아니라 체험을 통해 알게 되었다는 뜻이다. 그러므로 이 말씀은 하나님을 향한 그의 믿음이 내적 상태로만 그친 것이 아니라 외적인 행동으로 입증되었음을 의미한다. 그의 체험적 신앙을 통해 하나님을 향한 그의 믿음을 더 확실히 알게 된 것이다. 아브라함은 이미 믿음으로 의로움을 얻었다(창15:6). 그러나 지금 그 믿음이 시험을 통해 행동으로 입증됨으로써 더욱 새로운 차원으로 들어서게 되었다.

맛소라 사본은 한 숫양(a ram)이 그의 등 뒤에(behind him) 있었다고 기록하고 있다. 제사할 어린 양이 어디 있느냐고 묻는 이삭에게 아브라함은 하나님이 자기를 위해 친히 준비하시리라 하였다. 그는 이삭의 의문을 사전에 막기 위해 이 대답을 했지만 하나님은 아브라함의 신앙을 신뢰하고 있었기 때문에 이삭을 대신할 어린 양을 미리 준비하고 계셨다.

이 숫양은 하나님의 어린 양이신 예수 그리스도를 예표한다. 예수님은 하나님의 어린 양으로 골고다에서 우리의 죄를 대속하시기 위해 십자가에 못 박혀 돌아가셨다. 골고다는 모리아 산 맞은편에 있다. "그가 채찍에 맞음으로 우리가 나음을 입었도다."(사53:5).

"아들을 대신하여 제사로 드렸더라." '대신하여'라는 말에는 여러 의미가 담겨 있다. 첫째, 한 생명이 다른 생명을 위하여 희생된다는 대속의 개념이 이 구절에서 처음으로 나타나고 있다는 점이다. 이 구속개념은 우리의 죄를 대속해 주시기 위해 십자가를 지신 예수님의 대속과도 연결된다. 숫양이 이삭을 대신해 죽은 것처럼 그리스도는 자신의 생명을 많은 사람의 대속물로 주셨다. 둘째, 아브라함의 생명의 분신인 이삭과 그를 대신한 양의 희생을 하나님이 가납하신 것은 인간 희생제도를 거부한 신적 계시이다. 구속에는 하나님의 창조적 권능과 희생이 필요하다.

아브라함은 그 땅 이름을 여호와이레(Jehovah-jireh)라 불렀다. 이것은 '여호와께서 보아 두시리라'는 뜻을 가지고 있다. 성경에는 '여호와의 산에서 준비되리라'는 뜻으로 소개하고 있다. 하나님이 준비하셨다. 이것은 하나님께 모든 해답이 있음을 암시한다. '이레'란 보고 찾는다(find)는 뜻을 가지고 있다. 하나님께서 우리를 돌아보시고 찾아서 준비하시며 내어 주신다는 것이다. 여호와이레에서 우리는 우리의 죄를 대속하시기 위해 미리 준비하시는 하나님을 볼 수 있어야 한다. 예수님은 바로 그 여호와의 산에서 십자가를 지셨기 때문이다.

여호와의 산은 흔히 시내 산을 가리키는데 여기서는 시내 산이 아닌 모리아 산을 여호와의 산으로 부르고 있다는 점에서 특색이 있다. 지리적으로는 아니라 할지라도 여호와의 산인 시내 산과 꼭 같은 사건이 나타날 때 적용이 가능하다. 모리아 산은 성경적으로 여러 사건이 있었던 역사적인 장소이다. 그곳은 아브라함이 이삭을 바친 곳이자 다윗이 타작마당 사건으로 제사를 드린 곳이며 솔로몬이 성전을 지은 곳이요 예수님이 십자가에 못 박히신 곳이다.

'여호와'와 함께 붙어서 사용되는 합성어로 다음이 있다.

① 여호와닛시: 여호와는 나의 깃발이시다(출17:15)
② 여호와살롬: 여호와는 평강이시다(삿6:24)
③ 여호와삼마: 여호와가 거기 계시다(겔48:35)
④ 여호와라파: 여호와는 치료하시는 분이다.

3. 다시 언급된 아브라함의 축복(15 - 24절)

- 여호와의 사자: 네가 나의 말을 준행하였으니 네게 큰 복을 주고 네 씨로 하늘의 별과 같고 바닷가의 모래와 같게 성하며 그 대적의 문을 얻으리라
- 아브라함이 그 사환에게 돌아와 함께 브엘세바에 거함
- 아브라함의 동생 나홀의 계보
- 나홀(아브라함의 동생)과 그 처 밀가→우스
　　　　　　　　　　　　　　　부스
　　　　　　　　　　　　　그므엘->아람(아람족속)

게셋
하소
빌다스
이들랍
브두엘 → 라반, 리브가
나홀과 그 첩 르우마 → 데바, 가함, 다하스, 마아가

"내가 나를 가리켜 맹세하노니." 하나님은 자신을 가리켜 맹세하시면서까지 아브라함을 축복하셨다. 이것은 하나님이 아브라함의 믿음을 크게 보셨고, 하나님의 뜻이 변하지 않았음을 입증한다. 모든 시험을 마치신 뒤에 하나님은 아브라함에게 다시 한 번 은혜로우신 언약을 s말씀하셨다. 그 언약은 축복의 말씀이다. 순종의 증거가 드러나는 순간은 바로 하나님의 축복이 시작되는 순간이다.

"네 아들 네 독자를 아끼지 아니 하였은즉." 하나님은 사랑하는 아들을 아끼지 아니한 아브라함의 믿음을 귀히 보셨다. 이 말씀은 "아들이나 딸을 나보다 더 사랑하는 자도 내게 합당치 아니하고"(마 10:37)라고 하신 예수님의 말씀과 맥을 같이하고 있다.

"내가 네게 큰 복을 주고." 17절의 말씀은 12장에 언급된 축복을 다시 반복하신 것이다. 큰 복은 아브라함 자신에게 줄 하나님의 복을 말한다. 아브라함의 늙은 종이 라반을 향해 아브라함이 '큰 복'을 받았다고 말한 것에 주의해 보라(창24:35).

'네 씨로'는 하나님의 축복이 '네 씨', 곧 아브라함을 넘어 인류에게 파급될 것을 말하고 있다. 그 축복은 다음과 같다.

① 크게 성하게 될 것(17절)

② 대적의 문을 얻는 승리자가 될 것(17절): 성문은 성을 통제하는 데 중요한 부분이다. 따라서 이것은 성을 지배하거나 탈취하게 될 것을 의미한다. 이 약속에 따라 이스라엘은 여호수아의 지도아래 가나안을 정복하게 된다.

③ 천하 만민이 복을 얻게 될 것(18): 이것은 메시아를 통한 구원을 의미한다. 이 약속은 아브라함이 하나님의 명령을 준행한 것에 대한 축복의 말씀인 것에 주목하라. 하나님은 아브라함의 행동에 못지않게 우리의 영적 구원에 절대적인 메시아를 보내 주실 것을 말씀하시고 있다. 이것은 하나님의 놀라운 보상이다. 우리가 하나님을 위해 좋은 일을 하면 하나님은 더 좋고 더 많은 것으로 축복하신다.

한 사람의 순종이 만민에게 복의 근원이 된다. 한 사람의 불순종으로 인해 만민에게 화를 가져온 아담과 비교해 보라. 아브라함의 순종사건(행힘이 있는 믿음)을 통해 우리는 희망과 평강을 계획하시는 하나님을 보게 된다.

23절에 브두엘(Bethuel)이 소개된다. 아브라함의 형제 나홀(Nahor)은 본처를 통해 여덟 아들을, 그리고 첩을 통해 네 아들 등 모두 열두 아들을 두었다. 이들은 후에 아람 열두 지파의 조상이 된다. 여기에서 열두 아들이 소개되는 것은 언약의 아들 이삭이 어떤 계통에서 아내를 얻게 될 것인가를 보여 주기 위한 것이다. 이삭은 브두엘의 딸 리브가(Rebekah)와 결혼하게 된다. 아브라함에게 약속한 하나님의 축복이 구체화되고 있음을 나타낸다.

여기서 짚고 넘어가야 할 것은 20절에 '그대의 동생 나홀에게'라는 부분이다. '동생'의 원어는 '아히카'로 '당신의 형제'를 의미한다. 형제는 상황에 따라 상대가 형이 되기도 하고 동생이 되기도 한다.

창세기 12장 4절의 각주 설명에서 아브라함이 데라의 차남이거나 삼남일 가능성을 제시했다. 이런 경우 '그대의 동생 나홀에게'가 아니라 '그대의 형 나홀에게'로 보는 것이 합당하다.

1. 사라의 죽음과 장사(1 - 20절)

- 향년 127세. 가나안 땅 헤브론, 곧 기럇아르바에서 죽음
- 아브라함이 헷족속에게,
  "나는 당신들 중에 나그네요 우거한 자니 나에게 매장지를 주어 장사케 하라."
- 헷족속, "당신은 우리 중 하나님의 방백, 우리 묘실 중 좋은 것을 택하여 장사하소서."
- 아브라함이 소할의 아들 에브론에게 구하여 그 밭머리에 있는 막벨라 굴을 원함.
- 에브론, "내가 내 동족 앞에서 내 밭과 굴도 당신께 드리리이다."
- 아브라함, "내가 그 밭 값을 주리니 받으소서."
- 에브론, "땅값은 은 사백 세겔이나 어찌 받을 수 있으리."
- 아브라함이 은 사백 세겔을 에브론에게 주고 가나안땅 마므레앞 막벨라 밭굴에 장사

아브라함은 아내 사라를 잃음으로써 커다란 슬픔을 당하게 되었다. 창세기 23장은 사라의 죽음에 관한 사실만을 기록한 것이 아니

다. 그러한 과정에서 그의 인격이 현저하게 드러난다.

사라 향년 127세는 아브라함 137세, 이삭 37세 때이다. 사라는 구약성경에서 죽은 때 그의 나이가 언급된 유일한 여성이다. 사라가 아브라함과 고향 하란을 떠날 때 그의 나이는 65세였다. 그 후 62년간 고향을 떠나 아브라함과 함께 나그네 생활을 해 왔다.

사라에게 결점이 없는 것은 아니었지만(창16:2 – 6,18:12,21:10) 성경은 그를 믿음의 여인으로 불렀다(히11:11). 남편에 대한 순종은 모범적이었다(벧전3:6). 아브라함이 믿는 사람들의 아버지로 소개되듯 사라는 모든 믿는 여성들의 어머니로 간주된다(벧전3:6).

헤브론(Hebron)은 예루살렘 남쪽 32㎞ 지점에 위치해 있다. 기럇아르바(Kiriath Arba)는 헤브론의 옛 이름이다. 고원지대에 있는 성읍으로 도피성 가운데 하나이다. 다윗이 왕으로 기름부음을 받았던 곳이다.

"아브라함이 들어가서." 이 말은 사라가 임종할 때 아브라함이 곁에 있지 않았음을 보여 준다. 사망소식을 듣고 장막으로 돌아와 확인한 것으로 보인다.

"사라를 위해 슬퍼하며 애통하다가." 인간의 삶 가운데서 가장 슬프고 스트레스를 받게 하는 것은 배우자의 죽음이다. 아브라함은 사랑하는 아내이자 신앙의 조력자 사라를 잃었다. 사라는 갈대아 우르에서 지금까지 기쁨과 슬픔 모두를 함께 겪었던 사람이다. 아브라함은 사라의 죽음 앞에서 믿음을 가진 사람의 면모를 유감없이 보여 주었다. 그는 먼저 눈물을 흘리며 애통했다. 그것은 인생의 슬픔과 외로움을 보여 주는 눈물이었다. 그의 눈물과 애통은 믿음이 있다고 해서 인간적인 애정에 무감각하고 무감동하지 않는다는 것을 분명하게 보여 주었다.

"그 시체 앞에서 일어나 나가서." 아브라함은 슬픔에만 빠져 있지 않았다. 그는 슬픔에 압도당하지 않았다. '그 시체 앞에서 일어나 나가서'라는 표현이 바로 이것을 보여 준다.

죽은 지 하루 만에 장사하는 것이 당시의 습관이었기 때문에 슬퍼만 하고 있을 수 없었다. 그는 밖에 나가 매장지를 확보하려고 헷 족속과 교섭을 해야 했다. 믿음의 사람은 극한 슬픔 속에서도 그 믿음이 나타난다. 믿음이 있으면 죽은 자 곁에서 울다가도 그 믿음으로 슬픔을 억제하고 일어나 의무를 수행한다. 믿음의 사람은 세상의 가장 큰 절망인 죽음을 극복하고 그것을 새로운 미래를 붙잡는 기회로 삼는다.

헷 족속은 가나안의 아들 헷의 후손(창10:15)으로 힛타이트(Hittite) 민족이라 불리기도 한다. 아브라함 시대에는 가나안에 거주했다. 이 족속은 주전 18-12세기에 무역과 상업을 통해 소아시아에 거대한 제국을 형성했다(수1:4).

"나그네요 우거한 자니." 아브라함은 가나안 땅의 나그네일 뿐이었다. 나그네(an alien)란 낯선 땅에서 부동산이나 고정된 거주지가 없이 지내는 사람을 의미한다. 또한 우거하는 사람(a stranger)은 거주지는 있지만 토지를 소유하지 않은 사람을 말한다. 아브라함은 때로 한곳에 우거하기도 하고, 때로는 유목민처럼 이동하기도 했다. 그러므로 자신을 나그네요 우거한 자라고 표현한 것이 맞다. 나그네와 우거한 자의 특징은 토지를 소유하지 않았다는 점이다. 그는 떠돌이로서 60여 년 동안 한 뼘의 땅도 소유하지 못했다.

족장들과 후손들은 '나그네요 우거한 자'라는 표현을 즐겨 사용했다. 이 말에는 그들의 믿음이 담겨 있다. 아브라함은 이 땅에서 일시적인 거주지에 불과한 장막에서 생활했다. 그는 이 땅에 애착을 가지지 않고 자신에게 약속된 더 영원한 본향을 바라보았다. 히브리서는 이 본향을 "하나님의 경영하시고 지으실 터가 있는 성 곧 하나님의 나라"라고 했다(히11:10). 우리도 이 땅에서 나그네요 우거한 자로 살아야 하며 하나님의 나라를 본향으로 삼고 살아야 한다.

"내게 매장지를 주어 소유를 삼아 장사하게 하시오." 아브라함은 사라를 우르로 데려가지 않고 하나님이 지시하신 땅에 묻고자 했다. 이것은 분명 하나님의 언약을 신뢰하는 믿음에서 나온 행동이다. 그가 땅을 산 것은 부요하게 되기를 위함이 아니다.

헷 족속은 아브라함을 가리켜 '하나님의 방백'이라 불렀다. 원문은 '하나님의 귀인'이다. 그를 존귀한 자로 여긴 것이다. 하나님의 방백이라 말했다 해서 이교도들인 헷 족속이 성경의 하나님을 인정한 것으로 보아서도 안 되고, 아브라함이 그들을 다스렸다고 오해해서도 안 된다. 헷 족속들은 아브라함이 하나님 나라의 법도와 통치를 받으며 살아가는 사람이라는 것을 알고 있었음을 보여 준다. 아브라함의 삶의 모습에서 하나님을 향한 믿음의 모습을 본 것이다. '하나님의 방백'은 이 같은 사실을 그들로부터 인정을 받았음을 의미한다. 부쉬는 아브라함이 단지 하늘의 축복을 받아 물질적인 풍요를 누리고 있음을 나타내는 것이라고 주장한다.

막벨라(Machpelah)는 동굴이 딸린 밭이 있는 지역 이름으로 헤브론 서쪽에 있다. 이곳에 사라는 물론 아브라함, 이삭과 리브가, 야곱과 레아가 이 굴속에 묻혔다.

"네게 주게 하되"는 나에게 팔라(sell)는 의미이다. 아브라함은 단지 막벨라 굴만을 사기를 원했지만 에브론은 그 굴이 위치한 밭도 함께 팔기를 원했다. 당시 헷 족속의 법에 따르면 만일 에브론이 아브라함에게 전체 토지를 매매하지 않고 단지 굴만을 판다면 전체 소유지에 대한 세금은 에브론이 책임지도록 되어 있다고 한다. 일부학자들은 그가 밭 전부를 사게 되면 세금을 물어야 하기 때문으로 보기도 한다. 하지만 세금이 부담될 만큼 가난하지는 않았기 때문에 그런 주장은 근거가 없는 것으로 보인다. 아브라함은 밭과 그 안에 있는 굴, 그리고 그 사방에 있는 나무들을 샀다(17절).

"준가를 받고." 준가(準價)란 충분한 가격(full price)을 말한다. 시가로 받아야 할 금액 모두를 쳐서 받게 할 것임을 의미한다.

"그 밭을 드리오니." 에브론은 그 땅을 팔기보다 그냥 주고자 했다. 이것은 아브라함은 자신을 나그네와 우거한 자로 말했지만 에브론은 그를 더 이상 나그네로 보지 않았음을 보여 준다.

"어찌 교계하리이까." 교계(較計)란 맞는지 틀리는지를 서로 비교하고 상의하여 가격을 정하는 것을 말한다. 쉽게 말해 '둘 사이에 그런 것을 따지겠느냐'는 말이다.

"상고의 통용하는 은"에서 상고는 상인이다. 상인들이 거래에서 사용하는 은으로 값을 치렀음을 말한다.

"사백 세겔을 달아 에브론에게 주었더니." 세겔(shekel)은 원래 서아시아에서 무게의 기본단위로 사용하는 저울추였다. 나라에 따라 약간 차이가 있다. 히브리인들에게 한 세겔은 11g이 약간 넘는 중량이다. 화폐제도가 나타나기 이전에는 금이나 은을 무게로 달아서 거래를 했다. 은 사백 세겔은 약 4.5킬로그램에 해당한다. 아브라함은 에브론에게 요구한 금액 모두를 치름으로써 매장지를 소유하게 되었다. 땅값의 지불과 소유는 이스라엘 민족에게 큰 의미를 부여하고 있다.

어떤 학자는 땅을 빨리 사야 할 아브라함의 처지 때문에 에브론이 값을 터무니없이 불렀다느니, 에브론이 아브라함의 딱한 처지를 동정하는 척하면서도 과도한 금액을 받음으로써 오히려 실속을 차렸다고 주장한다. 하지만 11절과 15절에 나타난 에브론의 태도로 보아 그 주장은 근거가 없는 것으로 보인다. 더욱이 당시의 시세와 매매가 이뤄진 땅의 넓이에 대한 자세한 언급이 없어 무어라고 단정하기 어렵다. 시가로 은 사백 세겔이 될 것임을 에브론이 말했고(15절), 아브라함도 이에 동의했다(16절). 이미 값을 깎지 않고 준가를 지불할 것을 아브라함이 약속했고 그 약속을 지킴으로써 모든 일을 덕스럽게 처리한 것으로 보는 것이 바람직하다.

"성문에 들어온 헷 족속 앞에서." 고대사회에서 토지거래와 같이 공증이 필요한 일들은 중개인을 내세운 가운데 성문, 곧 모든 사람들이 볼 수 있는 공중의 장소에서 행해졌다. 따라서 이 장면은 성문에서 많은 사람들이 보는 가운데 공식적인 매매절차가 이루어졌음을 알 수 있다.

"헷 족속 앞에서 아브라함의 소유로 정한지라." '헷 족속 앞에서' 는 그들이 보는 데서 거래가 이뤄졌음을 의미한다. 그들이 증인이 된 것이다. 매매절차가 공식적으로 완료됨으로써 아브라함은 에브론의 땅을 소유하게 되었다. 그리고 사라를 막벨라 굴에 장사함으로써 하나님이 약속하신 땅의 일부를 합법적으로 차지하게 되었다. 이것은 약속의 땅이 아브라함의 후손들에게 반드시 주어지게 될 것임을 예시해주는 사건이다. 아브라함이 땅을 산 일차적인 이유는 매장하기 위한 것이지만 아브라함과 그의 씨에게 가나안 땅을 주시겠다고 하신 약속이 구체화되기 시작했다는 데 더 깊은 의미가 있다. 지금까지 그는 많은 재산을 소유하기는 했지만 한 치의 땅도 가지지 못했었다.

"아브라함 소유 매장지." 아브라함은 마므레(Mamre) 앞 막벨라 밭 굴에 사라를 장사했다. 마므레는 헤브론을 일컫는다(19절). 막벨라 굴은 헤브론 서쪽에 있고, 현재 회교도 사원이 자리하고 있으며3) 아브라함, 이삭, 야곱, 사라, 리브가, 레아의 돌무덤이 있다.

스데반은 아브라함이 산 매장지가 세겜에 있고 이것을 하몰의 자손에게서 샀다고 말한다(행7:16). 이 말은 헤브론에 있는 막벨라를 헷 족속으로부터 샀다고 말한 본문과 다르다. 이 점에 대한 설명은 다음과 같다.

아브라함은 사라가 죽은 후에도 38년을 더 살았다. 이 기간 동안에 그는 그두라와 결혼하여 여섯 아들을 얻었다. 아브라함은 아마도 이들을 위해 세겜 근처에 땅을 산 것으로 보인다. 이유는 알 수 없지만 아브라함이 죽은 뒤 이 땅은 그곳 거주민들의 손에 넘어가게 되었다. 후에 야곱이 이 사실을 기억하고 그 땅을 다시 매입했다(창33:19). 결국 족장들의 매장지는 막벨라와 세겜 두 곳이 되었다. 사라는 막벨라 굴에 매장된 첫 번째 인물이고, 그 후 아브라함, 이삭, 레아와 리브가, 그리고 야곱이 마지막으로 이곳에 묻혔다. 세겜은 요셉 자손의 기업이었기 때문에 그들이 요셉의 뼈를 이곳에 묻었다. 또한 애굽에서 죽었던 조상들 일부가 여기에 묻힌 것으로 보인다(행7:15 − 16).

---

3) 이곳에 회교도 사원이 있는 것은 회교도들도 아브라함을 존대하기 때문이다.

1. 이삭의 아내 리브가(1 - 61절)

- 아브라함이 자기 집 소유를 맡은 늙은 종에게 이삭을 위해 이 지방 가나안 족속의 딸이 아닌 내 고향 내 족속에서 아내를 얻되 만일 여자가 너를 좇아오고자 아니하면 내 아들을 데리고 그리로 가지 말 것을 아브라함 환도뼈 아래 손을 넣어 맹세케 함

- 종이 약대 열 필과 주인의 모든 좋은 것을 가지고 메소포타미야 나홀의 성에 이르러 성 밖 우물가에서 물 길러 오는 여인 중 "물 항아리를 기울여 나로 마시게 하라" 하리니 "약대에게도 마시우리라"하는 여인을 고르겠다 하나님께 고함 하나님께 이 말을 마치지 못하여 리브가가 나타나 그리한지라

- 그가 반 세겔 중 금고리 한 개와 열 세겔 중 금손목고리 한 쌍을 주었으며

- 브두엘 집에서 종의 말을 듣고 브두엘과 오라비 라반은 "이 일이 여호와께로 말미암았으니 우리는 가부를 말할 수 없노라. 리브가가 네 앞에 있으니 여호와의 명대로 그대 주인 아들의 아내가 되게 하라."

- 이 말에 아브라함의 종이 엎드려 여호와께 절하고 은금 패물과 의복을 리브가에게, 라반과 어미에게도 보물을 줌

- 그 이튿날 아침 종이 리브가를 데려가려 하니 라반과 어미가 며칠 적어도 열흘을 리브가가 더 있도록 함
- 그 가부를 리브가에게 물음. 리브가가 "가겠나이다" 하니
- 그들이 리브가와 그 유모를 아브라함 종과 종자들과 함께 보내며 축복하되

  "너는 천만인의 어미가 될찌어다 네 씨로 그 원수의 성문을 얻게 할찌어다."

24장은 창세기에서 가장 긴 장으로 이삭이 하나님의 섭리 아래서 어떻게 아내 리브가를 맞게 되었는가를 사실적으로 표현하고 있다. 신부를 구하는 과정과 그 결과가 자세히 설명되어 있으며 특히 아브라함의 늙은 종이 보여 준 행동을 감동적으로 기록하고 있다. 이삭은 중매결혼을 했고, 야곱은 연애결혼을 했다.

'늙은 종'은 아브라함의 종 엘리에셀로 인식되고 있다. 그는 이삭이 태어나기 전 아브라함이 자신의 후계자로 생각할 정도로 인정을 받은 인물이다. 늙은 종으로 표현되는 것은 그가 비록 나이가 많았어도 얼마나 주인에게 충성된 인물이었는가를 보여 준다. 그의 충성됨이 장로의 표본으로 여겨지기도 한다.

그는 이삭의 친족 중에서 신부를 구하기 위해 보냄을 받는다. 이 장은 그의 성품과 신앙을 여러 가지로 표현하고 있다.

① 그의 선한 성품과 신앙(26-27, 52절): 항상 기도하고 감사했다.

② 주인에 대한 충성심(12, 14, 27절): 주인이 시킨 일만 했다. 보내지 않은 곳은 가지 않았다. 오직 주인에게 유익이 되는 일을 했다.

③ 주어진 일을 책임 있게 수행하려는 확고한 자세(33,56절): 지혜

롭게 그리고 결단성 있게 행동했다.

종의 이러한 자세를 통해 아브라함이 평소 그에게 신앙적으로 모범적인 삶을 살았다는 것을 보여 준다.

"네 손을 내 환도 뼈 밑에 넣으라." 환도 뼈(thigh)는 '야레크'다. '대퇴골, 넓적다리'로 골반과 연결되는 엉덩이뼈다. 구약에서는 이것을 생산능력 또는 자손번식의 좌소로 여긴다. 따라서 생식기관으로 여겨진다. 환도 뼈 밑은 그 밑, 곧 사타구니를 가리킨다. 환도 뼈 밑에 손을 넣는 것은 엄숙한 맹세의 표현이다. 출산능력이 있는 신체 부위에 손을 대는 것은 아직 태어나지 않은 후손일지라도 이 맹세에다 함께 동참하게 될 것을 상징한다. 후손 전체를 두고 맹세하는 것으로 영원불변의 맹세이다. 따라서 이 맹세를 지키지 못할 경우 그 후손들이 복수할 것이라는 의미를 갖는다. 그는 하나님의 이름으로 맹세케 함으로써 그 강도를 더했다. 자녀를 허리 또는 환도 뼈의 자손이라 하는데 이 행위는 신앙의 사람들이 앞으로 태어나실 메시아를 열망한 때문으로 간주된다. 야곱도 요셉을 불러 똑같은 행동으로 맹세의 표시를 하도록 했다(창47:29).

"가나안 족속의 딸 중에서 택하지 말고." 이제 아브라함은 늙었고 이삭은 나이가 듦에 따라 배필을 구해야 했다. 아브라함은 신임하는 종에게 하나님 나라의 계승과 계대를 위하여 이방신을 섬기는 이방 족속의 딸에서 이삭의 아내를 택하지 말고 자신의 고향에 가서 택하도록 했다. 이것에는 크게 두 가지 이유가 담겨 있다.

첫째, 종교적인 이유이다. 아브라함의 이 같은 단호한 태도는 그의 자손 중에서 그리스도가 태어나리라는 확신을 가지고 있었기 때문이다. 그는 언약의 성취를 믿었기 때문에 가나안 족속과의 결혼으로 언약을 더럽힐 수는 없었다.

아브라함은 그의 주변에 있는 가나안 족속들이 그에게 친절을 베풀어 주었고, 그들 가운데서 이삭의 아내를 구할 경우 신분적 안정이나 물질적으로 이익이 많다는 것을 잘 알고 있고 있었다. 하지만 그 족속들은 하나님과 분리된 사람들이기 때문에 그들로부터 이삭의 아내를 구할 수는 없었다. 그는 언약의 백성으로 믿음의 길을 함께 갈 사람을 택하는 것이 무엇보다 중요하다고 판단했다. 성경은 가나안 족속들이 바알신을 섬김으로써 반하나님적 태도를 가지고 있으며 그 결과 심판이 예고되어 있음을 기록하고 있다(신20:17).

둘째, 경제적인 이유이다. 가나안 여자와 혼인한 이스라엘 남자가 죽게 되면 그 소유가 가나안 여인의 소유로 돌아가게 된다. 이 경우 이스라엘의 기업을 가나안 족속에게 넘기는 꼴이 된다.

이 두 이유 가운데 첫 번째 이유가 가장 큰 비중을 차지한다.

"내 고향 내 족속으로 가서 아내를 택하라." 그가 "내 고향 내 족속"에게서 아내를 택하도록 한 것은 무엇보다 신앙적인 배경을 중시한 것이다. 그가 고향이라고 말한 곳은 갈대아 우르가 아니라 자신이 잠시 머물렀던 하란이다. 창세기 31장의 기록을 보아 그의 고향 사람들이 하나님을 온전히 섬기지는 않았지만 가나안 사람들에 비하면 아무것도 아니라는 사실을 알고 있었다. 동족에게서 택하게 한 이유는 우상숭배에서 그 자손을 보호하기 위함이었다. 아브라함은 하나님의 약속을 믿었기 때문에 가나안이나 다른 이방 여자 가운데서 이삭의 아내를 구할 수 없었다. 만일 이삭이 가나안 여인과 결혼했더라면 세계사는 달라졌을 것이다.

우리는 이 말 속에서 하나님을 향한 그의 확신과 결의를 발견할 수 있다. 그리스도인이 아내나 며느리를 택함에 있어서 무엇보다 고려해야 할 것은 신앙임을 가르쳐 준다. 재산, 외모, 지위만을 따지는 것은 바람직하지 않다.

"이 땅을 네 씨에게 주리라." 아브라함이 이 약속을 굳게 믿었음을 보여 준다.

"그가 그 사자를 네 앞서 보내실지라." 아브라함은 이 문제에 관해서도 주님께서 준비해 주시리라는 여호와이레의 신앙을 가졌다.

"내 아들을 데리고 그리로 가지 말지니라." 아브라함은 이삭의 아내를 맞는 것은 중요하지만 이삭을 하란으로 데려가는 일은 하지 않도록 했다. 그 이유에 대해서는 다음과 같은 유추가 가능하다.

첫째, 가나안을 그의 후손에게 주시겠다는 하나님의 약속을 그가 믿었기 때문이다. 그는 "가나안 땅에 거하라"는 하나님의 약속을 거역할 수 없었다. 종이 이삭과 함께 하란으로 떠나 그곳에서 정착하게 된다면 하나님의 약속을 거역하는 일이 되기 때문이다. 이삭을 하란에 보내지 않고 늙은 종을 보내게 된 이유도 여기에 있음을 보여 준다.

둘째, 아브라함은 인간적으로 그 결과를 예측할 수 없었지만 하나님의 말씀에 충실하기만 하면 모든 일이 이루어질 것을 믿었다. 하나님이 언약의 자손을 위해 반드시 이삭의 아내를 예비하셨을 것으로 믿은 것이다. 이삭을 그리로 데리고 가지 말라는 것도 그 확신의 한 표현이다. 늙은 종으로 하여금 맹세를 하게 했지만 그 일은 어디까지나 하나님께서 하실 일이다. 아브라함은 종이 밧단 아람에 이를 경우(41절), 그곳 사람들이 딸을 주지 아니할 경우(41절), 여자가 오고자 하지 않을 경우(8절) 맹세와 상관이 없게 될 것을 말한다. 종이 하란에 도달하기만 하면 나머지 일은 하나님께서 하실 것임을 그는 알고 있었다.

밧단 아람은 '아람의 평야'라는 뜻으로 '아람 나하라임'이라 불리기도 한다. 후대에 헬라인들이 메소포타미아로 불렀던 지방의 북부 지역이다. 하란을 포함한다.

아브라함의 종은 약대 가운데 가장 건강한 약대 열 필을 골라 동반했다. 식량뿐 아니라 주인의 좋은 모든 것을 가지고 떠남으로 수송을 위해 낙타가 필요했다. 함께 데리고 간 종자들이 약대를 부린 것으로 보인다(54절). 약대는 물건이나 사람을 수송하기 위한 것으로 인내심이 강하고 먹지 않고서도 며칠간 여행할 수 있다. 300㎏의 짐을 실을 경우 시속 4㎞의 속도로 30시간을 걸을 수 있다. 짐이 없을 경우 시속 16㎞의 속도로 18시간을 질주할 수 있다.

그는 메소포타미아로 향했다. 원문은 '아람 나하라임', 곧 '(티그리스와 유프라테스) 두 강 사이의 아람 지방'이다. 라반은 그 지방 나홀의 성에 살고 있었다. 이 성은 하란에 있는 성으로 아브라함의 형제 나홀이 그곳에 살았기 때문에 붙여졌다.

성 밖 우물곁에 이르자 아브라함의 종은 쉬기 위해 약대의 무릎을 꿇렸다. 그리고 순적이(쉽게) 만나게 해달라고 기도했다. 그는 기도를 통해 하나님의 뜻임을 확신할 수 있는 표적을 구체적으로 보여 주실 것을 간구했다. 성에서 물을 길러 오는 여인들이 있을 터인데 물을 달라 하면 자신에게 물을 줄 뿐 아니라 부탁하지도 않았는데도 여인이 "당신의 약대에게도 마시우라." 할 경우 이것을 은총의 표징, 곧 하나님이 아브라함에게 은혜를 베푸신 것으로 알겠다고 한다. 그

녀가 신부감인 줄 알겠노라는 것이다. 우리도 종종 하나님의 뜻을
헤아리기 위해 이런 기도를 하지만 이 노종의 경우는 특별한 경우에
해당한다. 12절에서 14절은 아브라함의 종이 드린 기도이다. 그는
하나님께서 세세한 것까지 인도해 주실 것을 믿었다. 이 같은 태도
는 그도 아브라함처럼 하나님을 신뢰했기 때문이다. 그는 기도로 목
욕한 여행자였다.

낯선 사람에게 물을 주는 행동은 친절하고, 겸손하며, 그리고 남
을 배려하는 예절이 있음을 상징한다. 특히 약대에게 물을 먹이게
하는 경우 그 여인의 됨됨이를 더 잘 볼 수 있다. 약대는 물을 한
번에 45l 마실 수 있다. 여인이 약대 열 필에게 직접 마시게 할 경
우 물의 양뿐 아니라 시간과 노력도 많이 소요된다. 그만 한 마음가
짐과 사랑이 있는 사람이라면 족하다고 생각했을 것이다.

"이 말을 마치지 못하여서." 하나님은 이 믿음의 기도에 신속하게
응답하셨다. 하나님은 필요에 따라 우리의 기도에 대해서도 신속하
게 개입하신다. 하나님은 그만큼 자기의 자녀들의 문제에 관심이 많
다. 특히 이 사건은 약속의 자녀를 낳을 이삭의 아내를 택하는 일에
있어서 하나님의 관심이 그만큼 크셨음을 보여 준다.

리브가(Rebekah)는 아브라함의 형제 나홀의 아들 브두엘의 딸이자
라반의 누이로 이삭과는 6촌이다. 그는 이삭과 결혼하여 이스라엘과
에돔 족속의 어머니가 되었다. 성경은 리브가가 확신이 설 때 즉각
적으로 행동하는 결단력과 목적달성을 위해 끈기 있게 노력하는 여
성임을 보여 주었다.

메소포타미아 지방에서는 항아리에 손잡이를 달아서 어깨에 걸쳐
메었다. 우물에 내려갔다는 것은 우물물을 두레박으로 떠올리는 것

이 아니라 나선형 계단을 딛고 한참 내려갈 정도로 낮은 곳에 있었음을 암시한다. 물을 긷기 위해서는 내려가고 올라가는 노력이 필요했다. 한 번에 30-40리터를 들이키는 약대, 그것도 약 10마리를 위해 수십 차례나 내려가고 올라가고 했을 그녀의 수고를 생각해 보라. 보통사람 같았으면 성가시게 생각하고 지나쳤을 것이다. 우물은 일반적으로 성 밖에 있었고, 그 물을 긷는 것은 여성의 몫이었다.

"그 사람이 그를 묵묵히 주목하며 여호와께서 과연 평탄한 길을 주신 여부를 알고자 하더니." 이것은 늙은 종의 불신앙을 보여 주는 것이라기보다 신부를 택하시는 하나님의 계획이 어떻게 진행되는가를 감격적으로, 그리고 신중하게 지켜보았음을 말한다.

바로 이 여인이 이삭의 아내 될 여인이라는 확신이 들자 여인에게 선물을 주었다. "그가 금고리 한 개와 금손목고리 한 쌍을 그에게 주며" 47절은 고리를 귀나 코에 거는 장식품으로 소개하고 있다. 금고리가 이 용도로 사용된 것으로 추측된다. 손목고리는 손에 낀다. 이 모두 처녀의 신분에 합당한 예물로 간주된다. 이마장식고리와 손목고리는 하나님이 모세에게 "손목에 매어 기호를 삼고 너희 미간에 붙여 표를 삼으로"(신11:18)는 말씀을 상기시킨다.

"여호와께 경배하고." 일의 성공적인 결과를 놓고 그는 맨 먼저 하나님을 기억하고 그분께 경배를 드렸다. 자신을 자랑하기보다 하나님께 감사하는 태도를 가져야 한다는 것을 가르쳐 준다. 종은 그 다음 주인 아브라함을 기억했고(27절), 맨 마지막으로 "나를 인도하사"(27절)라며 자신을 언급했다. 자기를 항상 뒷전에 놓는 태도가 필요하다.

"나의 주인에게 주의 인자와 성실을 끊이지 아니하셨사오며." 하나님의 인자(kindness)와 성실(faithfulness)이 늘 아브라함과 함께 있었음을 고백하고 있다. 리브가를 만난 자체도 하나님의 인자 때문으로 보았다. 인자는 히브리어로 '헤세드(hesed)'로 '은혜, 자비, 긍휼'이라는 뜻을 가지고 있다. 이것은 값없이 주시는 하나님의 은총을 나타낸다.

사람은 대개 바라던 일이 이뤄지면 자만에 빠지기 쉽다. 그러나 참된 신앙인은 더욱 겸손해진다. 아브라함의 종은 먼저 하나님을 경배(26절) 찬양하고(27절), 그다음 주인을 위해 감사했으며 맨 마지막에 자신을 언급하였다(27절).

"여호와께서 나를 인도하사 이르게 하셨나이다." 아브라함의 종은 하나님께서 이 모든 과정에서 함께해주셨음을 고백하고 있다. 인간이 아니라 하나님께서 인도하셨다는 것이 이 전체의 장에 흐르는 중요한 신앙적 표현이다. 아브라함은 "그가 그 사자를 네 앞서 보내실지라."(7절)고 말함으로써 하나님이 인도해 주실 것을 믿었다. 나아가 라반도 "이 일이 여호와께로 말미암았으니"(50절)라고 말함으로써 이 사실을 인정했다.

"이 일을 어미 집에 고하였더니." 당시에는 첩을 두는 일이 많았고, 본처든 후처든 여성들은 각자의 장막을 가지고 있었다. 어미 집은 어머니의 장막을 뜻한다. 어미의 장막을 먼저 찾은 것은 아버지보다 어머니에게 더 애정을 가졌거나 혼인문제를 어머니에게 먼저 의논하기 위한 것으로 보인다.

"내가 내 일을 진술하기 전에는 먹지 아니하겠나이다." 손님이 음식상을 받고서 음식을 먹지 않겠다는 것은 예의에 어긋나는 일이다. 그러나 종의 이 말은 그가 얼마나 사명감에 불타 있는가를 보여 준다. 그는 무엇보다 아브라함과 맺은 맹세의 중요성을 인식하고 그 일을 충성되게 수행하려는 사명감에 철저했다. 그는 오로지 사명감에 불타는 여행자였다.

그는 신분적으로는 비록 종이었지만 아브라함의 신앙적 동반자로 하나님 나라의 구속사적 경륜과 사명에 충실하고자 했다. 그는 먼 길을 오느라 맛있는 음식을 제대로 먹지 못했다. 그럼에도 불구하고 음식이나 자신의 평안함보다 주인의 일에 더 관심을 보였다.

우리가 그리스도인으로서의 사명을 망각하고 세상의 것들에 마음을 두면 충성할 수 없을 뿐 아니라 무너지게 된다. 그리스도인이 사명보다 세상의 명예나 일락에 빠지면 사명은 설 자리가 없게 된다. 이런 의미에서 늙은 종의 이 말은 우리에게 귀한 가르침을 주고 있다.

"나는 아브라함의 종이니이다." 이 말은 그의 정체성(identity)에 대한 인식이 얼마나 확고했는가를 보여 준다. 우리도 종의 신분으로서의 명확한 정체성을 가지는 것이 매우 중요하다. 목사든 장로든 그 누구든 그리스도인은 '나는-다'며 자신을 내세울 것이 아니라 항상 '나는 주의 종이다'는 겸손의 정체성을 잃지 않아야 한다. 마틴 부버에 따르면 현대인의 문제는 나와 하나님의 관계가 'I and Thou'의 관계가 아니라 'I and It'의 관계로 변질되어 가고 있다는 데 있다.

아브라함의 종이 라반에게 한 말(34-49절)은 자신의 신분을 분명히 밝히는 것으로부터 시작하여(34절) 상대방의 분명한 의사를 묻는 것으로 끝난다(49절). 그의 말은 조금도 아첨이나 과장, 허영이나 속임수 없이 솔직했다. 하나님의 뜻에 자신을 맡기는 사람의 삶은 이처럼 분명하고 진솔해야 한다.

"여호와께서 나의 주인에게 크게 복을 주어 창성케 하시되." 종은 청혼 이야기를 꺼내기에 앞서 그들에게 아브라함이 얼마나 부유한지 그들에게 설명할 필요가 있었을 것이다. 그러나 그 부유함이 하나님으로부터 왔음을 강조하고 있다. 창성(昌盛)은 힘차게 성하여 잘되어 간다는 뜻이다. 하나님이 아브라함에게 복을 주어 창성케 하셨음을 강조하고 있다.

"주인이 그 모든 소유를 아들에게 주었나이다." 이삭이 사라가 낳은 아들로서 법적인 상속자임을 나타낸다. 아울러 결혼 상대인 이삭이 그 유업을 이을 자로서 아브라함이 그에게 많은 재산을 주었음을 시사하고 있다.

"여호와께서 그 사자를 너와 함께 보내어 네게 평탄한 길을 주시리니." 하나님 백성의 삶은 하나님의 인도하심 아래 있다. 하나님은 자기 백성들의 삶 속에 개입하셔서 세심하고 자상하게 돌보아 주신다. "네게 평탄한 길을 주시리라" 한 아브라함의 표현은 이것을 잘 나타내고 있다. 우리가 하나님을 믿지 못하고 자신의 욕심만 내세운다면 이 같은 하나님의 사랑과 은혜를 발견하고 느끼지 못하게 된다. 아브라함은 하나님이 약속하신 언약이 반드시 이루어질 것을 믿었다. 이 믿음이 지금 라반에게 들려지고 있다.

"내가 묵도하기를 마치지 못하여." 종의 기도형태가 묵도였음을 보여 준다. 묵도는 말없이 마음속으로 하는 기도이다.

"동생의 딸을 그 아들을 위하여." 리브가는 아브라함의 형제 나홀의 아들 브두엘의 딸이기 때문에 아브라함의 조카라기보다 손녀에 해당한다. '형의 손녀'라 해야 정확한 표현이다. 여기서 '동생'이라는 말은 '형제, 친족'의 의미에 가깝다.

"이제 당신들이 인자와 진실로 나의 주인을 대접하려거든 내게 고

하시고 그렇지 않을지라도 내게 고하여 나로 좌우간 행하게 하소서." 결단을 촉구하는 말이다. '좌우간'의 원문은 '오른쪽이든 왼쪽이든', 즉 허락이든 아니든 말씀하시라는 것이다.

"이 일이 여호와께로 말미암았으니." 자초지종을 들은 브두엘과 라반은 이 모든 일이 우연이 아니라 하나님의 섭리에 따른 것임을 확신하고 결혼을 승낙하기에 이른다. 하나님이 하시는 일이므로 이의가 있을 수 없다는 것이다. 오빠 라반도 이 문제에 상당한 권한을 가진 것으로 보인다. '흰 빛'이라는 뜻을 가지고 있는 훗날 리브가가 낳은 야곱의 외삼촌이자 장인이 되었다.

"종이 여호와께 절하고." 결혼승낙의 말을 듣자 종은 땅에 엎드리어 하나님께 절했다. 절했다는 것은 그가 하나님께 얼마나 경건하며 결과에 대해 감사하고 찬양했는가를 보여 준다. 종의 신앙은 하나님 중심이었다.

은, 금, 패물과 의복 등 예물을 준 것은 아내를 사오는 것이 아니라 결혼 예물 관습에 따른 것이다. 당시 결혼 약속이 이루어지면 신랑 측은 신부와 그 가족들에게 예물을 주는 관습이 있었다. 리브가, 그의 오라비와 어미가 이 예물을 받음으로써 혼인 의사를 나타내 보였다.

오라비와 어미에게 '보물'을 준 것을 가리켜 돈을 주고 신부를 산 것으로 주장하는 학자도 있다. 보물이라는 단어 때문이다. 성경 어느 곳에서도 돈을 주고 아내를 사는 장면은 없다. '보물'을 값비싼 보물로 해석하기보다는 좋은 선물 정도로 이해하는 것이 좋다.

"나를 보내어 내 주인에게로 돌아가게 하소서." 늙은 종은 모든 일이 완료된 다음 날 주인 아브라함에게 돌아가게 해달라고 청하였다. 이 기쁜 소식을 주인께 하루라도 빨리 전하고 싶었기 때문이다. 여기에서 우리는 처음이나 나중이나 한결같은 종의 모습을 보게 된다. 10일간 더 머물도록 요청받았지만 그는 오히려 더 이상 붙들지 말고 가게 해 달라고 재차 요청한다.

그의 충성은 처음부터 끝까지 변함이 없다. 처음에는 충성하는 척하다 뒤돌아서거나 주인의 마음을 아프게 하는 종이 아니라 끝까지 일관되게 충성하는 종이었다. 주님은 이런 충성된 모습을 원하신다. 입으로만, 머리로만 충성할 것이 아니라 행동으로 일관되게 보여 주는 충성을 해야 한다.

"우리와 함께 있게 하라." 리브가의 오라비와 그의 어미는 리브가를 떠나보내기 전 적어도 10일간 함께 있고 싶어 했다. 리브가를 다시 볼 수 없게 될지 모를 일이기 때문이다.

"나를 만류치 마소서 여호와께서 내게 형통한 길을 주셨으니 내 주인에게로 돌아가게 하소서." 만류는 히브리어로 '아하르(ahar)'로 '연기하다, 빈들거리다'는 뜻을 가지고 있다. 이 말은 기쁜 소식을 고대하는 아브라함에게 한시라도 빨리 전하고 싶은 종의 충실한 모습을 보여 준다. 기다릴 주인을 생각할 때 더 이상 지체할 필요를 느끼지 못한 것이다.

"우리가 소녀를 불러 그에게 물으리라." '그에게'의 원문은 '그 녀의 입에'이다. 그녀 자신으로부터 답을 듣겠다는 말이다. "이 사람과 함께 가려느냐." 고대 결혼예법에 따르면 결혼의 성사 여부는 당사자들보다 양가의 합의에 달려 있었다. 따라서 리브가에게 한 이 질문은 결혼에 대한 그의 의견을 물은 것이 아니라 당장 떠나겠는지 아니면 얼마간 집에 머물다가 떠나겠는지를 물은 것이다.

'가겠나이다.' 리브가는 지체하지 않고 기꺼이 길을 떠나겠다고 말함으로써 하나님의 뜻에 순종하고 있음을 보여 준다. 리브가는 이삭과의 혼사가 하나님의 섭리에 의한 것임을 확신하고 주저하지 않고 가겠다고 대답했다. 리브가의 신앙이 모험적이고 대담함을 보여 준다.

리브가를 보내며 식구들은 "너는 천만인의 어미가 될지어다 네 씨로 그 원수의 성문을 얻게 할지어다."며 축복을 비는 말을 한다. 천만인의 어미가 된다는 것은 그의 자손이 많아지기를 기원하는 것이며, 원수의 성문을 얻는다는 것은 대적과의 싸움에서 승리를 기원하는 것이다.

"리브가가 일어나 비자와 함께 약대를 타고." 비자(婢子)는 계집종을 말한다. 리브가는 비자와 함께 약대에 올랐다.

2. 이삭과 리브가의 결혼(62 – 67절)

- 이삭이 브엘 하해로이에서 왔으니 그가 남방에 거하였음이라
- 저물 때 들에 나가 묵상하다가 리브가 일행을 보았음
- 리브가가 종에게 (이삭을 바라보며 약대에서 내려) 물음
  "들에서 배회하다가 우리에게로 마주 오는 자가 누구뇨"
- 종, "이는 내 주인이니이다."
- 리브가가 면박을 취하여 스스로 가리우더라
- 이삭이 종의 말을 듣고 리브가를 취하여 아내를 삼고 모친 상사 후 위로를 얻었더라

새 가정을 향해 먼 길을 떠나는 리브가와, 저녁나절 들에서 묵상하는 조용한 성품과 신앙을 지닌 이삭에 관한 기사는 그림 같고 아름답다. 여기서 우리는 이상적인 결혼의 모습을 볼 수 있다.

브엘 라헤로이(Beer Lahai Roi)는 '술'길의 가데스와 베렛 사이에 있는 우물 이름이다. 이 우물은 사라를 피해 도망간 하갈이 여호와의 사자를 만난 곳이기도 하다. 지금 이삭은 이 근처에서 우거한 것으로 기록되어 있다. 나중에도 그가 이곳에 우거한 것으로 기록되어 있다(창25:11).

"들에 나가 묵상하다가." 이삭은 믿음으로 결과를 기다리고 있었다. 이 모습 속에서 이삭의 온순한 성격을 보게 된다. 대담하고 적극적인 리브가의 성격과는 대조적이다. 하나님은 수동적인 이삭으로 하여금 적극적인 리브가와 맺게 함으로써 서로를 보충하게 하셨다.

"약대에서 내려" 근동지방에서는 약대를 타고 있는 여성이 남자를 만날 경우 내리는 것이 예의였다.

"내 주인이니이다." 어떤 이들은 이 구절을 근거로 이삭의 결혼에 관한 기사가 아브라함의 사후에 일어났던 것으로 간주한다. 하지만 이런 견해는 창세기 25장 7절, 20절의 내용과 모순된다.

늙은 종이 이삭을 주인이라 한 것은 아브라함이 그 모든 소유를 이삭에게 주었던 것을(36절) 의식한 것으로 보인다. 그 모든 소유에는 종도 포함되어 있으므로 종이 이삭을 주인이라 부른 것은 결코 틀린 말이 아니다.

면박(veil)은 '차이입'으로 오늘날 아랍여성들이 사용하는 차도르처럼 얼굴과 몸의 일부를 가리는 것을 말한다. 오늘의 면사포보다 훨씬 길다. 당시 관습에 따르면 기혼녀는 면박을 하지 않았으나 미혼녀는 결혼 전까지 남편 앞에서 얼굴을 가렸다.

"사라의 장막으로 들이고 아내를 삼고." 이삭이 모친 사라의 장막에 리브가를 인도하여 결혼했다. 하나님은 이삭으로 하여금 리브가를 아내로 맞게 함으로써 하나님의 목적을 이루셨다. 이삭은 그의 나이 40때 결혼했다(창25:20).

1. 아브라함의 후처 손(1 - 6절)

- 아브라함의 후처 손
  후처 그두라(6 아들) - 시므란
  　　　　　　　　　욕산 - 스바
  　　　　　　　　　드단 - 앗수르족속 르두시족속, 르움미족속
  　　　　　　　　　므단
  　　　　　　　　　미디안 - 에바, 에벨, 하녹, 아비다, 엘다아
  　　　　　　　　　이스박
  　　　　　　　　　수아
- 아브라함이 이삭에게 자기 모든 소유를 주었고
- 서자들에게도 재물을 주어 생전에 그들로 이삭을 떠나 동방(동국)으로 가게 하였으며

1 - 4절은 그두라를 통해 얻은 자손의 이름이 기록되어 있고, 12 - 18절에는 하갈의 몸에서 난 자손들이, 그리고 19 - 26절에서는 사라에게서 난 자손들이 소개되어 있다. 그두라의 자손이나 하갈의 자손

이 사라의 자손보다 먼저 기록된 것은 믿음의 사람들에게 대해 말하기 전에 믿음을 떠난 사람들에 대해 간략하게 설명하기 위한 것이다. 셋의 족보보다 가인의 족보가, 셈의 족보보다 야벳과 함의 족보가, 아브라함의 족보보다 롯의 족보가, 그리고 야곱의 족보보다 에서의 족보가 먼저 소개되었다.

그두라(Keturah)는 아브라함의 후처(another wife)로 '향을 바른 자'라는 뜻을 가지고 있다. 아브라함과 38년간 함께 살며 여섯 아들을 낳았다. 역대상 1장 32절에서는 첩으로 묘사되어 있다. 6절의 '서자들'은 본래 '첩들의 아들들'이라는 의미를 가지고 있어 아브라함이 하갈 외에 첩을 더 둔 것으로 간주된다.

이 장에서는 사라가 죽은 후에 아브라함이 그두라를 맞아들인 것으로 기록되어 있지만 실제로는 그 이전에 이미 함께 살고 있었던 것으로 보인다.

후처 손으로 미디안이 있다. 미디안 족속(Midian)은 아라비아 북서부, 시나이반도 동부, 팔레스타인 동쪽에 살았다. 500년 후 모세가 미디안의 후손과 결혼했다. 모세의 장인이 미디안 족속이었다.

"아브라함이 이삭에게 자기 모든 소유를 수었고." 이삭의 나이 75세 때의 일이다. 그리고 자기의 서자들, 곧 후처의 아들들에게도 재물을 주어 자기 죽기 전에 그들로 하여금 이삭을 떠나 동방으로 가게 하였다. 그두라의 자손들이 산 동국(the land of the east)은 팔레스타인 동쪽에 있는 아라비아 반도를 가리킨다. 아브라함은 그들을 통해서도 열국의 아비가 되었다.

2. 아브라함의 죽음과 장사(7 - 11절)

- 향년 175세에 나이 많아 기운이 진하여 죽으니
- 이삭과 이스마엘이 막벨라굴에 장사(사라가 묻힌 곳)
- 이삭은 하나님의 복을 받아 브엘 라해로이 근처에 거함

"아브라함의 향년이 175세라." 아브라함은 야곱과 에서의 출생을 보았을 뿐 아니라 그들이 17세 되기까지 생존해 있었다.

"기운이 진하여 죽어." 원문에는 이 말 앞에 복을 누리며 살다 갔다는 의미로 '만족하다가'라는 말이 있지만 생략되었다. 이 구절은 장수하다가 평안히 죽게 될 것을 예언한 창세기 15장 15절의 성취이다.

아브라함은 초자연적인 능력을 체험하며 살았다. 그는 일찍이 땅을 얻어 한 민족을 이루기 위해 고향을 떠났다. 지금 그는 무덤 외에는 소유지가 전혀 없이, 그리고 후손이라곤 그의 아들 이삭과 손자들인 에서와 야곱만을 보고 죽었다. 그럴지라도 그는 만족하며 죽었다. 그의 죽음 뒤에는 이삭의 아들인 에서와 야곱의 출생기사가 이어진다. 하나님은 이 가운데 야곱을 택하여 언약을 이루어 나가신다.

"자기 열조에게로 돌아가매." 열조에게로 돌아감은 죽은 사람도 여전히 살아 존재하는 것으로 여겼음을 보여 준다. 이것은 죽음 이후의 삶에 대한 믿음을 나타낸다.

아브라함이 죽었을 때 그를 창성케 하겠다는 약속이 이루어지고 있다는 구체적인 증거는 아직 없었다. 큰 민족의 상속자는 단 한 사람이었고, 그의 소유는 묘지와 그에 딸린 밭에 불과했다.

"이삭과 이스마엘이 그를 막벨라 굴에 장사하였으니." 아브라함은 유대인, 회교도, 기독교인 모두가 존경하는 인물이 되었다.

"아브라함이 죽은 후에 하나님이 그 아들 이삭에게 복을 주셨고." 하나님이 이삭에게 복을 주셨다. 이것은 하나님이 그에게 내린 1차 복이다. 2차복은 창세기 26장 12~13절에 소개되어 있으며 3차복은 같은 장 29절에 소개되어 있다. 하나님은 그에게 풍성한 복을 주셨다.

3. 이스마엘의 후손(12 - 18절)

- 아브라함과 사라의 여종 하갈
- 이스마엘(열두 아들) - 느바욧, 게달, 앗브엘, 밉삼, 미스마, 두마, 맛사, 하닷, 데마, 여둘, 나비스, 게드마
- 이는 이스마엘의 아들들로 그 촌과 부락대로 된 이름이며 족속대로 열두 방백
- 이스마엘은 향년 137
- 그 지손들은 하윌라에서 앗수르로 통하는 애굽 앞 술까지 이르러
- 그 모든 형제의 맞은편에 거함

"이스마엘은 향년이 137세에 기운이 진하여 죽어." 이스마엘은 열두 아들을 낳았다. 그들이 열두 방백이 되었다. 하나님이 이스마엘에게 그 자손이 크게 번성하고 그가 열두 방백을 낳을 것이라고 하셨는데 그 일이 이뤄졌다. 아브라함은 이스라엘뿐 아니라 열방의 조상이 된다.

"그 자손들은 하윌라에서부터 앗수르로 통하는 애굽 앞 술까지 이르러." 하윌라(Havilah)는 에덴동산을 흐르는 강의 하나였던 비손 강에 의해 둘러싸였던 곳이다. 하윌라는 애굽의 동쪽 사막지대를 가리키는 것으로 오늘날 예멘의 북쪽, 중부 아라비아에 위치해 있는 것으로 해석한다. 하윌라에서 술까지는 크게 아라비아를 가리킨다. 이스마엘은 현재 아라비아민족의 아버지가 되었다. 애굽 앞 술은 술 광야와는 다르다. 애굽 앞 술은 술 광야보다 더 애굽 쪽에 있다. 그래서 '애굽 앞'이라는 수식어가 붙어 있다.

앗수르(Asshur)는 앗시리아로 티그리스 상류에 위치했다. 앗수르는 원래 이곳에 살고 있던 민족들이 섬기던 신의 이름이었다. 훗날 이 이름은 도시의 이름으로 바뀌고, 나아가 국가의 이름으로 널리 알려지게 되었다.

4. 야곱과 에서의 출생(19 - 27절)

- 아브라함이 이삭을 낳음
- 이삭은 40세에 밧단 아람의 아람족속 중 브두엘의 딸 리브가를 취하여 아내를 삼았음
- 리브가가 잉태치 못하자 이삭이 그를 위하여 여호와께 간구하매 하나님이 들으심
- 에서와 야곱이 태속에서 서로 싸움
- 하나님, "두 국민이 네 태중에 있으며 두 민족이 네 복중에서부터 나뉘이리니 이 족속이 저 족속보다 강하겠고 큰 자는 어린

자를 섬기리라"
- 쌍둥이 출산. 이삭이 60세 때
- 먼저 나온 에서는 붉고 갓옷 같아서 이름을 에서라 함. 에서는 익숙한 사냥꾼으로 들사람이 됨
- 뒤에 나온 야곱은 손으로 에서의 발꿈치를 잡음. 야곱은 종용한 사람으로 장막에 거함

앞에서는 이스마엘의 후예가 소개되었다. 여기서는 이삭과 리브가를 다시 소개하며 야곱과 에서가 어떻게 출생하게 되었는가를 말해 주고 있다. 리브가를 밧단 아람 사람이라 말하고 있는데 이곳은 유프라테스 강의 상류지역이자 메소포타미아 북부지방이다. 줄여서 밧단이라고도 한다(창48:7).

"아내가 잉태하지 못하므로 그를 위하여 여호와께 간구하매." 에서와 야곱 쌍둥이 아들은 기도 가운데 낳았음을 보여 준다. 리브가가 시집온 지 19년이 지나도록 아이를 갖지 못했다. 그러자 이삭은 하나님께 간구했다. 아무리 아브라함의 씨가 번성하고 그 후손이 많아질 것으로 약속되었다 할지라도 하나님은 간구의 기도를 기뻐하신다는 것을 보여 준다(마7:11,빌4:19). 이삭은 간절히 기도했다. 하나님은 이 기도에 응답하셨고 더블로 선사하셨다. 기도에는 간절함이 있어야 한다. 그리고 응답받을 때까지 계속 기도해야 한다. 이삭은 응답받을 때까지 계속 기도했다. 이 말씀은 아울러 아브라함과 이삭의 자손이 오직 하나님의 섭리에 의해 태어난다는 것을 보여 준다.

태속의 두 아이가 서로 싸우자 리브가는 겁이 났다. "이 같으면 내가 어찌할꼬"는 "왜 나에게 이런 일이 벌어졌을까", "앞으로 어찌

살 것인가"라는 뜻을 포함하고 있다. 리브가의 근심이 컸음을 나타낸다. 언약된 자손을 낳는다는 기쁨보다는 이들 운명에 대한 불길한 예감이 들었다.

"여호와께 묻자온대." 태에서 서로 싸우는 것에 대해 크게 염려한 나머지 리브가는 하나님께 그에 대해 기도하고 물었다. 리브가가 직접 기도한 것으로 보기도 하고 아브라함을 통해 하나님께 여쭈었을 것으로 보는 학자도 있다.

"큰 자는 어린 자를 섬기리라." 원문은 "큰 자는 작은 자를 섬기기라."이다. 큰 자와 작은 자는 먼저 난 자와 나중 난 자를 의미한다. 하나님이 큰 자보다 어린 자를 택한 것에 대해 다음과 같은 해석이 있다.

첫째, 하나님의 섭리에 따른 선택이다. 하나님은 이들이 출생하기 전부터 야곱을 선택하셨다. 고대의 장자 상속법은 일반적인 관습에 따라 어린 자가 큰 자를 지배하는 것을 금지했다. 동생이 형에게 복종하도록 되어 있다. 그러나 하나님이 어린 자를 선택하신 것은 하나님의 백성이란 세상적인 방식으로 되는 것이 아니라 전적으로 하나님의 주권에 속한 것임을 보여 준다. 하나님이 왜 야곱을 택했는가는 하나님만 아는 비밀이다. 이런 비밀을 하나님께 어떤 불의가 있었던 것으로 의심해서는 안 된다. 야곱의 선택은 그의 의 때문이 아니라 하나님의 전적인 은혜이다. 그가 받을 자격이 있어서가 아니라 하나님의 일방적이고 무조건적인 선택 때문이다.

둘째, 일부학자는 야곱을 택하신 것을 하나님이 약자 편에 서신 것으로 해석하기도 한다. 하나님은 종종 맏아들을 택하기보다 차자나 막내를 택하셨고, 위대한 인물을 택하기보다 비천한 사람을 택하여 강한 자를 부끄럽게 하셨다. 힘 있는 사람이나 외적 조건을 갖춘 사람을 택하시기보다 약한 사람을 택해 오히려 하나님의 영광을 드러내게 하셨다.

셋째, 하나님이 약고 나쁜 사람을 어떻게 변화시키는가를 보여 주기 위함이라는 해석이다. 성경은 야곱을 가리켜 "지렁이 같은 너 야곱아"라고 부르고 있다. 지렁이는 육체적 본능에 따라 살아가는 미물이다. 지렁이 같은 야곱을 하나님이 택하신 것은 모든 면에서 연약하고 인격적으로 부족한 야곱을 하나님이 어떻게 새롭게 변화시키는가를 보여 주시고자 함이다. "저 사람을 택해 어떻게 변화시키는지 보라"는 것이다. 하나님은 결국 야곱을 변화시켜 새로운 피조물 이스라엘로 만드셨다. 창세기 후반부는 그가 어떻게 변하는가를 적나라하게 보여 주고 있다.

"기한이 찬즉 태에 쌍둥이가 있었는데." '기한이 찬즉'의 원문은 '차서 보니'이다. 아기를 낳고 보니 이미 예견한 대로 쌍둥이였다는 말이다. 이삭이 60세 때, 그리고 아브라함이 160세 때 야곱과 에서가 태어났다. 이삭이 결혼한 지 20년 만에 일이었다.

"먼저 나온 자는 붉고." 태어날 때부터 몸이 붉었다는 말이다. 에서의 별명은 '에돔'이다. 에돔은 '붉다'는 뜻을 가진 '아드모니'에서 나온 말이다. 붉은 몸 때문에 별명으로 에돔이 되기에 충분하다. 하지만 훗날 사냥을 다녀온 뒤 배가 고파 야곱에게 '붉은' 죽을 청한 데서 오히려 더 에돔이 되었다.

"전신이 갖옷 같아서." 갖옷(hairy garment)은 짐승의 모피로 만든 가죽옷을 말한다. 에서의 몸에 털이 많음을 표시하기 위해 이 단어를 사용했다.

"이름을 에서라 하였고." 에서(Esau)라는 이름은 '털이 많은'이라는 뜻을 가진 히브리어 '싸이르'에서 나왔다. 에서의 이름과 태어날 때부터 털투성이의 모습은 얼마나 난폭하고 털투성이였었는가를 보여 준다.

"후에 나온 아우는 손으로 에서의 발꿈치를 잡았으므로." 발꿈치를 잡은 행동은 야곱이 태어나면서부터 얼마나 시기심이 많았는가를 보여 준다. 이것은 인격적으로 미숙했음을 보여 준다. 독 안에 든 게는 쉽게 나올 수 있는 능력이 있음에도 불구하고 서로를 물고 다리를 뜯어버림으로써 하나도 나올 수 없다. 야곱은 어려서부터 물질적 욕심이 많았던 것으로 판단된다.

"그 이름을 야곱이라 하였으며." 야곱(Jacob)은 '발꿈치를 잡은 자', '발꿈치를 걸어서 넘어지게 하는 자', '사기꾼', '기만하는 자', '빼앗는 자'라는 뜻을 가진 히브리어 '아케브'와 연관이 있다. 이것의 동사형은 '밀어내고 대신 들어앉다, 속이다'는 뜻을 가지고 있다. 야곱이라는 이름은 출생할 때 에서의 발꿈치를 잡은 것에서 나온 이름이다. 하지만 이 이름은 후에 에서의 장자권을 빼앗을 것을 상징적으로 보여 준다.

"에서는 익숙한 사냥꾼인 고로 들사람이 되고." 에서와 야곱은 태어날 때부터 대조적이었다. 에서는 성격이 거칠었다. 사냥에 익숙한 에서는 들에 나가기를 좋아했다. 어떤 제약 없이 행동했음을 보여 준다.

"야곱은 종용(從容)한 사람인 고로 장막에 거하니." 야곱은 '종용한' 사람이었다. 종용하다는 것은 조용하고 차분하며 부드럽고 평온하며 성실함을 나타낼 때 사용된다. 활달하고 거친 에서와는 대조적이다. 이런 성격 때문에 장막에 거하기를 좋아했다.

5. 장자의 명분을 판 에서(28 – 34절)

- 이삭은 에서의 사냥한 고기를 좋아하여 그를 사랑하였고 리브가
  는 야곱을 사랑
- 에서가 사냥에서 돌아와 곤비하던(faint) 차 야곱이 쑨 죽을 보고
  그 붉은 것(에돔: 에서의 별명)을 원하니 야곱이 장자의 명분을
  팔도록 요구
- 에서가 이를 경홀히 여기고
  "내가 죽게 되었으니 이 장자의 명분이 내게 무엇이 유익하리요"
  맹세한 후 떡과 팥죽을 얻어먹음

"이삭은 에서의 고기를 좋아하므로 그를 사랑하고" 이삭은 에서를
좋아하고, 리브가는 야곱을 좋아했다. 이것은 부모가 서로 편애했음
을 보여 준다. 편애는 잘못된 행동이다. 이삭은 에서가 사냥해 온
고기를 좋아했다. 원문은 '사냥한 고기가 그의 입 안에 있어'이다.
고기에 입맛을 붙였다는 말이다. 이로 인해 이삭은 에서를 더 좋아
하게 되었다.

"내가 곤비하니 그 붉은 것을 나로 먹게 하라." 곤비하다는 것은
피곤하고 배가 고파 쓰러질 지경임을 말한다. 붉은 것은 죽(stew)의
색이 붉었음을 보여 준다. 편두 콩(lentil)을 쑨 죽으로 간주되고 있다.

"형의 장자의 명분을 오늘날 내게 팔라." 장자의 명분(birthright)은

처음으로 난 아들에게 자연적으로 주어지는 권리를 말한다. 장자는 유산상속 시 다른 형제보다 두 배의 몫을 받았다(신21:17). 장자권에는 물질적 상속뿐 아니라 영적인 축복의 계승이 내포되어 있다.

리브가는 쌍둥이를 잉태했을 때 하나님이 하신 말씀을 이삭뿐 아니라 야곱에게도 했을 것이다. 야곱은 어려서부터 하나님의 약속이 자기를 통해 실현되기를 갈망하게 되었다. 장자권을 얻으려는 그의 갈망은 칭찬할 만한 것이지만 그것을 얻기 위해 취한 행동은 비난받아 마땅하다.

에서나 야곱이나 다 칭찬할 만한 인물은 못 된다. 야곱은 배고픈 형에게 따뜻한 죽 한 그릇 주지 못하는 사람이었고, 에서는 육체적인 배고픔을 채우는 데 급급한 면을 보여 주었다. 야곱은 육체적인 필요를 이용하여 장자권을 취하고자 했다.

야곱은 자기에게 약속된 하나님의 섭리가 이루어지기까지 믿음으로 기다려야 했다. 그러나 그는 기다리지 않고 인간의 방법으로 이루고자 했다.

"장자의 명분이 내게 무엇이 유익하리오." 그는 하나님의 약속의 통로인 장자상속권을 중시하지 않았다. 에서는 하나님 나라의 영적인 복의 계승을 멸시함으로써 망령된 자, 곧 세속적이고 경건치 않은 자가 되었다(히12:16).

"에서가 장자의 명분을 경홀히 여김이었더라." 경홀(輕忽)은 대수롭지 않게 여기는(despised) 것을 말한다. 이것은 에서가 평소부터 장자권에 대해 무관심했음을 보여 준다. 그가 장자권을 중시했다면 야곱이 그런 요구를 할 수도 없었을 것이다. 따라서 이 문제에 관한 한 먼저 비난받아야 할 사람은 야곱이라기보다 에서이다.

1. 이삭과 언약을 맺으심(1-5절)

- 아브라함 때 첫 흉년이 들었더니 그 땅에 또 흉년이 들매 이삭이
  그랄로 가서 블레셋 왕 아비멜렉에 이름
- 여호와께서 이삭에게 나타나 가라사대
  "애굽으로 내려가지 말고 내가 네게 지시하는 땅에 거하라 이 땅
  에 유하면 내가 너와 함께 있어 내게 복을 주고 네 자손과 네
  자손으로 인하여 천하 만민이 복을 얻으리라 이는 아브라함이 내
  말을 순종하고 내 명령과 내 계명과 내 율례와 법도를 지켰음이라"
- 이사이 그랄에 거함

창세기 26장은 하나님이 처음으로 이삭과 직접 말씀하시는 기사
를 소개하고 있다. "또 흉년이 들매." 하나님은 아브라함 때와 마찬
가지로 이삭에게 흉년이라는 시련을 통해 그를 성장시키고자 하셨다.

이삭은 블레셋 땅 그랄(Gerar)로 갔다. 그랄은 약속의 땅과 애굽의
경계지점이다. 아비멜렉은 블레셋 왕이었다. 블레셋은 이스라엘 민족
이 가나안을 정복한 이래 적대관계를 가졌던 민족이다. 이 민족의
이름 '필리스틴'에서 '팔레스타인'이라는 지명이 나오게 되었다.

이삭이 그랄에서 겪은 경험이 아브라함의 경험과 너무 비슷하여 비평적인 학자들은 성경에 나타난 족장들의 이야기는 한 줄거리를 서로 다르게 각색한 것으로 주장한다. 그러나 그들의 주장은 다음과 같은 이유에서 거부된다.

첫째, 이삭이 그랄로 가게 만든 기근이 아브라함을 애굽으로 가게 만든 기근과 같지 않다.

둘째, 이삭이 부닥친 그랄 왕 아비멜렉은 그의 어머니 사라를 취했던 사람과 같은 인물이 아니다. 그 일은 이미 80년 전에 일어난 것이다. "내 아버지는 왕이다"는 뜻을 가진 아비멜렉이라는 이름은 단지 블레셋 왕을 가리키는 일반적인 명칭에 불과하다. 가드 왕 아기스도 아비멜렉이라 불렀다(삼상 21:10).

"여호와께서 이삭에게 나타나." 하나님의 계시는 과거 그의 부친 아브라함을 애굽으로 내려가게 만들었던 때와 같은 어려운 시기에 주어졌다는 것에 주목할 필요가 있다. 이삭이 외로울 때 하나님의 축복이 그에게 임했던 것처럼 그가 삶의 어려움에 처하게 되자 다시 하나님의 약속이 주어졌다.

"애굽으로 내려가지 말고"는 말씀은 아브라함이 범한 과거의 잘못을 아들인 이삭이 다시 밟지 말라는 경고를 담고 있다. 이 경고로 보아 이삭도 애굽 행을 고려하고 있었던 것으로 보인다.

"내가 지시하는 땅에 거하라." 이 말씀은 어떤 상황에 있든지 하나님이 지시하는 곳에 살라는 뜻이다. 하나님이 지시하는 땅은 언약의 땅이다. 그리스도인은 언약의 말씀을 벗어나서는 안 된다.

"내가 너와 함께 있어." 이 이상 무엇이 필요할까. 복을 받게 되는 것은 하나님이 함께하시기 때문이다. 이것은 임마누엘의 하나님이심을 보여 준다. 상황이 어려울수록 하나님을 붙잡으면 도우실 것을 약속하시는 말씀이다. 2-5절은 하나님이 아브라함에게 하셨던 약속을 이삭에게 새롭게 하셨음을 보여 준다. 이 약속에는 후손과 땅에 관한 약속, 메시아를 통한 축복에 관한 내용이 들어 있다.

"네 자손을 인하여 천하 만민이 복을 받으리라." 메시아를 통한 축복에 관한 내용과 연관된다.

"아브라함이 내 말을 순종하고." 아브라함이 복의 근원이 되는 것은 하나님의 말씀을 순종했기 때문이다. 하나님의 말씀에 순종할 때 그 복을 받게 될 것을 보여 주고 있다.

하나님은 아브라함이 하나님의 명령과 계명과 법도를 지켰다고 말씀하셨다. 이것을 두고 이미 아브라함 시대에 하나님의 말씀이 기록되기 시작했음을 입증하는 것으로 해석하기도 한다.

2. 이삭과 아비멜렉(6 - 25절)

- 리브가가 아름다워 그랄 사람들이 그 아내를 물으매. 자기를 죽일까 두려운 이삭은 리브가를 누이라 속임
- 하루는 이삭이 리브가를 껴안은 것을 아비멜렉이 창으로 내려다본지라. 아비멜렉이 이삭을 불러 누이라 함을 꾸짖고 백성에게 이 두 사람을 범하는 자를 죽이리라고 경고
- 이삭이 농사하여 그해에 백배의 수확을 얻었고 거부가 되어 양과 소, 노복이 심히 많으므로
- 블레셋 사람들이 시기하여 아브라함 때 판 모든 우물을 막고 흙

으로 메우고 아비멜렉은 이삭에게 "너희가 우리보다 강성한즉 우리를 떠나라"

- 이삭이 그곳을 떠나 그랄 골짜기에 우거하며 아브라함 때 판 우물을 다시 파 샘 근원을 얻었더니
- 그랄 목자들이 이삭의 목자들과 다퉈 서로 우리 것이라 하니 그 우물 이름을 에섹(다툼)이라 함
- 또 다른 우물을 팠더니 그들이 또 다투는지라 그 우물이름을 싯나(대적함)이라 함
- 거기서 옮겨 다른 우물을 팠더니 다투지 아니하니 그 우물이름을 르호봇(장소가 넓음)이라 함
- 이삭이 브엘세바에 올라갔더니 그 밤에 여호와께서 그에게 나타나 "두려워 말라 내 종 아브라함을 위하여 내가 너와 함께 있어 네게 복을 주어 네 자손으로 번성케 하리라" 하심
- 이삭이 그곳에 단을 쌓고 장막을 치며 우물을 팜

"이삭이 그랄에 거하였더니." 이삭은 하나님의 말씀에 따라 애굽에 내려가지 않음으로 순종의 모습을 보였다.

"이삭이 거기 오래 거하였더니." 살기 어려운 상황에서도 하나님의 명령에 순종하고 오래 거했다. 이것은 이삭이 끝까지 순종했음을 보여 준다.

"어찌 네 누이라 하였느냐." 이삭은 아내를 누이라고 말함으로써 아브라함처럼 거짓말을 했다. 이삭은 부친 아브라함과 같은 어리석음을 다시 저지르지 말라는 경고를 받았기 때문에 아브라함의 전철을 되밟지 않을 수 있었을 것이다. 그러나 그랄 땅에서 아비멜렉과의 관계를 통해 아내를 누이라 말함으로써 자기 부친의 어리석은 짓

을 되풀이했다.

이삭은 자기 목숨에 대한 두려움 때문에 거짓을 행했다. 신앙과 두려움은 서로 근본적으로 다르다. 신앙인이 두려움을 갖는다면 그 순간부터 하나님과의 관계가 흔들리고 죄를 짓게 된다. 이 기사를 통해 우리는 사람이 얻을 수 있는 유산 가운데 경건한 가문보다 더 값진 유산은 없지만 결국은 각 사람이 이 세상과 대항하여 이겨야 한다는 것을 가르쳐 준다.

"이 사람이나 그 아내에게 범하는 자는 죽이리라." 이것은 이삭 내외를 보호하라는 왕의 명령이다. 이 명령은 왕의 입으로 나왔지만 실제로는 하나님이 이삭의 어리석은 행위와 그로 인한 곤경으로부터 그를 보호하셨다. 이것은 역경 속에서 하나님이 어떻게 그를 보호하시는가를 보여 준다.

"농사하여 백배나 얻었고." 이삭이 농사를 지었다. 하나님의 도우심으로 농사가 백 배의 수확을 얻을 만큼 풍성했다. 가축도 잘되었다. 이 모두는 하나님이 그에게 복을 주셨기 때문이다.

"창내하고 왕성하여 마침내 거부가 되어." 이삭은 떠돌이 같은 삶 가운데서도 창성하게 된다. '창대하고(continued to grow)'는 '점점 자라갔다'는 뜻이다. 갑자기 벼락부자가 된 것이 아니라 성실한 노력과 함께 그의 부가 늘어갔다. 하나님은 그가 아주 부하게 될 때까지(until he became very wealthy) 이어지게 하셨다. 이것은 어려운 환경에서 흔치 않은 일이다. 하나님이 함께하시고 복 주심의 결과이다. 하나님이 복의 근원이 됨을 보여 준다.

이것은 성경에서 하나님이 이삭에게 내리신 2차복을 나타낸다. 1차복은 창세기 25장 11절의 복이고, 3차복은 26장의 29절에 나타나 있다.

하나님의 축복이 때로는 물질적인 소유로 나타나기도 한다. 하지만 반드시 그런 것은 아니다. 오히려 성경은 부가 신앙을 타락시키는 근거가 될 수 있음을 경고하고 있다. 진정한 축복의 표징은 하나님이 함께하시는 것이다.

"블레셋 사람이 그를 시기하여." 이삭은 재산을 대부분 상속받았기 때문에 많은 재산을 가지고 있었고, 게다가 종들의 수도 많았다. 그런데다가 이삭의 지속적인 물질적 번영은 결국 블레셋 사람들의 질투심을 불러일으켰다. 다른 사람의 번영을 까닭 없이 질투하는 것은 부패한 인간에게서 보편적으로 나타나는 현상이다. 아비멜렉은 이삭의 힘이 자기보다 막강하게(too powerful) 된 것을 두려운 눈으로 보기 시작했다(16절).

"모든 우물을 막고 흙으로 메웠더라." 우물을 메운 것은 본격적으로 훼방을 받았다는 것을 의미한다. 강우량이 많지 않은 이 지역에서 물은 많은 가축을 가진 이삭에게 생사가 걸린 문제이다. 블레셋 사람들은 물만 메우면 이삭이 망할 줄 알았다. 여기서 우리는 이삭이 분쟁사건에 휘말렸고, 그 과정에서 그가 겪은 타향살이의 서러움을 보게 된다.

당시 대부분의 블레셋 사람들은 크레테 섬에서 살고 있었고, 가나안 땅에는 일부만 정착해 살고 있었다. 이삭을 훼방한 것은 이삭뿐 아니라 다른 부족이 자기 주변에 정착하는 것을 막기 위한 목적도 있었던 것으로 보인다. 또한 이삭이 그 땅에 거한 시기는 흉년이었던 것을 잊어서는 안 된다. 다른 사람들을 포용할 만한 여유가 그들에게는 없었을 것이다.

"우리를 떠나가라." 그들이 우물을 메운 것은 이삭을 그 지역에서 쫓아내기 위한 것이었음이 드러난다. 아브라함이 판 우물물의 사용권을 상실한 것은 그의 후손이 그 땅을 기업으로 소유하는 권리를 잃는 것과 같다.

이삭은 미움과 질시를 받아 사실상 쫓겨났다. 그는 화평을 바라는 마음으로 모든 것을 포기하고 순순히 물러났다. 그리고 멀리 이주했다. 이것을 볼 때 이삭은 매우 양순한 사람이었음을 알 수 있다.

"이삭이 그곳을 떠나." 팔레스타인처럼 강우량이 많지 않은 곳에서 목축을 하는 사람에게 있어서 물은 생명줄과 같다. 따라서 우물로 인한 싸움은 종종 피를 흘리는 싸움으로 번지기 마련이다. 그럼에도 불구하고 이삭은 자신을 박해하고 자신이 판 우물을 빼앗은 사람들과 다투지 않고 떠난다. 그 같은 결과를 피하기 위함이다.

이삭은 인내하고 양보하는 자세를 보였다. 우리는 이 우물사건을 통해 이삭의 짐작하고 차분한 인내의 성품을 보게 된다. 이권이 개입되면 명예, 지위, 신앙을 헌신짝처럼 저버리는 우리의 모습과는 아주 다르다. 이삭의 이 같은 태도는 삶의 참된 보상이 세상의 물질에 있는 것이 아니라 오직 하나님께 있음을 보여 준다.

이삭은 우물로 인한 다툼이 연이어 일어날 때에도 온화한 태도를 계속 유지했다. 그의 이러한 태도는 하나님의 백성이 지녀야 할 마음가짐으로 산상수훈의 정신을 잘 반영하고 있다.

"아브라함 때 팠던 우물들을 다시 팠으니." 이삭이 자기 부친 아브라함이 팠던 우물들을 다시 파고, 그 우물의 이름을 아브라함이 부르던 이름으로 부른 것은 그 우물에 대한 소유권을 주장하기 위한 것으로 인식된다.

"파서 샘 근원을 얻었더니." 그다음에 이삭의 종들이 새 우물을 팠다. 그러자 블레셋 목자들이 와서 '이 물은 자기들 것'이라며 시비를 걸어왔다. 새로 판 우물이 여전히 그랄의 영토에 속했기 때문으로 보인다. 그래서 그는 그 우물 이름을 '에섹(Esek)'이라 했다. 에섹이란 '다툼(dispute)'이라는 뜻을 가지고 있다. 소유권 문제를 놓고 목자들 사이에 다소간 다툼이 있었음을 보여 준다.

이삭의 종들이 그곳을 피해 다른 우물을 팠다. 하나님은 이삭에게 복을 주어 파는 곳마다 물이 나오게 했다. 다른 사람이 손쉽게 얻을 수 없는 우물인데도 그만 물을 쉽게 얻을 수 있었던 것은 하나님이 복을 주셨기 때문이다. 이것은 하나님이 예비하신 축복은 아무리 사람이 막으려 해도 막을 수 없음을 보여 준다. 하나님은 자기의 자녀를 위해 예비해 놓은 복이 있다. 그러자 블레셋 목자들이 다시 와서 시비를 걸었다. 그래서 그는 그 우물 이름을 '싯나(Sitnah)'라 불렀다. 싯나란 '대적함(opposition)'이라는 의미를 가지고 있다. 블레셋 사람들이 시비를 거는 것에서 벗어나 적대감을 나타냈음을 보여 준다.

이삭은 그곳을 떠나 다시 우물을 팠다. 그러자 블레셋 사람들이 더 이상 시비를 걸지 않았다. 다툼이 사라진 것이다. 그래서 이삭은 그 우물 이름을 '르호봇(Rehoboth)'이라 했다. 르호봇은 '장소가 넓다'는 의미를 가지고 있다. 이것은 이삭이 블레셋 사람들로부터 멀리 떨어져 우물을 판 것을 나타낸다. 이삭은 이마저 긍정적으로 받아들여 하나님께서 자기의 거처를 넓게 하고(give us room) 이곳에서 번영케 하실 것으로(flourish in the land) 이해하였다. 고난을 축복으로 받아들인 것이다.

우물 사건은 이삭이 얼마나 온유한 사람이며 견디기 어려운 상황에서 그가 얼마나 조용히 견디어 냈는가를 보여 준다. 이 사건은 아울러 우리도 고난의 상황에서 온유하게 대처해야 함을 가르쳐준다. 온유와 양보가 평화와 풍요를 가져다주었다.

"이삭이 브엘세바로 올라갔더니." 이삭이 그랄에서 브엘세바로 옮기게 이유는 정확히 알 수 없으나 신앙적 회개와 회복을 위한 것으로 생각된다. 브엘세바는 과거 아브라함이 머물렀던 곳이고 이삭이 아버지와 함께 모리아 산을 향해 떠났던 곳이다.

"그 밤에 여호와께서 그에게 나타나." 여호와는 아브라함의 경우와는 달리 두 번이나 나타나 그에게 말씀하셨다. 하나님은 자신의 뜻을 따르며 온유하게 사는 이삭에게 다시 한 번 아브라함과 맺었던 언약을 재확인시켜 주었다.

"두려워 말라." 이런 축복을 받았음에도 불구하고 이삭은 연약하고 불안했다. 환경이 바뀌면 사람은 불안해한다. 그러나 하나님은 어떤 환경에서도 우리를 지켜 주실 수 있는 분이시다.

하나님은 이삭에게 나타나셔서 약속을 주셨다. 두려워 말라 하시고 복 주실 것을 약속하셨다. 하나님의 가장 기본적인 약속은 "나는 네 하나님, 너는 내 백성, 나는 너와 함께하겠다"에 있다. 이 약속은 가장 강한 약속이자 축복이다. 이것이 이삭에게도 나타난다. 이 약속에 이어 물질적 복이나 자손의 복 등 부수적 약속이 따른다.

하나님은 이 약속에서 "네 아비 아브라함의 하나님"이라고 하셨다. 이것은 부모의 신앙이 매우 중요하다는 것을 보여 준다. 부모의 신앙이 참된 신앙이어야 하며 자녀의 신앙도 이것을 본받도록 할 필요가 있다.

"내가 너와 함께 있어"(23절)는 "하나님이 우리와 함께하신다"는 임마누엘을 뜻한다. 이것은 예수님의 이름이기도 하다. 주님은 세상 끝 날까지 우리와 함께하실 것을 약속하셨다. 사람이 우리와 함께하는 것이 중요한 것이 아니라 하나님이 우리와 함께하시는 것이 무엇보다 중요하다.

"이삭이 그곳에 단을 쌓아 여호와의 이름을 부르고." 이삭은 믿음을 따라 즉시 반응했다. 단을 쌓고 장막을 쳤다. 단(altar)은 히브리어로 '자바흐'로 '도살하다'는 뜻을 가지고 있다. '제단'으로 번역된다. 제단은 일반적으로 자연석을 겹쌓고 그 위에 평평한 돌을 놓는 형태를 갖는다. 이것은 성막제도 이전에 있었던 하나님 임재의 상징적 의미를 갖는다.

응답받는 삶을 산 이삭은 감사한 마음으로 먼저 단을 쌓았다. "단을 쌓았다"는 것은 하나님과의 관계를 다시금 확고하게 세워졌음을 의미한다. 잘될수록 하나님을 가까이 섬긴 이삭의 모습을 볼 수 있다.

"장막을 쳤더니." 장막(tent)을 친 것은 가정을 안정시킨 것을 의미한다. 떠도는 삶에서 잠시나마 벗어나는 것을 말한다. 단을 쌓은 다음 장막을 친 사실에 주목할 필요가 있다. 이것은 먼저 하나님과의 관계를 바르게 하고 가정을 지켜야 한다는 것을 보여 준다. 우리는 삶에서 우선순위가 무엇인가를 확고히 해야 한다. 우리의 삶에서 그 우선순위가 거꾸로 되어 있지 않은지 반성해야 한다.

3. 이삭과 아비멜렉의 계약(26 - 31절)

- 이삭이 브엘세바에 있을 때 아비멜렉, 그 친구 아훗삿과 군대장관 비골이 그랄에서 이삭에게 와서 그들, "하나님께서 너와 함께 하심을 우리가 분명히 보았으므로 우리와 너 사이에 맹세를 세워 계약하되 서로 해하지 말고 선한 일만 서로 하자"
- 이삭이 잔치를 베풀고 그 이튿날 아침 일찍 일어나 서로 맹세한 후 보냄
  그들이 평안히 감
- 그 날에 이삭의 종들이 판 우물에서 물을 얻었다고 고하니 이름을 세바라 하니 그 성읍이 오늘까지 브엘세바더라

이렇게 한 후에 아비멜렉이 찾아왔고 이삭과 계약을 맺었다. 그것은 이전에 아브라함과 아비멜렉 사이에 맺은 계약과 아주 비슷했다. "아비멜렉이 그 친구로 더불어 이삭에게로 온지라." 이삭을 미워했던 사람들이 패 지어 찾아왔다. 블레셋 왕 아비멜렉은 우물사건으로 이삭이 원한을 품지 않았을까 염려했다. 따라서 화친을 청할 목적으로 이곳까지 온 것이다. 약 100년 전 또 다른 아비멜렉도 이곳에서 아브라함과 화평조약을 맺었었다. 유사한 사건이 반복하고 있다. 이것은 아브라함이나 이삭 모두 하나님의 보호하심 아래 있음을 보여 준다.

아비멜렉과 함께 온 군대장관 비골(Phicol)의 이름은 아브라함 당시의 블레셋의 군대장관과 같은 이름을 가지고 있다(창21:22). 그때와는 80년 이상 차이가 나므로 같은 사람으로 보기보다 직함을 나

타내는 것으로 보는 것이 바람직하다.

"너와 함께 계심을 우리가 분명히 보았으므로." 아비멜렉 일행은 무엇보다 하나님이 이삭과 함께하심을 보았다고 고백했다. 29절에서도 "너는 여호와께 복을 받은 자니라"고 말한다. 이삭의 축복받는 삶은 이방인에게서도 인정을 받았다.

"너와 계약을 맺으리라." 지금까지는 시기하고 훼방하며 살았으나 지금부터는 이삭과 화해하고 앞으로 화평의 삶을 살고 싶다는 것을 나타낸다. 평화조약(treaty)을 제의한 것이다. 여호와의 은혜가 이삭에게 있는 한 이삭을 더 이상 적수로 대할 수 없으며 그랬다가는 자신들에게 더 큰 화를 불러올 것으로 판단한 것이다.

"너는 여호와께 복을 받은 자니라." 다른 사람들이 "너는 여호와께 복 받은 자"라고 말할 만큼 이삭은 풍성한 복을 하나님으로부터 받았다.

"이삭이 그들을 위하여 잔치를 베풀매." 이 잔치는 언약을 약정하는 의식의 하나로 식사를 함께 나눔으로써 계약이 확립되고, 이로 인해 둘 사이에 평화적 관계가 수립되었음을 의미한다. 음식을 나누는 것은 우정의 결속을 의미하며 계약체결에 있어서 마지막 단계에 속한다.

아브라함과 같이 이삭도 아비멜렉과 화평조약을 맺었다. 이것은 주변 이방민족에게 여호와를 믿는 신앙의 위대함과 관용의 정신을 실현한 신앙인으로서의 이삭의 모습을 볼 수 있다.

아비멜렉과 조약을 맺던 날 이삭의 종들이 땅을 파 물을 얻었다는 보고를 듣고 그 이름을 세바(Shibah)라 했다. 세바는 브엘세바(Beersheba)의 또 다른 약칭이다. 브엘은 '우물'을 뜻하며 세바는 '맹세' 또는 '일곱'이라는 뜻을 가지고 있다. 브엘세바는 팔레스타인의 최남단에 위치해 있다.

맹세는 아비멜렉과 이삭이 물 다툼을 종결하기 위해 맹세(맹세의 우물)한 것에서 나온 것이다. 그리고 일곱은 아브라함과 이삭이 이 장소에 판 우물의 수(일곱 우물)에서 유래했을 것으로 판단된다. 이삭은 이곳이 아브라함이 우물을 파 후손들에게 준 곳이며, 이제는 맹세를 통해 이 땅에 자신의 땅임이라는 확신을 가지고 세바라 했다.

"그 성 이름이 오늘까지 브엘세바더라." 여기서 '오늘'은 '이날'로 모세가 이 부분을 기록하던 때를 나타낸다.

4. 에서의 결혼과 리브가의 걱정(34 – 35절)

- 에서가 40세에 헷족속 브에리의 딸 유딧과 헷족속 엘론의 딸 바스맛을 아내로 취함
- 그들이 이삭과 리브가의 마음의 근심이 됨

"에서가 헷 족속 유딧과 바스맛을 아내로(34)." 에서가 아내로 맞은 두 여인은 헷 족속으로 이방여인들이다. 당시 에서의 나이 40으로 모든 것을 충분히 판단할 수 있었을 나이였다. 이것은 에서가 부모의 믿음을 본받지 않았을 뿐 아니라 영적인 유산에 관심을 가지지 않았음을 보여 준다. 아브라함이 하나님의 언약을 귀중히 여겨 우상숭배를 하는 가나안 여인 가운데서 이삭의 아내를 택하지 않은 것과 매우 대조적이다.

헷 족속은 B.C. 18-12세기경에 소아시아에 왕국을 건설했던 민족이다. 그러나 창세기 36장 2절에서는 히위족속 아나의 소생 오홀리바마와 헷 족속 엘론의 딸 아다로 나온다. 한 사람이 두 가지 이름을 가진 경우로 유딧은 오홀리바마이며 바스맛은 아다이다. 이 경우 헷 족으로 소개된 유딧이 히위족속일 수도 있다는 해석이 가능하다. 여기서 중요한 것은 그가 맞은 아내들은 모두 이방여인들로서 이것은 그가 얼마나 영적으로 무지하고, 하나님 나라의 계승에 무관심했는가를 보여 준다.

한 사람이 두 이름을 가지는 것은 당시 흔히 있었던 일이다. 에서는 이들 외에도 이스마엘의 딸이요 느바욧의 누이인 마할랏을 아내로 맞았는데(창28:9) 그녀도 바스맛이라는 이름을 가지고 있었다(창36:3).

"이삭과 리브가의 마음의 근심이 되었더라." 에서가 이방여인과 결혼한 것은 하나님을 섬기는 이삭 부부에게 근심거리(source of grief)가 되었다. 이것은 에서가 결혼하면서 부모와 아무런 상의도 없이 이뤄진 것이나 부모의 의견이 전혀 반영되지 않았음을 보여 준다. 이 사건으로 이삭 내외는 이방여인들을 통해 흘러들어올 부정한 기질이 가문의 영적인 면을 더럽히지나 않을까 두려워하고 근심하기 시작했다. 이 사건은 결국 창세기 27장 46절의 말씀처럼 리브가가 야곱만큼은 이방여인과 결혼시켜서는 안 된다는 결심을 이삭에게 피력하는 것으로 나타난다.

1. 이삭의 축복을 받은 야곱(1 - 29절)

- 이삭이 나이 많아 눈이 어두어 잘 보지 못하더라 에서를 불러, "내 언제 죽을지 모르는 몸. 나가 사냥하여 별미를 가져오면 죽기 전에 마음껏 네게 축복하리라"
- 이 말을 리브가 듣고 야곱에게 일러 좋은 염소새끼를 가져오면 별미를 만들테니 대신 복을 받으라
- 야곱, "에서는 털 사람이요 나는 매끈매끈한 사람. 아비가 만져보고 복은 고사하고 저주를 받을까 하나이다."
- 리브가, "저주는 내게로 돌리리니 내 말만 쫓고 가져오라"
- 이에 별미와 떡을 만들고 에서의 좋은 옷을 취하여 야곱에게 입히고 염소새끼 가죽으로 손과 목의 매끈한 곳을 꾸민 다음 이삭에게 나아가 "마음껏 잡수시고 축복하소서"하니
- 이삭, "어떻게 이같이 속히 잡았느냐"
- 야곱, "하나님께서 나로 순적히 만나게 하셨음이니이다"
- 이삭, "가까이 오라 내가 만져보아 에서인지 아닌지 알고저 하노라"
- 이삭(만지며), "음성은 야곱이나 손은 에서의 손이로다 네가 참 에서냐"
- 야곱, "그러하니이다"

- 이삭, "내 아들아 가까이 와서 내게 입 맞추라"
- 야곱이 입 맞추니 이삭이 그 옷의 향취(에서)를 맡고 축복하되
  "내 아들의 향취는 복주신 밭의 향취, 하나님은 하늘의 이슬과
  땅의 기름짐이며 풍성한 곡식과 포도주로 네게 주시기를 원하노
  라 만민이 너를 섬기고 열국이 네게 굴복하리니 네가 형제들의
  주가 되고 네 어미의 아들이 네게 굴복하며 네게 저주하는 자는
  저주를 받고 네게 축복하는 자는 복을 받기를 원하노라"

창세기 27장부터 역사는 야곱을 중심으로 기록된다. 처음에는 이
삭, 리브가, 에서, 야곱이 등장한다. 이들 가운데 칭찬받을 만한 사
람은 아무도 없다. 모두 바르지 못한 면들을 가지고 있기 때문이다.

이삭은 영적으로 둔감했다는 점에서 문제가 있다. 그는 창세기 25
장 23절에 나타난 예언의 말씀을 알고 있었음에도 불구하고 에서를
편애하여 하나님의 정하신 뜻을 돌이키려 하였다(창48:17-19와 비
교해볼 것). 즉 하나님의 뜻을 버리고 인간의 방법을 사용하고자 했
다. 영적인 것보다 육체적인 것에 강한 애착을 가졌다는 점에서 문
제가 된다.

리브가는 야곱을 편애했으며 그를 향한 하나님의 뜻을 알면서도
기꺼이 기다리지 못했다. 창세기 27장 사건의 전개과정에서 신앙적
으로 인격이 부족함을 보였다.

에서는 무엇보다 영적으로 문제가 있었다. 육체적인 자기의 힘만
을 의지했다. 그는 어리석게도 장자권을 팔았음에도 불구하고 그것
을 다시 주장하려 하였다.

야곱은 모친 리브가의 제안을 받아들였던 과정에서 보듯 유약한

사람이었다. 리브가와 야곱은 정당한 근거를 가지고 있었다 하더라도 그것을 신앙이 아닌 인간적인 술수와 속임수로 이루려고 하였다. 목적달성을 위해서라면 수단방법을 가리지 않는다는 점에서 도덕성을 상실했다.

이러한 이유들로 인해 이삭의 가정은 시련을 당하게 되고 야곱은 먼 길에 오르게 된다. 이삭의 가정이 보여 준 갈등과 신앙의 문제점이 우리 가정에는 없는지 살펴볼 필요가 있다.

이삭은 에서를 통해 자기 작품을 만들고자 했다. 그리고 리브가는 야곱을 통해 자기 작품을 만들고자 했다. 그러나 하나님은 자기의 사람들을 그들의 작품이 아니라 하나님의 작품으로 만들고자 하신다.

하나님은 그들의 인간적인 약점과 결점, 정직하지 못한 삶에도 불구하고 끊임없이 인내하며 지혜와 사랑으로 선을 이루어 가신다. 이런 상황에서도 하나님은 놀랍게 자신의 뜻을 이루어 가신다. 후에 야곱은 자신의 일생을 통해 하나님이 자신을 두들겨 어떻게 하나님의 작품으로 만드셨는가를 알게 된다. 우리는 성경을 통해 이 점을 배우게 된다.

이삭은 나이가 많아 잘 보지 못할 정도로 눈이 어두워졌다. 이 당시 이삭의 나이는 약 130세였을 것으로 추정되고 있다. 이삭은 180세에 죽었다(창35:28). 이 사건 후에도 50년이나 더 살았다. 사건의 심각성을 볼 때 '이삭이 나이가 많아'는 단순히 그가 나이가 많은 것을 나타내려 한 것이라기보다 그의 삶에서 결정적 순간이 도래했음을 의미한다.

"나의 즐기는 별미를 만들어 먹게 하여 나로 죽기 전에 내 마음껏 네게 축복하게 하라." 이삭은 하나님 나라의 언약의 계보를 이어

나갈 수 있도록 에서에게 하나님의 복을 전달하고자 하였다. 그러나 이러한 과정에서 몇 가지 문제점이 드러난다.

첫째, 언약의 계보를 이어 나가는 문제에 있어서 신앙을 생각하지 않은 잘못이다. 이삭은 에서가 육신으로 장자라는 점을 들어 하나님의 뜻과는 전혀 무관하게 에서를 축복하려 했다. 이것은 하나님 앞에 결정적인 실수이다. 왜냐하면 하나님은 이미 족장의 대를 이을 자에 대해 그에게 계시한 바 있었기 때문이다(창25:23). 성경은 이것에 대해서도 증거하고 있다(말1:2,3;롬9:11-13). 이삭은 야곱보다 에서를 사랑했다. 따라서 하나님의 뜻이 야곱에게 정해져 있는 것을 알면서도 육신적인 정에 이끌려 그에게 축복하고자 했다. 이삭과 에서는 믿음보다 단지 육신적으로 장자라는 점만을 내세웠다는 점에서 문제가 있다.

둘째, 이삭은 에서의 남성다운 성격이 족장의 대를 이을 수 있다고 생각했을 뿐 에서의 사려 깊지 못한 태도에 대해서는 그렇게 문제를 삼지 않은 잘못을 범했다.

"죽기 전에 여호와 앞에서 네게 축복하게 하라." 리브가는 이삭이 에서에게 한 말을 야곱에게 반복한다. 우리는 이 과정에서 리브가가 '여호와 앞에서'라는 말을 사용했다는 사실에 주목할 필요가 있다. 4절에 이 말은 없다. 이삭은 그저 죽기 전에 에서에게 축복하고 싶다고 말하고 있다. 그러나 리브가는 그 축복이 '여호와 앞에서'의 축복을 비는 것, 곧 축복행위의 심각성을 야곱에게 강조하기 위해 이 말을 사용했다. 보통 중요하지 않다는 것을 나타낸 것이다.

리브가는 이삭의 이러한 말을 엿듣고 충격에 빠졌다. 리브가는 야곱을 사랑했고 그 축복은 하나님의 정하신 뜻에 따라 당연히 야곱이 받아야 한다고 생각했다. 그는 급한 마음으로 합당치 않은 방법을 택하게 된다. "그런즉 내 아들아 내 말을 좇아" 야곱에게 말을 들으라 하고, 염소 떼에 가서 좋은 새끼를 가져오라 한다. 원문에는 '두 마리'로 되어 있지만 한글 번역에서는 생략되어 있다. 풍족하게 대접할 계획을 세운 것이다.

우리는 이 과정에서 하나님의 사람이 하나님의 뜻을 이루기 위해 악한 수단을 동원하더라도 괜찮은가 하는 의문을 갖게 된다. 리브가는 정당화될 수 있을 것으로 생각하고 추진했다. 그러나 이러한 태도는 하나님의 백성이 취할 태도는 아니다. 하나님은 자신의 방법으로 이 문제를 해결해 가실 것이기 때문이다. 하나님의 뜻을 인간의 힘과 수단으로 성취하려 한 리브가와 야곱의 행동은 문제가 있다.

"아버지께 속이는 자로 뵐지라." 속이는 자는 '조롱하는 자'라는 뜻을 담고 있다. 야곱은 속이는 것으로 인해 양심의 가책을 받는 것보다 그 일이 탄로 남으로 인해 눈이 어두운 아버지를 자신이 조롱한 것(tricking, mocking, make a fool of him)으로 받아들여지지나 않을까 두려워했다.

"복은 고사하고 저주를 받을까 하나이다." 야곱은 이 일이 매우 두려웠다. 들키는 날이면 복은 고사하고 저주를 받을 것이라는 두려움이 컸다.

"너의 저주는 내게로 돌리리니." 리브가는 야곱의 두려움을 없애기 위해 만일 실패하더라도 그 책임은 자신이 지겠다고 말한다. 저주는 자신이 받을 것이므로 시키는 대로 하라고 명령한다. 유약한 야곱에 비해 리브가의 행동에는 매우 과감한 결단성과 대담성이 있다. 그녀의 결단성과 대담성은 성경 여러 곳에서 나타난다.

① 그는 아브라함의 종이 이삭과의 결혼을 제의할 때 즉각 결정을 내렸다.
② 그는 종을 따라 이삭의 집으로 따라가겠다고 즉각 결정을 내렸다.
③ 그는 에서의 옷을 야곱에게 즉각 입도록 했을 뿐 아니라 즉각 음식을 만들었다.

리브가는 오직 야곱만을 생각한 나머지 자신의 신분을 망각했으며 나중에 그에게 임할 저주가 어떤 것이 될지도 생각해 보지 않고 자신의 생각대로 추진한다. 야곱은 장자권을 취하기 위해 결국 순종하게 된다. 결국 리브가와 야곱은 터무니없는 속임수를 부끄러움을 무릅쓰고 행하게 된다.

결국 이 일로 리브가는 야곱과 이별한 후 다시 만나지 못하는 아픔을 겪게 되고, 야곱 자신도 가족을 떠나 외롭게 20여 년간 고난의 삶을 살아야 했고 훗날 요셉을 노예상인에게 팔아넘긴 자식들에게 속임을 당하게 되었다. 리브가와 야곱의 인간적인 욕심과 행동에 대해 하나님이 얼마나 큰 고통을 그들에게 주어 교훈케 하셨는가를 깨달아야 한다. 우리는 리브가와 야곱의 행동을 그저 두둔해서는 안 된다. 목적이 선하면 수단도 선해야 한다.

"집안 자기 처소에 있는 에서의 좋은 의복을 취하여 야곱에게 입히고." '집안 자기 처소'는 리브가가 자기 내실에 간직해 두고 있던 에서의 옷으로 판단된다. 이 의복은 세마포나 양털로 만들어진 것으로 간주되고 있다. 리브가가 야곱에게 에서의 옷을 입힌 것은 이삭을 속이기 위해 얼마나 신속하고 치밀하게 행동했는가를 보여 준다.

이것은 쉽게 목적을 이루려는 것으로 인류 최초의 사기사건이다.

에서의 옷을 입은 것을 비롯해서 속이기 위한 행동은 계속된다. 이것은 거짓을 숨기기 위해 얼마나 많은 악을 행해야 하는가를 보여준다.

① 염소새끼 가죽으로 노출된 신체부위를 덮어 샀다.
② 의심쩍어 하는 이삭을 향해 야곱은 자신이 맏아들이라 두 번이나 속였다.
③ 염소 고기를 자신이 사냥한 고기라 했다.
④ 하나님의 도우심으로 빨리 사냥했다고 했다. 그는 하나님까지 팔았다.

야곱은 속임수로 복을 받기는 했지만 그에 따른 보응도 톡톡히 지러야 했다.

① 야곱이 리브가와 헤이진 후로 그는 다시 만나지 못하는 괴로움을 맛보았다.
② 야곱은 자신의 속임수로 인해 라반으로부터 속임을 당해 20년 (두 아내를 얻는데 14년, 양떼를 위해 6년) 종살이를 해야 했다.
③ 요셉을 팔아넘기는 일로 자신의 아들들로부터 속임을 당해야 했다.

"여호와께서 나로 순적히 만나게 하셨음이니이다." 야곱은 자신의 속임수를 위해 먼저 하나님의 이름을 팔았다. 평소 에서는 이 같은 신앙적인 말을 하지 않았기 때문에 이삭의 의심을 사기에 충분했다.

그의 의심은 야곱이 진짜 에서인지 아닌지 확인하는 작업으로 이어진다. 이삭의 확인 작업은 다섯 번(목소리, 손의 촉감, 고기 맛, 옷 냄새, 입맞춤)에 이른다. '순적(順適)히'는 '쉽게, 빨리, 성공적으로'라는 뜻이다.

"야곱의 음성이나 손은 에서의 손이로다." 이삭은 목소리로는 확인이 되지 않자 손을 만져 본다. 보통 아버지의 이런 말을 들은 경우 당황해서 별미그릇을 떨어뜨리고 손목에 둘렀던 가죽을 팽개친 채 도망했을 것이다. 그러나 야곱은 도망하지 않았다. 이것은 야곱도 리브가 못지않게 대담한 면이 있음을 보여 준다.

"가까이 가서 그에게 입 맞추니." 이삭은 사랑의 징표로 입 맞추도록 했다. 그러나 그것은 이삭에게 있어서 마지막 확인 작업이었다. 야곱은 성실성을 믿고 있는 이삭에게 입을 맞춘다. 진실해야 할 사랑의 입맞춤이 속임의 입맞춤으로 변질되었다. 이삭은 속은 줄도 모르고 그 입맞춤을 끝으로 축복을 하게 된다.

이 입맞춤과 축복은 서로 연결되어 있다는 점에서 의미 있는 터치(touch)이다. 입맞춤은 사랑한다는 것을 말하며, 이 사랑의 관계를 통해 하나님의 축복이 임한다. 이삭과 야곱은 자식들을 축복할 때, 예수님은 아이들을 축복할 때 의미 있는 터치를 통해 하나님의 축복이 임하게 했다.

"그에게 축복하여 가로되." 입을 열어 축복했다. 말을 통해 축복을 선포한 것이다. 언어의 창조적 능력을 통해 다른 사람을 축복해주는 것이 필요하다. 축복의 말을 하면 그 말을 믿고 그대로 하려고, 결국 이루어진다. 물론 여기서의 축복은 인간의 의지가 아니라 하나님이 함께하시는 축복이라는 점에서 다르다. 하나님은 아브라함과 이삭에게 내린 복이 다음 세대에도 이어지기를 바라셨다. 축복은 하나님이 주시는 은사이지 이삭 자신이 가려 줄 수 있는 것은 아니다. 족장 이삭의 실수나 이기심도 하나님의 예정하신 경륜를 방해할 수 없다. 리브가와 야곱의 속임수까지도 하나님의 뜻을 성취하는 데 선용되는 것도 이 때문이다.

"내 아들의 향취는 여호와의 복 주신 밭의 향취로다." 옷에서 에서의 체취를 느끼자 이삭은 '여호와의 복 주신 밭의 향취'라 했다. 에서는 들의 사람이었기 때문에 옷에 가나안 땅의 풀냄새, 땅 냄새가 배어 있었다. 그 냄새는 이삭에게 의미가 있었다. 가나안은 하나님의 복 주신 땅, 하나님의 약 속의 땅이므로 그 땅의 향기가 스며든 옷을 입은 아들이 하나님의 축복을 받는 것은 당연하다고 생각했을 것이다. '밭의 향취'는 추수 때 곡식 더미에서 나오는 향기로 상대를 인정한다는 의미를 담고 있다. 여호와 밭의 향취는 상대를 고귀한 존재로 인정한다는 것이다. 우리도 축복할 때 말로만이 아니라 상대의 진정한 가치를 인정해 주어야 한다. 그것도 아버지가 아들을 인정하는 말은 얼마나 중한가. 이삭은 하나님의 관점에서 아들을 존중했다. 당신은 복 줄 상대를 얼마나 귀하게 보는가.

"하늘의 이슬과 땅의 기름짐이며." 팔레스타인에는 우량이 많지 않다. 가뭄이라도 들면 농작물은 크게 피해를 입게 된다. 이때 산악 지대의 경우 서풍이 몰고 온, 바다 수분을 머금은 공기가 저녁에 급속히 냉각되어 이슬이 비처럼 내린다. 이슬이 부족한 수분을 보충해 주는 것이다. 따라서 이슬은 하나님의 축복으로 간주된다. 반대로 이슬이 그치는 것은 하나님의 진노를 나타낸다. 또한 가나안 땅은 아름답고 광대한 땅, 젖과 꿀이 흐르는 땅(출3:8)으로 묘사되고 있다.

여기서 '땅의 기름짐'은 그 축복된 땅에서 풍성한 결실을 얻으며 살게 될 것을 의미한다.

"열국이 네게 굴복하리니." 하나님은 이미 큰 자가 어린 자를 섬기리라 하신 바 있다. 이 예언의 축복은 그 일이 성취될 것을 의미한다. 이삭은 비전을 그리며 축복했다. 땅에서 받을 축복, 세상을 다스릴 축복, 하나님이 지키고 보호해 주실 축복 등 이 축복의 비전을 안고 살아가게 했다.

"네가 형제들의 주가 되고." 29절의 '형제들'이나 '아들들'은 후손을 염두에 둔 것이다. 이삭은 에서의 자손들이 야곱의 후손을 지배하기를 바랐다. 이것은 "큰 자가 어린 자를 섬기리라"는 하나님의 뜻과 상반된다. 그러나 이삭의 뜻과는 달리 그는 결국 야곱 자손의 번영을 기원하게 되었다. 성경에서 이와 유사한 사건들이 기록되어 있다.

예언자 발람은 제물을 얻기 위해 이스라엘 민족을 저주하려고 했다. 그러나 하나님은 그의 입을 통하여 이스라엘을 축복하는 말을 하도록 하셨다(민23:11 - 12).

대제사장 가야바는 자기도 모르게 "너희가 알지 못하는도다 한 사람이 백성을 위하여 죽어서 온 민족이 망하지 않게 되는 것이 너희에게 유익한 줄을 생각지 아니하는도다"라고 말했다. 그는 자신이 아는 듯 말했지만 성경은 "이 말은 스스로 함이 아니요 예수께서 민족과 하나님의 자녀를 모아 하나가 되게 하기 위하여 죽으실 것을 미리 말함이라"(요11:49 - 52)고 했다. 그는 스스로 한 말의 의미를 깨닫지 못했을지라도 예수님이 왜 죽어야 하는지 그 의미를 예언했다.

"네 어미의 아들들이 네게 굴복하며." 에서 자손인 에돔 족속은 이스라엘에 종속되었다가 이스라엘 굴레를 벗어난 후 역사에서 사라졌다.

"네게 축복하는 자는 복을 받기를 원하노라." 이것은 축복받은 아브라함의 자손에 대한 다른 사람들의 태도가 어떠해야 하는가를 보여 준다. 그를 저주하는 자가 저주를 받고 그를 축복하는 자가 복을 받도록 하는 것은 하나님의 말씀을 온전히 이루고, 그 말씀을 지키는 자에게 생명에 이르게 하기 위함이다.

이삭은 야곱에게 재산을 물려준 것은 아니다. 하나님의 헌신이 축복을 이루게 했다. 훗날 야곱은 "내가 너와 함께하리라 내가 너를 떠나지 아니하리라"는 하나님의 약속을 의지했고, 라반에게 속고 빼앗기고 멸시를 당했음에도 불구하고 그 약속을 믿고 이겨 나갔다. 그 상황에서 이삭이 그를 도울 수 없었지만 하나님은 "내가 너를 떠나지 아니 하리라"는 약속을 지키셨다. 이것은 야곱을 향한 하나님의 헌신이 그를 지기셨다는 것을 보여 준다.

2. 분노하는 에서(30 - 46절)

- 후에 에서가 사냥한 고기로 별미를 만들어 이삭에게 가져오매 속은 줄 안 이삭은 심히 크게 떨었고 에서는 이 말을 듣고 방성대곡
- 에서, "그의 이름을 야곱이라 함이 합당치 아니하니이까. 그가 나를 두 번이나 속이고 전에는 장자의 명분을 빼앗고 이제는 내 복을 빼앗았나이다"
- 소리 높여 울며 복 받기를 원하니 이삭이 에서에게 축복하사 "너의 주소는 땅의 기름짐에서 뜨고 내리는 하늘 이슬에서 뜰 것이

며 너는 칼을 믿고 생활하겠고 네 아우를 섬길 것이며 네가 매임을 벗을 때에는 그 멍에를 네 목에서 떨쳐 버리리라"

- 이 축복으로 에서가 야곱을 미워하여 "아버지를 곡할 때가 가까웠으니 내가 야곱을 죽이리라"
- 이 말을 들은 리브가가 야곱을 불러 "내 어찌 한 날에 너희 둘을 잃으리요. 너는 형의 분노가 풀리기까지 몇 날 외삼촌 라반의 집에 피해있으면 내 사람을 보내리라"
- 리브가가 이삭에게,
  "내가 헷 사람의 딸들을 인하여 나의 생명을 싫어하거늘 야곱이 만일 이 땅의 딸들 곧 그들과 같은 헷 사람의 딸들 중에서 아내를 취하면 나의 생명이 내게 무슨 재미가 있으리이까"

"이삭이 심히 떨며 사냥한 고기를 가져온 자가 누구냐." 야곱이 나간 후 에서가 사냥한 음식을 가지고 왔을 때 비로소 자신이 속은 것을 알게 되었다. 이삭이 심히 떤 것은 두 가지 의미를 담고 있다.

첫째, 야곱의 속임수와 그 일에 아내 리브가가 가담한 것에 대한 심한 분노이다.

둘째, 에서를 축복하려는 자신의 의도가 하나님에 의해 무산된 것을 깨닫고 두려움에 빠졌다. 그제야 두 아들에 대한 하나님의 분명하신 뜻과 배려, 하나님의 엄위하심을 깨닫게 된 것이다. 첫 번째보다 두 번째가 더 합당한 해석으로 수용되고 있다.

"사냥한 고기를 가져온 자가 누구냐"는 문맥상 '그가 가져왔기에'라는 뜻이다. 그래서 먹었다는 것이다.

"그가 정녕 복을 받을 것이니라." 이삭은 자신의 의도와는 달리 야곱을 축복했다는 것을 알았지만 하나님이 누구를 축복하기 원하시느지를 분명히 알았기 때문에 번복하지 않았다. 이삭은 "그가 정녕 복을 받을 것이니라."고 말함으로써 야곱에게 내린 축복이 번복할 수 없음을 강하게 선언한다. 이것을 고대인들의 법적 또는 미신적인 관념으로 해석하기도 하지만 이삭이 이교도들에 만연된 관습법을 따랐다고 보는 것은 신앙적으로 바람직하지 않다. "하나님의 은사와 부르심에는 후회함이 없느니라"(롬11:29). 인간의 잘못된 행위라 할지라도 그것이 하나님의 뜻을 방해할 수 없다. 결국 어떤 방도로든 하나님의 뜻을 이루므로 후회함이 없다.

"그 아비의 말을 듣고 방성대곡하며."에서는 평소 그답지 않게 소리 높여 울었다. 이 울음에는 회개보다 슬픔과 야곱에 대한 맹렬한 분노가 담겨 있다. 그는 자신의 신앙적 미숙과 어리석음을 깨닫기보다 야곱을 비난하기에 급급했다(36절). 원문은 "심히 반항하여"라고 되어 있다. 심하게 반항했다는 것이다. 이 반항은 아버지나 그의 말에 대한 것일 수 있고, 야곱에 대한 것일 수도 있다.

히브리서 기자는 이 과정에서 이삭의 마음을 바꾸려고 얼마나 노력했는가를 보여 준다. "저가 그 후에 축복을 기업으로 받으려고 눈물을 흘리며 구하되 버린 바가 되어 회개할 기회를 얻지 못하였느니라"(히12:17). 여기서 '회개할 기회'란 이삭의 마음을 돌이킬 기회를 얻지 못했음을 의미한다.

"그의 이름을 야곱이라 함이 합당치 아니하나이까." 야곱의 이름은 속이는 자, 빼앗는 자라는 뜻을 가지고 있다. 야곱은 배고픈 형을 속였고, 눈먼 아버지를 속였다. 에서는 야곱이 전에는 장자의 명분을 빼앗고, 지금은 자신의 복을 빼앗았다며 두 번이나 빼앗았다고 말하고 있다.

"나의 장자의 명분, 내 복을 빼앗았나이다." 에서는 모두 빼앗겼고 상황은 다시 돌이킬 수 없음을 실감하게 된다. 그는 자신의 어리석음을 한탄하기보다 "장자의 명분과 내 복을 빼앗았다"며 야곱을 비난하기에 급급했다. 그리고 자신을 위해 '빌 복'이 있지 않겠느냐고 이삭에게 간청한다. 이것을 볼 때 에서도 하나님이 주실 복을 경시하지 않았음을 알 수 있다. 그러나 히브리서 기자는 "한 그릇의 식물을 위하여 장자의 명분을 판 에서와 같이 망령된 자가 있을까 두려워하라"(히12:16) 기록하고 있다.

"너의 주소는 땅의 기름짐에서 뜨고." 39절에서 40절까지 이삭이 에서에게 한 말에는 축복의 말보다 저주스런 내용이 담겨 있다. 그렇다고 이삭이 상심하고 있는 에서에게 저주를 하고자 한 것은 결코 아니다. 그저 에서와 그 후손들이 장차 어떤 삶을 살게 될 것인가에 대해 담담히 예언하고 있다.

이삭은 에서와 그 후손이 가나안 땅이 아닌 이슬도 내리지 않는 척박한 땅에서 살 것이라고 예언한다. '주소'(dwelling)는 살 땅, 곧 기업을 말한다. 땅의 기름짐에서 '뜨고' 내리는 하늘 이슬에서 '뜰 것'이라는 것은 '분리되어 있다, 떨어져 있다'(be away from)는 의미이다. 땅의 기름짐과 하늘 이슬과는 거리가 멀다는 것이다. 에서를 향한 이삭의 말은 축복도 아니고 저주도 아니다. 단지 장래에 대한 예언일 뿐이다. 이 예언은 그대로 성취되어 에서와 그의 자손들(에돔 족속)은 세일 산이라는 험악하고 척박한 산악지대에서 살았다.

에서의 후손들이 거주할 땅은 풍성한 곡식과 포도주를 낼 땅과는 거리가 먼 거칠고 황폐하기 그지없어 칼을 믿고(40절) 생활하게 되었다.

"네 아우를 섬길 것이며." 야곱에게 복을 주신 것은 하나님의 뜻이지 야곱의 속임수가 복받는 근거가 되는 것은 아니다. 아울러 에서가 야곱을 섬기게 된다고 해서 야곱의 속임수가 정당화되는 것도 아니다.

"네가 매임을 벗을 때에는 그 멍에를 네 목에서 떨쳐 버리리라." 이 말은 에서의 후손들이 정치적인 속박을 당하다가 겨우 독립을 얻으리라는 뜻이다. 그것도 아우에게 속박될 경우 끊임없이 투쟁해야 그 멍에에서 벗어날 수 있다.

이 예언도 그대로 이루어졌다. 이스라엘이 왕정을 이루기 전에 에돔은 독립국이었다. 그들은 다윗에 의해 정복을 당하고 속박을 당했다가(삼하8:12-14), 가까스로 솔로몬 시대에 와서 약간의 독립을 얻게 되었으나(왕상11:11-22,25) 다시 점령되곤 했다. 주전 126년 하스모니아 왕조의 힐가누스가 그들을 완전히 제압하고 할례를 받게 했다. 그 이후 에돔은 민족으로서 자취를 감추고 유대인들의 일부가 되었다.

"야곱에게 축복한 그 축복을 인하여 야곱을 미워하여." 미워한다는 말은 배척한다는 의미이다. 에서는 축복을 빼앗긴 일과 자신에 대한 이삭의 예언의 내용을 듣고 야곱을 미워했다. 에서는 이삭이 죽기만 하면 당장에 야곱을 없애 버릴 마음을 품고 때를 기다렸다. 이것은 에서가 신앙적 반성을 하지 않았음을 보여 준다.

에서가 야곱을 미워한 데 비해 아버지 이삭을 미워하지 않은 것을 보면 에서도 이삭을 존경하고 따랐음을 보여 준다. 만일 그가 아버지에 대한 존경심마저 없었다면 자기의 생각을 따라 야곱을 처치했을 가능성이 높다.

리브가와 야곱의 행동은 결국 가족 간에 불화의 씨를 뿌린 결과를 낳았고 그 열매는 깊은 마음의 상처로 남았다. 인간관계가 탐심과 이기심, 불공평과 속임수에 바탕을 둘 경우 반목과 분쟁이 따르기 마련이다. 이러한 것은 인간의 육체적인 삶의 모습이지 하나님이 원하는 모습의 삶이 아니다. 하나님은 자기백성들이 서로 믿고 사랑하며 살기를 바라신다. 하나님은 인간의 죄도 그의 뜻을 위해 쓰이게 하시지만 그렇다고 인간의 죄악을 정당화시켜 주거나 면제시켜 주지는 않으신다. 비록 나중에 두 형제가 화해를 하기는 했지만(창 33장) 그들의 후손은 결국 원수가 되었다(암1:11).

에서의 분노에 찬 말이 그대로 리브가에게 전해졌다. 이제 남은 것은 야곱을 설득하여 이곳을 떠나게 하는 것이다. "네 형 에서가 너를 죽여 그 한을 풀려 하나니." 에서의 비통함은 한으로 남았다. 그 한을 푸는 길은 야곱을 죽이는 길뿐이라고 생각했다. "아버지가 돌아가시기만 해봐라 가만 안 두겠다." 리브가의 걱정이 커질 수밖에 없다.

"내 아들아 내 말을 좇아 일어나 하란으로 가서 네 오라버니 라반에게 피하여." 야곱에게 위험이 미치지 않도록 먼 하란으로 피하도록 권한다. 하란은 메소포타미아 북부에 있는 성읍으로 아브라함이 가나안으로 오기 전에 이곳에서 잠시 거했던 곳이다. 이곳은 리브가의 고향이다.

"형의 노가 풀리기까지 몇 날 동안 그와 함께 거하라." 리브가는 에서의 급한 성격을 알고 있었기 때문에 며칠이 지나면 풀릴 것으로 생각했다. 본래 그의 계획은 잠시 동안만 라반과 함께 지내게 하려는 것이었다. 야곱의 피신도 며칠이면 끝날 것으로 보았다. 그는 야곱을 부르러 사람을 보내겠다고 약속했다. 그러나 그 약속은 이루어지지 않았다. 그가 생각했던 잠시는 20년이나 되었고(창31:38), 그녀는 야곱을 다시 볼 수 없었다.

"어찌 하루에 너희 둘을 잃으랴." 리브가는 에서가 야곱을 죽일 수 있을 것으로 판단했다. 만일 에서가 야곱을 죽이게 된다면 살인에 대한 복수로 에서 역시 '피를 보수하는 자'에 의해 복수당할 가능성(창9:6;민35:19;삼하14:6,7), 곧 그 역시 죽어야 하는 상황이 되므로 결국 한날에 둘을 모두 잃게 된다. 그렇지 않다 하더라도 에서가 야곱을 살해하고 도망칠 가능성도 있다. 리브가는 그 어떤 상황이든 바람직하지 않으므로 야곱으로 하여금 하란으로 속히 떠나도록 설득했다.

"야곱이 헷 사람의 딸들 중에서 아내를 취하면 무슨 재미가 있으리이까." 리브가는 자식들이 피 흘리는 것을 막아 남편을 비통함에 빠지지 않게 하면서 아울러 야곱이 에서처럼 이방인의 딸을 아내로 맞아들여 언약의 복을 훼방하는 상황에 말려들지 않기 위해 이삭을 설득하기로 하였다. "야곱이 이 땅의 딸들, 곧 그들과 같은 헷 사람의 딸들 중에서"라는 말은 리브가가 이미 이방의 며느리들과 고부간의 갈등이 있었음을 보여 준다. 나아가 야곱만큼은 이방 며느리를 얻지 않겠다는 각오도 담겨 있다. 리브가는 이삭의 양해를 구하는 과정에서 야곱이 처한 위험의 원인을 솔직하게 그에게 말하기보다 결혼문제를 들었다. 이 또한 속임이 계속되고 있음을 보여 준다.

리브가는 에서가 헷 사람 가운데서 아내를 취한 것을 들어 야곱조차 그리 되어서는 안 된다며 야곱을 설득해 메소포타미아로 가도록 했다. 리브가의 집요한 설득노력은 집안의 분위기가 급박하게 돌

아가고 있음을 보여 준다. 이삭에게 있어서 리브가의 제안은 매우
설득력이 있었다. 이삭은 리브가의 말에 동의해 야곱을 설득하기 위
해 불러들인다.

1. 야곱을 라반에게 보내는 이삭(1 – 9절)

- 이삭이 야곱을 불러 축복하되, "가나안 사람의 딸 중에서 아내를 취하지 말고 외삼촌 라반의 딸 중에서 아내를 취하라. 아브라함에게 허락하신 복과 주신 땅(너의 우거하는 땅)을 유업으로 받기를 원하노라."
- 에서가 본즉 이삭이 야곱에게 축복하고 그를 밧단아람으로 보내어 아내를 취하게 하고 또 본즉 가나안 사람의 딸들이 그 아비 이삭을 기쁘게 못하는지라
- 이에 에서가 그 본처들 외에 이스마엘의 딸이요 느바욧의 누이인 마할랏을 아내로 취함

이삭은 리브가의 제안을 긍정적으로 보고 이를 확실히 하기 위해 야곱을 불러 축복하고 가나안 사람의 딸 중에서 아내를 취하지 말고 밧단아람으로 가서 외삼촌 라반의 딸 중에서 아내를 취할 것을 부탁한다. 하나님의 약속하신 축복을 받기 위해서는 무엇보다 믿음의 가정을 이루는 것이 중요하기 때문이다. 이것은 야곱의 인생에 있어서 두 번째 국면이 어떻게 시작되는가를 보여 준다.

이삭은 아브라함에게 허락하신 복을 야곱에게 주시며 아브라함에게 주신 땅을 유업으로 받도록 축복하였다. 전에는 모르면서 야곱을 축복했지만 이제는 자신의 의지로 아브라함의 축복을 이을 자식에게 축복을 해 줌으로써 하나님의 계획을 공식적으로 성취시키고 있다. 이것은 이삭이 더 이상 하나님의 뜻을 거스르지 않고 야곱을 약속의 후사로 인정했음을 보여 준다.

"전능하신 하나님이 복을 네게 주시되." 전능하신 하나님은 히브리어로 엘 샤다이(El Shaddai)이다. '샤다이'란 '산'이라는 뜻과 관련된 단어에서 나온 말로 하나님을 산 위에 우뚝 선, 전능한 분으로 묘사하고 있다.

"너로 여러 족속을 이루게 하시고." 당시 이스라엘 민족은 하나의 민족으로 구성되었다. 그가 여러 족속을 이루게 하도록 축복한 것은 야곱을 통해 많은 자손이 이어지기를 바라는 것이다. 야곱에 대한 이 축복은 12지파의 탄생으로 구체화된다.

"아브라함에게 허락하신 복을 네게 주시되." 바울은 이것을 그리스도인들에게 적용시켰다(갈3:14).

이삭의 권고에 따라 야곱은 브엘세바에서 밧단아람까지 800㎞ 떨어진 외삼촌 라반의 집으로 떠난다.

"에서가 본즉 가나안 사람의 딸들이 아비 이삭을 기쁘게 못하는지라." 에서는 자신이 선택한 가나안 출신 아내들을 아버지 이삭이 달갑게 생각하지 않고 있음을 깨닫게 되었다. 야곱을 밧단아람으로 보낸 것도 그 때문이라는 것을 확신하게 되었다.

"이스마엘에게 가서 마할랏을 아내로 취하였더라." '이스마엘에게 가서'는 그 당시 살아 있는 이스마엘을 만난 것이 아니라 이스마엘의 가족에게 간 것을 의미한다. 이미 14년 전에 죽었기 때문이다.

에서는 뒤늦게나마 아버지의 호의를 얻기 위해 이스마엘의 딸 마할랏(Mahalath)을 아내로 맞았다. 이것은 그가 잃었던 축복을 되찾으려는 때늦은 노력의 일환일 수도 있고 부모로부터 잃었던 신뢰를 되찾기 위한 것일 수도 있다. 그러나 이것 또한 잘못되었다. 이스마엘과 그의 후손들은 하나님의 언약과 상관이 없는 족속이기 때문이다. 이것은 에서가 얼마나 영적으로 무지했는가를 보여 준다. 마할랏은 바스맛이라 불리기도 한다(창26:34, 36:2). 그는 마할랏과 결혼할 때 그의 이방 부인을 내쫓지 않았다.

2. 야곱의 꿈과 서원(10 - 22절)

- 야곱이 브엘세바를 떠나 하란으로 가는 도중 루스에 이르러 해가 진지라
- 유숙하려고 한 돌을 취하여 베게 삼고 누워 자더니
- 꿈에 땅위에 사닥다리가 서있고 그 꼭대기가 하늘에 닿았으며
- 하나님의 사자가 그 위에서 오르락내리락하며
- 여호와께서 그 위에 서서,
  "나는 여호와라 아브라함의 하나님이요 이삭의 하나님이라. 네 누운 땅을 너와 네 자손에게 줄 것이며 내가 너와 함께 있어 네가 어디로 가든지 너를 지키며 너를 이끌어 이 땅으로 돌아오게 하리라 내가 네게 허락한 것을 다 이루기까지 너를 떠나지 아니 하리라."
- 야곱이 잠깨어,

"하나님께서 여기 계신 줄 모르고 두려워하였도다. 이곳이 하나님의 전, 하나님의 문이로다." 하고

- 아침 일찍 베겟돌을 기둥으로 세우고 그 위에 기름을 붓고
- 그곳 이름(루스)을 벧엘(하나님의 집)이라 명하고 서원하되
  "하나님이 나와 함께 계시사 내 가는 길을 지켜 먹을 양식과 옷을 주사 나로 평안히 아비 집에 돌아가게 하시면 하나님이 나의 하나님이 될 것이며 이 돌이 하나님의 전이 될 것이며 하나님께서 주신 모든 것에서 십분 일을 반드시 하나님께 드리리이다."

창세기 28장에서 우리는 야곱이 자기 집에서 거하지 못하고 브엘세바를 떠나는 모습을 본다. 이 과정에서 하나님이 처음으로 그와 직접 교통하시는 기사가 소개되고 있다.

야곱은 깨어난 후에 하나님의 임재에 대한 자신의 새로운 깨달음을 "두렵도다. 이곳이여"라는 말로 표현하였다. 야곱이 두려움을 느낀 것은 당연하다. 왜냐하면 인간은 신적인 현현 앞에서 자연적으로 두려움을 느낄 수밖에 없기 때문이다.

다음 날 아침 그는 그곳에 돌을 세우고 그곳을 벧엘, 즉 하나님의 집이라고 불렀다. 이런 그의 태도에는 종교적인 깊은 확신과 신앙이 깃들어 있었다. 동시에 그는 하나님과 거래하는 태도를 보였다. 그것은 자신의 야심을 적나라하게 드러내는 것이었다. 밤의 이상 중에 하나님은 그와 함께하시겠다고 약속하셨다. 그러자 이제 야곱이, 만일 그렇게 해 주신다면 자기는 하나님께 자기의 모든 소유의 십분의 일을 드리겠다고 말한다. 이것은 매우 수준 낮은 신앙이었지만 그는 그 한밤중의 이상을 그 이후 모든 날 동안 내내 기억했을 것이다.

이 사건은 다음과 같은 교훈을 남겨 주고 있다.

① 하나님은 선택하신 백성과 어디서나 함께하시며 자유롭게 인간을 만나시고 인격적인 교제를 나누신다

② 하나님이 임재하시는 곳이 바로 하나님의 성전이다.

③ 예수님이야말로 구원의 길로서 어디서나 그분을 믿고 그 이름을 부르면 하나님과의 인격적인 교제가 가능하다.

야곱은 속임수를 써서 아버지로부터 상속권을 얻은 일로 인해 집을 떠나 낯설고 위험한 길을 가야 했다. 브엘세바에서 하란까지는 직선거리로 800㎞이다. 야곱은 최소한 2천리 이상의 먼 길을 홀로 여행했다. 그는 훗날 안전하게 돌아오게 되지만 하나님으로부터 20년간 연단을 받아야 했다. 그동안 하나님은 아브라함의 자손으로 만민의 복을 받고자 하는 계획을 진행시키셨다. 그리고 그 언약을 담당해야 할 자들의 연약함을 참아 주시고 그들이 가는 곳마다 은혜로 지켜 주셨다.

"한 돌을 취하여 베게하고 누워 자더니." 야곱은 피곤하고 지친 채 루스에 이르렀다. 그는 돌 하나를 택하여 베게 하고 누워 잠을 청했다. 이것은 목동들이 흔히 하는 행동이다. '베게'는 '머리 두는 곳'을 의미한다. 이 모습은 집을 떠나야만 했던 야곱의 삶이 얼마나 외롭고 갖가지 어려움에 부딪히게 될 것인가를 보여 준다.

그러나 결국에는 하나님의 축복하심으로 야곱은 모든 난관에서 보호받고 이스라엘 열두 지파의 조상이 되어 아브라함에게 하신 하나님의 언약을 성취한다. 인간적으로 볼 때 비겁하고 탐욕스럽고 술수에 능한 사람임에도 불구하고 하나님은 그를 통해 구원의 목적을 이루셨다. 우리는 이 사실 가운데서 죄악 되고 부도덕한 인간이라도 무조건적으로 용납하시고 받아들이시는 하나님의 사랑을 절실히 깨

닫게 된다.

"꿈에 본즉." 하나님은 계시의 초기 단계에서 자신의 뜻을 나타낼 때 꿈을 사용했다. 따라서 계시가 꿈의 형태를 취했다는 것을 놓고 계시를 받는 야곱의 영성이 아직 낮은 차원에 있었던 것이 아닌지 판단하기도 한다. 그러나 꿈이든 다른 형태이든 하나님께서 적절하다고 생각하신 것을 취하셨다고 보는 것이 바람직하다.

지금 야곱은 약속의 땅으로부터 우상숭배와 세속성에 물들어 있는 친지에게로 가는 행로에 있었고, 그런 죄의 모방에 물들기 쉬운 상황에 있었다. 그러므로 지금은 하나님이 그와 개인적으로 교통하셔서 야곱이 주체적으로 언약의 약속 아래 굳게 설 필요가 있는 때였다.

"하나님의 사자가" 원문은 '하나님의 사람들이'라고 되어 있다. 그가 본 하나님의 사자는 하나가 아니라 여럿인 것을 알 수 있다. 야곱의 생애 가운데 여러 번 하나님의 사자가 나타났는데, 이것은 그 첫 번째 사건이다. 이 사자는 야곱을 유지하고 인도하며 보호하는 일을 중재하는 천사들이다. 이 사자는 야곱의 필요와 간청을 가지고 오르고, 하나님의 은혜와 은사를 그에게 주려고 내려온다.

야곱은 꿈속에서 하늘과 땅 사이가 서로 연결되는 이상을 보았다. 사닥다리는 '위아래로 연결시키는 경사로'라고 읽기도 하며 '계단'으로 이해하기도 한다. 그가 이곳을 '하늘의 문'(gate of heaven)으로 본 것도 이것과 연관된다.

천사들은 사닥다리나 경사로가 필요하지 않다. 그럼에도 불구하고 땅에서부터 하늘에 닿은 사닥다리라고 말한 것은 하나님과 이 땅 사이에 방해받지 않고 이루어지는 교통, 하나님과의 막히지 않는 교제, 하나님의 임재를 상징한다. 또한 약속이 하늘과 땅을 연결했음을 의미한다.

예수님은 "하늘이 열리고 하나님의 사자들이 인자 위에 오르락내리락 하는 것을 보리라"(요1:51) 하심으로 자신을 사닥다리의 역할을 하실 것을 말씀하셨다. 이 말씀은 주님께서 말씀의 진리를 통해 하나님의 뜻을 사람에게 연결시키고, 사람의 뜻을 하나님께 상달되게 하는 역할을 하기 때문이다. 예수님만이 하나님께로 이를 수 있는 길이며(요14:6), 하나님과 사람을 중재할 수 있는 유일한 중보자이시기 때문이다. 이 사건을 통해 예수 그리스도의 역할을 예표적으로 보여 주고 있다.

따라서 이 벧엘은 무엇보다 십자가의 의미를 우리 삶 속에서 다시 상기시킨다. 야곱이 가장 고통스러운 순간에 찾아오신 곳이 벧엘이었다. 거기서 그는 천사들이 오르락내리락하는 꿈을 꾸었다. 이것은 십자가의 환상이었다. 요한복음 1장 51절의 말씀대로 그것은 땅과 하늘을 연결하는 사다리였다. 예수님은 하늘과 우리를 연결하신다. 나의 모든 문이 닫혀 있다 할지라도 십자가의 예수를 바라보면 하늘의 열린 문을 보게 된다. "하늘의 문이로다." 하늘 문이 열리는 것을 본다. 희망을 본다. "너는 내게 부르짖으라 내가 네게 응답하겠고 네가 알지 못하는 크고 비밀한 일을 네게 보이리라."(렘33:3). 어려움에 처해 있다 할지라도 그것에서 당신을 향한 주님의 비전을 보라. 당장 직장의 문이 열리지 않고, 사업이 잘 안되고, 부부의 문이 닫혀 있다 할지라도 당신을 향한 주님의 꿈은 살아 있다. 야곱의 꿈이 현실로 이어지듯 하나님의 비전을 당신을 통해 이루어질 것이다. 그러므로 이것은 단순한 환상이 아니다.

"하나님의 사자가 그 위에서 오르락내리락하고." 야곱은 천사들이 이 사닥다리 위를 오르고 내리는 모습을 보았다. 천사의 수는 셀 수 없을 만큼 많다(히12:22). 그들은 하나님이 주시는 임무를 맡아 처리하며(시103:20), 특히 구원을 얻을 후사들을 섬긴다(히1:14). 따라서 천사들이 사닥다리를 오르고 내린 것은 수행한 일을 보고하고 또 새로운 임무를 맡기 위한 것임을 알 수 있고, 이 일을 통해 야곱은 하나님이 얼마만큼 자기에게 관심을 가지고 계시며, 많은 천사들은 자기를 돌보기 위해 얼마만큼 바쁘게 활동하는가를 확신하게 되었다.

　"여호와께서 그 위에 서서 가라사대." 은혜롭게도 자신의 잘못으로 인해 외로운 처지가 되어 집을 떠난 야곱에게 최초로 하나님의 현현이 이루어졌다. 야곱은 자신의 생애에서 하나님의 현현을 일곱 차례(창31:3,11-12,32:1-2,24-30,35:1,9-13,46:1-4) 경험했다. 이것은 하나님이 야곱에게 나타나신 최초의 사건이다. 정작 야곱에게 깊은 감동을 준 것은 이상을 보았다는 사실이 아니라 여호와가 그곳에 계셨고 자기에게 말씀하셨다는 사실이다. 그가 꿈에 하나님을 뵌 사건은 야곱에게 있어서는 획기적인 것이었다. 그는 지금까지 하나님에 대해 이야기는 많이 들었지만 하나님이 실제 그에게 나타나 말씀하셨던 적이 없었기 때문이다. 그가 처음으로 하나님과 커뮤니케이션하게 되는 이 순간은 하나님과의 관계에서 생의 전환점이 된다.

　더욱이 낯선 땅에서 홀로 밤을 지새워야 하는 외로운 처지에서 하나님을 만난다는 것은 생각지도 못한 일이다. 하나님은 그 외로운 자리에 찾아오셨다. 그러므로 하나님의 사람은 하나님이 있어 외롭지 않다. 더욱이 하나님은 그에게 축복까지 해 주셨다. 하나님의 축복은 아브라함과 이삭에게 내린 축복의 반복이다. 야곱은 그 일에 자신이 참여하고 있음을 알게 되었다.

"나는 여호와니 너의 조부 아브라함의 하나님이요 이삭의 하나님이라 너 누운 땅을 너와 네 자손에게 주리니." 하나님은 스스로 아브라함과 이삭의 하나님이심을 밝히셨다. 이것은 살아계신 하나님이요 약속을 이행하는 하나님임을 강조하신 것이다. 그다음 야곱에게 아브라함과의 언약을 다시금 재확인하셨다. 또한 그에게 땅의 축복과 자손의 축복을 주었다. "너 누운 땅"을 준다는 약속은 땅의 축복이다.

"동서남북에 편만할지며." 편만(遍滿)은 넓게 흩어짐을 의미한다. 그의 자손들이 얼마나 많고 널리 퍼지게 될 것인가를 보여 준다.

"내가 너와 함께 있어 어디로 가든지 너를 지키며 너를 이 땅으로 돌아오게 할지라 다 이루기까지 너를 떠나지 아니하리라." 이 말씀은 야곱에 대한 하나님의 약속이다. 하나님은 그에 대해 임마누엘의 하나님이심을 확실히 하시고 그에 대한 신변보호(watch, care)를 약속하셨다. 이 말씀에서 우리는 하나님은 임마누엘의 하나님이시며 그 하나님이 약속의 자녀들을 철저히 보호하신다는 사실을 읽을 수 있다. 이방신의 경우 제한된 영역을 통치한다. 그 통치영역 밖으로 나가면 어떤 도움을 받을 수 없다고 생각한다. 그러나 온 세상을 주관하시는 하나님은 우리가 어느 때 어느 곳에 가든지 보호하실 수 있는 유일한 분이시다.

리빙스턴이 아프리카에서 전도할 때 맹수에게 먹힐지 아니면 식인종에게 당할지 두려운 상황이 연속되었다. 그러나 그는 천막에 "하나님이 오늘도 나와 함께 계신다."는 글을 붙여 놓고 오가며 하나님이 함께하실 것을 다짐하고 믿었다. 그리고 담대히 나가 전도했다.

"야곱이 잠이 깨어 가로되." 야곱은 육적으로도 잠에서 깨어났을 뿐 아니라 영적으로도 깨어나게 되었다.

"여호와께서 과연 여기 계시거늘 내가 알지 못하였도다." '과연'의 원문은 '참으로'이다. 이것은 야곱의 체험적 신앙고백이다. 하나님을 아는 것은 하나님에 대해서 아는 것과는 다르다. 그는 지금까지 하나님에 대해서 머리로만 알았다. 그러나 지금 그는 하나님이 자신의 하나님이며 그의 삶 속에 살아 역사하시는 분이심을 알게 되었다. 야곱은 이 길이 자기 혼자만의 외로운 행로인 줄 알았으나 하나님이 자기와 함께하시는 것을 깨닫고 놀라움을 금하지 못하였다. 이 고백은 하나님이 가나안뿐 아니라 어디에나 계시며, 특히 그가 어디로 가든지 여호와가 함께하신다는 믿음의 깊은 확신으로 나타난다. 예수님께서도 나다나엘에게 하나님과의 교통이 최고의 실현을 보게 될 것을 말씀하셨다(요1:51).

"두렵도다 이곳이여." 야곱은 마치 자신이 하나님이 계시는 장소로 들어온 것처럼 느끼게 되었다. 갑작스런 하나님의 임재는 그를 압도하여 그의 마음속에 두려움을 불러일으켰다. 순간 그는 그동안 자신의 삶이 얼마나 추했는가를 실감하게 되었다. 아울러 하나님을 의지하면 앞으로 두려워할 것이 없다는 사실도 깨닫게 되었다.

"돌기둥을 세우고 그 위에 기름을 붓고." 돌기둥(a pillar)은 하나님이 나타나시고 그와 교제하신 것을 기념하기 위해 세운 기념물이다. 돌기둥에 기름을 붓는 것은 기둥을 거룩하게 구별하기 위한 것이다. 하나님의 사람이 돌기둥을 세우는 것은 하나님과의 관계에서만 허락되었다. 훗날 이것이 금지된 것은 이방의 만신사상에 관계되었기 때문이다(신12:3;미5:13).

"그곳 이름을 벧엘이라 하였더라." 벧엘(Bethel)은 '하나님의 집'이라는 뜻을 가지고 있다. 예루살렘에서 북쪽으로 16㎞ 떨어져 있다.

원래 이름은 루스(Luz)였으나 야곱이 하나님을 만난 후로 벧엘로 불리었다. 벧엘은 구약에서 예루살렘 다음으로 많이 언급되는 곳이다. 벧엘은 야곱이 하나님을 만나는 곳(창35:10)이었으며 브엘세바는 아브라함, 이삭, 야곱 모두가 하나님의 음성을 들은 곳(창21:22,23,26:23,24,46:1-4)이다.

"서원하여 가로되." 믿음과 확신으로 감사의 서원을 드렸다. 야곱의 서원은 크게 세 가지로 구분된다.

① "여호와께서 나의 하나님이 되실 것이요." 이것은 앞으로 자기 중심적으로 살지 않고 하나님 중심으로 살겠다는 것이다.

② "이 돌이 하나님의 전이 될 것이요." 앞으로 그와 그의 자손이 하나님을 모시며 신앙의 공동체를 이루겠다는 신앙의 다짐이다.

③ "십분의 일을 드리겠나이다." 이것은 내가 가진 모든 것이 하나님의 것이라는 것을 인식하고 그 증표로서 십일조를 드리겠다는 고백이다.

"평안히 아비 집으로 돌아가게 하시오면 나의 하나님이 되실 것이요." 하나님이 약속하신 대로 하란으로 가는 이 길을 지키시고 먹을 것과 입을 옷을 주시며 훗날 아비의 집으로 돌아오게 하시면 여호와께서 나의 하나님이 되실 것이라고 했다. '하시오면'이라는 말 때문에 야곱의 믿음이 때로 세속적이며 조건부라는 비판을 받기도 한다. 야곱에 대한 하나님의 무조건적인 보호와는 대조되기 때문이다.

그러나 그의 말이 축복을 받기 전까지는 하나님을 인정하지 않고 섬기지도 않겠다는 뜻은 결코 아니다. 오히려 하나님이 약속하신 것을 반복 또는 풀어 쓰면서 "그렇게 하시면 여호와는 나의 하나님이 되실 것이요"라는 확신과 감사 그리고 찬송이 담겨 있다. 따라서 이 문제로 야곱을 서둘러 비하시키는 것은 전후 맥락을 무시하는 일이다. 우리는 그의 말에서 그 모든 축복을 통해 여호와가 나의 하나님이 되실 것을 확신하고 감사하고 찬양하는 차원에서 이 말을 했다는 점을 기억할 필요가 있다. 하나님이 까닭 없이 그에게 이런 엄청난 축복을 주실 리 없기 때문이다.

"이 돌이 하나님의 전이 될 것이요." 그는 기둥으로 세운 돌들이 하나님의 전이 될 것을 말했다. 이것은 하나님에 대한 자신의 태도가 얼마나 확고한가를 보여 준다.

"내게 주신 모든 것에서 십분의 일을 반드시 하나님께 드리겠나이다." 십분의 일(a tenth)을 드리는 일은 셈 족속 사이에서 일반적이었다. 그것을 받는 사람의 절대성을 인정하는 행위였다. 그는 십일조를 '반드시' 드리겠다고 서원했다. 이때부터 야곱은 영적으로 성장하기 시작했고 훗날 '이스라엘'이라는 이름을 얻기에 이른다.

1. 레아와 라헬을 아내로 삼음(1 - 30절)

- 하란에 이르러 양치는 라헬을 만나 입 맞추고 소리쳐 울며
- 리브가의 아들 됨을 고하였더니 라반이 이 말을 듣고 달려와 영접
- 한 달을 그와 함께 거하더니 "네가 비록 나의 생질이나 어찌 값 없이 내 일만 하겠느냐 무엇이 네게 보수겠느냐"
- 야곱은 당시 라반의 두 딸 중 큰 딸 레아와 작은 딸 라헬 중 라헬을 연애하므로 "외삼촌의 작은 딸 라헬을 위하여 칠 년을 봉사 하리이다."
- "그를 네게 주는 것이 타인에게 주는 것보다 나으니 나와 함께 있으라"
- 야곱이 라헬을 위해 칠 년 동안 라반을 봉사하였으나 그를 연애 하는 까닭에 칠 년을 수일같이 여겼더라
- 칠 년이 되자 라반이 잔치를 베풀고 저녁에 큰 딸 레아를 야곱에 게 데려가고 그 여종 실바를 레아에게 주었더니
- 아침에 레아인 줄 안 야곱이 라반에게 속였다고 따짐 "형보다 아 우를 먼저 주는 것은 우리 지방에서 하지 아니하는 바니 칠 일을 채우고 라헬도 주리니 다시 칠년을 더 일하라"
- 칠 일 후 라헬을 (그 여종 빌하를 라헬의 시녀로 주며) 야곱의

아내로 주니 레아보다 라헬을 더 사랑하면서 다시 칠 년을 라반
에게 봉사

벧엘 사건 이후 야곱은 계속해서 여행을 한 끝에 하란에 도달한
다. 이때부터 그는 20년간 그곳에 머물면서 결혼을 하고 재산을 모
으게 된다.

본 장에서는 야곱의 사랑 이야기가 전개된다. 야곱이 라헬을 만나
고 마침내 그녀를 아내로 맞이하는 기사가 시작된다. 그것은 순수한
사랑의 기사이다. 야곱은 유목생활을 하며 자기 부친의 양떼를 치는
이 여인을 마음으로 지극히 사랑하였다.

"야곱이 발행하여 동방 사람의 땅에 이르러." 발행은 길을 떠났음
을 말한다. 동방사람의 땅은 하란(Haran)을 가리킨다. 그곳 우물에서
사람을 만나 묻는다. "너희가 나홀의 손자 라반을 아느냐." 라반
(Laban)은 나홀(Nahor)의 손자이다. 그들은 라반을 안다 했다. 나아
가 그 딸 라헬이 양을 몰고 온다 했다. 목적지에 도착한 것이다.

3절과 8절에 우물 물 먹이는 관습이 소개되고 있다. "모든 떼가
모이면 양에게 물을 먹이고 돌을 덮더라." 물이 귀한 지방에서는 타
인의 침범을 막고, 정한 시간에만 공평하게 물을 분배하기 위해 목
자들끼리 약조를 맺어 무거운 돌로 우물을 덮어 놓았다. 돌의 크기
는 목동 한 사람이 마음대로 옮겨 놓을 수 없을 정도로 판단된다.
그렇지 않으면 마음대로 돌을 치우고 물을 먹일 것이기 때문이다.

2절에서 세 양 떼의 목자들이 기다리고 있었던 것도 목자들 사이
에 맺은 약속 때문이었다. 먼저 온 것은 먼저 먹이고 싶은 이유도
있지만 우물의 돌은 모든 떼가 모여야 비로소 옮길 수 있다.

"라헬이 그 아비의 양과 함께 오니." 라반에게는 아들이 없었기 때문에 라헬(Rachel)이 이 일을 맡은 것으로 생각된다. 모세의 장인 이드로의 딸들도 시내 산 근처에서 양을 쳤다. 라헬은 '암양'이라는 뜻을 가지고 있다.

"라헬에게 입맞추고 소리 내어 울며." 야곱은 삼촌의 식구를 만난 것이 너무나 기뻐 자기소개도 하기 전에 입을 맞추었다. 친척 간의 입맞춤은 당시의 인사법에 해당한다. 종교적인 의식으로도 입을 맞추는데 이를 신약에서는 거룩한 입맞춤으로 묘사되고 있다.

그가 소리 내어 운 것은 고생 끝에 자신을 친척을 찾은 기쁨의 울음이다. 가족을 떠나 외로운 그가 얼마나 기뻐했는가를 보여 준다.

"리브가의 아들 됨을 고하였더니." 입 맞추고 울다가 자기의 신분을 밝히는 것은 그의 감정이 얼마나 격앙되었는가를 보여 준다.

라반은 과장된 인사로 야곱을 맞이했다. 야곱은 라반의 집에 머물게 된다. 두 사람은 모두 교활한 성품의 소유자였다. 그 두 사람 가운데 라반이 비열하고 약은 사람으로 간주되고 있다.

"너는 참으로 나의 골육이로다." 이것은 라반이 여동생의 아들인 야곱을 얼마나 가깝게 맞았는가를 보여 준다. 이 표현은 야곱을 아들같이 여긴다는 뜻도 담고 있다. 하지만 라반은 야곱을 종의 신분으로 격하시켜 가며 자기 유익을 취했다.

"비록 나의 생질이나 어찌 공으로 내 일만 하겠느냐." 라반은 한 달간 야곱과 함께 지내면서 그가 부지런하고 유능한 목자임을 알게 되었다. 라반은 야곱을 불러 자신을 위해 일할 것을 제의했다. 라반은 야곱을 부리면 많은 것을 얻어 낼 수 있으리라고 생각했다. 그는 일의 대가로 어떤 보수(wages)를 원하는가 물었다. 야곱은 라헬을 달라고 했다.

라반에게는 레아와 라헬이라는 두 딸이 있었다. 레아(Leah)는 라반의 큰 딸로 '암소'라는 뜻을 가지고 있다. 성경은 두 딸에 대해 이렇게 말한다. "레아는 안력이 부족하고 라헬은 곱고 아리따우니" 안력이 부족(tender eyed)하다는 것은 시력이 나쁘다는 것이 아니다. 라헬의 장점이 곱고 아름답다면 레아의 매력은 눈매가 부드럽고 우아하다(delicate)는 것이다. 그 부드럽고 우아한 눈망울이 동양적인 여성미, 곧 부드러운 눈매이기는 하지만 남자들의 마음을 단번에 사로잡을 만큼 열정적인 눈매가 아닐 수 있다. 특히 총명한 눈망울을 좋아하는 사람에게는 약점이 될 수 있다.

"라헬을 위하여 칠 년을 봉사하리이다." 레아가 아니라 라헬을 택한 것이다. 야곱은 칠 년 일한 대가로 라헬과의 결혼을 요구했고, 라반은 그 제의를 선뜻 받아들였다. 라반은 딸을 주는 대신 그만 한 보상은 받아야겠다고 생각했을 것이다. 그러나 라반의 진짜 본성은 그가 칠 년 기한이 끝났을 때 야곱에게 행한 야비한 속임수에서 명백하게 드러난다. 라반은 비겁하고 속임수에 능하며 인색하고 세속적인 인간이었다. 결국 야곱은 라헬 하나만 원했으나 두 아내와 두 첩을 강제로 얻게 된다.

야곱이 칠 년을 봉사하겠다고 결심한 것은 라헬을 그만큼 사랑했기 때문이었다. 그러므로 칠 년은 라헬에 대한 그의 사랑의 깊이가 얼마나 깊은가를 나타낸다. 야곱은 칠 년 봉사로 결혼합의가 이루어졌고, 결혼이 법적으로 보장받게 되었다.

칠 년이 되자 야곱은 약속대로 결혼식을 올려 달라고 말한다. 결혼 잔치가 끝난 그 저녁 라반은 그 딸 레아를 야곱에게로 데려갔다.

라반은 이기적이고 속임수에 능한 사람이었다. 야곱이 라헬을 원한다는 것을 알면서도 의도적으로 레아를 신방에 들여보냈다.

"야곱이 레아에게 들어가니라." 야곱이 레아인 줄 모르고 속게 된 여러 가능성이 있다. 야곱은 신부가 다른 인물이었을 것으로는 도무지 생각지 않았을 수 있고, 어두울 때 신부를 신방으로 보냈기 때문일 수도 있으며, 신부가 베일을 썼기 때문일 수 있고, 두 자매의 얼굴을 서로 다르지만 몸매는 비슷했기 때문일 수 있으며, 첫날밤에 신부가 입을 다물었을 가능성이 높을 수도 있다.

"외삼촌이 나를 속이심은 어찜이니이까." 야곱은 라반을 성실하게 섬겼음에도 불구하고 라반은 그를 철저하게 속였다. 이것은 아버지와 형을 속였던 야곱이 삼촌으로부터 속임을 당했음을 보여 준다. 속이는 자는 언젠가 속는 법이다. 야곱은 자기보다 더 속임수에 능한 삼촌에게 당했다. 하나님은 속이는 자에게는 더 큰 속임을 당하게 함으로써 속임이 얼마나 상대의 마음을 아프게 하고 잘못된 것인가를 깨닫게 해 주신다. 야곱도 나중에 자식에게 속는다(창37:32-36). 속임은 결국 속임을 낳는다.

라반 사건에서 야곱이 더 이상 반항하지 않은 것으로 보아 그는 이 사건을 하나님의 징계와 보응으로 받아들인 것으로 보인다.

"아우를 먼저 주는 것은 우리 지방에서 하지 아니하는 바이라." 다음 날 아침 이 사실이 밝혀지자 라반은 지방의 관습을 들먹이며 7일을 채운 다음 칠 년을 더 봉사할 것을 요구했다. 이것은 라반이 자신의 부정한 수단을 어떻게 합리화하려 했는가를 보여 준다. 만일 언니를 동생보다 먼저 시집보내는 것이 관습이었다면 야곱과 계약을 할 당시 말해 주었어야 했다. 라반은 처음부터 야곱이 목자로서의 능력을 인정하고 그를 오래 붙잡아 두고자 했다. 레아의 혼처가 마땅치 않은 때문으로도 판단되기도 한다.

"이를 위하여 칠 일을 채우라 우리가 그도 네게 주리니 네가 그를 위하여 또 칠 년을 내게 봉사할지니라." 레아와의 결혼을 축하하는 일주일간의 잔치를 마칠 때까지(bridal week) 기다리라는 뜻이다. 언니의 결혼잔치가 끝나기도 전에 동생을 보내는 것이 내키지 않았기 때문이다. 라반은 고장의 풍속을 들어 언니를 먼저 주고, 그다음 동생을 나중에 줄 것을 제안했다. "그도 네게 주리니" 원문엔 "이 여자도"이다. 라반은 라헬을 가리키며 이런 말을 했을 것이다. 이 제안에 대해 야곱은 따지지 않았다. 라헬을 사랑했기 때문이다.

하지만 율법은 이미 한 남자가 언니와 동생을 함께 아내로 맞아들이는 중혼(重婚)을 금하고 있다(레18:18). 중혼 자체도 문제지만 중혼으로 인해 그들이 서로 질투하지 않게 하려는 목적도 있었다. 레아와 라헬이 서로 갈등이 있었던 것도 성경이 금한 좋은 보기에 속한다. 중혼이 나쁘다는 것을 야곱의 가정에서 찾아보면 경쟁의식(30,32절), 증오심(31절), 투기(창30:1), 분노(창30:2), 싸움(창30:8), 매춘행위(창30:15,16) 등 다양하게 나타난다.

"빌하를 그 딸 라헬에게 주어 시녀가 되게 하매." 빌하는 라반이 라헬에게 준 몸종이다. 결혼선물로 여종을 딸에게 주는 것은 당시 풍습이었다. 빌하는 '두려움' 또는 '하나님의 두려움'이라는 뜻을 가지고 있다.

"레아보다 라헬을 더 사랑하고 다시 칠 년을 라반에게 봉사하였더라." 야곱은 라헬을 위해 라반에게 7년을 더 봉사하였다. 야곱은 어떠한 역경도 물리친다. 이처럼 라반의 집에서 야곱의 생활은 한마디로 여러 가지 삶의 애환이 겹친 생활이었다.

야곱은 라반의 집에서 20년간의 힘겹고 험한 종살이를 하면서 자신이 저질렀던 잘못과 바르지 못한 인격을 시정하는 연단을 받아야 했다. 우리는 이 사실을 통해서 하나님은 자기 백성을 시험하시고 연단하여 보다 성숙한 신앙과 인격을 지니게 하신다는 점을 알게 된다. 그러나 이러한 과정을 거치면서 그를 통해 이스라엘 열두 지파를 이루시고자 하는 하나님의 뜻은 계속해서 성취해 나갔다.

2. 레아의 소생(31 - 35절)

- 여호와께서 레아에게 총이 없음을 보시고 그의 태를 여셨으나 라헬은 무자
- 하나님이 레아의 태를 열어 르우벤, 시므온, 레위, 유다를 낳음
- 르우벤(보라 아들이라): 여호와께서 나의 괴로움을 권고하사 이제는 내 남편이 나를 사랑하리로다
- 시므온(들으심): 하나님께서 나의 총이 없음을 들으시고 이도 주셨도다
- 레위(연합함): 내가 세 아들을 낳았으니 남편이 지금부터 나와 연합하리로다
- 유다(찬송함): 여호와를 찬송하리로다

창세기 29장 31절부터 30장 끝 절까지는 야곱을 축복하시겠다고 하신 하나님의 약속이 어떻게 성취되어 가는가를 기록하고 있다. 또

한 한 가정이 두 아내로 인해 얼마나 질투와 시기로 가득 차게 되는가를 보여 준다. 이런 과정에서 야곱의 열두 아들이 태어났다. 그 열두 아들이 모두 이스라엘 민족을 형성하는 데 기초가 되었다.

아브라함이나 이삭의 경우에는 하나님이 둘 가운데 하나만을 약속의 후사로 삼았지만 야곱의 경우는 모든 아들들이 약속의 후사가 되었다.

"레아에게 총이 없음을 보시고." 총(寵)이 없다는 것은 '미움을 받는다', '차별을 받는다', '사랑을 받지 못한다'는 말이다. 이것은 야곱이 레아를 미워했다기보다 라헬을 더 사랑했다는 뜻을 가지고 있다. 야곱이 라헬을 더 사랑하므로 레아와 라헬 사이의 관계가 자연 불편하게 되었다.

하나님은 남편의 사랑을 제대로 받지 못하는 레아의 처지를 불쌍히 여기셨다. 이런 가운데서 레아가 아들들을 낳을 수 있었던 것은 전적으로 하나님의 은혜이다.

레아는 외로움 속에서 하나님을 찾고, 하나님의 도우심을 간구한 것으로 보인다. 왜냐하면 그녀가 아들을 낳을 때마다 하나님께 영광을 돌렸기 때문이다. 아울러 그녀가 낳은 후손 가운데서 이스라엘의 왕들(유다 지파)과 제사장들(레위 지파)이 배출되었다. 이것은 슬픔에 빠진 사람을 위로하고, 낮은 자를 높이시는 하나님이심을 보여 준다.

그의 태를 여신 것은 자손의 축복을 주시겠다는 하나님의 언약이 성취되어 가기 시작하고 있음을 보여 준다.

르우벤(Reuben)은 '보라, 아들이로다'는 뜻을 가지고 있다. "나의 괴로움을 권고하셨으니"는 주님이 자신의 불쌍한 처지(misery)를 돌아보셨다는 뜻이다. 하나님이 이처럼 자신을 돌아보신 것처럼 레아는 남편이 이 아들로 인해 사랑을 줄 것을 기대했다. 아울러 동생에게 빼앗긴 남편의 사랑을 찾겠다는 의지가 역력하다.

시므온(Simeon)은 '들으심'이라는 뜻을 가지고 있다. 이것은 하나님이 자신의 처지를 이해하고 기도를 들으시며 보살펴 주시고 계심을 레아가 확신하고 있음을 보여 준다. 하나님은 약한 자의 처지를 이해하고 듣고자 하신다.

레위(Levi)는 '연합함, 애착'이라는 뜻을 가지고 있다. 남편의 사랑을 받고 싶어 하는 레아의 심정이 반영되어 있다. 즉 야곱에게 건강한 세 아들을 낳아 주었으므로 야곱이 자신과 연합하고 애착을 갖게 될 것이라는 확신을 반영하고 있다. 레위 자손은 하나님과 연합했고 하나님은 그들에 대해 애착을 갖게 되었다.

유다(Judah)는 '찬송함'이라는 뜻을 가지고 있다. 이 이름에는 레아가 하나님의 은혜에 감사하고 정성을 다해 찬송을 드린다는 뜻을 담고 있다. 레아는 거듭 아들을 낳도록 하신 하나님께 감사하고 찬송한다. 이 과정에서 그동안 차별이나 멸시를 받았다는 자신의 생각을 지우고 하나님이 자신과 함께하심을 순수하게 찬양하는 신앙으로 승화시켰다. 차별을 받은 레아는 유다는 물론 다윗, 그리고 예수를 낳은 남편 요셉의 조상이 되는 축복을 받게 된다.

인간의 질투와 정욕으로 인한 야곱 가정의 복잡한 문제들에도 불구하고 그의 열두 아들들이 모두 출생한다. 이처럼 하나님은 자기 백성의 연약함에도 불구하고 자신의 목적을 은혜롭게 성취해 나가신다.

1. 야곱의 그 밖의 소생들(1 - 24절)

라헬의 여종 빌하의 소생
- 라헬이 자식이 없어 형을 투기 "나로 자식을 낳게 하라 그렇지 않으면 죽겠노라"
- 야곱, "성태치 못하게 하시는 이는 하나님. 내가 하나님을 대신하겠느냐"
- 라헬이 여종 빌하를 첩으로 삼게 하여 아들 단과 납달리를 낳음
- 단(억울함을 푸심): 하나님이 내 억울함을 푸시려고 내 소리를 들으사 내게 아들을 주셨다
- 납달리(경쟁함): 내가 형 레아와 크게 경쟁하여 이기었다. 레아의 여종 실바의 소생
- 레아가 자기생산이 멈춤으로 여종 실바를 야곱에게 주어 갓과 아셀을 낳음
- 갓(복됨): 복되도다.
- 아셀(기쁨): 기쁘도다. 모든 딸들이 나를 기쁜 자라 하리라

다시 레아에게서 난 아들들과 딸
- 맥추 때 르우벤이 들에서 합환채를 얻어 레아에게 주니 라헬이

합환채를 얻고자 하되
- 레아, "네가 내 남편을 **빼앗은** 것도 작은 일이 아닌데 내 아들의 합환채도 **빼앗고자** 하느냐" 하여 합환채 대신 그날 밤 야곱과 레아의 동침을 허락
- 두 아들과 딸을 낳음
- 잇사갈(값): 내가 내 시녀를 남편에게 주었으므로 하나님이 내게 그 값을 주셨다.
- 스불론(거함): 하나님이 내게 후한 선물을 주시도다. 내가 남편에게 6아들을 낳았으니 이제는 그가 나와 함께 거하리라.
- 디나: 딸

라헬이 요셉을 낳음
- 하나님이 라헬을 생각하사 그 태를 열어 요셉을 낳음
- 요셉(더함): 하나님이 나의 부끄러움을 씻으셨다. 하나님이 다시 다른 아들을 내게 더하시기를 원하노라

창세기 30장은 야곱의 가정 식구가 어떻게 늘어났으며 물질적으로도 어떻게 부요해졌는가를 보여 준다. 그러나 부요해지는 과정에는 언제나 문제점이 있었다. 야곱의 아내들이 그의 사랑을 차지하기 위해 서로 경쟁했고, 야곱은 부를 늘리기 위해 라반과 경쟁했기 때문이다. 이런 가운데서도 하나님은 야곱을 향한 자신의 뜻을 이루어 가셨다.

30장의 전반부에서는 가정의 평화가 어떻게 깨어져 있는가를 사실적으로 다루고 있다. 그러한 것들은 신앙과는 동떨어진 행동이었다. 하지만 하나님은 이들을 계속해서 다스려 나가시며 그 가운데서

하늘의 별처럼 바닷가의 모래처럼 자손이 많아지게 하겠다는 언약의
토대를 마련해 나가신다.

야곱의 처첩과 아들들의 이름(출생 순)

처 첩(뜻)	소 생(뜻)	
레아(암소)	① 르우벤(보라, 아들이라)	② 시므온(들음)
	③ 레위(연합함)	④ 유다(찬양)
빌하(공포, 하나님은 공포시라)	⑤ 단(신원)	⑥ 납달리(나의 씨름)
실바(가까움, 친근함)	⑦ 갓(행운)	⑧ 아셀(행복)
레아	⑨ 잇사갈(보상)	⑩ 스불론(거주함)
라헬(암양)	⑪ 요셉(하나님이 더하심)	⑫ 베냐민(오른 손의 아들)

"라헬이 그 형을 투기하여." 고대사회에서 여인에게 가장 큰 수치
는 아이를 낳지 못하는 것이었다. 라헬은 아이를 갖지 못하자 레아
를 투기했다. '투기하여'라는 말의 히브리어 '콰나'는 결혼관계에서
빚어지는 시기심을 말한다.

야곱은 레아가 아이를 잘 낳는 것을 보고 그녀와 함께하는 시간
을 더 많이 가졌을 것이고, 라헬은 남편이 레아에게 관심이 쏠리는
것을 보고 시기했을 것이다.

라헬은 야곱을 향해 "나로 자식을 낳게 하라 그렇지 아니하면 내
가 죽겠노라"며 투정을 부린다. 라헬의 이 같은 어리석은 모습은 자
신의 무자함을 겸손하게 호소했던 한나의 모습과는 비교된다.

"나의 여종 빌하에게로 들어가라." 라헬은 잉태하지 못하는 원인
이 자신에게 있음을 인정하고 자기의 여종을 취해 아이를 낳기를 원

했다. 그가 하나님께 의지해 불임의 문제를 해결하려 하기보다 세상적인 방법을 취함으로써 믿음의 모습을 보여 주지 못했다. 하나님이 그에게 은혜를 빨리 베푸시지 않았던 이유도 여기에 있을 것이다. 하나님은 이런 가운데서도 자신의 일을 이루어 가셨다.

아울러 야곱도 자식들을 많이 두기를 바랐던 것으로 보인다. 두 아내 외에 아내의 여종들과도 잠자리를 마다하지 않은 것이 이런 추측을 가능하게 만든다.

"그가 아들을 낳아 내 무릎에 두리니." 무릎에 둔다는 것은 다른 사람이 낳은 아이를 양육하여 자신의 자식으로 삼는 것을 말한다. 당시 종은 주인의 재산으로 간주되었기 때문에 그 몸에서 태어나는 자식은 주인의 것에 속한다. 즉 빌하가 낳은 자식을 자신의 것으로 삼겠다는 것이다.

사래도 자신의 여종 하갈을 아브라함에게 주어 아이를 얻고자 했다(창16:2). 고대사회에서 여주인이 아이를 낳지 못할 경우 자신의 여종을 남편에게 주어 자식을 얻는 일이 흔히 있었다. 빌하와 실바의 자식이 다 야곱의 자식으로 간주된 것은 그러한 때문이다.

빌하는 단과 납달리를 낳았다. 단(Dan)은 '공평함', '억울함을 푸심', '신원함(one who has vindicated)'을 뜻한다. 빌하가 낳은 아들이 기도에 대한 응답이라고 생각할 수 있지만 라헬이 드린 기도의 참된 응답은 요셉의 출생으로 성취된다.

납달리(Naphtali)는 '격투', '씨름', '경쟁'을 뜻한다. 납달리는 기도를 통해 하나님과 '겨루어' 얻은 자(my struggle)라는 뜻을 담고 있다. 라헬 자신이 언니를 질투해서 빌하를 주어 낳게 했으나 하나님이 그러한 방편을 인정해 주셨다는 뜻이 내포되어 있다.

레아도 질세라 여종 실바를 주어 갓과 아셀을 낳게 했다. 갓(Gad)
은 '복됨', '행운(good fortune)' 또는 '무리(troop)'라는 의미를 가지고
있다. 레아는 갓을 보자 "복 되도다."(11절) 하였다. 원문은 '복이 들
어왔도다'는 뜻이다. 갓은 야곱의 일곱째 아들로서 야곱의 가족이
애굽에 당도했을 때는 이미 7명의 아들을 거느린 아버지가 되어 있
었다. 야곱은 갓의 자손이 고난을 당하나 그것을 이기고 번성할 것
이라고 예언했다. 갓 자손은 모세 시대에 일곱 갈래로 번창했고, 엘
리아삽의 지휘를 받았으며, 가나안 정탐꾼 중 한 사람도 이 자손에
게서 나왔다. 갓 지파는 기업으로 모압 고원의 요단 건너편을 차지
했다. 아셀(Asher)은 기쁨, 행복(happy)을 뜻한다.

레아는 다시 잇사갈과 스불론을 낳게 되는데 그 과정에서 합환채
(合歡菜, mandrake) 사건이 발생한다. 때는 보리를 추수하는 맥추 때
로 5월 초순경이었다. 루우벤이 들에서 환합채를 얻어 레아에게 주
었다. 합환채는 벨라돈나 과에 속하는 흰녹말풀로서 지중해 연안에
자생한다. 애기를 갖게 하거나 신비한 힘을 가진 뿌리식물로 성욕촉
진제나 임신증진제로 사용되었다. 히브리어 '두다임'은 '사랑'(도드)
에서 나온 것이다. 따라서 합환채라는 어려운 단어보다 '사랑의 풀',
곧 '사랑 초'라 부르는 것이 더 쉬울 듯하다. 히브리인들은 향기 나
는 나무(아7:13)라 하기도 했다. 잎은 자귀나무 잎사귀와 같이 물결
치듯 하고 연보라 빛과 희고 짙푸른 빛을 띠는 꽃을 피운다. 토마토
보다 작고 노란 열매를 보리 추수기에 맺는다. 갈라진 뿌리는 사람
의 하체와 유사해 이것을 먹으면 임신할 수 있다고 믿었다. 아라비
아 사람들은 이 식물이 성적인 효력을 지닌 것으로 간주해 '악마의
열매'라 부르기도 했다.

라헬도 이 합환채를 얻고자 했다. 레아는 이미 여러 명의 아들을 낳았지만 자신은 아직 한 명의 자녀도 낳지 못했기 때문이다. 합환채를 두고 싸우는 것은 두 자매가 남편의 사랑을 놓고 조금도 양보하지 않았음을 보여 준다. 열두 지파가 갈라져 나오는 과정에 이 같은 여자의 시기와 갈등이 개재되어 있었다. 합환채로 인해 나타난 말다툼과 뻔뻔스런 흥정은 일부다처 가정의 문제점을 여실히 보여 준다.

레아는 "네가 내 남편을 빼앗은 것이 작은 일이냐 그런데 내 아들의 합환채도 빼앗고자 하느냐." 소리친다. 실상 남편을 빼앗겼다고 당당히 말할 수 있는 사람은 레아가 아니라 라헬이다. 그럼에도 불구하고 라헬은 이에 대해 반발하지 않았다. 그것은 자식을 낳지 못하는 것에 대한 약점이 작용했을 것이다.

레아는 네 아들들을 낳은 후 남편이 계속 자신을 사랑하게 될 것이라고 생각했다. 하지만 이런 기대와는 달랐다. 남편의 마음은 잠시 그에게 향했을 뿐 결국 라헬에게 돌아갔다. 이 때문에 레아는 라헬이 남편을 빼앗았다고 말했을 것이다.

"내게로 들어오라 내가 내 아들의 합환채로 당신을 샀노라." 직역하면 "내가 당신에게 값을 지불했기 때문이다."이다. 당신 대가인 합환채를 라헬에게 주었기 때문에 이제는 잠자리를 자기와 함께해야 한다는 것이다.

"하나님이 레아를 들으셨으므로." 레아는 남편의 사랑을 받고자 했다. 그의 여종 실바가 두 아들을 낳아 주었지만 남편의 관심을 자기에게 돌리지는 못했다. 레아는 남편의 관심을 돌릴 수 있는 길은 자신이 아들을 더 낳는 것이라 생각하고 하나님께 간구했다. 하나님은 그의 기도에 응답해 두 아들 잇사갈과 스불론뿐 아니라 딸 디나까지 주셨다.

잇사갈(Issachar)은 보상(reward)의 뜻을 가지고 있다. 그러나 그 보상이 가지는 의미는 문제가 있다. 레아는 잇사갈을 갖게 된 것은 자신의 시녀를 남편에게 준 대가, 곧 보상으로 여겨 "그 값을 내게 주셨다" 곧 대가를 주셨다고 말하기 때문이다. 이것은 레아의 무지함과 소견의 짧음을 드러낸다.

스불론(Zebulun)은 '거주함', 곧 남편이 이제는 '나와 함께 거하리라'(이즈벨레니)는 소망을 담고 있다. 이것은 이제 남편이 자신을 잘 대해 줄 것(treat me with honor)이라는 뜻을 담고 있다. 이 이름은 '하나님이 좋은 선물을 주셨다'의 동사 '자바드'와도 연관된다. 이 이름이 담고 있는 이 같은 의미는 이 아들을 선물로 얻고 남편의 사랑도 되찾을 것이라는 레아의 심정을 담고 있다.

디나(Dinah)는 '단'의 여성형으로 '하나님이 내 원을 풀어 주셨다'는 뜻이다. 레아가 낳은 딸로 야곱에게는 유일한 딸이다. 디나는 창세기 34장에 소개된 것처럼 강간을 당했다.

"하나님이 라헬을 생각하신지라." 라헬이 드디어 아이를 갖게 되었음을 의미한다. 라헬의 불임 문제는 합환채 때문이 아니라 하나님이 라헬을 '생각해 주실 때' 해결될 수 있었다. 그 사이에 레아가 두 아들과 딸을 낳았다. 하나님이 라헬에 대해 냉담하셨던 것은 그로 하여금 하나님을 의지하는 믿음을 갖게 하기 위함이었다. 불임상태에 있다가 수태하게 된 성경적 인물로 라헬을 비롯하여 사라(창 11:30,16:1), 리브가(창25:21), 마노아의 아내(삿13:2), 한나(삼상2:5), 엘리사벳(눅1:7)이 있다.

"나의 부끄러움을 씻으셨다." 고대에는 여인이 아이를 낳지 못하는 것을 수치로 생각했다. 이것은 하나님의 은총을 얻지 못했다는 것을 단적으로 보여 주는 증거로 보았기 때문이다.

라헬의 임신은 하나님으로부터 비롯된 것이지 합환채 때문이 아니라는 사실을 요셉의 이름에서 찾아볼 수 있다. 요셉(Joseph)에는 '하나님께서 더하심(may he add)'과 '하나님께서 가져가심'이라는 두 가지 뜻을 가지고 있다. 라헬의 소원성취는 베냐민의 탄생(하나님께서 더하심)과 그녀의 죽음(하나님께서 가져가심)을 동시에 가져왔다(창 35:16 - 19)는 점에서 의미를 더한다.

2. 품삯(25 - 43절)

- 요셉을 낳은 후 야곱이 라반을 떠나 고향으로 가고자 하나
- 라반이 "나를 사랑하거든 유하라. 네 품삯을 정하라"
- 야곱, "아무것도 내게 주실 것이 아니라 삼촌의 양떼를 먹이되 지금 있는 양떼 중 얼룩무늬와 점 있는 수 염소, 흰 바탕에 아롱진 자와 점 있는 암염소, 검은 양을 가려내 가져가시고 남은 양떼를 제가 치되 이 같은 것이 나면 나의 삯이 되리이다"
- 라반이 이를 골라 라반의 아들들에게 주되 자기와 야곱의 사이를 사흘 길을 뜨게 하니라
- 야곱이 버드나무, 살구나무, 신풍나무의 푸른 가지 껍질을 벗겨 흰 무늬를 내고 개천의 물구유에 세워 양떼가 물 먹으로 올 때 새끼를 배더니 얼룩지고 점 있고 아롱진 것을 낳더라.
- 이에 라반의 것과 자기의 것을 따로 두어 섞이지 않게 하고

실한 양이 새끼 밸 때 그 가지를 개천에 두어 보게 하고
약한 양이 새끼 밸 때 그 가지를 두지 아니하니
약한 것은 라반의 것이 되고 실한 것은 야곱의 것이 된지라
• 야곱이 심히 풍부하여 양떼와 노비와 약대와 나귀가 많아짐

야곱은 인간적으로 볼 때 결점은 많았다. 하지만 그에게 있어서 한 가지 본받을 점은 하나님의 언약을 믿고 순종하며 라반의 집에서 14년 동안 정직하고 성실하게 인내하며 자신의 결점들을 보완하고 시련을 견디어 냈다는 것이다. 하나님은 완전한 인간이 아니라 신앙을 통해 연단을 견디며 자신의 잘못과 부족을 끊임없이 바르게 잡아 가려고 애쓰는 사람을 원하신다.

"라헬이 요셉을 낳은 때에." 요셉이 태어났을 때는 야곱이 라반으로부터 독립하고자 할 때였다.

"나를 보내어 내 고향 내 본토로 가게 하시되." 야곱은 라헬과 레아를 위해 수고한 14년을 포함하여 도합 20년을 외삼촌과 함께 지냈다. 이제 라반과 약속했던 기간도 끝나 야곱은 고향으로 돌아가자 했다.

"내가 외삼촌께 한 일은 외삼촌이 아시나이다." 라반은 야곱의 공로를 인정한 적이 없었다. 야곱은 자신의 공로는 삼촌이 아실 것이라고 말한다.

"여호와께서 너로 인하여 내게 복 주신 것을 내가 깨달았노니." 라반은 야곱이 와서 함께 지냄으로 인해 하나님께서 자기를 축복하사 큰 소득을 얻었음을 깨달았다. 그리하여 그는 "너로 인하여"라는 말을 사용했다. 그는 야곱의 공로를 공식적으로 인정했다.

"네 품삯을 정하라." 라반은 야곱을 동업자로 삼아 정한 임금을 주고자 했다. 이것은 순전히 자신의 유익을 위해 야곱을 붙들어 두려는 것이었다. 하지만 이 때문에 둘 사이에 새로운 계약이 맺어지게 된다.

"나의 공력에 따라." '내가 온 이래로'라는 뜻이다. 자신이 이 집에 온 후에 하나님이 외삼촌에게 복을 내리셨다는 것이다. 그리스도인은 어디를 가나 자신이 그곳에 있음으로 해서 남으로 하여금 복을 받게 해야 한다.

"나는 어느 때에나 내 집을 세우리이까." 야곱이 라반의 집에 온 이후 하나님이 그 집을 축복해 부유하게 했지만 자신은 그렇지 못했음을 보여 준다.

"내가 무엇으로 네게 주랴." 라반은 수고의 대가로 무엇을 줄 것인가를 물었다. 그러나 야곱은 지금 당장 어떤 대가를 받는 대신 양과 염소 **중**에서 아롱신 것, 점 있는 것, 검은 것을 가리어 낸 다음 차후에 이런 것이 태어나면 자기의 것이 되게 해 달라고 말한다. "이 같은 것이 나면 나의 삯이 되리이다." 앞으로 태어날 양과 염소 중 색깔이 좋지 않거나 점이 있는 것을 사기의 삯으로 달라는 것이다. 야곱은 당장의 풍요보다 미래의 풍요를 바라보았다. 그는 앞으로 받게 될 하나님의 축복을 이미 바라보고 있었다.

"나의 의가 나의 표징이 되리이다." 야곱은 라반으로 하여금 자기가 키우는 양과 염소를 점검해 양 속에 아롱진 것, 점 있는 것, 검은 것들 그리고 염소 중에 점 있는 것과 아롱진 것이 없음을 확인하도록 했다. 이렇게 확인한 뒤에 그러한 것들이 태어나면 자신의 것이 될 것이므로 일을 시작하기 전에 미리 모든 것을 확실히 해

두고자 한 것이다. "나의 의가 나의 표징이 되리이다"는 말은 '자신이 정직하다는 사실이 드러날 것이다'는 뜻이다. 혹시 그러한 것들을 숨겨 두고 그런 종류들이 많이 태어나게 하는 부정직한 일은 추호도 없을 것이라는 말이다.

야곱의 이러한 제안은 자신에게는 너무나 불리한 것이었다. 단색 짐승들에게서 다른 색이 나올 확률은 너무나 적기 때문이다. 그러나 야곱은 라반의 탐욕스러움을 충족시켜 주면서 자신의 재산도 번성시킬 수 있는 길을 택하지 않을 수 없었다. 나아가 그는 하나님을 신뢰했다. 지금까지 자신과 함께하신 하나님이 새로운 노동계약에 대해 하나님이 자신에게 대가를 충분히 확보해 주실 것이라는 순수한 믿음과 확신을 갖고 있었다.

"그날에 양을 가려 자기 아들들의 손에 붙이고 자기와 야곱의 사이를 사흘길이 뜨게 하였고." 야곱의 제안에 라반은 쾌재를 불렀을 것이다. 야곱은 바보라고 생각했을 것이다.

대개 양은 백색이, 염소는 흑색이 주종을 이루기 때문에 야곱의 제안은 라반에게 매우 유리한 것이었다. 그러나 탐심 많은 라반은 자기 가축 가운데서 야곱에게 돌아갈 가축들이 생기는 것을 막기 위해서 양 중에서 아롱진 것과 검은 것을 분리시키고 염소 중에서는 얼룩무늬 있는 것을 가려내어 따로 둠으로써 얼룩진 것과 검은 것들이 생길 확률을 확실히 줄이고자 했다.

라반은 계약이 맺어진 즉시 가축 중에서 얼룩무늬 있는 것과 점 있는 것, 그리고 그 나머지를 갈라 전자의 종류에 속하는 가축은 자기 아들들에게 주고, 그 나머지는 야곱에게 맡겨 자신의 양 떼를 치게 했다. 그리고 자기 아들들과 야곱 사이에 사흘 길을 가야 만날 수 있을 만큼 거리를 두게 했다. 두 떼가 만나지 못하도록 완전히 분리시켜 분규가 일어나지 않도록 한 것이다.

이것은 야곱으로 하여금 재산을 모을 수 없도록 한 계산된 조치였다. 야곱이 재산을 모으지 못해 오래 있으면 있을수록 자기에게는 유리하기 때문이다. 그러나 라반은 하나님이 야곱과 함께하실 것과 야곱이 자신보다 얼마나 약삭빠른 사람이었는가를 알지 못했다.

"야곱은 라반의 남은 양떼를 치니라." 라반은 야곱에게 자신의 양떼를 맡겼다. 이것은 위임의 모습을 보여 준다.

라반은 유전의 기본적인 법칙을 가지고 색깔이 좋지 않은 동물들을 격리시켜 야곱보다 많은 가축을 소유할 수 있는 기회를 감소시켰다. 그러나 보기에는 얼룩이 없는 동물들이 나중에 얼룩 있는 새끼들을 낳게 되는 잠재적인 유전자를 가지고 있다는 사실을 인식했어야 했다. 어떤 학사는 야곱이 '생물의 서로 다른 형질은 유전인자에 의해 결정된다.'는 멘델의 유전법칙을 당시에 경험적으로 이미 알고 있었던 것으로 이해하기도 한다.

"야곱은 나무의 푸른 가지를 취하여 그것들의 껍질을 벗겨 흰 무늬를 내고." 이것은 야곱이 얼마 안 되는 양에 얼마나 정성을 쏟았는가를 보여 준다. 야곱의 행위는 당시 미신적인 신념이었던 가축의 수태시기에 무언가 생생한 광경을 보여 주면 새끼의 표피에 점이나 얼룩이 생긴다는 것에 근거를 둔 것이다. 그는 부분적으로 껍질을 벗긴 나무의 가지를 물구유에 세워 둠으로써 동물들이 생식행위를 하도록 자극하고 자기가 원하는 종자를 많이 생산하도록 했다.

양이나 염소가 짝 지을 때나 새끼를 밸 때 보고 듣는 것이 그 새끼에게 영향을 미치는 것으로 알려지고 있다. 학자들도 출산 이전에 보고 듣는 것이 새끼에게 영향을 줄 수 있는 가능성을 인정한다. 그렇다 할지라도 문제는 사람이 그처럼 정확하게 자연법칙을 조절할 수는 없다.

야곱은 비록 하나님의 축복을 믿었지만 당시 사회의 통념적으로 행해지던 방법을 같이 사용했다. 야곱의 이 같은 모습은 비록 신앙은 가지고 있지만 온전히 하나님께 내어 맡기지 못하고 세속적인 가치와 성공에 대한 불안과 염려 그리고 욕심 때문에 인간적인 방법과 수단을 끊임없이 사용하며 머리를 굴리는 우리의 모습을 그대로 보여 주고 있다.

야곱과 라반의 대결에서 하나님의 섭리가 개입했음을 보아야 한다. 두 사람에게 다 문제가 있지만 하나님은 보다 순수한 쪽을 택하셨고, 특히 야곱에 대한 언약을 기억하셨다. 인간의 간교한 술책이 정당화될 수는 없다. 오히려 하나님의 섭리가 인간의 악한 이기심에서 비롯된 연약하고 거짓된 것들을 선하고 강하게 변화시키신다.

라반과 야곱 어느 쪽도 훌륭하게 행동하지 않았지만 교활한 이 두 사람 사이의 행동을 비교해 보면 라반에게는 야곱이 힘겨운 상대였다는 것을 알 수 있다.

야곱과 아브라함을 비교해 볼 때 야곱의 신앙의 수준이 매우 낮았음을 알 수 있다. 아브라함은 꾀를 쓰는 롯이 무엇을 선택하든지 상관없이 기꺼이 수락하였다. 하지만 야곱은 하나님을 믿으면서도 언제나 세상적인 소유의 문제를 하나님께 맡기지 못하였다.

37절의 신풍나무(plane tree)는 근동 지방의 물가에서 주로 자라는 플라타너스의 일종이다. 잎은 손 모양으로 갈라져 있으며 팔레스타인에서 널리 자라고 있다. "새끼를 배니" 히브리어 '하맘'은 뜨거워지다는 것으로 성적 교미를 의미한다.

"가지 앞에서 새끼를 배므로"의 직역은 '그 가지들 앞에서 교미를 하므로'이다. 출산 전 어미가 본 것이 새끼에게 큰 영향을 준다는 고대의 출산 관습을 이용한 것이다. 그러나 야곱의 이 같은 진기한 계획은 실제 자기의 가축 수를 늘리는 데는 기여하지 못했다. 야곱은 후일에 하나님의 주권적 섭리에 따른 축복이 이 모든 일을 가능케 했음을 인정했기(창31:7,9) 때문이다. 하나님의 주권적 섭리에서 나온 축복이 이 모든 일을 가능하게 하였다. 하나님은 야곱의 미신적 행위에도 불구하고 그를 축복하셨다.

창세기 30장에 소개되는 합환채 사건이나 가지사건은 고대 동방의 풍습을 그대로 보여 주고 있다. 하나님의 계시가 충분히 밝혀지지 않았던 시대의 풍습이었다 해도 신앙의 원칙에 어긋나는 행동들을 무조건 容인할 수 있는 것은 아니다.

"실한 양이 새끼를 밸 때에는 양떼의 눈앞에 그 가지를 두어." 실한 양은 건강한 양을 말한다. 42절의 약한 양과 대조된다. 실한 양이 새끼를 밸 때 개천에다 가지를 두어 그 양들이 보게 하고 그 가지 곁에서 새끼를 배게 해 자신이 가질 수 있는 건강한 양을 낳게 했다. 아울러 약한 양인 경우 그 가지를 두지 않음으로써 결국 약한, 순백의 양을 낳게 했다.

"실한 자는 야곱의 것이 된지라." 결국 약한 양은 라반의 것이 되고 실한 양은 야곱의 것이 되었다. 이러한 인간적인 방법에도 불구하고 그를 부유하게 하신 이는 하나님이시다. 부유는 우리의 방법에 있는 것이 아니라 하나님이 함께하심에 있다.

"이에 그 사람이 심히 풍부하여 양떼와 노비와 약대와 나귀가 많았더라." 당시의 부의 척도가 무엇이었는가를 보여 준다. 약대는 짐이나 사람을 수송하는 수단으로 중요했다. 약대 고기를 먹는 일은 율법으로 금했지만(레11:4,14:7) 그 젖은 마셨다.

1. 고향으로 돌아가려는 야곱(1 – 16절)

- 라반의 아들들이 야곱이 부하게 된 것은 라반의 소유를 빼앗은 때문이라 한지라 라반의 안색이 전과 달리하여 야곱을 대함
- 하나님께서 야곱더러 "네 조상의 땅 네 족속에게도 돌아가라. 라반이 네게 행한 것을 내가 보았노라. 나는 벧엘의 하나님이라"하니
- 야곱이 라헬과 레아를 불러 이를 고하며, "라반이 야곱을 속여 품삯을 열 번이나 고쳤으나 하나님이 그를 금하사 나를 해치지 못하게 하셨으며 라반이 점 있는 것이 네 삯이 되리라 하면 온 양떼가 낳은 것이 점 있는 것이요 얼룩무늬 있는 것이 네 삯이라 하면 낳은 족족 얼룩무늬 있는 것이라 하나님이 라반의 짐승을 이같이 빼앗아 주었다 이는 라반이 야곱에게 행한 것을 하나님이 보았는지라 꿈에 양떼가 새기 뱔 때 양떼를 탄 수양은 모두 얼룩 있고 점 있고 아롱진 것임을 하나님이 야곱에게 보여줌"
- 두 아내, "우리가 아버지 집에서 무슨 분깃이나 유업이 있으리요 아버지가 우리를 팔고 우리의 돈을 다 먹었으니 아버지가 우리를 외인으로 취급하는 것이 아닌가. 이제 하나님이 당신에게 이르신 일을 준행하라"

창세기 31장은 야곱의 귀향에 얼마나 어려운 과정이 있었는지를 보여 준다. 우선 라반과 부딪혔다. 야곱이 부하게 된 것은 아버지의 소유를 다 빼앗은 것이라는 말에 라반의 안색이 변했다. 괘씸한 생각, 질투가 불같이 인 까닭이다.

성경에 안색이 변한 사건으로 여러 경우를 보여 주고 있다. 가인은 분노로(창4:5,6), 하사엘은 탐욕으로(왕하8:11), 느헤미야는 슬픔으로(느2:2,3), 벨사살은 두려움으로(단5:6,9,10), 모세는 영광의 하나님을 대면하고(출34:35) 안색이 변했다.

그때 하나님의 말씀이 야곱에게 임했다. "네 조상의 땅 네 족속에게로 돌아가라." 야곱이 한창 번창하는 중에 두 번째로 하나님이 그에게 나타나사 그의 조상의 땅으로 돌아가라고 명령하셨다. 이제 20년 동안 떠나 있었던 고향으로 되돌아갈 때가 되었음을 알려 주신 것이다. 이것은 그를 향한 하나님의 때가 있음을 보여 준다.

하나님은 떠날 것을 명령하시면서 "내가 너와 함께 있으리라" 약속하셨다. 20년 동안 많은 것이 변하고 잊힐 수 있었지만 단 한 가지 일, 곧 형 에서에게 저지른 잘못에 대한 기억은 두려움으로 남아 있었다. 야곱은 두려운 마음으로 고향을 향하게 된다. 형에 대한 두려움보다 하나님의 부르심에 대한 순종이 더 중요하며, 자신과 함께 하실 하나님을 신뢰했기 때문이다.

하나님의 부르심을 받은 야곱은 아내들을 설득하기 시작한다. "그대들의 아버지의 안색을 본즉 내게 대하여 전과 같지 아니하도다 그러할지라도 내 아버지의 하나님은 나와 함께 계셨느니라." 라반의 질투는 한동안 계속되었다. 그럼에도 불구하고 하나님은 놀라운 방법으로 야곱을 축복하셨다. 야곱은 이것을 뼈저리게 느꼈고, 이 사실을 아내들에게 말한다.

"그대들의 아버지가 나를 속여 품삯을 열 번이나 변역하였느니라 그러나 하나님이 그를 금하여 나를 해치 못하게 하였으며." 열 번은 단지 열 차례만을 의미하지 않는다. "할 수 있는 대로, 기회가 닥칠 때마다"라는 의미이다. 변역(變易)은 변경, 말을 바꾸었다는 뜻이다. 계약을 바꾸었다는 것이다. 어느 때는 점 있는 것이 네 삯이 되리라 했다가 점 있는 것이 많이 나오면 점 있는 것을 빼고 얼룩무늬 있는 것이 네 삯이 되리라 했다. 이것은 라반이 얼마나 이기적이고 탐욕적인 인물이었는가를 보여 준다. 속임수에 능했던 야곱이 자기보다 더한 라반을 만난 것이다. 그럼에도 불구하고 하나님은 야곱으로 하여금 인내하게 하고 결국 부하게 만들었다. 야곱의 말속에는 라반보다 하나님에 대한 신뢰가 얼마나 큰가를 연이어 보여 준다.

"하나님이 이같이 그대들의 아버지의 짐승을 빼앗아 내게 주셨느니라." 야곱은 밧단아람에 와서 성공하게 된 비결을 식구들에게 밝히는 장면이다. 그는 '하나님이'라고 말함으로써 무엇보다 자기의 부는 하나님으로부터 왔다는 것을 강조하였다. 성공하면 누구나 자기를 내세우기 바쁜 데 반해 야곱은 자기를 내세우지 않는 겸손함이 있다. '빼앗아'는 '구출하다'는 뜻으로 부당하게 빼앗긴 것을 '되찾아' 주었다는 말이다.

하나님이 야곱을 성공하게 만든 이유는 다음 세 가지로 집약된다. 첫째, 야곱은 빼앗는 하나님을 믿고 알았다. 빼앗을 수 있는 분은 하나님밖에 없다. 둘째, 주시는 하나님을 알았다. "하나님이 내게 주셨느니라." 셋째, 빼앗기도 하고 주시기도 하는 하나님을 믿었다. 라반으로부터 야곱에게 옮기는 기적을 행하셨다. 하만의 권력을 빼앗아 모르드게에게 주었다. 악한 종의 달란트를 빼앗아 착한 종에게 주었다. 그러니 우리가 바라봐야 할 것은 세상이나 내가 아니라 하나님이다.

"나는 벧엘의 하나님이라." 벧엘의 하나님은 창세기 28장 10-22절의 사건과 깊게 연관되어 있다. 돌을 베개 삼아 자는 야곱에게 하나님은 나타나 함께하실 것을 말씀하셨다. 야곱은 하나님을 뵌 것이 두렵고 감사하여 베개 삼았던 돌을 취하여 기둥으로 세우고 제단을 쌓으며 하나님께 서원했다. 벧엘의 하나님은 하나님이 야곱과 만나 야곱을 떠나지 않을 것을 약속하시고 야곱도 하나님께 제단을 쌓으며 서원한 모든 것이 아직도 유효하다는 것을 보여 주시는 말씀이다.

훗날 야곱은 문제가 생길 때 벧엘에 올라가 제단을 쌓았다. 벧엘은 이처럼 족장시대에 경배를 드린 장소였기 때문에 이스라엘 백성들이 신성하게 여기게 되었다. 이 점을 이용하여 왕국분열시대에 여로보암 1세는 이곳을 북왕국의 성소로 지정했다.

"우리 아버지 집에서 무슨 분깃이나 유업이 있으리요." 라헬과 레아의 이 같은 표현은 아버지 라반에 대한 그들의 분노가 얼마나 컸는가를 보여 준다. 아버지에 대한 부정적 이미지는 라반이 자기 딸들, 그리고 사위 야곱에 대한 공정한 경제적 배려가 없었음을 보여 준다. 야곱이 이곳에 오기 전 라반의 소유는 보잘것없었다. 그러나 야곱이 부지런히 일하고 잘 관리함으로, 그리고 무엇보다 하나님이 야곱과 함께하심으로 재산이 크게 증식되었다. 라반이 인자한 아버지였다면 사위가 14년간 일한 보수를 가로채지 않았을 것이고, 멀리 떠나는 딸들에게 필요한 자금으로 주었을 것이다. 라반은 사위나 그의 딸들의 생활에 대해서는 별로 관심을 두지 않고 자신의 재물에만 관심을 두었다.

딸들의 실망은 결국 "아버지가 우리를 팔고 우리의 돈을 다 먹었으니 아버지가 우리를 외인으로 여기는 것이 아닌가"(15절) 하는 의구심을 갖게 했다. 여기서 돈은 원래 '은'으로 되어 있다. 이것은 은이 당시 화폐역할을 했음을 보여 준다. '먹었으니'는 원래 '먹고 또 먹었다'(요칼 깜 야콜)는 것으로 야금야금 다 먹어치웠다는 말이다. 그들은 야곱의 행위를 당연시하고 야곱이 얻은 재물은 "우리와 우리 자식의 것"(16절)이라고 말한다.

"이제 하나님이 이르신 일을 다 준행하라." 라헬과 레아는 하나님이 말씀하신 대로 따르라고 야곱에게 말한다. 이제 고향을 떠나도 좋다는 결심이 강하게 섰음을 의미한다. 그들이 함께 떠나자는 야곱의 말에 동의한 것은 아버지와의 물질적인 이해관계는 물론 하나님이 그동안 야곱과 함께하셨다는 남편의 말을 신뢰했기 때문이었다. 야곱은 자신의 삶을 통해서 그와 함께하시겠다는 하나님의 약속이 성취되어 감을 보았다. 그 결과 그는 하나님이 무엇을 말씀하시든지 따를 준비가 되어 있었다. 그는 믿음으로 떠날 준비를 했다.

2. 야곱이 라반에게서 도망함(17 – 42절)

- 라반이 양털을 깎으러 간 사이 라헬은 라반의 드라빔을 도적질하고
- 야곱은 거취를 라반에게 알리지 않은 채 밧단아람에서 얻는 모든 소유물을 약대에 싣고 강 건너 길르앗 산을 향해 도망
- 삼일 후 이 소식을 들은 라반이 그 형제를 거느리고 칠 일을 쫓

아 길르앗 산에 이르니
- 하나님이 라반에게 현몽하여 "너는 삼가 야곱에게 선악간 말하지 말라" 하니
- 라반이 야곱을 만나 이를 고하고 해하지 아니하며 다만 훔쳐간 드라빔을 찾으려 하니
- 이를 알지 못한 야곱은 "우리 형제 앞에서 무엇이든 외삼촌 것이 발견되면 가져가소서."
- 라헬이 그 드라빔을 약대 안장 아래 넣고 그 위에 앉은지라 라반이 들어올 쌔 "마침 경수가 나서 일어나 영접할 수 없으니 노하지 마소서."
- 결국 찾지 못하자 야곱이 라반을 책망

드라빔은 문자적으로 '수호신들'이라는 뜻을 가지고 있다. 은이나 나무로 만든 작은 입상으로 가족 수호의 성격을 띤 우상(family gods)이다. 누지서판에 따르면 이것은 족장의 권위와 재산의 상속권을 보증하는 표시로 사용되었다고 한다. 그러나 이것은 일종의 우상으로 보는 것이 타당하다. 에스겔 선지자는 바벨론 왕이 이것을 사용하여 점을 쳤다고 말한다(겔21:21). 그러나 드라빔들은 허탄한 것을 말할 뿐이다.

길르앗은 요단강의 동쪽지역을 가리킨다. 처음에는 얍복 강 남쪽에 있는 좁은 지역만을 가리키다가 후에는 바산과 모압 사이에 있는 지역까지도 포함시켜 불렀다.

"너는 삼가 야곱에게 선악 간 말하지 말라." 이 말은 히브리 사람들이 자주 사용하는 말로 하나님께서 라반이 이해하기 쉽게 자신의 뜻을 전하신 것이다. '선악 간'은 원래 '선한 것에서 악한 것까지'를

말한다. 선한 말이든 악한 말이든 어떤 말도 하지 말라는 것은 나쁜 말은 하지 말라는 뜻이 강하다. 야곱에게 "비난이나 책망하는 말을 하지 말고, 해하지 말라"는 당부가 담겨 있다. 라반을 향한 하나님의 이 간섭은 야곱과 함께하시겠다는 약속이 구체적으로 실현되고 있음을 보여 준다.

"내게 알리지 아니하고 가만히 [⋯⋯] 끌고 갔으니 어찌 이같이 하였느냐." "알리지 아니하고"는 '속이다'는 의미를 가지고 있다. 라반이 야곱에게 이 말을 한 것은 야곱의 이름에 반영된 속임의 성격을 빗댄 것이다. 야곱은 라반 모르게 은밀히 떠나려고 했다. 여전히 그는 인간적인 잔꾀를 버리지 못한 사람이었다.

"내가 즐거움과 노래와 북과 수금으로 너를 보내겠거늘." 기쁜 마음으로 보낼 수 있었는데 왜 몰래 도망가느냐는 뜻이다. 진정성이 있는 말일까. 수금은 현악기의 일종으로 은이나 상아 등 값비싼 재료로 만들었기 때문에 주로 귀족들이 즐겨 연주했다. 다윗도 이 악기를 잘 다루었다. 예루살렘 성전이 건축된 이후 수금은 성전 악기가 되었다.

"어찌 내 신을 도적질하였느냐." 라반이 야곱의 일행을 열심히 쫓아온 것은 드라빔을 되찾기 위함이었음을 밝힌다. 식구들을 떠나보내는 아쉬움보다 잃어버린 드라빔을 찾으려는 모습 속에서 라반의 무정함과 냉혹함을 읽을 수 있다.

"외삼촌의 신은 뉘게서 찾든지 그는 살지 못할 것이요 외삼촌의 것이 발견되거든 취하소서." 함무라비 법전에 따르면 신상이나 신전에 속한 물건을 훔친 사람은 사형에 처해졌다. 따라서 야곱은 라반의 신상을 훔친 경우도 그에 해당한다고 생각했다. 그는 라헬이 그

신상을 훔친 사실을 알지 못했다. 아내에게 속임을 당한 것이다. 야곱이 라반의 제시에 무죄할지라도 하마터면 사랑하는 라헬을 잃어버릴 뻔했다.

"마침 경수가 나므로 일어나서 영접할 수 없사오니." 라헬은 자기 부친의 드라빔을 훔치고 그렇지 않은 척하였다. 이 일은 자기가 담당해야 할 몫이었다. '경수가 나므로'는 원문은 '내게 여자들의 한 길이 있어서'이다. 여자들의 한 길은 여자들의 생리현상을 말한다. 라헬은 이 거짓말로 위기를 넘기고자 했고, 이것으로 그에 대한 수색을 중지시키는 데 성공했다.

드라빔을 찾지 못하자 야곱의 기세는 높아졌다. 야곱이 라반을 책망하기 이른 것이다. "야곱이 라반에게 대척하여 가로되" '대척하여'는 자신감이 넘친 상태를 말한다. 그리곤 말한다. "나의 허물이 무엇이니이까 무슨 죄가 있기에 외삼촌께서 나를 불같이 급히 쫓나이까." '나를 불같이 급히 쫓나이까'는 원래 '내 뒤를 불태우셨는가'이다. 그토록 열렬히 자신을 쫓아온 이유가 그것이냐는 것이다. 드라빔 뿐만 아니라 외삼촌의 가장집물(家藏什物), 곧 집안 살림살이에 쓰이는 어떤 기구라도 발견했느냐고 큰소리친다.

이 일로 야곱은 라반에게 하고 싶은 말을 다 쏟아놓는다. 외삼촌의 가축들을 그렇게 정성스럽게 돌봐주었고, 야수들에게 물어 찢긴 것이 있을 경우 그 손실을 부담했으며, 눈 붙일 시간도 없이 섬겼노라고 말한다. 그런데도 라반 당신은 더 주기 싫어 나에게 줄 품삯을 바꾸고 또 바꾸지 않았는가.

그럼에도 불구하고 신실하신 하나님은 자신을 빈손으로 보내지 아니하셨다고 말한다. "우리 아버지의 하나님, 아브라함의 하나님, 곧 이삭의 경외하는 이가 나와 함께 계시지 아니하셨더면." 하나님이 도와주셨다는 것이다. 여기서 그는 하나님을 '이삭의 경외하는 이'라 했다. 경외는 구약에서 자주 나오는 말로 하나님의 엄위에 대한 두려움보다 하나님에 대한 거룩한 친근성에 더 강조점을 두고 있다. 여기에는 하나님에 대한 신뢰에 찬 교제와 함께 특별한 복종과 겸손이 담겨 있다. 야곱은 이미 벧엘에서 하나님을 만난 적이 있었기 때문이다.

나아가 하나님이 지난밤에 나타나셔 라반에게 말씀하신 것은 라반을 향한 책망이라 하였다. 야곱에 대한 부당한 대우에 대해 하나님께서 판단하셨다는 것이다. 라반은 더 이상 할 말이 없었다.

3. 야곱과 라반의 언약(42 – 55절)

- 라반이 야곱에게 너와 나 사이에 언약을 세워 증거로 삼기로 하고
- 돌무더기와 기둥을 쌓으니 무리가 무더기 곁에서 먹고
- "라반은 갈사하두다, 야곱은 갈르엣 (이 무더기가 너와 나 사이에 증거가 된다) 또는 미스바(우리 피차 떠나 있을 때에 하나님께서 너와 나 사이에 감찰하소서)라 함.
- "네가 내 딸을 박대하거나 내 딸 외에 다른 아내를 취하면 사람은 우리와 함께 할 자가 없어도 하나님이 너와 나 사이에 증거하시느니라."라 한 뒤
- 이 무더기와 기둥이 증거가 되어 서로 이 무더기를 넘어 해하지 아니하기로 맹세.

- 이에 야곱이 제사를 드리고 난 후 떡을 떼어 형제와 더불어 먹고 경야한 뒤
- 라반은 이튿날 아침 손자와 딸들에게 축복하고 고향으로 떠남

입씨름이 끝나고 두 사람은 언약을 하고 돌무더기를 세우게 된다. "너와 내가 언약을 세워." 라반과 야곱 사이에 맺은 계약을 말한다. 이 계약에는 여러 식구들이 증인이 되었다. 그들은 언약의 증거로 돌무더기를 세웠다. 이 무더기를 가리켜 라반은 이를 아람어로 '여갈사하두다'라 불렀다. 이는 '증거의 무더기'라는 뜻을 가지고 있다. 야곱은 '갈르엣'이라 불렀는데 여갈사하두다와 뜻이 같다. 갈르엣은 초기 히브리어거나 가나안어일 것으로 추정하고 있다.

야곱은 갈르엣을 또 미스바라 부르기도 했다. 미스바는 망대라는 뜻을 가지고 있다. 여기에서는 길르앗 근처에 쌓은 돌무더기가 망대의 역할을 하리라는 것을 보여 준다. 왜냐하면 야곱은 미스바라 하면서 "피차 떠나 있을 때 여호와께서 너와 나 사이에 감찰하옵소서."라는 의도를 담고 있기 때문이다. 그것은 의심의 상징으로 하나님이 그들 사이를 감찰해 주시기를 부탁하는 것이었다. 그것은 두 사람 사이의 사랑과 우정을 확증하는 것이 아니라 서로가 서로에게 해를 끼치지 않도록 하나님이 감찰해 달라는 간청으로 서글픈 광경임에 틀림없다. 야곱은 이 과정에서 하나님을 생각했다. 라반과 야곱에 대한 이 기사는 이기적인 협력은 결국 의심과 결별로 끝이 난다는 것을 교훈하고 있다. 이 미스바는 벧엘과 예루살렘 사이에 위치한 베냐민 지파의 성읍 미스바와는 다르다.

라반은 돌무더기를 세운 뒤 확약한다. "내가 이 무더기를 넘어 네

게로 가서 해하지 않을 것이요 네가 이 무더기를 넘어 내게로 와서 해하지 않을 것이라." 이 돌무더기를 경계로 서로 침범하지 않겠다는 화해 선언이다. "내게로 와서 해하지 않을 것이라." 어떤 학자는 이 말을 '드라빔으로 인한 재산상의 피해를 더 이상 입힐 수 없다'는 드라빔 무효선언으로 해석하기도 한다. 드라빔에 대한 라헬의 계획을 의식하지 못한 채 야곱은 드라빔 효능을 정지시키는 데 합의한 것이다. 이로써 라반과 야곱 사이의 재산 분규는 종지부를 찍는다.

야곱은 제사를 드리고 떡을 나눈다. 언약을 체결하는 과정에서 제사와 떡은 빼놓을 수 없는 두 개의 중요한 요소이다.

야곱은 부정한 방법으로 생활을 시작하였고 결국 그것 때문에 속이고 속으며 인간관계에서 바람직한 결과를 낳게 되었다. 비록 부유해지기는 했지만 결코 평화롭지 못한 생활을 했다. 그의 사건을 통해서 비록 사람이 일시적인 삶의 성공을 위해서 양심을 버리고 정직하지 못한 일을 하게 되면 치음에는 자신의 생각대로 잘 되어 가는 것 같지만 나중에는 모든 보응을 스스로 받게 된다는 것을 알 수 있다.

1. 마하나임(1 - 2절)

- 야곱이 그 길을 진행하다가 하나님의 사자들을 만나
- 그들을 보고 하나님의 군대라 하고
- 그 땅 이름을 마하나임이라 칭함

야곱은 고향으로 돌아온다. 라반의 땅을 떠나 이제 위험이 도사리고 있는 에서의 땅으로 들어선 것이다. 그 길에서 야곱은 하나님의 사자들, 곧 에서를 피해 도망가던 그 옛날 벧엘에서 보았던 하나님의 천사들을 만난 것이다.

야곱은 그들을 보고 '하나님의 군대'라 했고, 그곳 이름을 '마하나임'이라 했다. 마하나임은 '두 진영'이라는 뜻이다. 한 진영은 야곱의 진영이고, 다른 하나는 그 진영을 수호하는 하나님의 사자 진영이다.

하나님은 길을 떠나는 야곱에게 함께하시는 모습을 보여 주기 위해 군대와 같은 사자들의 모습을 보여 주셨다. 하나님은 그에게 약속하신 대로 야곱과 함께하셨다. 이로써 야곱은 하나님을 향한 강한 확신을 얻게 되었을 것이다. 마하나님의 위치는 정확히 알려지지 않고 있다. 하지만 얍복 강 북쪽 지역일 것으로 추정하고 있다.

2. 에서를 두려워하는 야곱(3 - 23절)

- 세일 땅 에돔 들에 있는 에서에게 사자들을 보내어 "주의 종 야곱이 라반에게 붙여 지금까지 있었사오나 내겐 소와 나귀, 양떼, 노비가 있어 우선 사람을 보내어 형께 고하고 형께 은혜받기를 원합니다." 전언
- "에서가 400인을 거느리고 주인을 만나려 오더이다" 하니 야곱이 심히 두렵고 답답
- 자기와 함께 한 종자와 양과 소와 약대를 두 떼로 나누고 "에서가 한 떼를 치면 남은 한 떼는 피하리라"
- 그 뒤 기도 "에서가 와서 나와 내 처자들을 칠까 두려우니 에서의 손에서 나를 건지시옵소서 주가 내게 명하시기를 네 고향으로 돌아가라 네게 은혜를 베풀리라 하셨나이다."
- 에서를 위해 예물을 택하니 암염소 200, 숫염소 20, 암양 200, 숫양 20, 젖나는 약대 30과 그 새끼, 암소 40, 황소 10, 암나귀 20과 그 새끼나귀 10
- 이를 각 떼로 나누어 종들을 붙여 각 떼를 따라가는 자마다 말하되 "에서가 네가 뉘며 너디로 가느냐" 묻거든 "주의 종 야곱의 것이요 주 에서에게로 보내는 예물이며 야곱도 우리 뒤에 있나이다"하라
- 이는 앞서 보낸 예물로 형의 감정을 푼 후에 나를 대면하면 혹시 나를 받으리라 생각, 예물을 앞서 보내고

- 밤에 두 아내와 두 여종과 열한 아들을 인도하여 얍복나루를 건 널째 그 소유도 건네고

"형 에서에게로 사자들을 자기보다 앞서 보내며." 야곱은 처음부터 에서를 직접 만날 용기가 나지 않았다. 그래서 먼저 사신을 보내 에서의 마음을 알고 싶었다.

야곱이 사자들을 시켜 하게 한 말은 자신의 형편을 알리고 도움을 청하는 내용을 담고 있다. 하지만 그가 어느 정도 부를 가지고 있음을 고한 것은 스스로 성공해서 돌아왔음을 에서에게 드러내고 싶은 뜻도 담겨 있다. 이 말로 형의 기가 죽을까.

전하라고 한 말 가운데 "주의 종 야곱이 말하기를"이 있다. 여기서 주는 상대방 에서를 가리킨다. '주의 종'은 '당신의 종'이라는 것으로 야곱이 자신을 종으로 표현한 것처럼 들린다. 그러나 히브리어 '아브데카'는 상대방을 높이고 자신을 낮추기 위해 자주 사용하는 말이다. 이 말은 평등한 위치에서 서로 사용하기도 한다. 따라서 이 말을 아부하는 말로만 이해해서는 안 된다.

"그가 사백 인을 거느리고 주인을 만나려고 오더이다." 돌아온 사자들의 보고는 야곱을 두렵게 만들었다. 에서가 기가 죽기는커녕 오히려 군사 사백 인을 거느리고 오고 있다는 것이었다. 에서는 원래 무인이었다. 그는 싸우기를 좋아한 사람이었다.

"두 떼로 나누고." 에서가 한 떼를 치면 다른 한 떼라도 살리기 위해 가축과 종들을 두 떼로 분리시켰다. 포트폴리오 전략을 사용한 것이다.

"야곱이 또 가로되"(9절). 여기서 '가로되'는 기도하다는 뜻이다.

벧엘을 떠난 이후 처음으로 기록된 기도이다. 이 기도에는 여러 내용이 담겨 있다.

첫째, 하나님께서 고향으로 돌아가면 하나님께서 은혜를 베풀리라 약속하셨는데 이 약속을 기억하여 주옵소서.

둘째, 지금까지 은혜를 베풀어 주신 것 감사합니다. 제가 지팡이만 가지고 요단을 건넜는데 지금은 두 떼나 되었습니다.

셋째, 지금 당하는 어려움에서 구해 주옵소서. 지금 에서가 와서 나와 내 처자들을 칠까 겁이 납니다. 주께 간구하오니 에서의 손에서 나를 구하옵소서. 그가 와서 칠까 두렵습니다.

끝으로, 언약을 기억하옵소서. 내게 정녕 은혜를 베풀어 네 씨로 바다의 셀 수 없는 모래와 같이 많게 하리라 하셨나이다.

이 기도를 마친 다음 그곳에서 밤을 지내며(經夜) 자기 소유 가운데에 일부를 에서에게 선물하기로 결정한다. 그리고 예물을 택한다. 에서의 감정을 풀기 위해 뇌물 공세를 하기로 한 것이다. 물질로 사람의 마음을 사려 한 것이다. 이것이 지금까지 야곱이 살아온 삶의 방법이었다. 그러나 그 방법이 성공한 것은 아니다

에서에게 예물을 보내면서 이렇게 말한다. "수의 종 야곱의 것이요 자기 주 에서에게로 보내는 예물이오며 야곱도 우리 뒤에 있나이다." '주의 종 야곱', '자기 주 에서에게로'(18절). 한 문장에서 에서를 두 번씩이나 '주'라 부른다. 이것은 그가 인간적으로 에서를 얼마나 두려워했는가를 보여 준다.

그 예물도 한꺼번에 모두 전하지 않았다. 여러 떼로 나눠 보내되 떼와 떼 사이에 거리를 두어 보냈다. "각 떼로 상거(相距)가 뜨게 하라."

예물을 보낸 다음 그날 밤에 그는 두 아내와 두 여종과 열한 아들을 인도해 얍복 나루를 건너게 했다. 그의 모든 소유도 그 나루를 건넜다. 이것은 인간적 시도의 마지막에 이르렀음을 보여 준다.

3. 하나님과 씨름한 야곱(24 – 32절)

- 야곱은 홀로 남았더니 날이 새도록 어떤 사람이 야곱과 씨름하다가 야곱을 이기지 못하여 야곱의 환도 뼈를 쳐 위골이 되게 함
- 그 사람: 날이 새려 하니 나로 가게 하라.
- 야곱: 당신이 내게 축복하지 아니하면 가게 하지 않겠나이다.
- 그 사람: 네 이름이 무엇이냐?
- 야곱: 야곱이니이다.
- 그 사람: 네 이름을 다시는 야곱이라 부를 것이 아니라 이스라엘이라 하라 이는 네가 하나님과 사람으로 더불어 겨루어 이기었음이라
- 야곱: 당신의 이름을 고하소서.
- 그 사람: 네 어찌 내 이름을 묻느냐?
  그 뒤 야곱에게 축복
- 야곱이 그곳 이름을 브니엘이라 칭함. 하나님과 대면하여 내 생명이 보전되었음이라.
- 그가 브니엘을 지날 때 해가 떴고 환도 뼈로 인하여 절음
- 그 사람이 야곱의 환도 뼈 큰 힘줄을 친고로 이스라엘 사람들이 지금까지 (동물의) 환도 뼈 큰 힘줄을 먹지 아니함

"야곱은 홀로 남았더니." 야곱은 식구들을 강 건너로 보낸 다음 다시 돌아온다. 다시 돌아온 이유로는 이탈자가 있었는지, 남겨진 소유물이 있었는지 최종 점검하기 위한 것으로 보인다. 홀로 남았다. 이것은 벧엘 사건을 연상케 한다. 결국 그는 하나님과 1 대 1로 만나게 된다.

하나님을 만나기 위해 고독한 장소(solitary place)와 고독한 시간(solitary time)이 필요하다. 이 시간은 야곱이 스스로 만든 것이 아니라 하나님이 만드신 영적 시간이다. 하나님은 야곱을 변화시키기 위해 이런 시간과 장소를 택하셨다.

"어떤 사람이 날이 새도록 야곱과 씨름하다가"(24절). 하나님이 야곱에 건 싸움인 것을 보여 준다. 하나님이 그의 영적 변화를 위해 개입하신 것이다. 에서와의 싸움에 앞서, 그리고 축복을 받기 전 야곱은 그의 죄 문제를 해결(회개)하고 하나님과 화목해야 했다.

28절에 "네가 하나님과 사람으로 더불어 겨루어 이기었음이니라" 하신 것으로 보아 하나님께 매달린 것이 확실하다. '어떤 사람'으로 보아 하나님 자신이 사람과 씨름한 것이라기보다 야곱이 하나님의 사지와 씨름한 것으로 보인다. 여기서 씨름은 야곱이 씨름하듯 간절히 매달려 기도했음을 의미한다. 호세아서엔 이렇게 기록되어 있다. "하나님과 힘을 겨루되 천사와 힘을 겨루어 이기고 울며 그에게 간구하였으니" 이것은 그 씨름이 무슨 의미를 가지고 있는가를 보여 준다.

돕슨의 조사에 따르면 어린이들이 가장 추억에 남는 것은 어릴 때 아버지와 씨름하는 것이라 한다. 하나님도 우리가 영적으로 문제가 있을 때 씨름하시는 것을 기뻐하신다.

인생의 가장 중요한 겨룸(struggle)은 하나님과의 씨름이다. 그 씨름은 하나님을 만나는 자리이다. 야곱은 에서와 겨루었고, 라반과도 겨룬 긴 싸움을 해 왔다. 그러나 그것은 영적인 만족을 가져다주지 못했다. 우리는 지금 돈, 학위, 재물 등을 얻으려 끈질긴 싸움을 하지 않는가. 야곱이 씨름하는 것은 여호와의 이름을 부르며 기도했음을 나타낸다. 하나님 앞에 무릎 꿇고 더 이상 세상을 바라보지 않고 하나님만 바라본 것이다. 이 사실이 중요하다.

어떤 사람은 거룩한 존재(holy being)가 인간의 몸(human form)으로 오신 것을 말한다. 주님이 그의 삶에 개입하게 위해 이 땅에 오신 것이다.

리빙 바이블과 RSV는 "어떤 사람이 씨름했다"고 번역했다. 이것은 야곱이 씨름을 주도적으로 벌인 것이 아니라 오히려 그 반대임을 의미한다. 하나님께서 그의 변화를 위해 그의 삶에 적극적으로 개입하신 것이다.

그는 이미 하나님이 그와 함께하신다는 것을 마하나임을 통해 확인했다. 그러나 그는 줄곧 인간적인 방법만을 추구했다. 인간적인 방법만 끝까지 추구하다 결국 홀로 외롭게 남아 있는 그에게 찾아오신 것이다. 더 이상 자신의 꾀를 의지하지 말고 오직 하나님을 믿고 의지하지 않으면 안 된다는 것을 가르쳐 주시기 위해서다.

야곱도 자신의 한계를 인식하고 결사적으로 하나님께 매달렸다. 씨름은 얼마나 열심히 매달리며 기도했는가를 보여 준다. 교만한 그가 철저히 낮아졌고, 이제 하나님 앞에 무릎을 꿇으며, "나는 무익한 존재입니다", "나는 이제 어찌할 수 없습니다. 도와주세요." 기도하게 된 것이다. 그의 기도는 앞서의 형식적이고 푸념 어린 기도와는 달리 땀과 눈물, 그리고 온몸으로 하는 결사적인 기도였다. 그는 하나님이 자신을 도우실 것이라는 확신이 서기까지, 하나님의 긍휼을 얻을 수 있을 때까지 매달렸다.

우리의 영적 성장을 위해 하나님과의 씨름, 하나님과의 투쟁이 필요하다. 씨름이나 투쟁은 하나님과 맞서 싸우는 것이 아니라 자신을 변화시키기 위한 끈질긴 기도(persistent prayer)이다. "나를 변화시켜주옵소서." "주님 나를 변화시켜주지 않으면 안 됩니다." 우리에게 이런 기도가 필요하다. 이 민족을 위해서도 끈질기게 매달리지 않으면 안 된다.

이 기도는 하나님과의 관계회복이라는 또 다른 차원의 기도이기도 하다. 그는 지금까지 에서와의 인간적인 관계만 생각했다. 그러나 그는 에서와 막 부닥치기에 앞서 하나님과의 관계를 바로 세워야 했다. 이 씨름은 야곱의 죄로 인한 하나님의 불만족을 제거하는 사죄의 기도이자 하나님과의 정상적인 관계회복의 기도였다.

"자기가 야곱을 이기지 못함을 보고"(25절). 하나님이 야곱을 진짜 이길 수 없었다는 것은 아니다. 사람이 하나님을 이길 수 있는 사람은 아무도 없다. 그럼에도 불구하고 "자기가 야곱을 이기지 못함을 보고"라고 표현한 것은 야곱이 하나님 앞에 얼마나 끈질기게 매달렸는가를 보여 준다. 그는 한번 목표를 세우면 끝을 보고야 마는 집념의 사람이었다.

아버지를 이겼다(?)

이병희 목사는 미국 초등학교에 다니는 아이가 남에게 놀림감이 되는 것을 보고 태권도를 배우도록 했다. 몇 달이 지나자 아이는 아버지와 한번 겨룰 것을 제안했다. 지하실에 내려가 겨루는데 단숨에 아이를 넘겨 버렸다. 아이는 웃옷을 벗으며 덤볐다. 두 번째는 일부러 져 주었다. 1:1이 되었다. 세 번째 결승 때 아이는 어찌나 악착같이 덤비는지 그 모습이 안타깝기도 하고 귀여워 부러 져 준 것이다. 그때 아이는 "아버지를 이겼다!"며 어머니를 향해 소리를 쳤다. 어머니도 아이가 대견하다며 칭찬해 주었다. 아버지가 이길 수 없어서가 아니다. 얼마든지 이길 수 있었지만 그의 끈질긴 집념에 손을 들어 준 것이다. 만일 아버지가 자식을 이겼노라고 외친다면 아버지는 비웃음만 사게 될 것이다.

우리도 종종 어린 자식들이 아버지를 향해 팔목 겨루기를 청해 온다. 아버지는 얼마든지 이길 수 있지만 자식이 이기려고 힘쓰는 모습을 대견해 하며 부러 져 준다. 야곱과의 씨름에서 하나님이 이길 수 없어서가 아니라 끈질기게 매달리는 그 모습이 사랑스러워 그로 하여금 이기게 하신 것이다. 우리가 하나님을 이기려면 전적으로 매달려야 한다. 그러면 하나님은 우리로 이기게 하신다.

"환도 뼈를 치매"(25절). 인생의 중요한 승리는 하나님께 굴복할 때 주어진다. 환도 뼈는 엉덩이뼈(heap bone)를 말한다. 32절은 환도 뼈의 큰 힘줄을 쳤다고 기록하고 있다. 이 일로 인해 이스라엘은 동물의 환도 뼈 큰 힘줄(tendon)을 먹지 않는다. 이로 인해 야곱은 스스로 설 수도, 걸을 수도 없게 되었다. 이때 이스라엘이라는 이름을 주었다.

이 사건은 하나님은 단 순간에 우리의 삶을 끊을 수 있는 분임을 보여 준다. 우리는 하나님을 경외하고 굴복해야 한다. 내가 이길 때가 아니라 하나님께 굴복할 때 가장 중요한 순간이다. 자신이 아니라 하나님을 붙잡는 그 순간이 가장 중요한 순간이다.

할례도 하나님께 굴복함을 의미한다. 내 몸은 나의 것이 아니라 하나님의 것이요 내 몸의 가장 사적인 부분을 하나님 앞에 내보이는 것이다. 하나님께 우리의 프라이버시는 없다. 내 몸의 겉을 베어 피를 드림으로 내 몸도 나의 것이 아님을 드러내는 것이다. 예수님이 "심령이 가난한 자가 복이 있나니" 하심도 영적으로 철저히 낮아져 하나님께 굴복하는 것을 의미한다.

"네 이름이 무엇이냐."(27절). 지금으로 말하면 "네 영적인 상태가 어떠하냐?" "너는 거듭났느냐?" "너는 구원을 받았느냐?"는 물음이다. 성령으로 말미암지 않고서는 구원을 얻을 수 없다. 하나님이 하지 않으시면 구원을 얻을 수 없다. 내가 결정하는 것이 아니라 하나님이 결정하신다.

"다시는 야곱이라 부를 것이 아니요 이스라엘이라 부를 것이니"(28절). 그의 이름은 야곱에서 이스라엘로 바뀌었다. 야곱은 발꿈치를 잡는다는 뜻이다. 그는 지금까지 자기의 이익을 위해 남의 발꿈치를 잡는 인생을 살아왔다. 형과 아버지를 속인 사기꾼 인생을 살아왔다. 그러나 그의 이름이 이스라엘, 곧 '하나님과 겨루어 이긴 사람'으로 바뀌었다. 자신의 이익을 위해 물불을 가리지 않았던 인간적 야곱이 하나님을 붙잡는 사람으로 바뀌었다는 것이다. 이름을 바꾸는 것은 과거의 자기는 죽고 완전히 새로운 사람으로 거듭나는 것을 말한다. 인생관, 세계관을 완전히 바꾸라는 것이다.

이스라엘은 이쉬(man), 라(to, against), 엘(God)을 합한 말이다. 이것은 야곱이 하나님과 싸워 이기었음을 나타낸다. '싸워 이겼다'는 것은 하나님의 계획에 따른 사람, 하나님(엘)께 복종(이스라)하는 사람이 되었다는 것을 의미한다. 그가 이제는 하나님이 원하시고 계획하시며 인도하시는 일에 예민하게 된 것이다. 그는 인간적이고 육적으로 패배할 수밖에 없는 야곱의 삶에서 하나님의 사람으로서 영적으로 성공할 수밖에 없는 이스라엘의 삶으로 변화했다.

이스라엘은 육적인 이스라엘이 아니라 영적인 이스라엘을 뜻한다. 육적인 이스라엘은 지금도 별로 좋은 명성을 얻지 못하고 있다. 이스라엘 백성은 이기적이고 자기만 알며 교만하다고 말한다. 그러나 영적인 이스라엘은 다르다. 하나님의 백성으로 구속함을 받은 사람이다. 십자가의 피로 죄 씻음을 받은 사람이다. 우리의 힘이 아니라 주님이 우리를 멸망에서 구원해 주셨다.

우리는 받은 증거가 많은 하나님의 사람들이다. 따라서 우리는 날마다 구원의 감격을 가지고 주님을 위해 무엇을 드릴까 생각하며 산다. 이런 감격의 모습이 바로 구속을 받았다는 징표이다. 구원의 감격에 못 이겨 하나님의 일에 관심을 가지고 뛰어든다.

"네가 하나님과 사람으로 더불어 겨루어 이기었음이라."(28절). 하나님과 더불어 겨룬다는 것은 하나님이 보낸 천사와 더불어 씨름하였음을 의미한다. 하나님은 우리에게도 겨루어야 할 천사들을 보내신다. 교사에게는 학생을, 목회자에게는 양들을 보낸다. 하나님은 우리로 하여금 그 천사와 씨름하게 하신다. 이기었다는 것은 그 선한 싸움을 잘 싸워 하나님 보시기에 합당하게 여김을 받았다는 뜻이 담겨 있다.

"야곱에게 축복한지라."(29절). 하나님의 백성은 영적으로 축복받은 백성이다. 이 세상은 몰라줘도 하나님은 알아주기 때문이다. "주여! 주여!" 한다고 축복을 받는 것 아니다. 주의 이름으로 선지자 노릇하고, 주의 이름으로 귀신을 쫓아냈다고 인정을 받는 것 아니다.

하나님의 축복을 받으려면 하나님의 뜻대로 행해야 한다. 그렇지 않으면 주님으로부터 결국 "내가 너희를 도무지 알지 못 한다"는 말을 듣게 된다(마7:21-23). 그러나 하나님의 뜻대로 행하면 아무리 적은 일을 했어도 그 충성됨을 인하여 하나님이 알아주신다.

인터넷 시대에 한 번의 클릭으로 그 사람이 어떤가를 알 수 있다. 우리가 하나님 앞에 섰을 때 하나님이 우리의 파일을 클릭하면 어떻게 될까? 이 땅에서 의미 있는 삶을 살아야 한다. 우리의 일에서 구원의 증거를 보여 주어야 한다. 그러면 축복하신다. 그리스도인은 단거리 선수가 아니라 장거리 선수이다.

인생의 획기적 전환

야곱에서	이스라엘로
과거의 자기	거듭난 자기
자기의 성공만을 위해 싸우는 사람	하나님을 위해 싸우는 사람
인간적인 사람	하나님의 사람
옛사람	새사람
패배할 수밖에 없음	성공할 수밖에 없음

야곱은 이 기도 장소를 브니엘(Peniel)이라 했다. 브니엘은 '하나님의 얼굴'로, 이것은 '하나님을 만났다'는 뜻이다. 이것은 하나님과 대면하고서도 죽지 않고 살아남았음을 기리는 내용이다. 하나님을 대면한 자는 죽는 줄 알았다. 그러나 하나님을 대면하여 살게 된 것이다. 하나님을 만나 오히려 문제를 해결해 주시리라는 확신을 갖게 되었다. 이곳은 얍복과 숙곳 사이에 있다. 인생의 가장 중요한 발견

은 하나님의 은혜이다. 하나님의 얼굴을 보았는데 죽지 않고 살아났다는 것은 하나님의 은혜다. 죽을 자가 살았기 때문이다. 수십 볼트짜리 전구는 수억 볼트 자리가 지나가면 터져버린다.

"브니엘을 지날 때에 해가 돋았고 그 환도 뼈로 인하여 절었더라." 결사적으로 하나님께 매달린 밤이 지나자 그의 마음은 확신과 기쁨으로 가득 차게 되었다. 브니엘의 해는 그의 기쁨을 상징적으로 비춰 주고 있다. 그는 환도 뼈가 위골되어 절었지만 그것은 새로운 인생의 시작이었다. 그는 더 이상 형 에서가 두렵지 않았다. 하나님이 함께하시리라는 확신을 가지고 있었기 때문이다. 야곱은 평생 절름발이가 되었다. 절며 걸을 때마다 하나님의 은혜를 기억했을 것이다.

이 사건은 우리의 인생길에서 위기를 만날 때 하나님을 찾고 매달려야 하며 우리가 기도할 때 하나님을 만나게 되고 문제해결에 대한 확신이 서게 된다는 것을 가르쳐 준다. 하나님은 우리와 씨름하고자 하신다. 예수 그리스도를 만나는 것이 축복이다.

1. 에서를 만난 야곱(1 - 13절)

- 에서가 사백 인을 거느리고 오는 것을 본 야곱은 우선 자식들을 나누었다.
  야곱이 맨 앞에 서고, 그 뒤 1열에 두 여종과 그 자식들이, 2열에 레아와 그 자식들이, 그리고 맨 뒤인 3열에 라헬과 요셉이 섰다.
- 야곱이 에서 앞에 몸을 일곱 번 땅에 굽히며 나아가니
- 에서가 달려와 야곱의 목을 안고 입 맞추며 피차 우니라
- 1 - 3열 차례로 나아와 에서에게 절하고
- 예물(앞서 보낸 모든 떼)을 강권하여 받게 함
  "내가 형님의 얼굴을 뵈온즉 하나님의 얼굴을 본 것 같사오며 형님이 나를 기뻐하시니 하나님이 내게 은혜를 베푸셨나이다. 형님께 은혜를 얻었사오니 이 예물을 받으소서."

아침이 되자 야곱은 에서를 만나러 갔다. 이 과정에서도 그는 다시 한 번 그의 복합적인 성격을 드러냈다. 간밤에 그 긴 과정에서 하나님을 만났기 때문에 더 이상 주저하지 않고, 하나님만 믿고 나가야 했는데 그러지 못했기 때문이다. 그의 마음에는 아직도 형에

대한 두려움이 자리하고 있었다.

"그 자식들을 나누어 레아와 라헬과 두 여종에게 맡기고"(1절). 자식들을 몇 명씩 나누어 아무에게나 맡긴 것이 아니라 각각 자기가 낳은 자식들을 맡겨 만일에 대비해 자식들을 보호하도록 한 것이다. 모성 보호 본능에 맡긴 것이다.

"여종과 그 자식들은 앞에 두고." 그는 행렬의 순서를 정할 때 두 여종과 그 자식들, 레아와 그 자식들, 그리고 라헬과 요셉 순으로 세우고, 야곱 자신은 맨 앞에 나섰다. 라헬과 요셉을 맨 뒷줄에 세운 것은 만약을 대비한 조치로 야곱이 그들을 얼마나 아꼈는가를 보여 준다. 그가 맨 앞에 선 것은 가장으로서 무엇보다 잘한 일이다.

창세기 33장에서 가장 두드러진 부분은 에서의 태도이다. 야곱은 에서가 자기를 적으로 대할 것으로 생각했었다. 그러나 그것은 기우였다. 자기를 동생으로 대한 것이다. 이것은 너무나 놀라운 일이었다. 이것은 하나님께서 간섭하지 않으셨다면 불가능한 일이다. 왜냐하면 에서가 중무장을 한 사백 인을 데리고 올 때는 야곱을 만나 복수하고자 하는 마음이 컸기 때문이다. 그러나 모든 이의 마음을 다스리시는 하나님은 오는 과정에서 에서의 마음을 만져 주셨다. 얍복 강가에서 야곱을 다루시던 하나님께서 그 시간 에서의 마음도 다루시어 그의 태도를 바꾸게 하신 것이다.

야곱이 에서를 위해 애써 준비한 예물은 사실 아무 효험도 발휘하지 못했다. 하나님의 섭리 앞에서 인간의 잔꾀가 무슨 소용이 있겠는가. 에서는 그 예물들을 바라지도 않았다. "나의 만난 바 이 모든 떼는 무슨 까닭이냐?" "내 주께 은혜를 입으려 함이니이다." "내 동생아 내게 있는 것이 족하니 네 소유는 네게 두라."

감동한 야곱은 간청한다. "청컨대 내 손에서 이 예물을 받으소서." 심지어 이런 말까지 한다. "내가 형님의 얼굴을 뵈온즉 하나님의 얼굴을 뵌 것 같사오며" 불안하고 초조한 야곱에게 에서가 호의적인 태도로 나오자 그는 이것이 얍복 나루에서 드린 기도의 응답임을 확신했다. 그래서 그는 에서의 얼굴에서 하나님의 은혜의 얼굴을 볼 수 있었던 것이다. 그의 강권에 못 이겨 에서는 선물을 받아들였다.

이 모든 것은 앞서 일하시는 하나님의 역사였다. 하나님은 그 밤 외로이 기도하며 자신에게 매달리는 야곱을 불쌍히 여기셨다. 그리고 그 문제 가운데 들어가셔서 직접 해결해 주셨다. 이것은 하나님이 아니면 풀 수 없는 문제였다.

2. 세겜으로 간 야곱

- 에서가 "우리가 떠나가자 내가 너의 앞잡이가 되리라" 함
- 야곱이 그에게 이르되 "내 주도 아시거니와 자식들은 유약하고 내게 있는 양떼와 소가 새끼를 데렸은즉 하루만 과히 몰면 모든 떼가 죽으리니 앞서 가소서. 나는 앞에 가는 짐승과 자식의 행보대로 천천히 인도하여 세일로 가서 내 주께 나아가리이다."
- 이에 에서는 "내 종자 수인을 네게 머물리라" 제안
  야곱은 "어찌하여 그리하리이까 나로 내 주께 은혜를 얻게 하소서"하매
- 이날 에서는 세일로 회정(回程)하고
- 야곱은 숙곳에 이르러 우릿간(막)을 지은고로 그 땅 이름을 숙곳

(막들)이라 부름

- 야곱이 밧단아람에서 가나안 땅 세겜 성까지 평안히 이르러 성 앞에 그 장막을 치고 그 장막 친 밭을 세겜의 아비 하몰의 아들들의 손(hand)에서 은 일백 개로 사고
- 거기 단을 쌓고 그 이름을 엘엘로헤이스라엘(엘은 이스라엘의 하나님)이라 함

기쁨의 상봉, 은혜로운 상봉을 마친 에서는 야곱에게 자기 있는 곳에 같이 가자며 자기가 길잡이 역할을 하겠다고 말한다. "내가 너의 앞잡이가 되리라." 이것은 가까이 동행하겠다는 것으로, 기꺼이 안내자가 될 것을 제안하는 말이다. 이에 대해 야곱은 양과 소가 새끼를 배어 빨리 갈 수 없으니 가축들의 걸음대로 천천히 세일로 가겠다고 답한다.

에서는 자기 수하 몇 사람을 붙여 주겠다고 말한다. 그의 호의가 얼마나 진정성이 있는가를 보여 준다. 이에 대해 야곱은 그리할 수 없다며 "내 주께 은혜를 얻게 하소서."라고 말한다. 이 말만으로는 이해하기 어렵다. 이것은 완곡한 거절의 표현으로 "형님의 호의만으로도 충분합니다."라는 뜻이다. 그는 왜 그 제안을 거절했을까? 에서의 삶의 방식과 야곱의 삶의 방식이 달랐기 때문이다. 에서의 방식은 언약의 백성으로 살아야 할 야곱에게는 많은 차이가 있고, 그것이 그에게는 여전히 부담으로 작용하기 때문에 조심스럽게 거절했을 것이다. 그러자 그날 에서는 세일로 되돌아갔다. 회정이다.

야곱은 나름대로 식구를 데리고 숙곳(Succoth)에 이르러 막을 쳤다. 숙곳은 '오두막집들'이라는 뜻을 가지고 있다. 우릿간이 바로 그

것이다. 야곱이 짐승들을 위해 우릿간으로 지은 데서 나온 이름이다. 야곱은 그곳 이름을 숙곳이라 했다. 숙곳은 얍복 강 북쪽에 있는 곳으로, 출애굽 한 이스라엘 자손이 홍해를 건너기 전 최초로 머물렀던 애굽의 숙곳(출12:37;민33:5-6)과는 다른 곳이다. 솔로몬은 이곳에서 성전에서 쓸 기물들을 주조하기도 했다(왕상7:46).

그 뒤 야곱의 일행은 세겜 성에 도달했다. 여기까지 도달한 것을 성경은 이렇게 표현한다. "야곱이 밧단아람에서부터 평안히 가나안 땅 세겜 성에 이르러"(18절). 왜 '평안히'라는 말이 붙어 있을까. 야곱이 에서를 피해 밧단아람으로 갈 때 벧엘에서 그는 하나님께 서원했다. "나로 평안히 아비 집으로 돌아가게 하시오면 여호와께서 나의 하나님이 되실 것이요 내가 기둥으로 세운 이 돌이 하나님의 전이 될 것이요 하나님께서 내게 주신 모든 것에서 십분일을 내가 반드시 하나님께 드리겠나이다."(창28:21,22). 이 서원 안에 바로 '나로 평안히 아비 집으로 돌아오게 하시오면'이 있다. 바로 20여 년 전의 일이다. 하나님께서 이 기도에 응답하신 것이다.

야곱은 세겜 성 앞에 장막을 쳤다. 그리고 장막 친 밭을 은 일백 개를 주고 세겜의 아비 하몰의 아들들로부터 샀다. 그리고 그곳에 단을 쌓고 감사 예배를 드렸다. 야곱은 그곳 이름을 '엘 엘로헤 이스라엘'이라 불렀다. '이스라엘의 하나님은 엘이시다'라는 뜻이다. 엘은 강하신 하나님을 나타낼 때 사용하므로, 이것은 '전능하신 하나님은 이스라엘의 하나님이시다'라는 뜻임을 알 수 있다. 그저 '하나님은 이스라엘의 하나님'으로 해석할 경우 엘의 특성이 드러나지 않는다. 야곱이 지나온 모든 일을 생각할 때 전능하신 하나님이 아니었으면 불가능했으리라는 생각을 했을 것이다. 야곱이 이곳에 단을 쌓은 것은 아브라함이 가나안에 처음 들어와 단을 쌓은 것(창12:9)을 연상케 한다. 하나님의 사람들은 이처럼 다르다는 것을 보여 준다.

1. 강간당한 디나와 강간한 하몰의 아들 세겜(1 – 24절)

- 레아가 그 딸 디나를 데리고 그 지방 여자를 보러 나갔다가
- 히위 족속 중 하몰의 아들 세겜이 강간한 후 사랑에 **빠져** 그 아비 하몰에게 디나와 결혼하기를 원하니
- 이를 들은 야곱이 들에 목축하러 간 아들들이 올 때까지 잠잠하였고
- 들에서 이를 들은 아들들이 돌아와 심히 노하고 근심
  이는 이스라엘에게 부끄러운 일(행치 못할 일)을 행하였음이라
- 하몰이 야곱에게 나아와 서로 통혼하기를 간청하고 아무리 큰 빙물(聘物)과 예물이든 수리라 하니
- 야곱의 아들들이 속여 대답하되 "할례받지 아니한 사람에게 누이를 줄 수 없으니 너희 중 남자가 다 할례를 받으면 우리 서로 통혼하여 한 민족이 되리라" 하니
- 이 말을 좋게 여기고 성문으로 출입하는 모든 남자가 할례를 받음

에서와 헤어지고 난 뒤 야곱은 벧엘로 갔어야 했다. 그러나 그는 그곳으로 가지 않고 세겜으로 가 그곳에 머물렀다. 학자에 따라서는

그가 세겜에 머문 것이 10여 년이 되었을 것이라 주장한다. 하나님이 가라고 한 곳에 가지 않고 다른 곳에 머묾으로써 야곱은 엄청난 대가를 지불해야 했다.

30여 년 전 야곱이 에서를 피해 고향을 떠났을 때 야곱은 벧엘에서 처음으로 하나님을 뵈었다. 그는 이 사건을 기념하기 위해 그곳에 돌기둥을 세우고 벧엘이라 하였다. 그는 하나님의 축복을 받아서 안전하게 고향으로 돌아오게 되면 그 기둥 위에 '하나님의 전'을 짓겠다고 약속했다. 하나님은 그가 하신 약속을 지키셨다. 하란에서 그를 지키셨고, 그의 모든 필요를 채워 주셨다. 그를 인도하여 무사히 가나안으로 돌아오게 하셨다.

그럼에도 불구하고 야곱은 아직 자신의 맹세대로 실행하지 않았다. 세겜은 벧엘에서 얼마 떨어지지 않은 곳임에도 불구하고 곧장 벧엘로 향하지 않고 세겜에서 여러 해를 머물렀다. 게다가 식구와 종들은 이방신상까지 숭배하는 우를 범했다. 그는 식구들로 하여금 이방인들의 습속을 버리도록 강력하게 주장하지도 않았다. 이런 면이 있었기 때문에 야곱은 일행을 거느리고 벧엘로 나아갈 수 없었는지도 모른다. 그가 결단을 내리지 못하고 있는 사이에 디나 사건이 벌어졌다. 딸 디나가 강간을 당하고 아들들이 피의 복수를 하는 지경에 이른 것이다. 이것은 한 사람이 복종하지 않음으로써 가족적으로 어떤 열매를 거두게 되는가를 잘 보여 준다.

종종 우리도 야곱의 경우처럼 하나님을 믿으면서도 벧엘 중심으로 생활하기보다 세상적인 이익이 있는 세겜에 머묾으로써 자녀들이 헤아릴 수 없을 정도로 해를 당한다는 사실을 알게 된다.

"디나가 그 땅 여자를 보러 나갔다가." 이것은 그가 단순히 그 지방 여인들이 어떤가를 보러 간 것인지 아니면 그곳 여인과 친분관계가 있어 간 것인지 확실하지 않다. 중요한 것은 그 땅 사람들의 삶에 관심을 가지고 있었다는 것이다. 세상에 눈을 돌린 것이다.

디나가 강간을 당했다는 소식을 듣고 야곱의 아들들은 근심에 쌓였다. "사람 사람이 근심하고." 이것은 사람들이 서로 근심했음을 보여 준다. 서로가 서로를 걱정해 준 것이다.

하몰은 그들을 찾아와 통혼하기를 원한다. 가나안 족속들은 야곱이 하나님으로부터 받은 축복을 보고 자신들도 그 이득을 얻고자 민족이 서로 통합되기를 원했다. 그러나 이런 통합과 흡수는 하나님의 뜻을 거역하는 일일 뿐 아니라 하나님의 백성으로서의 존재성을 크게 위협하는 일이 아닐 수 없다.

나아가 하몰은 "땅이 너희 앞에 있으니 여기 머물러 매매하며 여기서 기업을 얻으라" 했다. '여기 머물러'는 이곳 땅 이곳저곳을 돌아다닌다는 것으로 세겜의 어느 땅에서든지 기거할 수 있는 자유를 주겠다는 말이다. 나아가 땅이 필요하면 사고팔 수 있는 권한도 부여하고자 했다. 여기서 함께 잘 살아 보자는 것이다. 이것은 자기 아들의 결혼을 성사시키기 위한 나름대로의 큰 배려였다.

아들 세겜도 거들었다. 디나를 자기 아내로 삼게만 한다면 "아무리 큰 빙물과 예물을 청구할지라도 수응하리라" 했다. 빙물과 예물은 신부 몸값과 예물을 말한다. 신랑이 신부를 데려오기 위해 신부의 부모에게 보내는 것이다. 세겜은 야곱이 얼마를 요구하든지 주겠다고 했다.

"야곱의 아들들이 세겜과 그 아비 하몰에게 속여 대답하였으니." 이것은 야곱의 아들들이 하몰과 세겜에게 거짓으로 제안했음을 보여 준다. 그렇다고 무조건 그리 하겠다고 말한 것은 아니다. 조건을 단 것이다. 그것은 세겜의 모든 남자들이 할례를 받아야 한다는 것이었다. 그래야 한 민족이 될 수 있다고 했다. 그렇게 하지 않으면 디나를 데려올 수밖에 없다고 말한다. 이것은 매우 신앙적인 표현으로 들릴 수 있다. 하지만 그 속에는 상대방을 안심시키고 속으로는 보복살인을 생각하고 있었다는 점에서 거짓으로 대답한 것이 틀림없다. 디나에 대한 강간행위는 이스라엘에게 부끄러운 일, 곧 행치 못할 일을 한 것이다. 따라서 야곱의 아들들은 그들에게 거짓말을 해도 괜찮다고 생각했음에 틀림없다. 상대방이 죄를 범했다고 해서 이쪽에서 상대를 속이고 죄를 범한다면 그것은 더 낮은 수준의 사람들로 전락될 수밖에 없다. 거짓말, 복수, 살인 등 온갖 악한 방법을 동원해 자기의 목적을 이루는 것은 하나님의 백성으로서 할 짓이 아니다.

하몰과 세겜은 야곱식구들의 제안을 듣고 좋게 생각했다. 특히 세겜은 지체하지 않고 그 일을 행하고자 했다. 세겜 성문에 와서 성 주민들에게 통혼하기와 할례받기를 제안했다. 이 제안을 하면서 그들도 자기들의 이익을 생각했다. "그리하면 그들의 생축과 재산과 그 모든 짐승이 우리의 소유가 되지 않겠느냐."(23절). 통혼하면 결국 재산은 자기들의 몫이 될 것이라는 말이다. 성 주민들이 이에 동의하고 남자들은 모두 할례를 받았다. 가나안 족속들은 자손과 물질의 혜택을 누리고자 하는 목적으로 기꺼이 이스라엘의 계약 의식인 할례를 받은 것이다.

2. 세겜의 남자들을 죽인 시므온과 레위(25 - 31절)

- 할례를 받은 지 삼 일째 가장 고통이 심할 때 디나의 오빠 시므온과 레위가 칼을 들고 부지중에 성을 엄습 남자들을 다 죽이고 디나를 데려오니
- 야곱의 여러 아들이 성을 노략 양, 소, 나귀, 모든 재물, 그 자녀와 아내들을 사로잡은지라
- 야곱, "시므온과 레위야 너희가 내게 화를 끼쳐 이 땅 가나안 족속과 브리스 족속에게 냄새를 내게 했구나. 우리는 수가 적은데 그들이 모여 나를 죽이리니 그리하면 나와 내 집이 망하리라."
- 시므온과 레위, "그가 우리 누이를 창녀같이 대우함이 가하니이까."

할례를 받은 뒤 삼일 째는 고통이 가장 신할 때다. 움직어 활동하기 어렵다. 이 틈을 타고 시므온과 레위가 칼을 들고 세겜 성에 들어가 남자들을 다 죽이고 디나를 데려왔다. "부지중에 성을 엄습하여"에서 '부지중에'는 그들도 모르게라는 뜻이 아니다. 원문은 '뻬따흐'로 '확신에 차서', '자신감 있게', '당당하게'라는 뜻이다. 할례로 고통받고 있는 날을 택해 당당하게 쳐 들어가 남자들을 무참하게 죽였다. 하몰과 세겜도 죽임을 당했다.

그 후 야곱의 다른 아들들도 동참했다. "야곱의 여러 아들들이 그 시체 있는 성으로 가서." 여기서 '야곱의 여러 아들들'의 원문은 '야곱의 아들들', 곧 시므온과 레위를 제외한 야곱의 다른 아들들을 말한다. 그들은 이미 남자들이 죽어 있는 성에 들어가 짐승과 재물을

빼앗고, 그 자녀들과 아내들을 사로잡으며 집안가재를 다 노략했다. 가장이 죽어 있는 상태에서 세겜의 여성들은 속수무책이었다. 세겜 성이 쑥대밭이 된 것이다. 디나에 대한 복수전에 야곱의 아들 모두가 참여했다. 이것은 야곱의 아들들이 얼마나 치밀하게 계획하고 참여했는가를 보여 준다.

이 문제를 놓고 주도한 시므온과 레위를 불러 야곱은 자신의 걱정을 드러냈다. 그 걱정 가운데 "이 땅 사람 곧 가나안 족속과 브리스 족속에게 냄새를 나게 하였도다."라는 말이 있다. '냄새'는 '빠아쉬'로 '코를 찌르게 하다'는 뜻을 가지고 있다. 악취를 풍기는 행위를 지칭한다. 가나안의 다른 족속들이 야곱의 아들들이 저지른 잔인한 학살 소식, 곧 악한 소문을 듣게 되었을 때 그것이 야곱 가정의 평화와 안전을 해치게 될 것이라는 걱정이다.

야곱의 이 불평과 걱정은 신앙인으로서 문제가 있다. 이 일로 인해 더럽혀졌을 하나님의 명예나 선택된 후손에 대한 순결의 필요성을 의식하는 내용이 전혀 없다. 오로지 자신과 자기 식구의 안전에 발생할 문제에 두려워할 뿐이다.

1. 엘 벧엘: 벧엘의 하나님(1 - 8절)

- 하나님이 야곱에게 "벧엘로 올라가 하나님께 단을 쌓으라" 하심
- 야곱이 모든 식구에게 "너희 중에 이방신상을 버리고 자신을 정결케 하고 의복을 바꾸라 우리가 일어나 벧엘로 올라가자" 함
- 그들이 자기 손에 있는 모든 이방신상과 자기 귀에 있는 고리를 야곱에게 주니 이를 세겜 근처 상수리나무 아래 묻고 나아가니
- 하나님이 사면 고을들로 크게 두려워하게 하신고로 야곱의 아들들을 추격하는 자가 없더라
- 그들이 가나안 땅 루스 곧 벧엘에 이르러 단을 쌓고 이를 엘 벧엘(벧엘의 하나님)이라 부름
- 리브가의 유모 드보라가 죽으매 벧엘 아래 상수리나무 밑에 장사하고 그 나무 이름을 알론바굿(곡함의 상수리)이라 부름

세겜에서의 호된 시련을 통해 야곱은 신앙적인 각성과 결단에 이른다. 이제 보복당할 위험에 처했기 때문에 세겜을 떠나지 않을 수 없게 되었다. 하나님은 두려움에 사로잡힌 그에게 나타나셔서 벧엘로 갈 것을 재촉하셨다. 야곱은 용기를 얻게 되었고, 일행에게 신앙

의 결단을 촉구할 수 있게 되었다.

"벧엘로 올라가서 거기 거하며 거기서 단을 쌓으라." 야곱은 다시 '벧엘로 올라가서' 단을 쌓으라는 하나님의 명령을 받았다. 벧엘은 일찍이 그가 하나님을 만났던 곳이다. 그곳은 그가 잊었던 곳이다. 하나님은 이 명령을 통해서 이 어려움을 극복하기 위해서는 하나님을 찾는 길 이외에는 없다는 것을 가르쳐 주셨다. 그 길만이 그들의 악행을 씻고 생명을 보장받는 길이었기 때문이다.

"벧엘로 올라가라"는 말씀을 들은 야곱은 그가 에서를 피해 달아나던 때 그에게 나타나셨던 하나님과 그 신실하심을 되새기게 되었다. 벧엘은 하나님이 야곱에게 아브라함과 맺은 언약을 확증하셨던 곳(창28:10－29)이다. 벧엘은 야곱에게 있어서 가장 막막하고 어려웠던 시절에 하나님의 임재를 체험하고 감격적인 신앙고백을 했던 장소이다. 이런 절박한 장소, 결정적인 시기에 그는 다시 아브라함과 이삭의 하나님께 한결같은 마음으로 매어 있을 필요를 느끼게 되었다.

하나님은 비록 자기 백성이 스스로의 어리석음에 의해 잘못을 초래하였다고 하더라도 그대로 멸망하도록 내버려 두지 않으신다. 하나님이 네 번째로 나타나시어 직접 야곱에게 하신 말씀은 "벧엘로 돌아오라"는 말씀이었다. 벧엘로의 돌아오라는 하나님의 목적은 야곱이 벧엘에 세운 돌이 하나님의 전이 될 것이라는 약속을 지키시려는 것이다. 하나님께서는 이 약속을 지키도록 벧엘에서 제단을 쌓을 것을 명령하신다.

벧엘로 돌아오라는 말씀이 우리에게 어떤 의미가 될까. 그것은 회개하는 삶을 살라는 말씀이다. 회개는 변화이다. 앞으로 나가기 위해 꼭 필요한 것이다. 우리의 더러운 그릇은 깨끗이 하고, 모난 그릇은 바로잡는 것이다. 회개는 즉각적으로 해야 한다. 야곱은 세겜에서 24 ㎞밖에 떨어지지 않은 벧엘로 올라가는 데 10년이 걸렸다. 환도뼈를 치신 것은 더 이상 도망가지 말고 하나님께 돌아오라는 의미도 담겨 있다. 하나님은 항상 벧엘에서 야곱을 기다리고 계셨다.

"자기 집 사람과 자기와 함께한 모든 자에게 이르되 이방신상을 버리고 자신을 정결케 하고 의복을 바꾸라." 야곱은 즉시 하나님의 명령을 따랐다. 이것은 하나님에 대한 그의 신앙이 어떠한가를 알 수 있다. 야곱은 이 명령을 받은 뒤 가족들에게 세 가지 당부를 한다. 야곱은 집안에 일대 회개운동을 전개하려 한다. 끔직한 범행을 용서받기 위한 회개운동이었다.

첫째, 이방신상을 버려야 한다. 식구들이 간직하고 있던 것, 그리고 세겜에서 약탈했거나 탈취한 우상들도 포함되었을 것이다.

둘째, 자신을 정결케 하라.

셋째, 의복을 갈아입으라. 의복을 갈아입는 것은 옛것을 버리고 새것을 입는 것으로 철저한 회개와 변화를 의미한다. 의복을 갈아입는 것은 성결행위이다. 그는 성결에 대한 새로운 각오를 식구들에게 불러일으키고자 했다.

그는 아마 하나님의 뜻이 무엇인지를 이제야 인식했던 것 같다. 야곱은 벧엘로 올라가기 전에 자신의 가정에서 부정한 모든 것을 제하여 버리고 정결례(출19:10)를 행하였다. 그리고 난 다음 식구 모두를 향해 선언한다. "우리가 일어나 벧엘로 올라가자." 하나님께 서약한 것을 지키고자 한 것이다. 재헌신이다. 창세기 28장에서 그는 세 가지 약속을 한다. 하나님을 자신의 하나님으로 섬기겠다, 하나님의 성전을 세우겠다, 십일조를 드리겠다는 것이다. 그러나 그는 가족들이 우상을 섬기는 것을 방치했고, 하나님의 성전을 세우지 않았으며, 십일조를 드리지 않았다. 약속을 지키지 않은 것이다. 우리는 해마다 기도 많이 하고, 성경 많이 읽고, 봉사 많이 하겠다 등 여러 서약을 한다. 그러나 잘 지키지 않는다. 방관자가 되지 말고, 참여자가 되어야 한다. 헌신자가 되어야 한다. 야곱이 변했다. 우리도 변하자.

"자기 손에 있는 모든 이방신상과 귀에 있는 고리를 상수리나무 아래 묻고." 신상을 묻었다. 신상은 벧엘로 올라가는 데 방해가 되는 것들을 말한다. 십자가에 가는 데 방해되는 것을 버려야 한다. 라반의 드라빔과 같은 이방신들을 그 가족 중에서 다 버리게 한 행위는 벧엘로 향하는 그의 회개와 믿음의 결단을 나타낸다. 그는 세겜으로 대표되는 세속적인 것에 대한 모든 미련을 버렸다. 이방신상들을 세겜 지방의 상수리나무 아래 묻는 행위가 바로 그런 결단이다. 귀고리는 왜 묻었을까? 단지 장식용이라면 문제가 없지만 이 귀고리는 우상숭배와 관련된 것으로 재앙을 막기 위한 일종의 부적으로 보인다. 요사이 기불릭 신자가 많아졌다고 한다. 기독교 신자이면서 절에 가서 합장하고, 마리아 상 앞에 가서 기도하는 신자, 곧 혼합종교 신자를 말한다. 기불릭 신자는 안 된다. 단호히 회개해야 한다.

"사면 고을로 크게 두려워하게 하신고로 야곱의 아들들을 추격하는 자가 없었더라." 벧엘을 향해 올라가자면 그들은 세겜 족속의 공격을 받을 수밖에 없었다. 야곱 또한 그들의 공격이 두렵지 않았던가. 그러나 하나님이 다시 간섭하여 그들을 막아 주셨다. 하나님은 야곱의 결단을 귀히 보셨다. 가나안 사람들이 야곱 일행을 두려워하도록 하신 것도 결국 그의 믿음에 대한 하나님의 보응이었다.

"단을 쌓고 그곳을 엘벧엘이라 불렀으니." 야곱이 장차 세우겠다고 했던 '하나님의 전'(창28:22)은 다름 아닌 돌로 쌓은 제단이었다. 게다가 그가 이방신상을 깨뜨리고 곧 벧엘로 올라가서 그곳에 단을 쌓은 것은 그의 신앙의 진실성을 증거 한다. 엘벧엘은 '벧엘의 하나님'이라는 뜻이다. '하나님 집의 하나님' 하나님이라는 칭호가 왜 두 번 되풀이되었을까? 하나는 야곱의 자손에게 야곱이 믿는 하나님이 형인 에서로부터 달아날 때 그에게 나타나신 곳이 그곳이라는 것이요, 다른 하나는 벧엘은 하나님의 존귀하심이 머무는 곳, 곧 하나님의 집이라는 사실을 일깨워 준다. 야곱은 이곳 가나안 땅 '루스'를 벧엘이라 했다.4) 루스는 '길을 잘못 들다'는 뜻을 가지고 있다. 그러나 이곳이 벧엘이 됨으로써 더 이상 길을 잘못 든 땅이 되지 않았다. 이처럼 야곱은 새로운 뉘우침을 통해 순수한 신앙을 회복함으로 말미암아 다시금 하나님의 축복을 받게 되었다(9 - 15).

이때 리브가의 유모 드보라가 죽자 벧엘 아래 상수리나무 밑에 장사하고 그 나무 이름을 알론바굿이라 불렀다. 알론바굿은 '통곡의 상수리나무', '곡함의 상수리'라는 뜻이다. 야곱의 가족이 몹시 슬퍼했음을 보여 준다. 리브가가 시집올 때 유모도 함께 왔었다. 당시 드보라가 야곱 식구와 함께 있었다는 것은 리브가가 이미 죽었음을 암시해 주고 있다. 리브가를 보지 못한 야곱은 그 유모를 보면서 어머니를 많이 생각했을 것이다. 그를 묻었던 상수리나무는 이방신상

---

4) 여호수아 16장 2절에 '벧엘에서 루스까지'라는 말이 있다. 이것은 어떻게 해석해야 할까? 이에 대해 두 가지 해석이 있다. 하나는 처음 얼마 동안은 이 두 지역이 서로 떨어져 있다가 훗날 두 지역을 통합하여 벧엘이라 불렀다는 것이다. 다른 하나는 두 지역을 한곳으로 간주하여 '벧엘-루스에서부터'로 보는 견해이다.

을 묻었던 상수리나무와는 다른 나무로 추정된다. 수목장을 한 것은 당시 종교적 풍습이었던 것으로 보인다.

2. 다시 벧엘에 나타나신 하나님과 언약갱신(9 - 15절)

- 야곱에게 나타나 복을 주시고 이름을 야곱에서 이스라엘로 바꿔 부르시고
- 아브라함과 이삭에게 준 땅을 너와 네 후손에게 주어 생육하고 번성하라
  국민과 많은 국민이 네게서 나고 왕들이 네 허리에서 나오리라 하심.
- 야곱이 하나님이 자기와 말씀하시던 곳에 돌기둥을 세우고
- 그 위에 전제물을 붓고 그 위에 기름을 부어
- 그곳 이름을 벧엘이라 부름

이와 같이 순종하자 곧이어 하나님은 다섯 번째로 야곱에게 나타나셔서 말씀하셨다. 이때에 이스라엘이라는 이름이 다시 반복되어 선언되었다.

이때까지 야곱은 얍복 강가에서 얻은 축복을 실제로 경험하지 못했던 것 같다. 그날 밤에 그에게 이상이 나타났다. 그가 발을 저는 것은 실제로 신적인 행위가 그에게 가해졌음을 보여 준다. 그러나 이 모든 사실에도 불구하고 생활의 세세한 면에서 승리를 거두지는 못했다.

우리는 자신의 삶 속에서 야곱과 같은 경우를 흔히 발견하게 된다. 곧 말씀의 은혜에 사로잡히고 삶이 평탄할 때에는 그 진가가 드러나지 않는다. 그리고 믿음의 새로운 원리를 깨닫게 되어도 그것을 실제로 삶의 여러 부분에 세밀하게 적용시킬 수 있게 되기까지는 시간이 걸리는 법이다. 대개의 경우 실패를 통해서 우리는 그러한 점을 분명하게 알게 된다.

하나님은 다섯 번째로 야곱에게 직접 나타나셔서 야곱의 새 이름을 다시 선언하셨을 뿐 아니라 새로운 의미가 붙은 하나님 자신의 이름을 그에게 알리셨다. 그것은 '엘사다이'라는 이름이었다. 하나님은 아브라함의 아름이 아브람에서 아브라함으로 바뀔 때 아브라함에게 처음으로 이 이름을 사용하셨다. 이 이름의 의미는 '전능하신 하나님'이다. 이 하나님이 야곱과의 언약을 위해 모든 것을 이루신다는 것이다.

하나님은 그를 향해 "내가 이브라함과 이삭에게 준 땅을 네게 주고 내가 네 후손에게도 그 땅을 주리라. 생육하고 번성하라 국민과 많은 국민이 네게서 나오고 왕들이 네 허리에서 나오리라." 다시 약속하셨다. 이 약속은 아브라함과 이삭과 맺은 언약을 다시금 확증한 것이다. 이 약속은 단지 야곱에게만 국한된 것이 아니다. 인류를 향한 축복된 약속이다. 이 약속은 야곱과 그 후손들을 통해 성취되었다.

"국민과 많은 국민이 네게서 나오고"는 '한 민족이 나오고 또 여러 민족이 나올 것이며'이다. 한 민족은 이스라엘을, 여러 민족은 야곱의 여러 아들들을 통해 나올 많은 민족을 나타낸다. "네 허리에서"는 '네 허리에서부터'이다. 허리는 남성에게 있어서 넓적다리뼈와 마찬가지로 생식의 좌소로 여겨왔다.

야곱은 하나님이 말씀하시던 곳에 돌기둥을 세우고 전제물(奠祭物)을 붓고 또 기름을 부었다. 전제물은 믿음으로 드리는 것으로, 포도주나 기름 등 액체이다. 이것은 하나님께 제사를 드릴 때 사용된다.

3. 라헬의 죽음과 벤야민의 탄생(16 - 20절)

- 그들이 벧엘을 떠나 에브랏에 이르는 길에서 라헬이 심히 신고 (난산)
- 산파가 득남하였다 하니
- 라헬이 죽기 임하여 혼이 떠나려 할 때 아들의 이름을 '베노니' (슬픔의 아들)이라 불렀으나
- 야곱이 그를 벤야민(오른손의 아들)이라 부름
- 라헬이 죽으매 에브랏, 곧 베들레헴 길에 장사되었고
- 야곱이 라헬을 위해 묘비를 세움

이어지는 내용은 하나님의 계시가 주어진 뒤에 일어나는 슬픈 사건들, 즉 라헬의 죽음과 르우벤의 범죄, 그리고 이삭의 죽음에 관한 기사이다. 언약의 집안이라 할지라도 이 땅에서 여러 문제가 발생할 수 있다는 것을 보여 준다. 이 모든 사건들이 야곱의 후년의 인격을 완성시키는 데 많은 역할을 했을 것이다.

여기서는 라헬이 벤야민을 낳다가 죽게 되는 장면을 소개하고 있다. 라헬은 요셉을 낳은 후에도 다른 아들을 두고 싶어 했다(창 30:34). 그는 소원대로 아들을 낳았지만 난산으로 인해 죽게 되었다.

성경은 심히 신고(辛苦)했다고 적었다. 신고는 해산의 고통이 심했음을 말한다.

죽기 전 그는 낳은 아들의 이름을 '베노니'라 불렀다. 베노니는 '나의 슬픔의 아들'이란 뜻이다. 이 이름은 이 아들이 하나님의 섭리에 의해 태어났음보다 난산으로 태어난 아픔에 더 무게를 두었음을 보여 준다. 자신이 죽게 된다면 어미 없이 자랄 터인데 그 또한 슬프지 아니할까. 그러나 이 이름으로 아들이 겪게 될 아픔, 이 아이를 향한 하나님의 언약은 생각지 않았을까. 그러나 야곱은 달랐다. 아이의 이름을 '벤야민'으로 바꿨다. 벤야민은 '오른손의 아들'이라는 뜻을 가졌다. 오른손은 강한 손, 오른손 자리는 귀한 자리, 오른편은 행운을 뜻하므로 이 이름은 강하고, 귀하고, 복스럽다는 뜻을 담고 있다. 야곱은 라헬을 잃는 슬픔의 과정에서도 이 아이에 대해 전혀 다른 각도에서 보고 기쁨으로 아이를 받았다.

라헬이 죽자 야곱은 사랑하는 아내를 베들레헴에 묻었다. 베들레헴은 예루살렘에서 남쪽으로 7㎞ 떨어진 곳으로, 보아스의 고향이자 예수님이 탄생한 곳이다.

4. 르우벤의 범죄(21 - 22절)

- 야곱이 에델 망대를 지나 장막을 치고 거기 유할 때
- 르우벤이 서모 빌하와 통간
- 야곱이 이를 들음

야곱이 에델 망대를 지나 장막을 치며 살고 있을 때 레아에게서
난 장자 르우벤이 서모인 빌하와 통간한 사건이 발생했다. 서로 눈
이 맞았다는 말이다. 에델 망대는 '양 떼의 망대'라는 뜻으로 양 떼
를 감시할 뿐 아니라 도적의 피해를 막기 위해 세운 것이다. 다들
바쁘게 양떼를 치면서 바쁘게 살고 있을 때 일어나선 안 될 일이
벌어진 것이다.

여기선 야곱이 이 말을 들은 것으로만 되어 있어서 그 후 어떤
조치가 취해졌는지 알 수 없다. 더욱이 그가 가장 신임하던 장자가
아니던가. 고대 성경들에는 "이스라엘이 이를 듣고 심히 슬퍼했다"
라는 문구를 추가하기도 했다. 야곱은 이 사건을 평생 잊지 못했을
것이다. 훗날 르우벤은 장자권을 박탈당한다(창49:3 - 4;대상5:1). 이
것은 야곱의 마음이 크게 상했음을 보여 준다.

5. 야곱의 열두 아들(23 - 26절)

- 레아 소생: 르우벤, 시므온, 레위, 유다, 잇사갈, 스불론
- 라헬의 소생: 요셉, 벤야민
- 라헬의 여종 빌하의 소생: 단, 납달리
- 레아의 여종 실바의 소생: 갓, 아셀

야곱의 아내와 그 소생을 다시 언급하고 있다. 열두 아들이 누구
며 누구 소생인가를 밝힌 것이다. 내용의 반복이 있기는 하지만 이
것에서는 벤야민이 들어가 있다는 점이 다르다. 모두 열둘이 되었음

을 공식적으로 확인한 것이다. 라헬이 죽은 다음의 기록이므로 그만큼 의미가 크다 하겠다. 벤야민 외에는 모두 밧단아람에서 태어났다. 그럼에도 기록자는 이들을 야곱의 아들들이고 밧단아람에서 낳은 자라고 간략하게, 그리고 하나로 묶어 표현하였다.

6. 이삭의 죽음(27 - 29절)

- 야곱이 기럇아르바(아브라함과 이삭이 우거하던 헤브론) 마므레로 가서
- 아비 이삭에게 이르니 이때 이삭의 나이 180
- 나이 많고 늙어 기운이 진하여 죽어 열조에게 돌아가니
- 에서와 야곱이 그를 장사하였더라

이삭의 마지막 생애를 언급하고 있다. 야곱은 아버지 이삭이 사는 헤브론으로 갔다. 이삭의 나이 180은 이미 요셉이 애굽에 팔려간 지 약 12여 년이 지난 연수이다. 이삭은 요셉이 죽었을 것으로 믿었던 시련의 시기에 운명하게 된 것이다. 요셉의 일로 야곱 못지않게 가슴이 아팠을 것이다. 따라서 연대적으로 이 기록은 뒤에 언급되어야 할 부분이지만 요셉의 일을 언급하기 이전에 이삭 부분을 마무리하고자 한 것으로 보인다.

이삭이 나이 많아 족장으로서 역할을 충분히 할 수 없었고, 그가 죽음으로써 족장 역할은 사실상 야곱으로 이어졌다. 열조에게로 돌아갔다는 것은 단지 조상의 묘실에 안치되거나 이 세상을 떠났다는

의미보다 영혼불멸에 대한 믿음을 나타낸다. 에서와 야곱이 이삭을
장사한 것은 두 형제가 서로 화합했음을 보여 준다.

1. 에서의 아내들과 그 아들들(1 - 5절)

- 에서 곧 에돔의 대략이 이러하니라

에서의 세 아내
- 에서가 가나안 여인 중 아다(헷 족속 엘론의 딸)와 오홀리바마(히
  위 족속 스브온의 딸 아나의 소생)를 아내로 취하고
- 이스마엘의 딸 느바욧의 누이 바스맛을 취하였더니

에서의 후손들
- 아다는 엘리바스(에서의 장자)를 낳았고
- 바스맛은 르우엘을 낳았고
- 오홀리바마는 여우스, 얄람, 고라를 낳음

창세기 36장은 에서의 후손에 대해 소개하고 있다. 먼저 에서는 에돔이라 지적하고 있다. 에서는 본명이고 에돔은 별명이다. 에돔은 '붉은 것'이라는 뜻을 가지고 있다. 그가 태어나면서 몸이 붉은 것 때문이라 하기도 하고 팥죽 한 그릇에 장자권을 팔았는데 그 팥죽이

붉은 것에서 유래했다는 주장도 있다. 대략은 계보(generations), 후손들(descendants)을 말한다. 에서는 불경건하고, 비종교적이었으며 장자 상속권을 중히 여기지 않았다.

성경에서 왜 에서의 후손을 소개할까 궁금할 것이다. 에서가 아니라도 해도 족보만 소개하면 그냥 넘어가지 않는가. 그러나 성경의 족보는 역사적 가치와 중요성이 있으며, 이것을 통해서 교훈을 받으라고 말한다.

히브리서 12장 16절에서는 에서를 '그 망령된 사람'이라 했다. 그럼에도 불구하고 그에게서 많은 후손이 나왔다는 것은 놀랍고, 약속을 받은 후손보다 더 빨리 번성하는 것 같다. 에서의 후손들은 오랫동안 이스라엘을 대적해 왔다. 36장은 바로 이러한 민족의 기원을 밝히고자 한 것이다. 또한 야곱이 비록 에서로부터 당장의 화를 모면하기는 했지만 그의 잘못된 행동으로 그의 후손들이 얼마만큼 오랫동안 고통을 당해야 했는가를 보여 준다. 오늘 우리가 행한 선행이나 악행, 진실한 행동이나 거짓된 행동이 그 자체로는 끝났다 할지라도 그 결과는 계속된다. 따라서 우리 삶에서 사소하게 생각하며 행동할 일이 아님을 가르쳐 준다.

에서의 아내 중 오홀리바마를 소개할 때 '스브온의 딸 아나의 소생'이라 했다. 맛소라 사본에는 '스브온의 딸 아나의 딸'이라 되어 있다. 사본비평학적으로 보아 본문은 '시브온의 아들 아나의 딸'이었을 가능성이 높다. 그냥 '스브온의 딸 아나의 딸'이라 표현하면 부자연스럽다. 따라서 국역에서는 '스브온의 딸 아나의 소생'이라 했다. 하지만 소생은 아들 딸 모두 포함하고 있어 이것도 문제가 있다. 따라서 '스브온의 아들 아나의 딸'이라 하는 것이 바람직하다.

2. 야곱을 떠난 에서(6 - 8절)

- 에서가 자기 식구와 재물(가나안 땅에서 얻은 모든 것)을 가지고
- 야곱을 떠나 타처로 갔으니
- 이는 두 사람의 소유가 풍부하여 함께 거할 수 없음이라
- 그들의 우거한 땅이 그들의 가축으로 인하여 그들을 용납할 수 없었음
- 이에 에서가 세일 산에 거함

에서가 야곱을 떠나 타처, 곧 다른 지방으로 갔다. 바로 세일 산으로 갔는지 아니면 중간에 다른 지방에 있다 갔는지는 확실하지 않다. 그러나 9절에 세일 산에 거한 것으로 보아 그곳으로 바로 갔을 가능성이 더 높다. 이주한 이유는 야곱이나 에서나 재산이 풍부해 함께 거할 수 있는 형편이 되지 않았기 때문에 효율적 관리를 위한 것이라 설명하고 있다. 그러나 이 이주는 하나님의 경륜에서 아주 떠난 것으로 보기도 한다. 9절의 '세일 산에'의 원문은 '세일 산속에'이다. 세일 산이 있는 산간 지역 모두를 일컫는 것으로 보인다.

3. 에서의 후손들(9 - 14절)

- 세일 산에 거한 에돔 족속의 조상 에서의 대략이 이러하고 그 자손의 이름은 이러하니라
- 엘리바스(아다의 아들)의 아들들: 데만, 오말, 스보(스비), 가담,

그나스 엘리바스의 첩 딤나의 아들: 아말렉
- 르우엘(바스맛의 아들)의 아들들: 나핫, 세라, 삼마, 미사(밋사)

욥의 친구 중 한 사람이 데만 사람 엘리바스이다. 욥 자신도 우스 땅 출신이다. 따라서 욥도 에돔에 살았을 것으로 추정하고 있다. 데만은 에돔의 한 부족이나 성읍을 가리키는 말로 성경에 여러 번 나타난다.

아말렉은 에서의 아들 엘리바스의 첩 딤나의 소생으로 이스라엘의 진행을 크게 방해하고 대적했다. 출애굽 시대부터 사울시대에 이르기까지 팔레스타인 남쪽과 시나이 반도 남쪽을 떠돌며 살았다. 히스기야 시대에 전멸되었다. 엘리바스 아내들의 이름은 소개되지 않으면서 그의 첩 딤나가 소개된 것은 이 아말렉 족속이 그녀의 아들로부터 시작되었음을 강조하기 위한 것이다.

4. 에서(에돔)의 족장들(15 - 19절)

- 에서 자손 중 족장은 이러하니라
- 엘리바스 자손 중: 데만 족장, 오말 족장, 스보 족장, 그나스 족장, 고라 족장, 가담 족장, 아말렉 족장
- 르우엘 자손 중: 나핫 족장, 세라 족장, 삼마 족장, 미사 족장
- 에서 아내 오홀리바마 아들들: 여우스 족장, 얄람 족장, 고라 족장

에서의 자손 중 여러 족장을 소개하고 있다. 데만은 엘리바스의

아들로 그의 부족을 이끈 족장으로 나타난다. 이들 족장은 역대상 1장 36절에도 다시 소개된다. 그러나 고라 족장만큼은 여기에서 소개되고 끝난다. 이것은 족장이 된 후 곧 죽은 것이 아닌가 추정된다.

5. 호리족의 족장들(20 - 30절)

- 그 땅 원거인(原居人) 호리 족속 세일의 자손(족장): 로단, 소발, 시브온, 아나, 디손, 에셀, 디산
- 로단의 자녀: 호리, 헤맘(호맘) 로단의 누이 딤나
- 소발의 자녀: 알완, 마나핫, 에발, 스보(스미), 오남
- 시브온의 자녀: 아야, 아나
  아나는 시브온의 나귀를 칠 때 광야에서 온천을 발견
- 아나의 자녀: 디손, 오홀리바마
- 니손의 자녀: 헴단, 에스반, 이드란, 그란
- 에셀의 자녀: 빌한, 사아완, 아간
- 디산의 자녀: 우스, 아란
- 세일 땅 호리 족속의 족장들: 로단, 소발, 시브온, 아나, 디손, 에셀, 디산
  이들은 구역을 따라 나온 족장들

호리 족속은 세일 산간 지역에 살던 원주민으로 세일 족속 또는 세일의 자손이라 불린다. '호리 족속 세일의 자손'에서 세일은 호리 족속의 조상으로 의인화된 것이다. 이들은 엘람 왕 그돌라오멜의 동맹군에게 정복을 당하기도 했다. 에서의 자손들은 세일 산의 원주민

호리 족속을 정복해 합병했고, 호리 족속들은 에서의 자손들과 혼인함으로써 한 민족으로 동화된 것으로 보인다. 에서의 아내 호홀리바마는 바로 호리 여인이었다.

'자녀'의 히브리 원래 뜻은 '아들들'이다. 주로 두 자식 중 하나는 아들이고, 하나는 딸일 때 사용되었다. 예를 들어 '아나의 자손'의 경우 디손은 아들이고, 오홀리바마는 딸이다.

아나가 시브온의 나귀를 칠 때 광야에서 온천을 발견했다. 사해 동남부에서 지금도 온천이 있다는 것을 볼 때 이 지역에서 온천을 발견하는 것은 결코 불가능한 일이 아니다. 그 땅에서 온천을 발견한 것이 당시엔 신기한 일이었을 가능성이 크다. 온천 발견 대신 아나가 나귀와 암말 사이에 잡종인 노새를 만들어 낸 것으로 해석하는 사람도 있으나 원문 '하예밈'은 노새가 아니라 글자 그대로 온천이다.

우스는 여기서 호리 족 디산의 아들로 나타나지만 아람의 아들, 나홀과 밀가의 아들에게도 우스가 있었다. 우수의 정확한 위치는 알 수 없다. 다메섹 남쪽 하우란과 에돔과 북부 아라비아 사이에 위치한 것으로 추정하고 있다. 우스는 욥의 고향 땅 이름이었다.

6. 에돔의 왕들(31 - 39절)

- 이스라엘 자손을 다스리는 왕이 있기 전에 에돔 땅을 다스리는 왕이 이러하니라
- 브올의 아들 벨라: 도성은 딘하바
- 보스라 사람 세라의 아들 요밥

- 데만 족속 땅의 후삼
- 브닷의 아들 하닷(모압 들에서 미디안 족속을 친 자), 그 도성 이름은 아윗
- 마스레가의 삼라
- 유브라데 하숫가 르호봇의 사울
- 악볼의 아들 바알하난
- 하달, 그 도성은 바우, 그 처는 므헤다벨(마드렛의 딸, 메사합의 손녀)

이스라엘 자손을 다스리는 왕이 있기 전에 에돔 땅을 다스리는 왕이 먼저 있었음을 가리켜 준다. 원문은 '이스라엘 자손 속에 속한 왕이 다스리기 전에'이다. 이것은 야곱의 후손 가운데 왕이 일어난다는 창세기 35장 11절의 예언이 아직 성취되기 이전임을 보여 준다. 그저 '이스라엘 자손을 다스리는 왕이 있기 전에'라 할 경우 성시비평가들의 주장대로 이 구절이 이스라엘의 왕정시대에 뒤늦게 삽입되었을 것이라는 추측을 낳게 한다.

에돔의 왕위는 부자 세습보다 선거를 통하거나 모계로 계승되었을 가능성이 높다는 주장도 있다.

'보스라 사람'은 보스라 출신임을 나타낸다. 보스라에서 온 사람이라는 뜻이다. 보스라는 에돔의 주요 성 가운데 하나다. 사해에서 동남쪽으로 40㎞ 떨어져 있다. 훗날 모압의 한 성읍으로 멸망이 예고되었다.

하닷은 모압 들에서 미디안을 쳤다. 모압은 롯의 아들 모압의 후손이 사는 지역으로 사해 동쪽 고원지대이다. 맹수가 없고 풀이 무성해 목축하기에 좋은 땅이다.

유브라데 하숫가는 히브리어로 '그 강'으로 표시되기도 한다. 여기서는 에돔 북부에 있는 강으로 보인다.

7. 지방의 에돔족장들(40 - 43절)

- 에서에게서 나온 족장들의 이름은 그 종족과 거처와 이름대로 이러하니
- 딤나 족장, 알와 족장, 여뎃 족장, 오홀리바마 족장, 엘라 족장, 비논 족장, 그나스 족장, 데만 족장, 밉살 족장, 막디엘 족장, 이람 족장
- 이들은 그 구역과 거처를 따른 에돔 족장들이며
- 에돔 족속의 조상은 에서

에돔 족장은 구역과 거처를 따라 정한 것임을 천명하고 있다. 나아가 창세기 36장의 첫 절에서와 마찬가지로 끝 절에서도 에돔 족속의 조상이 에서임을 밝히고 있다.

1. 요셉의 꿈과 형들의 시기(1 - 11절)

- 야곱이 가나안 땅 그 아비의 우거하던 땅에 거함
- 요셉의 나이 17세
- 빌하와 실라의 아들들과 양을 칠 때 그들의 과실을 아비에게 고함
- 야곱이 노년에 얻은 아들 요셉을 깊이 사랑
  채색 옷을 지어 입히니 그 형제들이 시기하고 미워해
- 첫 번째 꿈 이야기
  "밭에서 곡식을 묶을 때 내 단은 일어서고 당신의 단들은 내 단을 둘러서서 절하더이다."하니 "네가 우리 왕이 되고 우리를 다스리겠느냐"며 더욱 미워해
- 두 번째 꿈 이야기
  "해와 달과 열 한 별이 내게 절하더이다." 이를 들은 야곱도 꾸짖고 "나와 네 모와 네 형제들이 참으로 가서 땅에 엎드려 네게 절하겠느냐."
- 그 형들은 시기하되 그 아비는 그 말을 마음에 두었다

창세기 37장 1절은 야곱이 이삭이 거하던 가나안 땅, 곧 헤브론에

거한 것으로부터 시작한다. 이 땅을 약속의 땅으로 믿고 고향으로 삼은 것이다. 훗날 야곱은 이 땅에 묻혔고, 요셉도 이곳에 매장하도록 유언을 남겼다. 요셉도 이 땅을 약속의 땅으로 인식했기 때문이다. 야곱과 요셉의 기사는 바로 약속의 땅에서 시작되며 창세기 마지막은 요셉도 이 땅에 묻힌 것으로 끝난다. 이만큼 가나안 땅은 그들에게 있어서 중요한 땅이다.

창세기 37장부터는 요셉 중심으로 사건이 전개된다. 이것은 요셉이 구약의 구원 역사에서 아주 중요한 인물임을 나타낸다. 2절에 "야곱의 약전이 이러하니라." 하였다. 약전은 역사, 계보, 대략의 뜻을 가진 것이다. 야곱의 역사를 이야기한다면서 당시 17세 소년 요셉의 이야기로부터 시작한다.

요셉은 여러 아들 중에서 요셉을 가장 사랑하였다. 요셉은 라헬의 장자였고 그 성품이 단순하면서도 곧았기 때문이다. 그 곧은 성격은 형들의 잘못을 아비에게 고한 것에서 잘 드러난다. 그러나 그것은 곧 미움을 사는 계기가 된다. 고자질은 스스로 형제들로부터 자신을 떼어 놓는 결과를 초래한다. 그도 그런 것을 알게 되었을 것이다. 그러나 그가 그렇게 할 수밖에 없었던 것은 형제들의 잘못된 행위가 바르지 못했고, 요셉 스스로 그 잘못에 대해 눈감을 수 없었기 때문이다. 이것은 요셉이 욕을 먹어 가면서도 스스로 정직하고자 했음을 보여 준다.

"요셉은 노년에 얻은 아들이므로 이스라엘이 여러 아들보다 그를 깊이 사랑하여 위하여 채색 옷을 지었더니"(3절). 이 절은 요셉이 왜 형제들로부터 배척을 받게 되었는가를 보여 준다. 요셉은 야곱이 노년에 얻은 아들이다. 그는 원래 라헬을 사랑하여 7년 이상 봉사하여 라헬과 결혼할 수 있었다. 라헬과 결혼을 했지만 아이를 갖지 못하다가 천신만고 끝에 얻은 아들이 바로 요셉이었다. 야곱으로서는 그가 귀하지 않을 수 없었다.

"여러 다른 아들보다 그를 깊이 사랑하여"는 야곱에 다른 아들보다 요셉을 편애했음을 보여 준다. 편애는 질시를 낳는다.

'채색 옷'은 원문에는 '긴 겉옷'으로 표현되어 있다. 칠십인역과 벌게이트를 참고로 해서 '채색 옷'으로 번역한 것으로 보인다. 이 옷은 소매가 달린 긴 옷을 가리킨다. 소매가 길고 자락이 발목까지 내려오는 긴 예복이다. 이런 옷은 고대의 경우 왕이나 주인 등 귀인들이 입던 것으로, 신분의 차이를 나타내기 위해 술을 달고 소매를 단긴 겉옷을 입었다.

야곱은 요셉을 편애하여 이 같은 의복을 그에게 입혔다. 이것은 장자권을 요셉에게 주었음을 상징한다. 장자권은 축복권과 직결된다. 이것은 다른 형제들에게 시기와 분노를 자아내는 직접적인 원인이 되었다. 편애는 나쁜 것이지만 이 사건을 통혜 신앙의 장자권이 얼마나 중요한가를 일깨워 준다.

나아가 채색 옷을 입혔다는 것은 사랑의 표시로 끝난 것이 아니라 요셉을 가정에서 책임과 감독의 지위에 앉혔다는 것을 의미한다. 그런 옷은 방백이 입은 옷이기 때문이다.

"그 형들이 그를 미워하여 그에게 언사가 불평하였더라." '언사가 불평하였더라.'의 원래 말은 '평안을 묻는 인사말도 하지 않았다.'이다. 히브리인들은 서로 만나면 '샬롬' 하면서 서로 평안의 인사말을 주고받는다. 그러나 형제들은 요셉을 시기하여 그런 인사도 나눌 수 없을 만큼 심각했음을 보여 준다. 요셉과 형제들 사이에 대화가 끊어졌음을 보여 준다. 요셉이 왕따(social outcast)당하고 있는 것이다. 국역에서 '그에게 언사가 불평하였더라.'는 서로 말은 하지만 그 말투가 거칠고 무뚝뚝한 것으로 오해하기 쉽다. 그러나 원문은 이런 인사도 없었을 만큼 대화가 단절되었음을 보여 준다. 하나님의 사람으로 살려다 보면 가끔 사람들로부터 따돌림을 당한다.

"당신들의 단은 내 단을 둘러서서 절하더이다."(7절). "해와 달과 열 한 별이 내게 절하더이다."(9절). 하나님의 꿈은 일관되고 지속적이라는 점에서 다른 꿈과는 다르다. 요셉이 그 꿈을 연달아 꾼 것은 그 꿈 뒤에 숨은 하나님의 뜻이 있음을 보여 준다. 그것은 무엇일까? 하나님은 꿈을 통해서 요셉이 장래에 취할 지위와 권세를 암시하셨다. 요셉은 순진하게도 자신의 꿈을 형제들에게 이야기했다.

요셉이 꿈 이야기를 했을 때는 전혀 개인적인 야심을 가지고 한 것이 아니었다. 꾸었기 때문에 솔직하게 털어놓은 것뿐이었다. 요셉은 그만큼 순진하고 단순했다. 그러나 그 이야기를 들은 형제들은 그냥 넘어가기 어려운 주제였다. "네가 우리의 왕이 되겠느냐?" "네가 우리를 다스리겠느냐?" 형들의 반응과 꿈의 해석은 분노에 찬 것이었다. 요셉의 왕자 병이 극치에 도달했다고 생각했을 것이다. 하지만 그 꿈은 훗날 정확하게 이루어졌다. 형들의 반응은 혹시 야곱이 요셉을 자신들 위에 둘지 모른다는 상황을 가정하고 질투한 나머지 그런 해석을 했을 가능성이 높다. 그러나 이 문제는 가정의 역사를 넘어 민족사로 이어진다.

야곱도 꿈 이야기를 듣고 말한다. "나와 네 모와 네 형제들이 참으로 가서 엎드려 네게 절하겠느냐." 야곱도 요셉을 꾸짖었음을 보여 준다. 지나치다 싶은 것이다. '나와 네 모와 네 형제들이'에서

'네 모'는 누구일까? 요셉의 어미 라헬이 죽었기 때문이다. 여기서는 라헬이 죽은 다음 그를 돌봐 왔을 레아를 두고 한 말로 추정할 수 있다.

"그 형들은 시기하되 그 아비는 그 말을 마음에 두었더라." 요셉은 형제의 미움을 받았다. 이렇듯 요셉의 가정은 증오와 시기, 그리고 미움이 가득했었다는 것을 보여 준다. 요셉의 가정은 한마디로 역기능적 가정이었다. 이런 가정이 하나님의 도우심으로 훗날 사랑과 용서가 넘치는 가정으로 변화한다. 이제 하나님이 이 가정을 어떻게 고쳐 나가는가를 눈여겨볼 차례다. 우리도 하나님의 일에 충성하다 보면 이따금 질시와 미움을 받기도 한다. 이것은 자연스럽고 오히려 감사한 일이다. 모든 상황 가운데서 하나님의 주권과 섭리를 인정하는 태도가 중요하다.

'아비는 그 말을 마음에 두었더라.'는 말은 요셉의 꿈이 현실적으로 성취되었을 때 야곱이 회상하게 될 것을 미리 보여 주는 것이다. 예수의 모친 마리아도 예수의 어릴 때의 일이나 말을 아주 민감하게 반응했다.

2. 요셉을 죽이고자 한 형제들(12 – 26절)

- 형들이 세겜 땅에서 아비의 양떼를 치는지라 야곱이 요셉을 보내어 그 안부를 알고자 하되 떠나니(헤브론 골짜기에서 보냄)
- 그들이 세겜을 떠나 도단으로 간 것을 어떤 사람으로부터 알고 도단에 이르니

- 형제들이 요셉이 오는 것을 보고 "꿈꾸는 자가 오는도다 우리가 그를 죽여 구덩이에 던지고 악한 짐승이 그를 잡아먹었다 하자 그 꿈이 어떻게 되는 것을 보자."
- 그러나 르우벤은 "요셉을 구원하고자 하여 피를 흘리지 말고 광야 구덩이에 집어넣고 손을 대지 말자." 함
- 요셉의 채색 옷을 벗기고 구덩이에 넣으니 그 속에 물이 없었더라.

결국 요셉은 형제들로부터 철저히 버림을 받았다. 죽임의 대상이 되었고, 애굽으로 팔린 것이다. 그러나 그들의 악의에 찬 행동에도 불구하고 하나님은 그 버림받은 요셉을 들어 자신의 목적을 위해 사용하셨다. 버림받음은 하나님께서 그와 더불어 일하기 시작했음을 보여 준다. 그것은 하나님의 놀라운 섭리요 지혜였다.

요셉의 형제들이 양떼를 치러 세겜으로 갔을 때 야곱은 중요한 심부름을 시키기 위해 요셉을 불렀다. 가서 잘 있는지 보고 돌아와 보고 하라는 것이다. 야곱의 아들들이 왜 세겜까지 갔는지는 알 수 없다. 그 땅은 사실 디나 사건으로 인해 마음 놓고 갈 수 있는 곳은 아니다. 그래서 야곱은 그곳에 간 아들들의 안위가 더 궁금했을 것이다. 다른 형제들은 들에 갔음에도 불구하고 요셉은 집에 있었다는 것은 그가 가정의 일을 맡아 관리하는 위치에 있었음을 보여 준다. 야곱의 지시에 요셉은 순종했다.

헤브론에서 세겜까지 갔으나 형제들은 없었다. 도단으로 갔다는 말을 듣고 도단으로 향했다. 도단은 세겜 북쪽 20㎞ 지점에 떨어진 곳이다. 멀지만 요셉에게 있어서 그 정도 거리는 크게 문제되지 않는다.

멀리서 요셉이 오는 것을 본 형제들은 말한다. "꿈꾸는 자가 오는 도다."(19절). 꿈꾸는 자의 원문은 '그 꿈들의 주인공'이다. 그 꿈들이란 곡식 단들이 요셉의 곡식 단에게 절하는 꿈과, 해와 달과 열한 별들의 꿈을 가리킨다. 이 말은 요셉을 향한 비웃음이다. 그 형제들은 요셉을 죽일 방도를 구한다. 얼마나 요셉이 미웠으면 살인까지 생각했을까.

그러나 르우벤은 요셉의 생명을 해하는 일에는 찬성하지 않았다. 이미 아버지의 신뢰를 잃어버린 그지만 명색이 장자가 아닌가. 요셉의 죽음에 대한 비보를 접하게 되면 크게 상심할 아비의 심정을 헤아렸을 가능성도 있다. 이 일로 다시는 아버지를 실망시켜 드리고 싶지 않았을 것이다. 일단 요셉이 구덩이에 던져지면 그를 구해 내겠다는 것이 그의 심산이었다.

"그 형들이 요셉의 옷 곧 그 입은 채색 옷을 벗기고." 아버지는 그에게 채색 옷을 입혔지만 형세들은 그 옷을 벗겼다. 이것은 인간의 시기심과 질투에서 나온 것이다.

"그를 잡아 구덩이에 던지니 그 속에 물이 없었더라." 형제들은 요셉을 잡아 구덩이에 던졌다. 인간의 공격적 모습이 보인다. 구덩이는 양들을 위해 물을 담아 놓는 수장고이다. 입구는 좁고, 내려 갈수록 넓어 마치 항아리와 같다. 수분의 증발을 막기 위해 입구는 좁게 만들어 놓았다. 물이 없는 것으로 보아 건기로 보인다.

3. 애굽에 팔린 요셉(25 - 36절)

- 그들이 앉아 음식을 먹고 있을 때 한 떼의 이스마엘 족속 상고 (商賈)들이 약대에 향품, 유향과 몰약을 애굽으로 가져가려고 길르앗에서 올새
- 이를 본 유다가 동생 요셉을 죽이지 말고 이스마엘 사람에게 팔자 함
- 미디안 상고들이 지나가자 은 20개를 주고 파니
- 르우벤이 돌아와 요셉이 없는 것을 보고 옷을 찢으며 "아이가 없다 나는 어디로 갈까" 하니
- 그들이 요셉의 채색 옷에 숫염소의 피를 적시고 이를 야곱에게 보이니
- 야곱이 "악한 짐승이 그를 먹었구나" 하며 애통하며
- 굵은 베로 허리를 묶고 "내가 슬퍼하며 음부에 내려 아들에게로 가리라" 함
- 상고들이 그를 애굽의 바로 신하 시위대장 보디발에게 팔았더라

"그들이 앉아 음식을 먹다가." 요셉은 갇혀 있는데 형제들은 둘러 앉아 음식을 먹고 있었다. 요셉은 고통을 당하고 있는데 형제들은 잔인하게 즐기고 있었다. 그들이 먹고 있는 음식은 요셉이 가져온 것일 수도 있다. 요셉은 살려 달라고 애걸하는데 그들은 그 소리를 들어주지 않고 먹고 있다. 얼마나 잔인한 모습인가. 아모스 6장 6절은 이렇게 기록하고 있다. "대접으로 포도주를 마시며 귀한 기름을 몸에 바르면서 요셉의 환난을 인하여는 근심치 아니하는 자로다."

"눈을 들어본즉 한 떼 이스마엘 족속이 길르앗에서 오는데 그 약

대들에 향품과 유향과 몰약을 싣고 애굽으로 내려가는지라."

하나님의 반전의 역사가 시작된다. 형제들이 요셉을 가두고 먹고 있을 때, 어느 누구도 돌보지 않는 환난 가운데 있을 때 하나님은 대상이 오도록 하신 것이다. 하나님은 그들이 요셉이 있는 쪽으로 오게 하셨다. 마침내 하나님의 구원의 시간이 온 것이다. 번연의 천로역정에 따르면 기독도가 장차 망할 성(장망 성)을 떠나 천성을 향해 갈 때 처음 만난 것은 절망이라는 늪이었다. 그 늪에서 기독도는 도우미(helper)의 도움을 받아 위기를 넘긴다. 지금 이스마엘 대상은 요셉에게 있어서 도우미와 같다.

이 대상은 이스마엘 족속으로 길르앗에서 애굽으로 가는 길이었다. 길르앗은 요단강 동쪽 지역이다. 그들이 취급한 물품이 언급되어 있다. 유향, 몰약 등이다. 유향은 작은 유향수의 열매나 가지에서 추출된 진액이다. 이 액은 의약품으로 쓰이며 길르앗 산품을 높게 쳤다. 몰약은 시스터스 장미 잎사귀에서 추출된 액으로 화장품, 진통제, 시신보호용으로 쓰였다.

"유다가 자기 형제에게 이르되 우리가 동생을 죽이고 그의 피를 은익한 들 무엇이 유익할까." 유다는 형제들을 설득했다. "무엇이 유익할까?"는 "무슨 이득이 있겠느냐?"는 말이다. 이득이란 요셉을 죽이고 대신 얻게 될 물질적 이득을 말한다. 그가 이 말을 한 것은 동생을 살리기 위한 것이 첫째이고, 둘째는 팔아서 돈을 벌기 위함이다. 동생을 죽이는 큰 악행으로 아무런 물질적 이득을 얻지 못하는 것보다 동생을 팔아넘기는 작은 악행에다 물질적 이득을 얻는 것이 더 낫지 않겠느냐는 것이다.

유다는 동생을 죽이지 않고 멀리 떠나보냄으로써 요셉을 자신들로부터 영원히 격리시키는 방법을 택했다. 당시 유다는 상속가능한 인물이었다. 르우벤은 아버지 첩과 통간한 사건으로 자격을 상실했고, 시므온과 레위는 세겜 살인 사건으로 자격을 상실했다. 그다음 자리는 유다일 가능성이 아주 높다. 그러나 요셉에 대한 아비의 사랑이 지극해 상속권이 자기에게 올지는 미지수다. 그러니 요셉을 질투할 수밖에 없는 자리에 있다. 이제 요셉을 영원히 격리시키면 그 자리는 유다 자신의 것이 아니겠는가. 함께한 형제들이 모두 동의했다.

마침 미디안 상고들이 지나가자 "은 20개에 그를 이스마엘 사람들에게 팔매 그 상고들이 요셉을 데리고 애굽으로 갔더라."

여기서 상고는 약대에 물건을 싣고 오가며 장사를 하는 상인을 말한다. 37장에서 이 상고를 때론 이스마엘 족속 상고라 했다가, 때로는 미디안 상고들이라 했다. 이것은 혼동을 불러일으킨다. 이에 대해 세 가지 견해가 있다.

첫째, 그들은 모두 이스마엘 족속 상고라는 견해다. 25절에서 형제들이 본 상고는 이스마엘 족속 상고였다. 그래서 이스마엘 사람들에게 팔자고 했다. 그런데 28절에는 미디안 사람 상고가 지나가는 것이었다. 이스마엘 족속이나 미디안 족속은 같은 아브라함의 후손으로 구별하기 어려웠을 것이다. 그 사이 요셉은 구덩이에서 올려진다. 그런데 같은 28절은 '이스마엘 사람들에게 팔매'라고 기록되어 있다. 요셉이 이스마엘 사람들에게 팔렸다는 것이다. 이것은 미디안 상고가 아님을 보여 준다.

그런데 36절은 요셉을 보디발에 넘겨준 상인은 미디안 사람이라 적고 있다. 성경학자들은 38절의 미디안 사람을 아브라함의 후처 그두라에게서 난 미디안 사람이기보다 '마돈', 곧 이스마엘의 별칭인

'장사꾼, 싸움꾼'을 지칭하는 것으로 보기도 한다. 이것으로 요셉을 사 간 상인들은 이스마엘 족속임을 지속성 있게 주장할 수 있게 된다. 창세기 39장 1절은 "보디발이 이스마엘 사람의 손에서 그를 사니라"라고 되어 있다. 이것은 요셉을 판 상인이 이스마엘 사람이었음을 더 확실히 보여 준다.

둘째, 요셉의 형제들이 본 대상에 이스마엘 사람과 미디안 사람들이 섞여 있었을 가능성이다.

셋째, 같은 아브라함의 후손들이기 때문에 미디안 족속을 이스마엘 족속이라 불렀을 가능성도 있다는 주장이다.

여러 정황으로 우리는 여기서 정확히 어떤 상고였는가를 단정하기는 어렵다. 두 상고 다 애굽을 대상으로 사업을 했기 때문이다. 이보다 중요한 것은 하나님의 섭리에 의해 그 상고들이 선택되었다는 사실일 것이다.

은 20개는 당시 어린 아이의 몸값이었다. 이것은 그가 노예 한 사람의 값보다 헐값에 팔렸다는 것을 의미한다. 당시 노예 한 사람의 값은 은 30개였기 때문이다(출21:22). 그가 아무 죄 없이 형제들에게 팔린 것은 훗날 예수 그리스도께서 은 30개에 팔리신 사건의 예표가 된다.

이 사건의 배후에는 하나님의 깊은 뜻이 담겨 있다. 하나님은 형들의 시기심과 질투심, 장사들의 이윤동기까지 이용해 요셉을 애굽으로 이끄셨다. 요셉이 애굽으로 팔려간 것은 이스라엘을 향한 하나님의 400년 계획에 따른 것이다. 따라서 우리도 고난을 당할 때 현재의 아픔만 보지 말고, 멀리, 그리고 거시적인 안목으로 볼 필요가 있다.

은 20개에 팔리는 것은 참담한 일이다. 그러나 그것을 통해 일하실 하나님을 생각하면 절대 좌절할 이유가 없다. 토저(A. Tozer)에 따르면 하나님이 꿈을 가진 사람을 쓰실 때 먼저 깊이 상처를 받게 하시고 위대하게 쓰신다.

이 일은 르우벤이 잠시 자리를 비운 사이에 일어났다. 요셉을 구하고자 했던 르우벤이 돌아와 구덩이를 찾았을 때 이미 요셉은 없었다. 그는 요셉을 어떻게 했느냐고 다그친다. 그리고 말한다. "아이가 없도다 나는 어디로 가야 할까." 망연자실한 그의 모습을 본다. 그를 살리고자 한 계획이 수포로 돌아간 것이다.

성경은 요셉을 팔고 난 후 그 형제들의 거짓된 행위와 야곱의 슬픔을 전한다. "그 채색 옷을 보내어 그 아비에게로 가져다가 이르기를 우리가 이것을 얻었으니 아버지의 아들의 옷인가 보소서 하매" 요셉의 형제들은 벗긴 채색 옷에 숫염소의 피를 묻혀 요셉이 동물에게 잡아먹힌 것처럼 고한다. 이것은 아브라함 가계에 흐르는 거짓과 속임수의 흐름이 얼마나 큰 문제를 낳는가를 보게 한다. 아브라함과 이삭은 자기 아내를 누이라 속였다. 야곱은 아버지 이삭을 속임으로써 거짓말의 명인이 되었다. 그런데 지금 그의 아들들이 거짓말로 거짓의 명인인 아버지를 속이고 있다. 한번 거짓말이 계속 거짓말을 낳게 되고, 그 거짓말이 더 큰 거짓을 낳는다. 거짓은 죄를 낳고 또 낳는다(확대재생산의 법칙). 그리스도인의 삶은 정직을 요구한다. 나의 약점, 부패한 본성이 자녀들에게 옮겨지지 않도록 하자.

야곱은 그 옷이 요셉의 것임을 알아보고 말한다. "악한 짐승이 그를 먹었도다 요셉이 정녕 찢겼도다." 야곱은 그 자리에서 자기 옷을 찢고 굵은 베로 허리를 묶고 그 아들을 위해 애통했다. 자녀들이 그를 위로하려 했지만 그 위로받기를 거절하며 말한다. "내가 슬퍼하며 음부에 내려 아들에게로 가리라." 음부는 '스올'로 무덤, 지하세계를 뜻한다. '슬퍼하며 음부에 내려'는 울다가 무덤으로 가겠다는 것으로, 이대로 울다가 죽으면 죽겠다는 말이다. 슬픔의 도가 컸음을 보여 준다. 35절에 "그 모든 자녀가 위로하되"로 되어 있다. 문자적으로는 '그의 모든 아들들과 딸들'이다. 여기서 딸들은 며느리도 포함되었을 것이나 혹 디나 이외에 다른 딸이 있지 않았을까 추측하기도 한다. 성경의 계보에서 특별한 경우를 제외하고 여성이 언급되지 않기 때문이다.

요셉은 애굽 바로 신하 시위대장 보디발의 집으로 팔려갔다. 요셉은 이제 하나님의 보이지 않는 섭리에 따라 가나안에서 애굽으로 자리를 옮기게 된 것이다. 그는 이스라엘 민족을 향한 하나님의 꿈에 동참하게 되었다. 그곳에서 요셉은 신앙적으로 더 성숙하게 될 것이고, 민족은 커질 것이다. 형제들은 그의 채색 옷을 벗겼지만 하나님은 그 보다 더한 총리의 세마포 옷을 입게 하실 준비를 하셨다.

1. 유다의 아들들(1 – 12절)

- 그 후 유다가 자기 형제에게서 내려가서 친구 아둘람 사람 히라에게 나아가 가나안 사람 수아의 딸을 취하여 아들
- 엘, 오난, 셀라를 낳음, 그때 유다는 거십에 거함
- 엘이 다말에게 장가들었으나 하나님은 엘이 하나님 목전에 악하여 죽임
- 유다가 오난으로 하여금 형의 씨를 받고자 하였으나 오난이 자기의 것이 되지 않을 줄 알고 땅에 설정
- 하나님의 목전에 이 일이 악하므로 오난을 죽임
- 유다는 셀라도 형들처럼 죽을까 염려하여 다말로 셀라가 장성하기까지 친정에 가서 수절토록 당부

창세기 38장은 인간 본성의 연약성과 죄로 인해 빚어진 여러 가지 결과에 대해 가르치고 있다. 유다라는 한 가족의 역사를 통해 사회 전반에 걸친 여러 문제점들을 보다 폭넓게 다루고, 유다가 이런 사회상황에서 왜 죄를 지을 수밖에 없었는가, 그리고 그러한 죄로부

터 벗어나 왜 새 출발해야 하는가를 보여 주고 있다.

하나님의 택하신 백성들이 가나안 땅 족속들과 혼인함으로써 점차 타락의 길에 접어들었다. 창세기 38장은 유다의 예를 들어 야곱의 권속들이 이방사람들과 혼인하여 동화되어 가고 있음을 보여 주고 있다. "가나안 사람 수아의 딸을 보고 그를 취하여 동침하니" 이것은 유다가 이방여인을 아내로 맞았음을 대표적으로 보여 준다. 이것은 하나님의 백성으로서 구별되게 살아야 할 이스라엘 백성으로서는 큰 위기였다.

하나님이 이스라엘 백성을 애굽으로 보내시고, 애굽에서도 목자들에게 혐오감을 갖고 있는 애굽인들로 하여금 가까이하지 못하게 하심으로써 구별되게 하셨는지 그 놀라운 섭리를 깨닫게 한다. 하나님의 역사하심과 섭리가 아니었다면 그들은 완전히 타락하게 되었을 것이다.

유다와 그 자분이 죄를 범하는 동안 요셉은 애굽에 있었다. 이것은 하나님의 섭리 아래 하나님의 백성을 다른 백성들과 거룩하게 구분시켜 보존하려는 목적이 있었다. 우리는 38장을 읽으면서 이 점을 놓쳐서는 안 된다.

"그 후에 유다가 자기 형제에게서 내려가서"는 자기 형제들을 떠났다는 말이다. 유다가 비록 요셉을 죽이자는 다른 형제들을 말려 피 흘림을 막기는 했어도 형제들을 떠나 행한 비난받아 마땅한 사건은 야곱의 가족사에 있어서 또 하나의 시련이었다.

그가 내려간 아둘람은 가나안 족속의 성읍이다. 가나안 여인을 만나 결혼해 아들 셋을 둔다. 엘은 '하나님은 감찰하시는 분이다' 또는 '파수꾼'이라는 뜻이고, 오난은 '힘', 그리고 셀라는 분명하지는 않지만 '약한' 또는 '안식'의 의미를 가지고 있다. 셀라를 낳을 때 그가 거한 거십은 아둘람에서 멀지 않은 곳이다.

유다의 아들 엘이 하나님 앞에 악을 행하다가 죽임을 당한다. 유다는 둘째 아들 오난에게 형수를 아내로 맞도록 권한다. "네 형수에게로 들어가서." 이것은 당시 수혼(嫂婚)의 풍습이 있었음을 보여 준다. 결혼하지 않은 남동생이 과부가 된 형수를 아내로 취해 그 맏아들로 죽은 형제의 가문과 혈통과 유업을 잇게 하는 제도이다. 이것은 시집온 여자가 자기 가족에게로 돌아가는 재산상의 손실을 막기 위한 동기도 있었다. 수혼은 우리나라뿐 아니라 고대 여러 나라에서도 있었던 풍습이다.

"땅에 설정하매." 체외사정을 했다는 뜻이다. 오난이 수혼의 의무를 하지 않으려 한 것은 형의 아들을 낳아 줄 경우 그에게 상속시킬 의무가 발생하기 때문이다. 그가 장자의 유업을 자기 스스로 가지려는 욕망을 가지고 있었음을 보여 준다. 이로 인해 오난도 죽게 된다.

오난이 죽자 유다는 셋째까지 그렇게 죽게 될까 겁이 났다. 다행히 셋째 셀라는 어리다. 유다는 꾀를 내어 며느리 다말에게 "수절하고 네 아비 집에 있어서 셀라가 장성하기를 기다리라." 셀라가 아직 어리므로 장성할 때까지 친정으로 돌아가 과부로 수절하고 있으라는 것이다. 이것은 다말에게 아들을 주지 않기 위한 구실이었다. 이것이 구실이라는 것은 14절에 나타나 있다. 훗날 세라가 장성했는데도 자기를 아내로 삼지 않음에 대해 서운함이 있었다.

2. 유다를 속인 다말(13 - 26절)

- 그 후 유다의 아내가 죽자 친구 히라와 같이 딤나로 올라가 자기 양털 깎는 자에게 이르니
- 혹이 네 시부가 딤나에 왔다고 다말에게 고함
- 다말은 셀라가 장성해도 자기를 아내로 삼지 않는지라 과부의 의복을 벗고 창녀처럼 면박으로 얼굴을 가리고 몸을 휩싸 딤나 길 곁 에나임 문에 앉으니
- 유다가 그를 창녀로 여겨 "내가 내 떼에서 염소 새끼를 주리라"
- 다말, "당신이 그것을 줄 때까지 약조물을 주겠느냐"
- 약조물로 도장과 그 끈과 지팡이를 주고 가니
- 유다로 인하여 잉태
- 다말이 다시 과부의 의복을 입었고 유다는 히라에게 부탁해 염소 새끼를 보내어 창녀의 손에서 약조물을 찾으려하나 그 창녀를 찾을 수 없는지라
- 유다, "우리가 부끄러움을 당할까 하니 그로 그것을 가지게 두라."
- 석 달쯤 후 다말이 행음하여 임신했다는 소문이 나므로 유다가 다말을 끌어내어 불사르려 할 때
- 다말이 약조물을 보이며 이 물건 임자로 잉태되었다 하니
- 유다가 그것을 알아보고 "내가 그를 내 아들 셀라에게 주지 아니했음이라" 하고
- 다시 그를 가까이하지 아니하였더라

유다가 딤나에 와 있다는 소문을 들은 다말은 창녀 행세를 하며 에나임 문에 앉았다. 창녀는 히브리어로 '케데쉬아'로 사랑의 여신

아스타르테(Astarte)는 여인을 가리킨다. 이들은 음행을 여신에게 드리는 제사로 간주했다. 이 창녀들은 다른 창녀들과 구별하기 위해 얼굴을 너울로 가렸다. 딤나 길 곁 에나임 문에 앉았다는 것은 딤나로 들어오는 사람은 누구나 다 훤히 볼 수 있는 곳에 앉아 있었다는 뜻이다.

약조물은 히브리어로 '에라본', 곧 담보물을 뜻한다. 유다가 성매매 조건으로 염소 새끼를 주겠다고 하자 그것을 받을 때까지 그 신용을 담보할 저당물을 요구한 것이다. 다말은 염소 새끼에 관심을 둔 것이 아니라 유다가 자신과 동침했다는 증거물을 확보하고자 한 것이다.

유다는 담보물로 도장과 그 끈과 지팡이를 주었다. 도장은 소유자의 신분과 권리를 나타냈다. 당시에는 반지 도장이나 원통형 모양의 도장을 사용했다. 도장은 토판과 같은 문서에 사용했다. 반지 도장은 손에 끼었지만 원통형 도장은 끈을 매어 목에 걸고 다녔다. 따라서 유다가 담보물로 준 도장은 토판 문서에 굴려 찍기 위한 원통형 도장으로 보인다.

다말이 창녀처럼 행동해서라도 아들을 낳고자 한 것은 절대로 육체적인 쾌락이나 돈을 벌기 위한 것이 아니다. 무엇보다 셋째 아들 셀라와 결합하여 아들을 낳아 상속권을 받게 하는 것이 마땅함에도 불구하고 유다가 이 일을 계속 미루고 있기 때문이다. 그가 그토록 상속권에 집착한 것은 기생 라합처럼 그녀도 야곱 일가와 맺으신 하나님의 약속을 잘 알고 있었기 때문으로 보는 것이 바람직하다. 결혼하면서 유다가 이 사실을 언급했을 것이고, 그녀도 그 사실에 따라 약속의 자손을 낳고자 했을 것이다. 그녀는 그토록 간절한 마음으로 아들을 낳아 상속인을 이어 주고자 여자로서는 최후의 수단까지 동원한 것이다. 어떤 이는 유다 가문으로부터 유산을 받지 못하면 얼마 있지 않아 자기가 가난한 처지로 전락할 수 있기 때문이라고 주장하기도 한다. 그러나 그가 이처럼 대담하게 나온 것은 시부를 통해서라도 약속의 자손을 얻고자 한 욕구가 컸기 때문으로 보는 것이 합당하다.

예수의 가계에 나타난 여성들

이 름	족 속	관련 성경구절
다말	가나안	창38:1 - 30
라합	가나안	수6:22 - 25
룻	모압	룻4:13 - 22
밧세바	이스라엘	삼하12:24, 25

그렇다고 유다의 성매매 행위가 용납되는 것은 아니다. 유다도 그런 유혹을 이기지 못한 것을 볼 때 그 자신은 물론 그 사회가 얼마나 성적으로 타락했는가를 보여 준다.

다말이 행음하여 임신했다는 소문에 화가 난 유다는 다말을 즉시 불태워 죽이도록 명령했다. 모세 율법에 행음한 여인은 돌로 쳐 죽임을 당하도록 되어 있고(신22:21), 제사장의 딸이 그랬을 경우 불에 태워 죽이도록 했다(레21:9). 유다는 모세 이전의 인물이기 때문에 이 율법에 근거한 것은 아니다. 가장으로서 그만큼 결정권이 있었고, 사회가 그 풍습을 용인했다는 것을 보여 준다. 유다 자신은 그 행음의 원초적 관계자였다는 사실을 몰랐기 때문에 마치 의로운 재판장처럼 이 명령을 내릴 수 있었다. 이로 인해 다말이 죽게 되면 아들 세라 문제도 자연히 해결되리라 기대했을 것이다. 이 기대 때문에 더욱 엄한 판결을 내렸을 가능성이 있다.

그러나 다말이 도장과 그 끈을 보이며 이 소유자가 임신한 아이의 아버지라고 했을 때 그의 명령은 더 이상 명령으로 존재할 수 없었다. 유다는 자신의 잘못을 인정하지 않을 수 없었다. "그는 나보다 옳도다. 내가 그를 내 아들 셀라에게 주지 아니하였음이로다." 자기가 더 큰 죄인이라 고백한 것이다. 잘못을 인정하는 것, 그것도 가장으로서 그 많은 식구와 친지들 앞에서 용서를 구하는 것은 대단한 용기가 필요하다. 이런 점에서 유다는 칭찬받을 자격이 있다. 그리고 다시는 다말을 가까이하지 않았다.

3. 쌍둥이를 낳은 다말(27 - 30절)

- 다말이 해산할 때 쌍태라
- 산파가 보니 손이 먼저 나오는지라 이에 홍사를 그 손에 매었더니 그 손을 다시 집어넣고
- 다른 형제가 먼저 나오니 산파가 "네가 어찌하여 터치고 나오느냐" 하여 그 이름을 베레스(터침)라 불렀고
- 홍사 맨 자가 그 뒤에 나오니 그 이름을 세라라 부름

임산하여 보니 쌍태라. '임산하여 보니'는 '임신하고 나서 보니'가 아니라 '낳을 때 보니'라는 뜻이다. 임신해 있을 때는 쌍둥이였는지

몰랐는데 낳을 때 보니 쌍태였다는 것이다. 28절의 '해산할 때에'도 같은 말이다.

홍사(紅糸)는 붉은 줄로 장자의 표식이다. 손이 먼저 나와 있어 그를 장자로 여겨 홍사를 매 주었다. 그런데 그 손은 도로 들어가고 다른 아이가 먼저 나온 것이다. 그 아기가 바로 베레스다. 베레스는 '깨뜨림', '터뜨림', '밀어뜨림'이라는 뜻을 가지고 있다. 먼저 손을 내민 세라를 밀어제치고 먼저 나왔기 때문이다. "'어찌하여 터치고 나왔느냐."는 이 이름과 연관된 말이다. 그리고 손에 홍사가 있는 아이는 세라라 불리었다. 세라는 '여명', '밝음', '떠오름'이라는 뜻을 가졌다. 세라는 홍사를 맺지만 장자는 되지 못했다. 베레스가 먼저 태어났기 때문이다.

베레스는 다윗(룻4:18-22)과 그리스도(마1:1-6)의 조상이 되었다. 그를 통해 열왕이 태어나고 마지막에는 그리스도가 태어나셨다. 창세기 38장에 유다의 집안 이야기가 소개된 것은 유다가 메시아의 조상이 되었기 때문으로 보인다.

다말과 유다의 관계를 통해 메시아가 이 땅에 왔다는 것은 이해하기 힘들다. 유다 자신도 생각지 못할 일이다. 유다가 그리스도의 조상이 된 것은 그의 선행이나 뚜렷한 장점 때문이 아니다. 그것은 하나님의 선하신 뜻이 있었기 때문이다. 자신의 혈통이나 가문에 따라 선택되는 것이 아니라 오직 하나님의 은혜에 따라 선택되었다. 하나님이 믿는 사람을 택하시고 구원을 얻게 하시는 것도 마찬가지다. 나 같은 죄인을 위해 주님이 이 땅에 오셔서 피 흘리시지 않았는가. 이것은 우리가 그럴 만한 자격이 있어서가 아니다. 하나님의 은혜가 아니면 이해할 수 없는 일이다. 이 사건도 같은 맥락에 있다.

사건의 어두운 현장 속에서 빛을 보게 하시는 하나님의 놀라운 반전을 본다. 마태복음 1장 3절에서 6절은 이렇게 기록되어 있다. "유다는 다말에게서 베레스와 세라를 낳고 베레스는 헤스론을 낳고 [……] 이새는 다윗 왕을 낳으니라." 유다의 아내 이름도, 그의 셋째 아들 셀라의 이름도 없다. 다말은 유다와 싸워 이긴 것이다.

1. 보디발에게 팔린 요셉(1 - 6절)

- 요셉이 이끌려 애굽에 내려가매
- 바로의 신하 시위대장 보디발이 그를 이스마엘 사람의 손에서 그를 사니라
- 여호와께서 요셉과 함께하시므로 그가 형통한 자가 되어 그 주인 애굽 사람의 집에 있으니
- 그 주인이 여호와께서 그의 범사에 형통케 하심을 보았더라
- 그가 요셉으로 가정 총무를 삼고 자기 소유를 다 그 손에 위임하니
- 여호와의 복이 그의 집과 밭에 있는 모든 소유에 미친지라
- 주인이 그 소유를 다 요셉의 손에 위임하고 자기 식료(食料) 외에는 간섭하지 아니하였더라
- 요셉은 용모가 준수하고 아담하였더라

꿈꾸는 자가 굴욕의 노예로 전락했다. 노예시장에 팔린 것이다. 그러나 그 밑바닥에서도 형통한 자가 되었다. 그 비결은 무엇인가? 하나님이 그와 함께하셨고, 그 자신 믿음의 사람으로서 품위를 유지했기 때문이다. 요셉은 형통하는 믿음을 보여 주었다. 그러나 이 형

통은 우리가 인간적으로 생각하는 형통이 아니라 하나님이 함께하심으로 인한 형통이다.

"여호와께서 요셉과 함께하시므로." 함께하심의 주도권이 하나님께 있음에 주목하라. 요셉이 하나님을 붙드는 것이 아니라 하나님이 요셉을 붙드셨다. 주권이 하나님께 있다. 요셉은 어느 누구에게도 의지할 곳이 없는 사람이 되었다. 그는 전적으로 하나님을 의지했다. 소외되고 힘든 자리에 섰을 때 주님은 그를 붙드셨다. 다윗도 "내가 사망의 음침한 골짜기를 다닐지라도 해를 두려워하지 않을 것은 주님이 나와 함께하심이라 주의 지팡이와 막대기가 나를 안위하시나이다."(시23:4). 고백하였다.

"여인이 어찌 그 젖 먹는 자식을 잊겠으며 자기 태에서 난 아들을 긍휼히 여기지 않겠느냐 그들은 혹시 잊을지라도 나는 너를 잊지 아니할 것이라 내가 너를 내 손바닥에 새겼고 너의 성벽이 항상 내 앞에 있나니"(사49:15,16). 하나님은 우리를 잊지 않는 분이요 버리지 아니하시는 분이며 그의 손바닥에 우리를 새기신 분이다.

하나님의 함께하심은 가장 큰 축복이다. 모세에게 가장 강력한 힘도 바로 하나님이 나와 함께하신다는 것이었다. 하나님의 임재는 가장 강력한 힘이다. 하나님의 임재의식은 고단한 삶을 경이로운 삶으로 변화시킨다.

수영을 잘 하는 사람은 물에 빠진 사람이 허우적거릴 때 손을 내밀지 않는다. 그가 기진하여 더 이상 허우적거리지 못할 때 뛰어들어 그를 건져 낸다. 하나님은 내 자신을 포기하지 않고 허우적거릴 때 손을 내밀지 않으신다. 나를 완전히 포기하고 주님에게 맡길 때 손을 내미신다.

"그가 형통한 자가 되어." 하나님께서 함께하심으로 형통하였다. 하나님께서 그에게 힘을 주셔서 성공적으로 일을 수행하도록 하셨다. 요셉은 자신의 억울함을 자신의 힘으로 풀려 하지 않았다. 당장에라도 고향에 내려가 한을 풀고 싶은 것이 인간의 마음이다. 그는 그 모든 사건을 하나님의 섭리로 깨닫고, 주어진 환경에서 최선을 다했다.

그는 삶의 현장에서 현실을 수용하고 승리하는 성품을 가졌다. 그는 분노를 가다듬을 수 있는 성숙한 성품을 갖게 되었다. 정서적 감정으로부터 자기를 파괴시키지 않고, 그것으로부터 자유로웠다. 그는 더 이상 상처의 감옥에 자신을 가둬 두지 않았다. 그는 피해의식(victim mentality)에 사로잡힌 것이 아니라 승리의 정신력(victory mentality)으로 극복해 가고자 했다.

그는 처한 현실을 피하지 않고 당당히 맞닥뜨린 능력을 가졌다. 그는 비록 노예였지만 그 속에서 그는 하나님의 사람으로서 가장 고귀한 품위를 유지했다. 성실했다. "무슨 일을 하든지 마음을 다하여 주께 하듯 하고 사람에게 하듯 하지 말라"(골:23). 골로새서의 이 말은 당시 교인 중에 노예가 많았음을 보여 준다. 종이 일할 때 그 일이 주님의 일인 줄 깨닫고 바로 일하도록 한 것이다. 주인이 이런 노예를 보면 높이 평가하고 그를 해방시킬 수도 있다.

"그 주인이 여호와께서 그와 함께하심을 보며 또 여호와께서 그의 범사에 형통케 하심을 보았더라." 그는 보디발의 집에서 노예로 생활했다. 노예 생활이 형통한 것은 결코 아니다. 그러나 하나님이 그와 함께하심으로 형통함을 누릴 수 있었다. 영적인 형통은 어떤 지위나 물질적 부유함에 있는 것이 아니라 하나님이 함께하심에 있다.

성경은 그가 노예나 종살이할 때 하나님이 함께하시므로 형통하였다고 기록하고 있다. 국무총리가 되어서는 이 말이 없다. 인간적인 생각으로는 국무총리가 된 것이 형통한 자리이고 고통 가운데 있는 것은 형통한 자리가 아닌 것으로 생각하고 싶을 것이다. 그러나 하나님은 그가 어려웠을 때 함께하셨다고 기록하고 있다. 성경적으로 볼 때 형통한 자리는 하나님을 더 찾는 자리, 하나님께 부르짖는 자리가 형통한 자리이다. 그 주인이 하나님께서 요셉과 함께하심을 보았다는 것은 그가 삶 속에서 얼마만큼 하나님을 증거 하는 삶을 살았는가를 말해 준다.

"그가 요셉으로 가정 총무를 삼고 자기 소유를 다 그 손에 위임하니." 요셉에게 처음 위임한 것은 보디발의 가정 경영이었음을 보여 준다. 요셉은 작은 일에 충성했다. 그 후 감옥을 관리하는 자로, 나중에는 한 나라를 다스리는 총리로 위임받았다. 작은 일에 충성하면 더 큰 임무를 맡기신다는 것을 보여 준다.

"자기 식료(食料) 외에는 간섭하지 아니하였더라."는 요셉이 잘 관리해 염려가 없었다는 뜻이다. 보디발이 집안에서 자신이 할 일은 그저 무엇을 먹을 것인가 결정하기만 하면 되었다.

"여호와께서 요셉을 위하여 그 애굽 사람의 집에 복을 내리시므로 여호와의 복이 그의 집과 밭에 있는 모든 소유에 미친지라." 이것은 요셉이 보디발의 집에 축복의 통로가 되었음을 보여 준다. 자기로 말미암아 다른 사람이 복을 받게 하는 것이다. 요셉은 비록 노예로서 살았지만 자기가 섬기는 주인집에 하나님의 복이 임하도록 했다. 이것은 요셉은 종으로서 최선을 다했음을 의미한다. 종일지라도 삶의 현장에서 나 혼자만이라도 최선을 다할 때 하나님은 기뻐하신다.

그럴 때 하나님이 복을 내리신다. 형통은 바로 이때 온다. 그가 있음으로 해서 보디발의 집이 형통했다. 요셉이 복의 근원이 된 것이다.

"요셉은 용모가 준수하고 아담하였더라." 보디발의 가정 총무가 된 요셉, 그는 용모가 준수하고 아담한 사람이었다. 체격이 좋고, 남자답고 빼어났다. 이 용모는 보디발 아내의 마음을 움직이는 이유가 되기에 충분했다. 아름다움에는 유혹과 위기가 따른다. 사라의 아름다움을 생각하라. 육신은 대우할수록 버릇이 없어진다. 아름다운 꽃에 벌레가 찾아든다. 기도하지 않게 된다. 형통 뒤에는 위기가 따른다.

2. 보디발의 처의 유혹과 투옥(7 – 18절)

- 보디발의 처가 요셉과 동침하기를 요구
- 요셉, "주인이 내게 아무것도 금하지 아니하였어도 금한 것은 당신뿐이니 당신은 자기 아내임이라 그런즉 내가 어찌 이 큰 악을 행하여 하나님께 득죄하리이까." 하며 거절
- 집에 아무도 없을 때 그 처가 요셉의 옷을 잡고 동침을 요구
- 요셉이 자기 옷을 그 손에 버리고 도망
- 집 사람들을 불러 "주인이 히브리 사람을 우리에게 데려다가 우리를 희롱하게 하도다 그가 나를 겁간코자 내게로 들어오기로 내가 크게 소리 질렀더니 그 옷을 내게 버려두고 도망하여 갔느니라"
- 주인이 집에 돌아오기를 기다려 이 말로 그에게 고함

"주인의 처가 요셉에게 눈짓하다가 동침하기를 청하니, 날마다 요

섭에게 청하였으나." 7절과 10절에 이 같은 말이 두 번 나온다. 이것은 보디발 아내의 유혹이 얼마나 집요했는가를 보여 준다. 눈짓한다는 것은 요염하게 유혹하는 것을 의미한다. 원문은 '그 눈을 요셉에게 두었다'고 했다. 그에게 깊은 관심을 가졌음을 보여 준다. 그동안 남편이 가정에 소홀하지 않았는가 생각되기도 한다. 당시 노예는 애완동물 취급을 받았기 때문에 쉽게 말을 들을 것으로 생각했을 것이다. 10절은 날마다 요셉에게 청하였다 하였다. 요셉에 대한 유혹이 끈질겼다. 가는 곳마다 그 여인이 나타나 괴롭혔다.

"요셉이 거절하며." 이 말은 창세기 38장에서 성적인 타락으로 인한 야곱 후손의 위기와는 아주 대조된다. 외로운 상태의 요셉은 얼마든지 죄악에 빠질 수 있었다. 그러나 그는 단호히 거절함으로써 거룩함을 드러냈다.

"어찌 이 큰 악을 행하여 하나님께 득죄하리이까." 이 말은 자신을 신뢰한 하나님을 감동시키기에 충분한 말이다. 요셉은 간음의 집요한 유혹을 뿌리치는 순결한 신앙과 하나님 앞에서 죄를 짓지 않겠다는 단호한 결심을 통해 하나님의 사람으로서 그 의와 거룩함을 드러냈다.

"여호와의 눈은 어디서든지 악인과 선인을 감찰하시느니라."(잠 15:3). 하나님은 인간의 모든 행위를 살피시는 분이며 사람이 저지르는 모든 죄는 일차적으로 하나님께 대한 것이다. 따라서 요셉은 삶에서 되는 것과 안 되는 것에 대한 명확한 원칙을 가지고 있었다. 그 기준은 하나님 앞에서 내가 어떻게 살아야 하는가 하는 것이다. 요셉의 가치기준은 인간의 것이 아니라 하나님의 윤리에 있음을 보여 준다. 하나님을 가치기준으로 삼는 사람은 세상이 감당할 수 없다. 우리도 유혹의 현장에서 하나님의 형상을 가진 자로서 그 거룩함의 능력을 드러낼 수 있어야 한다.

다윗은 밧세바 사건 후 "우슬초로 나를 정결케 하옵소서." 기도했다. 다윗은 유혹에 넘어가면 내 영혼이 더러워진다는 것을 알고 있었다. 그는 또 "내가 주께만 범죄" 했음을 고백했다. 사람의 마음을 아프게 한 것이 아니라 하나님의 마음을 아프게 했다는 점이다. 우리가 넘어지면 내 영혼이 더러워지고, 하나님의 마음을 아프게 한다. "내가 내 눈과 언약을 세웠나니 어찌 처녀에게 주목하랴 그리하면 위에 계신 하나님의 내리시는 분깃이 무엇이겠으며 높은 곳에서 전능자의 주시는 산업이 무엇이겠느냐"(욥31:1,2). 갤럽 조사에 따르면 현대 기독교의 위기는 기독교가 원칙을 가르치지 않고 있다는 데 있다. 그리스도인은 기본과 원칙을 세우고 강력하게 대처해 나가야 한다.

"듣지 아니하여 동침하지 아니할뿐더러 함께 있지도 아니하니라." 보디발 아내의 끈질긴 유혹만큼이나 그의 거부도 강했다. 요셉은 "내가 어찌 득죄하리요." 말하며 더 이상 듣지 않고, 동침하시도 않고, 함께 있지도 아니했다. "네 길을 그에게서 멀리하라 그 집 문에도 가까이 가지 말라"(잠5:8). 함께 있지도 아니한 대표적인 사건이 18절이다. 보디발의 아내가 붙잡자 그는 옷을 버려두고 도망할 정도로 적극적으로 기피했다.

"그 집에 들어갔더니 그 집 사람은 하나도 거기 없었더라." 이것은 치밀하게 계획된 것임을 보여 준다. "요셉이 자기 옷을 그 손에 버리고 도망하여 나가매" 그를 향한 유혹은 그가 감당하기에는 너무 교활하고 강렬했다. 자신보다 사회적으로 월등하게 높은 사람으로부터 오는 유혹이 아닌가. 그럼에도 불구하고 요셉은 이 문제에서도 완전함을 보여 주었다. 요셉은 하나님과 동행하는 사람답게 그 유혹을 물리치고 승리했다. 단지 유혹을 피하는 것으로 충분하지 않다. 유혹이 강할수록 요셉처럼 돌아서 도망해야 한다.

유혹은 잠시 죄악의 낙을 줄 수도 있다. 그러나 요셉은 유혹의 낚시 바늘을 덥석 물지 않았다. 그는 내면의 미끼에 현혹되지도 않았다. 옷을 두고 도망할 경우 어떤 결과가 올 것을 알았을 것이다. 이 사건을 보면서 우리 자신 이외에는 우리를 타락시킬 사람이 없다는 것을 알게 된다. 유혹받는 것은 자기 책임이다. 스스로 망하는 자가 되어서는 안 될 것이다. "또한 네가 청년의 정욕을 피하고 주를 깨끗한 마음으로 부르는 자들과 함께 의와 믿음과 사랑과 화평을 좇으라."(딤후2:22).

유혹에 잘 대처하면 영적 성장의 디딤돌이 될 수 있다. 결혼한 사람이 다른 이성과 음행에 빠지는 것은 상대에 대한 언약을 깨뜨리고 신뢰를 저버리는 것이다. 성적인 죄는 두 성인의 합의 문제가 아니다. 그것은 하나님에 대한 불순종 행위다. 하나님의 뜻은 우리의 거룩함이다. 구별됨으로써 이 시대에 상록수가 되라. 물러나면 안 된다. "에브라임 자손은 병기를 갖추며 활을 가졌으나 전쟁의 날에 물러갔도다."(시78:9). 원칙을 지켜야 할 때 지키지 않고 물러나면 안 된다. 유혹을 받을 때 요셉의 말을 기억하자.

"당신이 우리에게로 데려온 히브리 종이 나를 희롱코자 내게로 들어왔기로." 보디발의 아내는 모든 것을 요셉에게 덮어씌웠다. '당신이 데려온 히브리 종'에서 히브리 종은 종족적인 용어로, 이방인들은 이 말을 멸시의 말로 사용했다. '건너온 자'라는 이 말은 성경에서는 귀한 용어이지만 성경 밖에서는 재산이 없고, 억압받고, 유랑생

활을 하는 소외된 사회계층을 지칭한다. 여인은 '당신이 데려온 종'
이라 말함으로써 그 책임이 남편에게도 있음을 암시했다. 이 말은
남편의 심기를 더 상하게 했을 것이다. 그녀는 요셉을 철저히 짓밟
았다. 인간이 얼마나 간교한가를 보여 준다. 거룩하게 산다고 해서
당장 효과가 나타나는 것은 아니다. 그러나 하나님은 보신다.

3. 투옥된 요셉(19 – 23절)

- 주인이 당신의 종이 내게 이같이 행하였다 하는 말을 듣고 심히
  노한지라
- 주인이 그를 옥에 넣으니 그 옥은 왕의 죄수를 가두는 곳이었더라
- 요셉이 옥에 갇혔으나 여호와께서 요셉과 함께하시고 그에게 인
  자를 더 하사 전옥에게 은혜를 받게 하시매
- 전옥이 옥중 죄수를 다 요셉의 손에 맡기므로 그 제반 사무를 요
  셉이 처리하고
- 전옥은 그의 손에 맡긴 것을 무엇이든지 돌아보지 아니하였느니
  이는 여호와께서
  요셉과 함께하심이라 여호와께서 그의 범사에 형통케 하셨더라

"요셉의 주인이 그를 잡아 옥에 넣으니." 요셉은 억울하게도 누명
을 쓰고 투옥되었다. 조금 살 만하자 다시 나락으로 떨어진 것이다.
인간적으로 볼 때 낙심하기에 충분했지만 그는 낙심하지 않았다. 그
감옥은 일반 감옥이 아니었다. 왕의 죄수를 가두는 곳이었다. 특별감

옥으로 오게 된 것은 하나님의 특별 은총이었다.

"요셉이 옥에 갇혔으니." 시편 105편 18절과 19절은 감옥에 있는 그에 대해 이렇게 말하고 있다. "그 발이 착고에 상하며 그 몸이 쇠사슬에 매였으니 곧 여호와의 말씀이 응할 때까지라 그 말씀이 저를 단련하였도다." 하나님의 시간, 곧 그가 자유하게 될 카이로스 시간이 올 때까지 그를 단련시키신다.

"여호와께서 요셉과 함께하시고 그에게 인자를 더 하사 전옥에게 은혜를 받게 하시매." 요셉이 감옥에 있을 때도 축복의 통로가 되었다. 하나님이 전옥(典獄)에게 은혜, 곧 복을 받게 하셨기 때문이다. 전옥은 감옥의 제반 사항을 관장하는 책임자로 원문은 '감옥의 왕자'이다. 작게는 감옥의 간수장, 크게는 교도소장에 해당한다. 당신이 축복의 통로가 되라. 나 때문에 직장에 복을 받게 하라.

"전옥이 옥중 죄수를 다 요셉의 손에 맡기므로 그 제반 사무를 요셉이 처리하고." 하나님이 함께하셔서 감옥 총무가 되었다. 가정 총무에서 감옥 총무로 그의 지위를 격상시킨 것이다. 하나님이 함께하시지 않으면 불가능한 일이다. 이 모두에는 그를 향한 하나님의 계획이 담겨 있었다.

"여호와께서 범사에 형통케 하셨더라." 옥중에 있는 것은 인간적으로 볼 때 형통한 상태가 아니다. 희망이 보이지 않는 절망적인 상황이다. 형제들로부터 배반당해 팔려 온데다 이젠 억울하게도 범죄자라는 이름으로 옥살이를 하고 있다. 바로 앞에 불려 나가 심판을 받으면 죽을 게 뻔하다. 그러나 그 속에서도 하나님이 함께하심으로 형통을 맛보게 하셨다. 이것은 우리가 일반적으로 생각하는 형통과는 성격이 다르다. 우리는 고난이나 실패가 없는 것을 형통으로 간주한다. 하지만 요셉이 생각하는 형통은 고난이 없는 것이 아니라 하나님이 함께하시는 것이다. 그와 함께하심은 그의 마음을 주장한 것이다. 억울한 마음, 분한 마음을 누르게 하고 주어진 일, 그것이 얼마나 작다 하더라도 최선을 다하게 하셨다. 그의 부지런함과 긍정적인 태도는 결국 전옥으로 하여금 감동케 했다. 이것은 고난 가운데서도 하나님이 함께하심으로 맛볼 수 있는 기쁨이다. 우리가 처한 상황이 좋지 않다 할지라도 그 속에서 얼마든지 주님이 주시는 형통함을 맛볼 수 있다.

하나님이 함께하지 않으면 형통하지 않다. 그러니 상황을 바라보지 말고 임마누엘 하나님을 바라보며 기뻐해야 한다. 요셉이 옥중에서도 화평을 누릴 수 있었던 것은 하나님이 그와 함께하셨기 때문이다. 복중의 복은 하나님이 우리와 함께하시는 것이다.

한갓 종이요 죄인으로 몰린 자인데 하나님은 그와 함께하시는가? 종이라 할지라도, 죄인으로 몰려 투옥되어 있다 할지라도 요셉은 하나님에게 필요한 존재이다. 우리가 존재해야 할 이유도 바로 여기에 있다. 우리는 아무것도 아니지만 하나님에게 있어서 우리는 자신을 버려 십자가에 달릴 만큼 귀한 생명들이다. 아이의 엄마는 자신이 아이에게 필요한 존재라는 것을 알기 때문에 헌신한다. 우리에게도 나를 필요로 하는 곳이 많다는 인식을 가질 필요가 있다. 내가 어느 누구에게 필요한 사람이라는 인식은 그만큼 삶에 있어서 충분한 존재이유가 된다. 하나님은 우리의 형편을 아시고 날마다 시간마다 우리가 주 안에서 성숙하게 살아가기를 원하신다. 요셉이 거룩함으로 자신뿐 아니라 민족, 그리고 애굽을 살릴 수 있었다. 우리의 거룩함이 가정, 교회, 그리고 사회를 살린다.

창세기 39장은 자기에게 충성을 다한 자에게 하나님은 반드시 신의를 지키신다는 것을 보여 준다. 노예로 있든지 감옥에 있든지, 형통하든지 곤란을 당하든지 여호와는 요셉과 함께 계셨고, 그는 결국 승리했다. 하나님이 어떻게 요셉의 상황을 바꿔 놓으셨는지를 기억하라. 그리고 희망을 가지라.

1. 요셉의 꿈 해석(1 - 8절)

- 그 후 왕의 술 맡은 자와 떡 굽는 자가 그 주 애굽 왕에게 범죄 한지라
- 바로가 그 두 관원장에게 노하여 그들을 시위대장의 집 안에 있는 옥에 가두니 곧 요셉의 갇힌 곳이라
- 시위대장이 요셉으로 그들에게 수종하게 하매 요셉이 그들을 섬겼더라
- 갇힌 지 수일이라 두 사람이 하룻밤에 꿈을 꾸니 각기 몽조가 다르더라
- 요셉이 아침에 들어가 보니 그들에게 근심 빛이 있는지라
- 요셉이 관원장에게 묻되 당신들이 오늘 어찌하여 근심 빛이 있나 이까
- 우리가 꿈을 꾸었으나 해석할 자가 없도다
- 요셉, "해석은 하나님께 있지 아니하니이까 청컨대 내게 고하소서."

"왕의 술 맡은 자와 떡 굽는 자가 그 주 애굽 왕에게 범죄 한지

라." 술 맡은 관원장과 떡 굽는 관원장의 지위는 바로에게서 가장 신임을 받는 위치다. 떡 굽는 자는 바로가 먹을 음식에 대한 책임을 지는 자리다. 술 맡은 자는 왕이 먹을 음식뿐 아니라 마실 음료를 맛보아 독이 들어 있는지 여부를 가려 왕을 보호할 책임이 있기 때문이다. 이 두 직임은 왕실 포도원과 술 창고를 감독하는 자로서, 그리고 왕이 먹을 음식을 감독하는 자로서 궁중에서 큰 영향력을 행사하는 중요한 자리에 있었다. 느헤미야가 예루살렘의 성과 성전을 건축하는 데 큰 영향력을 발휘할 수 있었던 것도 그가 아닥사스다 왕의 술 관원이었기 때문이다.

이처럼 중요한 지위에 있는 그들이 애굽 왕에게 죄를 범했다면 아주 큰 문제가 아닐 수 없다. '그 주 애굽 왕에게'는 그들의 주인, 곧 군주를 의미한다.

바로(Paraoh)는 원래 '큰 집'이라는 뜻이다. 왕궁을 가리키는 말이었지만 점차 애굽 왕을 가리키는 말로 변했다. 애굽인은 바로를 절대적인 존재로 태양신의 아들이자 신과 사람 사이의 중재자로 보았다.

"시위대장이 요셉으로 그들에게 수종하게 하매 요셉이 그들을 섬겼더라." 비록 감옥에 있었지만 시위대장으로부터 신임을 받고 있었음을 보여 준다. 시위대장은 요셉으로 하여금 두 관원장을 보살피도록 했다. '섬겼더라'는 그들을 보살펴 주었음을 의미한다.

"두 사람이 하룻밤에 꿈을 꾸니 각기 몽조가 다르더라." 각자 꿈을 꾸었지만 그 자체마다 독특한 의미를 가지고 있었다는 말이다. 이것은 요셉을 위해 하나님께서 주신 꿈이다. 이제 요셉을 움직이게 하신 것이다.

"근심 빛이 있는지라"의 원문은 "당신의 얼굴들이 나쁜지라"이다.

얼굴이 나쁜 것을 안색이 나쁜 것으로 간주하여 근심 빛이 있다고 번역한 것이다.

"우리가 꿈을 꾸었으나 해석할 자가 없도다." 당시 애굽에는 꿈을 전문적으로 해석하는 사람들이 있었다. 그럼에도 불구하고 자기들의 꿈을 해석할 자가 없다는 것은 그들이 현재 갇혀 있어 꿈 해몽을 들을 길이 없다는 것을 말한다. 자기들의 장래에 관계되는 꿈인데 해석할 자가 없으니 답답하기 그지없었을 것이다.

"해석은 하나님께 잇지 아니하니이까 청컨대 내게 고하소서." 낙심상황에서도 하나님을 바라보았다. 그는 하나님에 대한 신뢰의 끈을 늦추지 않았다. 꿈의 해석이 하나님께 있다는 것은 그가 자신을 내세우지 않고 전적으로 하나님께 의지했음을 보여 준다. 나아가 그 자신이 하나님의 능력 있는 증인으로 나설 수 있는 있음을 용기 있게 보여 주었다. 하나님이 깨우쳐 주시면 그 꿈이 길하든 흉하든 말을 해야 한다. 용기가 필요하다. 요셉은 전적으로 하나님을 의지하고 꿈 해몽의 길로 들어선다.

2. 술 맡은 관원장의 꿈과 해석(9 - 15절)

술 맡은 관원장의 꿈
- 술 맡은 관원장이 그 꿈을 요셉에게 말하여 가로되
- 내 앞에 포도나무가 있는데 그 나무에 세 가지가 있고
- 싹이 나서 꽃이 피고 포도송이가 익었고
- 내 손에 바로의 잔이 있기로 내가 포도를 따서 그 즙을 바로의

잔에 짜서 그 잔을 바로의 손에 드렸노라

요셉의 꿈 해석
• 요셉이 그에게 이르되 그 해석이 이러하니
• 세 가지는 사흘이라 사흘 안에 바로가 당신의 머리를 들게 하고
• 당신의 전직을 회복하리니 전과 같이 바로의 잔을 그 손에 받들 게 되리라

요셉의 간청
• 당신이 득의하거든 나를 생각하고 내게 은혜를 베풀어 내 사정을 바로에게 고하여 이 집에서 나를 구하소서
• 나는 히브리 땅에서 끌려온 자요 여기서도 옥에 갇힐 일은 행치 아니하였나이다

"요셉이 그에게 이르되." 그는 이 꿈 해몽을 하기 전 하나님께 기도했을 것이다. 요셉이 그의 말을 듣고 직관적으로 해석하지 않았을 것이기 때문이다.

"내 앞에 포도나무가 있는데." 애굽에 포도나무가 경작되지 않았다는 이유를 들어 이 구절에 대한 의문을 제기하기도 한다. 그러나 애굽에서도 포도나무가 있었고 포도주를 사용했다는 증거는 충분하다. 시편에서도 저희 포도나무를 우박으로 죽이셨다 하였고(시78:47), 저희 포도나무와 무화과나무를 치셨다(시105:33) 기록하고 있다. 민수기에서도 "포도원을 만들고 그 과실을 먹지 못한 자가 있느냐"(민20:5) 하셨다.

"바로가 당신의 머리를 들게 하고"는 바로가 술 맡은 관원장에게

호의를 베풀 것을 예시적으로 보여 준다.

"당신이 득의하거든 나를 생각하고." 요셉이 술 맡은 자에게 "나를 생각하소서."라고 한 것은 인간적인 면이 엿보인다. 그러나 이것은 얼마나 자연스러운가. 그가 늘 초인적인 면만 보여 준다면 어떻게 우리가 그를 닮을 수 있을까. 감옥에서 벗어나고 싶은 마음은 그나 우리가 매한가지라는 말이다.

"내 사정을 바로게 고하여 이 집에서 나를 건져내소서." 이 집에서 나를 건져내 달라는 말은 그가 환경적 어려움에 처해 있음을 보여 준다. '이 집에서'의 원문은 '이런 구덩이(dungeon)에서'이다. 이것은 감옥생활이 얼마나 비참한가를 보여 준다. 요셉은 두 번이나 구덩이에 던져졌다. 한번은 형제들에 의해 우물 구덩이에 던져졌고, 지금은 억울하게 감옥이라는 구덩이에 던져졌다.

시편은 그가 어떤 형편에 있었는가를 보여 준다. "그 발이 착고에 상하며 그 몸이 쇠사슬에 매였으니 곧 여호와의 말씀이 응할 때까지라 그 말씀이 저를 단련하였도다."(시105:18,19). 그러나 그 고난의 시간은 하나님의 말씀이 응할 때까지 단련시키기 위한 시련이었다.

나아가 요셉은 "히브리 땅에서 끌려온 사요 여기서도 옥에 갇힐 일은 행치 아니하였나이다."며 자신을 변호한다. '끌려온 자'란 '훔쳐져 온 자', 곧 '유괴되어 온 자'란 뜻이다. 자신도 모르게 다른 형제들에 의해 유괴되었음을 의미한다. 노예가 된 것은 전혀 자의가 아니라는 뜻이다. 나아가 '옥에 갇힐 일도 하지 않았다'고 말한다. 억울하다는 것이다.

3. 빵 굽는 관원장의 꿈과 해석(16 - 20절)

빵 굽는 관원장의 꿈
* 떡 굽는 관원장이 그 해석이 길함을 보고 요셉에게 이르되
* 나도 꿈에 보니 흰 떡 세 광주리가 내 머리에 있고
* 그 윗 광주리에 바로를 위하여 만든 각종 구운 식물이 있는데
* 새들이 내 머리의 광주리에서 그것을 먹더라

요셉의 꿈 해석
* 요셉이 대답하여 가로되 그 해석은 이러하니 세 광주리는 사흘이라
* 지금부터 사흘 안에 바로가 당신의 머리를 끊고 당신을 나무에 달리니
* 새들이 당신의 고기를 뜯어 먹으리라

"그 윗 광주리에 바로를 위하여 만든 각종 구운 식물이 있는데"는 빵 굽는 관원 자신이 만든 음식을 가리킨다. "새들이 내 머리의 광주리에서 그것을 먹더라."는 바로에게 복직될 가능성이 상실되었음을 의미한다.

"지금부터 사흘 안에 나무에 달리니 새들이 먹으리이다." 사흘 후에 죽는다고 정직하게 말해 주었다. 죽음과 죽음 이후의 삶을 말해 줌으로써 죽음을 미리 준비하도록 말해 주었을 것이다. 떡 맡은 관원장은 얼마나 놀랐을까.

4. 꿈의 성취(20 - 23절)

- 제삼일은 바로의 탄일이라 바로가 그 모든 신하를 위하여 잔치할 때
- 술 맡은 관원장과 떡 굽는 관원장으로 머리를 그 신하 중에 들게 하니라
- 술 맡은 관원장은 전직을 회복하매 그가 잔을 바로의 손에 받들어 드렸고
- 떡 굽는 관원장은 매 달리니
- 요셉이 그들에게 해석함과 같이 되었으나
- 술 맡은 관원장은 요셉을 기억지 않고 잊었더라

요셉의 해석대로 술 맡은 관원장은 복직되고 떡 굽는 관원장은 처형되었다. 바로의 생일에 이런 일을 행한 것은 당시 권력 사회가 얼마나 비정한가를 보여 준다. 헤롯도 생일잔치 때 세례 요한을 죽였다.

"술 맡은 관원장이 요셉을 기억지 않고 잊었더라." 요셉의 간절함은 무시되었다. 이것이 성실에 대한 보상인가 낙심할 수 있다. 그러나 그는 실망하지 않았다. 하나님을 생각했기 때문이다. 인간은 잊는다. 그러나 하나님은 결코 그를 잊지 않으셨다.

요셉을 잊었다는 것은 요셉이 앞으로 2년 동안 더 옥살이를 했다는 말이다. 그 2년 동안 요셉의 믿음은 깊어졌다. 오히려 다음 기회가 오기를 기다렸다. 우리가 요셉의 상황이라면 어떻게 해야 할까? 요셉이 그랬던 것처럼 하나님을 신뢰하고 더 많은 기회가 오기를 기다려야 할 것이다. 하나님도 2년을 기다려 바로가 꿈을 꾸게 하셨다. 하나님도 그때를 기다리신다. 우리만 기다리는 것이 아니다.

1. 바로의 꿈(1 – 24절)

- 만 이 년 후에 바로가 꿈을 꾸되
- 하숫가에 서서 보니 살찌고 아름다운 일곱 암소가 하숫가에 올라와 갈밭에서 뜯어먹고
- 그 뒤에 약하고 흉악한 일곱 암소가 그 살찐 일곱 소를 먹고도 여전히 흉악하더라
- 한 줄기에 무성하고 충실한 일곱 이삭이 나오고
- 그 후에 세약(細弱)하고 동풍에 마른 일곱 이삭이 나더니 세약한 이삭이 좋은 이삭을 삼키더라
- 애굽의 술객과 박사를 불러 해몽을 구했으나 해석하던 자가 없던 차
- 술 맡은 관원장이 옛일을 추억하여 요셉을 천거하니
- 요셉이 수염을 깎고 옷을 갈아입은 후 옥에서 나와 "이는 내게 있는 것이 아니라 하나님이 바로에게 평안한 대답을 하리이다."

하나님은 요셉을 그의 결백을 위한 재판을 위해 세우지 않으시고, 하나님이 주신 꿈을 해몽하는 자의 위치로 그를 세우셨다. 이것은 하나님의 위대한 반전이다. 겨울은 죽은 것 같지만 그 안에 생명을

안고 있다. 요셉은 죽은 것처럼 어려운 겨울 상황에 처했지만 그의 생명은 결국 봄을 맞아 피게 된다.

바로가 꾼 꿈에서 하숫가는 나일 강가를 뜻한다. 원문은 '그 강가에'이다. 동풍은 늦봄과 초가을에 사막에서 불어오는 열풍이다. 농작물을 시들어 죽게 한다. 팔레스타인에서는 '시록코'라 하고, 애굽에서는 '크함신'이라 한다. 동풍이라 해서 반드시 정 동쪽에서만 불어오는 바람만 가리키는 것은 아니다.

"그 마음이 번민하여." 하나님은 왕의 마음을 번민하게(troubled) 만들었다. 잠 못 들게 하신 것이다. 그가 감옥생활을 했지만 하나님은 그를 위해 가장 좋은 것을 가장 좋은 때에 준비하셨다. 이제 하나님이 그를 위해 일하실 타이밍이 된 것이다.

술객은 신탁의 지식을 소유했다고 주장하는 이방제사장이다. 국사에 대해 왕에게 조언하는 특권이 있다. 술객이나 박사는 고대 애굽의 지식계층으로, 신들과 운명에 대한 지식을 알고 있다고 주장했고, 꿈 해석자로도 활약했다.

아무도 꿈을 바로 해석하는 자가 없어 모두 전전긍긍하자 그제야 술 맡은 관원장이 자신의 옛일을 추상하며 요셉을 기억해 낸다. 그는 바로 앞에 다가가 말한다. "내가 오늘날 나의 허물을 추억하나이다." 이 말은 "내 잘못을 기억하나이다."라는 말로, 옥살이 하고 있는 요셉이 '나가면 자신을 기억해 달라' 당부했고 자신도 '그 약속을 지키겠노라.' 했는데 이제야 비로소 그 말을 기억하고 말씀 드리게 되었다는 것이다. 요셉에 대한 자기의 잘못을 허물로 본 것이다. 그동안 요셉을 잊은 것은 배은망덕한 일이었지만 하나님은 가장 적기에 관원장의 기억을 되살리셨다. 하나님의 일을 함에는 기다림과 인내가 필요하다는 것을 가르쳐 준다. 요셉은 이때를 맞기까지 2년을 옥에서 기다려야 했다.

"징조가 있는 꿈이라." 성경은 꿈을 하나님에 의한 것, 사단에 의한 것, 자연적인 것으로 구분한다. 술 관원장은 과거 떡 맡은 관원장과 함께 꾸었던 꿈 이야기를 꺼내고, 요셉이 얼마나 신통한 인물인지를 설명한다. "그 해석한 대로 나는 복직하고 그는 매어 달렸나이다."

"수염을 깎고." 애굽인들은 수염을 깎는 것이 일반적인 관습이었다. 이스라엘은 그 반대로 턱수염을 기르는 습관을 가졌다. 이스라엘 사람들은 애도와 수치의 표시로 수염을 깎기도 했다. 요셉이 바로 앞에 나갈 때 수염을 깎은 것은 비록 외국인이지만 애굽의 관습을 존중한 것으로 보인다.

"내게 있는 것이 아니라 하나님이 바로에게 평안한 대답을 하시리이다." 요셉은 바로 앞에 나와서도 겸손함을 잃지 않았다. 그는 처음부터 끝까지 자기가 아니라 하나님이 영광을 받도록 했다. "내가 아니라 하나님이 하신 것입니다." 우리는 어디서든 우리 자신의 영광을 위해 사는 것이 아니라 하나님의 영광을 위해 살아야 한다.

요셉은 왕 앞에서도 여전히 하나님만을 의지하는, 겸손하고 의연한 신앙적 자세를 보였다. 요셉은 왕이 그에게 꿈을 해석하는 능력이 있다는 얘기를 들었다고 할 때 "내게 있는 것이 아니라 하나님이 바로에게 평안한 대답을 하시리이다."며 하나님을 강조했다. "내게 있는 것이 아니라"는 "나는 할 수 없사오나"이다. 요셉은 바로 앞에서도 하나님 앞에서 절대적인 겸손과 하나님을 전적으로 의지하는 신앙을 나타냈다. 평안한 대답이란 바로의 번민을 멈출 만한 만족한 대답을 말한다. 그가 바로로부터 꿈 얘기를 듣기도 전에 이같이 말한 것은 하나님의 능력을 확신했기 때문이다. 꿈의 해석이 자신의 말이 아니라 하나님의 계시임을 선포하는 말이다. 이로 인해 바로는 그 해석을 하나님의 말씀으로 들었고, 요셉을 하나님의 영이 내주하는 사람으로 믿게 되었다.

그의 이 같은 대답은 두 가지에서 중요한 의미를 가진다. 첫째, 이방신을 섬기는 바로 앞에서 하나님을 내세운 용기 있는 신앙이다. 하나님을 내세움으로 그는 왕으로부터 미움을 살 수 있었다. 그러나 그는 그것을 개의치 않았다. 사람을 두려워하지 않는 용기가 진정한 용기이다. 당시 바로는 태양신으로 추앙받는 존재이다. 이런 왕 앞에서도 굴하지 않고 당당하게 하나님을 앞세운 것은 놀라운 일이다. 하나님을 두려워하면 사람을 두려워하지 않게 된다. 그러나 우리가 하나님을 두려워하지 않게 되면 사람을 두려워하며 아쉬운 소리를 히게 된다. 하나님의 주권, 그분의 통치, 그의 나라를 믿으라. 신뢰하라.

둘째, 요셉의 하나님 중심 신앙이다. "내게 있는 것이 아니라 하나님"은 "답은 제가 하는 것이 아니라 하나님이 하십니다."는 뜻이다. 요셉은 "Not I but God"이라는 하나님 중심 신앙을 가지고 살았음을 보여 준다. 요셉은 하나님으로 시작하여 하나님으로 끝난다. 16절에서도 하나님이라 했고, 32절에서도 하나님이라 했다. 자기가 아니라 하나님이 하셨다는 것이다. 자기중심이 아니라 하나님 중심이다.

일반적으로 사람들은 자신을 높이고자 한다. 그러나 그는 자기를 낮추고 하나님을 내세웠다. 그리스도인은 그리스도에게 속한 자이다. 그리스도가 먼저이고 나는 아무것도 아니라(Jesus First, I am nothing)는 생각을 실천해야 한다. 어떤 이는 Christian을 Christ으로, -ian을 I am nothing으로 말하기도 한다. 그리스도인은 어떤 상황에서도 하나님을 인정하는 사람이 되어야 한다. 그리스도인은 어떤 상황에서도 선장은 내가 아니라 주님이심을 고백하는 사람이어야 한다.

바로는 자기가 꾼 꿈을 요셉에게 했다. 그리고 난 후 이렇게 결론을 내렸다. "내게 보이는 자가 없느니라." 애굽의 술객들도 풀 수 없는 꿈이었다는 말이다. '내게 보이는 자'는 '내게 말해 주는 자'이다. 바로가 이 꿈을 해석해 줄 수 있는 자를 절실하게 찾고 있다는 말이다.

2. 요셉의 꿈 해석(25 – 36절)

- 바로의 꿈은 하나로 하나님이 그 하실 일을 바로에게 보이심
- 일곱 암소나 일곱 이삭은 다 칠 년을 의미하며
- 하나님이 그 하실 일을 바로에게 보이심은 바로 애굽 온 땅에 일곱 해 풍년이 있은 후 일곱 해 흉년이 있어
- 그 흉년이 너무 심하여 이 땅이 기근으로 멸망됨을 뜻하며
- 꿈을 두 번 겹쳐 꿈은 하나님이 이 일을 정하사 속히 행하시리니
- 왕은 좋은 사람을 택하여 풍년 들 때 그 5분의 1을 거두어 흉년에 대비. 저장케 하면 흉년이 들어도 멸망치 않으리라

"바로의 꿈은 하나이라." 바로가 두 개의 꿈을 꾸었지만 그 꿈은 같은 것임을 말한다. 두 개의 꿈을 꾸게 하신 것은 하나님께서 이

일을 분명히 실시하시겠다는 결의를 보이신 것이다. 그 심각성을 절실하게 깨달으라는 말씀이다.

"하나님이 그 하실 일을 보이심이니이다." 25절에서도 '하나님이'라고 말한다. 바로 앞에서도 하나님에 대한 그의 시각은 고정되어 있다. 처음부터 끝까지 성실했다. 어디에 있든지, 어떤 처지에 있든지 삶의 진실성이 한결같았다. 하나님의 주권, 그분의 섭리를 믿었기 때문이다. '하나님이', 이 말은 하나님이 보이실 것임을 두 번째 강조하고 있다. 이것은 바로 왕과의 대화에서 요셉의 하나님 중심의 삶이 재차 강조되는 부분이다. 그는 하나님의 신비한 능력을 믿었다. 하나님의 비밀한 기적을 믿었다. 하나님을 전적으로 신뢰했다. 기적은 하나님의 전공이다. 하나님의 시선은 집요하게 우리를 향해 있다.

일곱 해 풍년과 일곱 해 흉년. 나일 강은 1년에 정기적으로 범람하기 때문에 오랜 흉년은 드문 일이다. 이스라엘의 경우 엘리야 시대 때 삼 년 반 동안 기근이 있었다. 애굽의 일곱 해 흉년은 이미 하나님이 계획하신 것이다.

"하나님이 이 일을 정하셨음이라." 요셉의 신앙은 여기서도 뚜렷하게 고백되고 있다. 이것은 이스라엘 종교가 원시종교에서 진화되었다는 주장에 대한 반박이 된다. 하나님이 정하신 일에 예비하는 자가 되라. 풍년에는 흉년을 대비하는 경영자, 기근(문제)에 대비하는 경영자. 깨어 있는 자가 되라. 당신이 속한 조직을 향한 하나님의 뜻이 있을 것이다.

요셉은 꿈만 해석한 것이 아니라 대안까지 제시했다. 대안은 실천할 수 있어야 하고, 개인적으로 충분히 할 수 있어야 하며, 구체적이어야 한다. 그 대안은 다음과 같다.

첫째, "명철하고 지혜 있는 사람을 택하여." 적재의 법칙이다. 능력 있는 국가경영자가 필요하다. 그가 갖추어야 할 것은 명철과 지혜다. 상황에 대한 예리한 통찰력과 판단력이 있어야 하고 그것을 실행할 수 있는 지혜가 있어야 한다.

둘째, "각 성에 적치하게 하소서." 적치의 법칙의 법칙이다.

셋째, "곡물을 저장하여 흉년을 예비하시면." 그는 풍년에 5분의 1, 곧 20%의 세금을 거두게 했다. 거둠의 법칙이다. 칠 년 흉년을 대비하기 위한 것이다. 좀 과도한 것 같지만 풍년인 경우 크게 문제가 되지 않았을 것이다. 세금을 높인 것은 낭비와 곡물가격의 하락을 막는 데 도움을 준다.

3. 총리대신으로 임명된 요셉(37 - 45절)

- 총리로 임명하는 바로, "이와 같이 하나님의 신이 감동한 사람을 어찌 얻을 수 있으리. 하나님이 이 모든 것을 네게 보이셨으니 너와 같이 지혜 있는 자가 없도다. 네가 애굽 온 땅을 총리하고 내 집을 치리하라 나는 너보다 높음이 보좌뿐이라" 하고
- 자기 인장 반지를 빼어 요셉에게 주고
- 세마포 옷을 입히고
- 금사슬을 목에 걸고
- 자기의 버금 수레에 태우니라
- 바로가 온 땅에서 네 허락 없이는 수족을 놀릴 자가 없으리라 하고
- 요셉의 이름을 사브낫바네아라 하고

- 온(On) 제사장 보디베라의 딸 아스낫을 아내로 삼게 하니라
- 요셉이 나가 애굽 온 땅을 순찰하니라

"하나님의 신이 감동한 사람을 우리가 어찌 얻을 수 있으리요." 꿈 해석을 들은 바로는 요셉을 '하나님의 신이 감동한 사람'이라 했다. 이 말은 '하나님의 영이 그 안에 내주하는 사람'이라는 뜻이다. 이것은 바로가 하나님을 인정했을 뿐 아니라 요셉까지 인정했음을 보여 준다. 요셉의 신앙은 왕마저 변화시켰다. 하나님의 신이 감동한 사람이 되라. 하나님이 기뻐하는 사람, 하나님의 원하시는 일을 하는 사람, 하나님의 사람이 되라.

"하나님이 네게 보이셨으니 너와 같이 명철하고 지혜 있는 자가 없도다." 요셉에 대한 바로의 최고의 감탄사이다. 우리도 세상 사람들로부터 '너와 같이'라는 말을 들을 수 있어야 한다. 명철도 지혜도 하나님이 주셔야 한다.

"너는 내 집을 치리하라." 바로는 흉년을 대비하는 계획의 성공 여부는 유능한 국가경영자에 있다고 보았다. 그리고 그 적임자로 요셉을 지목했다. 히브리인 종이 제2인자가 된 것이다.

"너로 온 애굽 땅을 총리하게 하노라." "총리하게 하노라"는 "총리로 세우노라."는 말이다. 그는 갑자기 총리가 되었다. 죄수의 신분에서 총리의 신분으로 수직상승한 것이다. 여기서 우리는 꿈 해석만 가지고 총리가 될 수 있을까 하는 의문을 가질 수 있다. 그러나 당시 바로 왕궁의 요직은 앞날을 예언하고 그 대책을 신에게 물어 결정하는 술사나 박수들로 임명되었다. 그렇기 때문에 이제 애굽 술사나 박수를 능가한 요셉은 그들 위에 당당히 설 수 있게 되었다. 이

모든 배경에는 요셉과 함께하신 하나님이 계셨기 때문이다. 요셉이 애굽을 다스리는 것이 아니라 하나님이 다스린다.

하나님은 요셉을 자신만 살리는 것이 아니라 온 땅을 살리게 하는 총리가 되게 하셨다. 요셉이 노예로 있을 때도, 감옥에 있을 때도, 왕궁에서도 여호와는 항상 그와 함께하셨다. 보디발과 전옥과 바로가 차례로 그 사실을 알게 되었다. 하나님은 요셉을 회복시키시고 계속해서 자신의 목적을 이루어 가셨다. 하나님의 이 같은 역사는 과거에만 국한되지 않는다. 지금도 계속된다. 하나님의 목적은 우리가 간파할 수 없을지라도 인간 역사를 통해서 성취해 가고 있다.

총리적 임명식이 거행된다. 왕이 인장반지를 끼워 주고, 세마포 옷을 입히며, 목에 금사슬을 걸어 주고, 왕과 같은 수레에 태워 왕이외에 모든 신하와 백성으로 하여금 그 앞에 엎드리게 한 것은 그 예식이 거행되었음을 나타낸다. 인장반지는 왕의 권위를 위임한 표시로 신하에게 주어진다. 세마포 옷은 궁중예복이다. 삼베로 만든 것으로 값비싼 옷으로 친다. 제사장도 이 옷을 입었다. 금사슬은 왕이 주는 상급의 일종이다. 왕과 요셉을 태운 수레가 지나갈 때마다 '엎드리라'는 소리가 났다. 그를 태운 수레는 바퀴가 둘 달린 고대의 전차이다. 요셉이 전차를 탄 것을 근거로, 학자들은 이 시대가 힉소스(Hyksos) 왕조의 통치를 받던 시대였다고 주장한다. 문헌에 따르면 힉소스 민족의 침입과 더불어 말과 전차가 애굽에 소개되었기 때문이다.

"네 허락이 없이는 수족을 놀릴 자가 없으리라." 요셉이 왕 다음의 최고 지도자로 세워졌음을 의미한다. 바로가 왕이기는 하지만 이제 요셉의 허락 없이 나랏일이 결정될 수 없게 되었다는 선포이다.

"요셉의 이름을 사브낫바네아라 하고 온 제사장 보디베라의 딸 아스낫을 주어 아내를 삼게 하니라 요셉이 나가 애굽 온 땅을 순찰하니." 외국인이 총리로 임명되었을 경우 애굽인의 반감이 있을 수 있다. 이 문제를 해결하기 위해 바로는 요셉의 이름을 애굽식으로 바꾸고, 애굽의 명문가문의 딸을 아내로 삼게 했다.

사브낫바네아는 정확히 알 수 없다. '세계의 구원', '생명의 풍성함', '생명을 말하는 신의 말씀', '비밀의 계시자', '신이 말하고 그가 산다' 등 다양하게 해석된다. 바로가 이 이름을 준 것은 요셉의 공식적인 지위를 부여하기 위한 왕권 행사로, 이 이름은 왕이 요셉에게 어떤 기대를 가지고 있는가를 보여 준다. 바로는 하나님의 종 요셉을 자신의 목적을 위해 사용하고자 했지만 하나님께서 자신의 나라와 구속의 경륜을 위해 요셉을 사용하고 있다는 것을 알지 못했다.

왕은 요셉의 지위를 견고하게 하기 위해 정치적 세력을 지닌 원로 제사장 보디베라의 딸로 하여금 요셉의 아내가 되게 했다. 보디베라는 온(On) 제사장이었다.

애굽에서 제사장은 사회적으로 높은 신분이다. 바로도 제사장의 직분을 맡았다. 따라서 제사장의 딸을 그에게 아내로 삼게 했다는 것은 그에게 새로운 직위에 상응하는 대우를 했다는 것을 의미한다.

보디베라는 '태양신 라(Ra)가 준 사람'이라는 뜻이다. 온은 카이로에서 동남쪽으로 16㎞에 위치해 있다. 헬라인들은 이곳을 헬리오폴리스(Heliopolis), 곧 태양의 도시라 불렀다. 이곳은 태양신 라 숭배의 중심지였다. 전설에 따르면 마리아와 요셉이 헤롯을 피해 아기 예수를 데리고 이곳에 머물렀다고 한다. 플라톤과 여러 철학자들도 이곳에 유학했다는 전설도 있다. 아스낫은 '그녀는 지혜와 무용의 여신 니쓰(Neith)에게 속해 있다'는 뜻이다.

요셉은 지혜로운 삶의 태도를 가지고 있었다. 왕이 요셉의 이름을 사브낫바네아로 바꾸고 애굽의 제사장 딸을 아내로 삼게 해도 그는 거부하지 않았다. 자기는 히브리인이므로 이름을 바꿀 수 없고 이방인과 결혼할 수도 없다며 고집 피우지 않았다. 그는 비록 히브리인이지만 애굽에 있는 만큼 그 문화에 순응했다. 아내를 얻었다는 것은 이제 가정적으로 안정되었음을 의미한다. 방황하던 그에게 하나님이 비로소 안정을 허락하신 것이다.

인간적으로 볼 때 그동안 요셉의 삶은 계속 내리막길이었다. 그러나 그는 고난 속에서도 낙담하지 않았다. 하나님이 함께하신다는 것을 믿고 순간순간 체험했다. 그 고난 속에서 그의 모난 성격, 왕자병도 고쳐졌다. 그의 인격과 신앙이 고난을 통해 연단되었고, 성숙에 이르게 되었다. 하나님은 그가 성숙되었을 때 애굽의 총리가 되게 하셨다. 하나님은 고난의 연단과 훈련을 시킨 다음 들어 쓰신다.

4. 꿈의 성취(46 – 57절)

- 요셉이 그때 나이 30
- 일곱 해 풍년에 소출이 심히 많아
- 저장한 곡식이 바다 모래같이 심히 많아 세기를 그쳤으니 그 수가 한이 없음이라
- 흉년이 들기 전 두 아들을 낳음
- 장자의 이름을 므낫세라 하였으니 하나님이 나로 나의 모든 고난

과 나의 아비의 온 집 일을 잊어버리게 하셨다 함이요
- 차자 이름을 에브라임이라 하였으니 하나님이 나로 나의 수고한 땅에서 창성하게 하셨다 함이었더라
- 일곱 해 풍년이 그치고 일곱 해 흉년이 들매
- 요셉이 창고를 열어 애굽 백성에게 팔새
- 각국 백성도 양식을 사려고 애굽으로 들어와 요셉에게 이르렀으니 기근이 온 세상에 심함이었더라

"요셉이 바로 앞에 설 때에 삼십 세라." 요셉이 십칠 세에 애굽으로 팔려 왔으니 13년 동안 노예생활을 한 셈이다. 바로 앞에 섰다는 것은 바로의 신하로 관직에 나갔음을 의미한다.

"요셉이 나가 애굽 온 땅을 순찰하니라." 현장경영을 하는 사람이 되라. 사무실에 앉아 있기보다 현장을 사랑하라. 현장은 하나님이 일하시는 곳이다. 그곳에서 하나님을 드러내라. 군림보다 사랑을 드러내고, 서로 관용하라. 그리하여 하나님의 꿈을 이루는 자가 되라.

칠 년 풍년이 이어졌다. "저장한 곡식이 심히 많아 세기를 그쳤으니" 풍성한 때의 소출이 너무 많아 계산을 할 수 없을 정도였다는 말이다.

요셉은 두 아들, 므낫세와 에브라임을 얻었다. 요셉이 두 아들을 얻은 것은 칠 년간 풍년이 들었던 때였다. 두 아들 이름에는 하나님께서 그에게 평안을 주셨음을 반영하고 있다.

므낫세는 '잊어버림'이라는 뜻을 가지고 있다. 하나님이 그간 그가 당한 고난을 잊게 만드셨다는 것이다. 하나님이 그를 축복하시므로 형제들에 대한 원한과 서러움, 지난날 이곳 애굽에서 당했던 억울함

을 모두 잊어버리게 하셨다는 말이다. 그 대신 구원을 위한 하나님의 뜻을 알게 하셨다. 그는 과거의 모든 고난이 자신의 유익과 가족의 궁극적인 구원을 위한 하나님의 뜻이었음을 깨달았다. 이것은 요셉이 말할 수 없는 고난 가운데 있었지만 그것을 다 잊어버릴 만큼 성숙해 있었음을 보여 준다. 하나님은 그 마음속에 가질 수 있는 모든 미움과 원망의 독을 뽑아내게 하셨다.

에브라임은 '창성(prosperity, success, victory)', '두 배의 결실'의 뜻을 가지고 있다. "열매가 풍성하다, 창대케 하셨다"는 것이다. 하나님은 그로 하여금 결실이 있는 삶을 살게 하셨다. 이것은 아들을 둘씩이나 둔 것에 대한 만족감, 그리고 그동안 부당하게 대우받았던 땅에서 그를 풍요롭게 하신 하나님의 놀라운 축복을 기리기 위해 붙인 것이다. 이것만 보아도 하나님께서 얼마나 그와 함께하셨는가를 보여 준다.

요셉은 모든 것을 잊고, 용서했을 때 하나님으로부터 축복을 받으리라는 것을 확신했다. 용서는 축복이 임하는 통로이다. 하나님은 요셉으로 하여금 수고한 땅에서 승리하게 하시고, 찬송하게 하셨다. 요셉은 형제들로부터 배신을 당했지만 하나님은 그를 높이 세우셨다.

"애굽 온 땅이 주리매 바로가 애굽 모든 백성에게 이르되 요셉에게 가서 그가 너희에게 이르는 대로 하라 하니라." "애굽 온 땅이 주리매"는 애굽 온 땅에도 기근이 찾아왔다는 말이다. 7년의 풍년 끝에 칠 년의 흉년이 시작된 것이다. 54절을 보면 그때만 해도 "각 국에는 기근이 있으나 애굽 온 땅에는 식물이 있으니"이다. 애굽의 기근은 다른 나라에 비해 늦게 찾아온 것임을 알 수 있다. 그러니 다른 나라의 형편은 어떠했을까 짐작이 간다. "요셉에게 가서 그가 이르는 대로 하라." 이것은 요셉에게 전권을 위임했음을 알 수 있다. 요셉에 대한 바로의 깊은 신뢰를 보라. 요셉은 하나님으로부터 얻은 명철과 지혜로 잘 해결해 나갔다. "요셉에게 가서 그가 너희에게 이르는 대로 하라"는 왕의 말은 마치 가나의 혼인 잔치에서 포도주가 떨어지자 마리아가 이른 말을 생각나게 한다. 요셉은 애굽을 위해 곡식을 준비했다. 국가경영자로서의 여유 있는 면모가 뚜렷하게 보인다.

"기근이 있으매 모든 창고를 열고 애굽 백성에게 팔새." 풍요로울 때는 매입과 비축 정책을 사용했지만 이제 매출 정책을 사용할 때가 되었다. 요셉은 온 지면에 기근이 번질 때까지 비축된 양곡을 풀지 않고 기다렸다. 비축량이 많아도 절약을 해야 했기 때문이다. 기근이 극도에 이르자 모든 창고를 열고 곡식을 팔았다. 곡식을 매출함으로써 백성은 기근을 해결하고, 국가는 부족한 세입을 충당할 수 있었다. 이 문제는 어찌 육신의 문제에만 해당될까. 우리도 영적 기근에 대비해야 한다.

요셉은 전무후무한 최고의 국가경영자가 되었다. 그는 14년간 애굽을 먹여 살렸다. 한 세대를 궁핍에서 자유롭게 하셨다. 하나님이 주신 경제적 통찰력을 가지고 전 세계에 영향을 주었다. '온 세상'은 '온 지구상에'이다. 온 지구가 기근이라 볼 수는 없다. 온 세상은 창세기를 기록한 저자가 알고 있는 당시 세계로 주변의 모든 지역, 곧 애굽을 포함한 근동과 지중해 지역을 가리키는 것으로 보인다. 주변 국가 모두에 기근이 있었다는 말이다. 각국 백성도 양식을 사려고 애굽으로 몰려들었다. 야곱의 식구들도 이 대열에 끼고, 이제 그들은 요셉을 보게 된다. 이 모든 것 속에 하나님의 오묘한 섭리가 있다.

1. 애굽에 가서 곡식을 사오게 한 야곱(1 - 5절)

- 때에 야곱이 애굽에 곡식이 있음을 보고 아들들에게 "너희는 어찌하여 서로 관망만 하느냐 내가 들은 즉 저 애굽에 곡식이 있다 하니 그리로 가서 우리를 위해 사오라 그리하면 우리가 살고 죽지 아니하리라"
- 요셉의 형 10인이 애굽에서 곡식을 사려고 내려갔으나
- 야곱이 베냐민을 보내지 아니하였으니 이는 재난이 그에게 미칠까 두렵다 함이었더라
- 이스라엘 아들들이 양식 사러 간 자 중에 있으니 가나안 땅에 기근이 있음이라

"너희는 어찌하여 관망만 하고 있느냐." 식구가 70여 명이 넘는데 책임질 생각하지 않고 무엇을 하고 있느냐는 말이다. 책임을 다하라는 말이다. 이것은 당시 기근이 얼마나 심각했는가를 보여 준다.

"내가 들은즉"은 애굽에서 곡식을 판다는 소문을 야곱이 들었다는 말이다. "우리를 위해 사오라 그리하면 우리가 살고 죽지 아니하리

라." 양식이 없으면 이제 다 죽을 것이고, 양식이 없다면 다 죽게 된다는 위기의식이 고조된 상태다. 야곱은 식구가 딸린 아들들에게 권리를 주장하기보다 먼저 책임을 다하라며 애굽에 가서 양식을 사 올것을 주문한다. 가장은 육적 굶주림뿐 아니라 영적 굶주림까지 책임질 줄 알아야 한다.

야곱의 아들들 열이 애굽을 향해 갔다. 그 그룹에는 베냐민이 끼어 있지 않았다. 요셉에 이어 베냐민까지 잃고 싶지 않았기 때문이다. 이것은 요셉이 죽은 후 야곱의 애정이 얼마나 베냐민에게 쏠려있었는가를 보여 준다. 형제들은 이 문제에 대해 불만을 할 수 있는 위치에 있지 않다. 요셉을 팔고 죽었다 거짓말하지 않았던가.

2. 형제들을 정탐꾼으로 몬 요셉(6 - 17절)

- 요셉이 총리로서 그 땅 모든 백성에게 팔더니 요셉의 형들이 와서 그 앞에서 땅에 엎드려 절하매
- 요셉이 형들인 줄 아나 모르는 체 하고 엄한 소리로 "너희가 어디서 왔느냐 너희는 정탐들이라 이 나라의 틈을 엿보려고 왔느니라"
- 그들이 이르되 "내 주여 아니니이다. 종들은 곡물을 사러 왔나이다. 우리는 다 한 사람의 아들로서 독실한 자니 종들은 정탐이 아니니이다. 우리들은 십이 형제로서 말째 아들은 오늘 아버지와 함께 있고 또 하나는 없어졌나이다."
- 요셉, "너희는 이같이 하여 너희 진실함을 증명할 것이니라. 너희 말째 아우가 여기 오지 아니하면 너희가 여기서 나가지 못하

리라. 너희 중 하나를 보내어 아우를 데려오게 하고 너희는 갇혀
있으라. 그리하지 아니하면 너희는 과연 정탐이니라."

- 그들을 다 함께 삼 일을 가두었더라

요셉은 총리로서 곡식판매에 깊은 관심을 가지고 있었다. 당시 대
기근으로 인해 이 일은 국사에서 중요한 자리를 차지하고 있었기 때
문이다. 가나안 사람들이 오는 것에 관심을 두었다. 그들 가운데 형
제들이 있을지도 모를 일이 아니던가. 아니 오히려 그 시간을 기다
렸을 것이다.

"요셉의 형들이 와서 그 앞에서 땅에 엎드려 절하매." 오래전 요
셉의 꿈대로 형제들이 그 앞에 절한다. 첫 번째 꿈의 성취이다. 이
로써 요셉은 마침내 형제들과 대면하게 된다.

"요셉이 보고 형들인 줄 아나 모르는 체하고." 요셉은 짐짓 모른
체했다. 그리고 엄한 소리로 말한다. 엄한 소리는 거칠게 했다는 뜻
이다. 낯선 사람으로 대하고 짐짓 거칠게 대했다는 말이다. "너희는
정탐들이라 이 나라의 틈을 엿보려고 왔느니라." 그의 거친 표현은
외국인, 특히 정탐꾼으로 의심되는 인물들에 대해서는 당연한 것이다.

그래도 형제들은 요셉을 알아보지 못했다. 헤어진 지 22년이 지났
고, 요셉이 이런 인물이 될 것이란 생각은 도저히 하지 못했을 것이다.

요셉은 형들에게 3번이나 정탐꾼이라 지적하였다. 일부 학자들은
3번이나 물은 것은 꿈, 채색 옷, 고자질 등을 고려한 것이라 하지만
그것보다는 부러 엄한 모습을 나타낸 것으로 판단된다. 요셉이 이
질문을 한 것은 과거 그들에 대해 꾼 꿈과 연관되어 있다. "요셉이
그들에 대하여 꾼 꿈을 생각하고 그들에게 이르되"라고 했기 때문이

다. 자신 앞에 조아린 형제들을 보며 자신이 꾸었던 옛 꿈이 생각나고, 꿈을 이루는 분은 하나님이심을 절실히 깨달았을 것이다.

그들을 정탐으로 본 것은 애굽의 감독자로서 당연한 일이었다. 그들에게 보복하려는 뜻이 있었거나 그들 앞에서 재고 싶은 뜻이 담긴 것은 아니다. 당시 애굽인들은 외국인들을 의심하는 경향이 있었다. 특히 나일 강 어구 삼각주로 접근한 외국인은 적으로 간주되었다. 따라서 형제들을 향한 그의 심문은 절차상 어쩔 수 없는 것이었다.

'틈'은 히브리어로 '에르봐'로 그 뜻은 '비밀'로 노출시키지 않아야 할 부분을 말한다. 국가기밀에 해당되는 것을 엿보러 온 것이 아니냐는 말이다. 이것은 애굽과 주변국 사이에 긴장관계가 있음을 보여 준다. 그들이 정탐꾼으로 몰릴 경우 곡식은 고사하고 생명이 위험하다. 요셉이 이들이 자기 형제들임을 알면서도 정탐으로 본 것은 아우 베냐민을 보고 싶고, 자기를 판 형제들이 얼마나 뉘우치고 있는가를 알고 싶었기 때문이다.

"우리는 다 한 사람의 아들로서 독실한 자니." 독실한 자는 히브리어 '케님'으로 의로운 자, 정직한 자들이라는 뜻을 가지고 있다. 요셉을 판 자들로 이 말을 할 자격은 없지만 나름대로 성실하게 살고 있는 사람들이라는 말이다.

"우리들은 십이 형제로서 말째 아들은 오늘 아버지와 함께 있고 또 하나는 없어졌나이다." '없어졌나이다'는 자기들의 옛 죄를 기억하고 있었음을 보여 준다. 그들로서는 기억해 내고 싶지 않은 것이지만 심정적으로 저지른 과거에서 놓이지 못했음을 본다. 그들은 자기 앞에 있는 총리가 요셉이라고는 꿈에도 생각지 못했을 것이다. 문제는 그 사건이 자신들의 죄와는 하등 상관없는 것처럼 말하고 있다는 점이다. 그들은 야곱 앞에서도 요셉 사건이 자신들과는 하등 상관이 없다는 듯이 말했다. 그런데 이 사건의 시종을 잘 알고 있는 요셉 앞에서도 천연덕스럽게 '없어졌다' 말했다. 이것은 형제들이 사건을 얼마나 왜곡시키고 있는가를 보여 준다. 그 왜곡을 요셉이 직접 듣게 된 것이다.

"그들을 다 함께 삼 일을 가두었더라." 3일을 가둔 것은 형들의 영적 상태에 문제가 있음을 파악하고, 그들로 하여금 깨달을 수 있는 기회를 주기 위함이리라.

3. 요셉의 제의와 요셉의 일로 괴로워하는 형제들(18 - 22절)

- 삼 일 만에 요셉이 그들에게 이르되
  "나는 하나님을 경외하노니 너희는 이같이 하여 생명을 보전하라 너희가 독실한 자이면 너희 형제 중 한 사람만 옥에 갇히게 하고 곡식을 가지고 가서 너희 집들의 주림을 구하고 말째 아우를 내게로 데리고 오라 그리하면 너희 말이 진실함이 되고 너희가 죽지 아니하리라. 바로의 생명으로 맹세하노라."
- 그들이 서로 말하되
  "우리가 아우의 일로 범죄 하였도다 그가 우리에게 애걸할 때에 그 마음의 괴로움을 보고도 듣지 아니하였으므로 이 괴로움이 우리에게 임하도다."
- 르우벤이 가로되

"내가 너희더러 그 아이에게 득죄하지 말라고 하지 아니하였더
냐. 그래도 듣지 아니하였느니라 그러므로 그의 피값을 내게 되
었도다."

"나는 하나님을 경외하노니 너희는 이같이 하여 생명을 보전하
라." 요셉은 자신이 하나님을 경외하는 사람임을 밝혔다. 이 하나님
은 '엘로힘'으로 그 형제들이 믿는 하나님과 같다는 것을 보여 준다.
이것은 형제들을 안심시키고 자기의 말을 듣도록 하기 위한 배려였
다. 애굽의 총리가 엘로힘을 언급했을 때 그들은 적지 아니 놀랐을
것이다. 그리고 찔림을 받았다. 이 찔림은 그들을 회개의 자리로 이
끌었다.

요셉이 제시한 것은 형제 중 한 사람을 볼모로 하고 아우 베냐민
을 데려와 자신들의 진실함을 증명하라는 것이었다. 그는 이것을
"바로의 생명으로 맹세하노라." 했다. 군주의 이름으로 맹세하는 것
은 신의 이름으로 맹세하는 것과 같다. "바로가 살아 있듯이 진실
로"라는 의미다. 이것은 요셉이 애굽의 공무수행자로 얼마나 충실했
는가를 보여 준다.

베냐민을 데려오라는 것은 요셉 자신이 자신의 혈육인 베냐민을
보고 싶은 것과 언젠가 아버지의 식구들을 모두 애굽으로 데려오고
싶은 계획도 포함되어 있었다(창45:5-7). 그러나 이 요구는 그 형제
들로 보아 사실상 불가능한 일에 해당한다. 아버지 야곱이 들을 리
없기 때문이다. 그러니 답답할 수밖에.

"그들이 서로 말하되 우리가 아우의 일로 인하여 범죄 하였도다
그가 우리에게 애걸할 때에 그 마음의 괴로움을 보고도 듣지 아니하

였으므로 이 괴로움이 우리에게 임하도다." 형들은 요셉의 일로 죄책감이 생겼다. 죄를 지었다 회개했다. 형제들은 당시 요셉이 형들에게 살려 달라, 팔아넘기지 말아 달라 얼마나 애걸했는가를 회상했다. 매몰차게 외면했던 일을 상기하며 이제 그 죗값을 받는다 생각했다. 형제들이 비로소 뉘우치기 시작한 것이다.

나아가 르우벤은 말한다. "내가 너희더러 그 아이에게 득죄하지 말라고 하지 아니하였더냐 그래도 듣지 아니하였느니라 그러므로 그의 피값을 내게 되었도다." 요셉은 맏형 르우벤이 말렸다는 사실도 알게 된다.

4. 시므온을 담보로 삼은 요셉(23 - 28절)

* 피차간에 통변을 세웠으므로 그들은 요셉이 그 말을 알아들을 줄을 알지 못해
* 요셉이 그들을 떠나 울고 다시 돌아와서 그들과 말하다가 시므온을 취하여 그들의 목전에서 결박하고
* 명하여 곡물을 그 그릇에 채우게 하고 각인의 돈은 그 자루에 도로 넣게 하고 또 길양식을 그들에게 주게 함
* 그들이 곡식을 나귀에 싣고 그곳을 떠났더니
* 한 사람이 객점에서 나귀에게 먹이를 주려고 자루를 풀어 본즉 그 돈이 자루 아구에 있는지라
* 그가 형제에게 고하되 "내 돈을 도로 넣었도다 보라 자루 속에 있도다."
* 이에 그들이 혼이 나서 떨며 서로 돌아보며 말하되 "하나님이 어

찌하여 우리에게 이 일을 행하셨는고"

　형제들이 이 말들을 할 때 그들은 요셉이 알아들으리라 생각지
못했다. 요셉이 그들 사이에 통역관을 두어 서로 모르는 것으로 철
저히 위장했기 때문이다. 그들의 말을 들은 요셉은 그들을 잠시 떠
나가서 울었다. "요셉이 그들을 떠나가서 울고" 요셉은 형제들이 어
느 정도 뉘우치는 것을 보고 격앙된 감정을 억누를 수 없어 자리를
떠나 대성통곡했다. 그는 세 번이나 통곡한 일이 있다. 이 사건이
첫 번째이고, 두 번째는 동생 베냐민을 만났을 때이며(창43:30), 세
번째는 베냐민과 아버지 야곱의 안전을 위해서 유다가 호소했을 때
(창44:18)이다.

　그리곤 평정을 찾고 돌아와 단호히 시므온을 그들 앞에서 결박했
다. 왜 시므온을 인질로 잡아 두려 했는지는 분명치 않다. 그러나
요셉이 팔려 갈 당시 가장 못되게 행동했던 형제가 시므온이 아니었
을까 추측되기도 한다. 형제들 앞에서 그를 결박함으로써 시므온뿐
아니라 다른 형제들에게도 깨닫도록 했을 것이다. 이제 베냐민을 데
려오지 않으면 안 된다는 결의를 보이고, 이 일을 신속히 추진하도
록 한 것이다.

　요셉은 형제들이 가져갈 양식을 채워 떠나게 했다. 그들이 길에서
필요할 양식까지 챙겨 주었다. 그리고 그들이 지불한 돈은 모두 각
자의 자루에 다시 넣어 주었다. 아버지와 형제들을 향한 그의 배려
였다. 형제들은 양식을 나귀에 싣고 떠났다. 나귀는 짐을 나르기도
하고, 타기도 하는 중요한 교통수단이었다.

　객점은 히브리어로 '말로'다. 밤을 지낼 수 있는 처소라는 뜻이다.

지금과 같이 시설이 갖추어진 숙소가 아니라 당시 지나가는 대상들이 잠시 쉬어 갈 수 있게 만든 간이 휴게소 정도이다. 중앙에 우물이 있는 뜰이 있고, 둘레에 방과 가축을 매는 곳이 있지만 편히 쉴 만한 침구는 갖추어 있지 않았다.

나귀에게 먹을 것을 주려고 자루를 풀다 돈이 자루에 있는 것을 발견했다. "그들이 혼이 나서 떨며." '혼이 나서'는 히브리어로 '야차리빱'으로 정신이 나갈 정도였음을 의미한다. 형제들은 이 일로 화가 자신들에게 미치지 않을까 두려워했다. "하나님이 어찌하여 우리에게 이 일을 행하셨는고." 형제들이 처음으로 시선을 하나님께 돌렸다. 죄의 중함을 깨달은 것이다. 죄를 지은 자는 남이 베푼 작은 친절에도 충격을 받는다.

5. 열 아들의 보고와 야곱의 탄식(29 - 38절)

- 가나안 땅에 들어와 야곱에게 이르러 그 만난 일을 고하여 가로되 "그 땅의 주가 우리를 정탐으로 여기고 너희 형제 중 하나를 내게 두고 말째 아우를 내게로 데려오라 그리하면 정탐이 아니요 독실한 자임을 내가 알고 너희 형제를 너희에게 돌리리니 너희가 이 나라에서 무역하리라 하더이다." 하고

- 각기 자루를 쏟고 본즉 각인의 돈뭉치가 그 자루 속에 있는지라 그들과 그 아비가 돈뭉치를 보고 다 두려워해

- 야곱, "너희가 나의 자식들을 잃게 하도다 요셉도 없어졌고 시므온도 없어졌거늘 베냐민을 또 빼앗아 가고자 하니 이는 다 나를

해롭게 함이로다."

- 르우벤이 아비에게 가로되, "내가 그를 아버지께로 데려오지 아니 하거든 나의 두 아들을 죽이소서. 그를 내 손에 맡기소서. 내가 그를 아버지께로 데리고 돌아오리이다."
- 야곱이 가로되 "내 아들은 너희와 함께 내려가지 못하리니 그의 형은 죽고 그만 남았음이라. 만일 너희 행하는 길에서 재난이 그 몸에 미치면 나의 흰머리로 슬피 음부로 내려가게 함이 되리라."

요셉의 형제들은 야곱을 만나 '그 땅의 주', 곧 애굽의 주인인 총리의 명령을 그대로 전했다. 그리고 시므온도 볼모로 잡혀 있음을 아뢰었다. "너희가 나의 자식들을 잃게 하도다 이는 다 나를 해롭게 함이로다." 시므온을 애굽에 놔 둔 채 돌아와서, 베냐민을 데려와야 한다는 말을 들었을 때 야곱의 가슴은 슬픔과 두려움에 짓눌렸다. 그는 이 모두는 자신을 해롭게 하는 것이라 결론을 내렸다. 이것은 믿음에 바탕을 둔 말은 아니었지만 어느 누구도 야곱을 비난할 수 없을 것이다. 요셉에 이어, 시므온, 그리고 이젠 베냐민이라니. 사태는 점차 절망적인 상황으로 끌고 가지 않는가. 그러니 하나님은 그의 생각과는 달리 지금 협력하여 선을 이루고 계신다. 야곱은 아직 이것을 깨닫지 못하고 있는 것이다. 하나님은 우리가 이것을 깨닫지 못하고 있다 할지라도 자신의 뜻을 자신의 계획대로 이루어 가심으로써 약속하신 언약을 지키신다. 하나님의 목적을 은혜롭게 이루어 가시는 것이다. 이에 비해 야곱의 모습은 우리의 한정된 시각으로 그때그때의 사실들을 판단한다는 것이 얼마나 어리석을 수 있는가를 깨닫게 한다.

르우벤은 이 명령을 어길 수 없음을 강조하고, 베냐민을 꼭 데리고 오겠다고 말한다. 실패할 경우 "나의 두 아들을 죽이소서."라고 말한다. 이것은 당시 가부장적 사회로 아버지가 자식의 생사여탈권을 갖고 있음을 보여 준다. 야곱이 그렇게 할 리 없고, 그들을 죽여서 분이 풀릴 리도 없다. 하지만 르우벤의 이 같은 행동은 사태가 그만큼 절박하다는 것을 보여 준다.

"내 아들은 너희와 함께 내려가지 못하리니." '내 아들'은 베냐민을 지칭하는 것으로 그에 대한 집착이 얼마나 컸는가를 보여 준다. "재난이 그 몸에 미치면 나의 흰머리로 슬피 음부로 내려가게 함이 되리라." 음부는 스올로, 히브리인들은 이곳을 죽은 사람의 영혼이 머무는 곳으로 여겼다. 베냐민이 어찌 된다면 자신은 슬피 울며 무덤으로 내려가게 될 것이라는 말이다. 흰머리는 노인을 뜻한다. 야곱 스스로 자신이 노인임을 인정하고 있다.

1. 베냐민을 데리고 떠나는 형제들(1 - 14절)

- 그 땅에 기근이 심하고 그들이 애굽에서 가져온 곡식을 다 먹음
- 그 아비가 그들에게 다시 가서 양식을 조금 사라 함
- 유다, "그 사람이 엄히 우리에게 경계하여 너희 아우가 너희와 함께하지 아니하면 내 얼굴을 보지 못하리라 하였으니 아우를 함께 보내지 않으시면 내려가지 아니하리라"
- 이스라엘, "너희가 어찌하여 아우가 있다 하여 나를 해롭게 하였느냐"
- "그 사람이 우리와 우리의 친족에 대해 자세히 힐문하여 너희 아버지가 살았느냐 너희에게 아우가 있느냐 하기로 그 말을 조조히 그에게 대답한 것이라. 그가 아우를 데려오라 우리가 어찌 알았으리이까"
- 유다, "저 아이를 나와 함께 보내소서. 그러면 우리와 아버지와 우리 어린것들이 다 살고 죽지 아니하리이다. 내가 그의 몸을 담보하오리니 내 손에 그를 물으소서. 내가 그를 아버지 앞에 두지 아니하면 내가 영원히 죄를 지리이다. 우리가 지체하지 아니하였

더면 벌써 두 번 갔다 왔으리이다."

- 이스라엘, "그러할진대 이렇게 하라 이 땅의 아름다운 소산을 그
릇에 담아 그 사람에게 예물을 삼을지니 유향 조금과 꿀 조금과
향품과 몰약과 비자와 파단행이라 돈을 배나 가지고 너희 자루
아구에 도로 넣어 온 그 돈을 다시 가지고 가라 혹 차착이 있었
을까 두렵도다 네 아우도 데리고 떠나 그 사람에게로 가라 전능
하신 하나님께서 너희에게 은혜를 베푸사 너희 다른 형제와 베냐
민을 돌려보내게 하시기를 원하노라 내가 자식을 잃게 되면 잃으
리로다."

"그 땅에 기근이 심하고." 기근은 더욱더 심해졌다. 그럼에도 불구
하고 애굽에서 가져온 곡식을 다 먹기까지 야곱은 어떤 결정도 내리
지 못했다. 그러나 양식이 점점 떨어져 가자 걱정이 되었다. 결국
다시 애굽에 가서 양식을 사 오도록 한다.

"다시 가서 양식을 조금 사라." '조금'에 대해서는 크게 두 가지
해석이 있다. 하나는 조금 사라 한 것은 필요한 만큼 사라는 관용적
표현이다. 꼭 돈이 조금밖에 없어서가 아니라는 주장이다. 다른 하나
는 '조금만 더'라는 것이다. 돈이 충분하지 않을 수도 있고 애굽이
외국인에게 파는 양을 제한했기 때문일 수도 있다는 주장이다.

"너희가 어찌하여 아우가 있다고 그 사람에게 고하여 나를 해롭게
하였느냐." 왜 아우가 있다고 말했느냐며 다른 아들을 탓한다. 이것
은 아직도 베냐민을 애지중지하는 모습을 보여 준다. 애굽에 다녀온
아들들은 애굽 총리가 식구들에 대해 세세하게 물었기 때문에 조조
(條條)히, 곧 조목조목 대답한 것이라 말한다. 요셉이 심문할 때 야
곱과 베냐민에 대한 근황을 알고 싶어 했음을 보여 준다. "나를 해

롭게 하느냐"는 '나를 괴롭히느냐'는 뜻이다.

유다가 야곱에 대한 설득에 적극 나선다. 그는 베냐민을 함께 보내 달라 말하면서 이제 양식이 떨어지면 '우리 어린것들이' 죽게 되었다고 말한다. 어린것들은 야곱의 손자손녀들이다. 베냐민을 붙드는 것은 이 어린것들을 죽이는 것이나 다름이 없다는 말이다.

"내가 담보하오리니." 유다 자신이 베냐민의 안전에 보증이 되겠다는 말이다. 이것은 르우벤의 제안보다 더 적극적이다. 창세기 44장에 나오는 은장발견 사건에서 왜 유다가 베냐민을 위해 적극 나서게 되었는가를 이해할 수 있는 실마리가 여기에 있다. 나아가 그는 "죄를 지리이다." 말한다. 베냐민을 데려오지 못할 경우 아버지가 내린 벌을 평생 받겠다는 말이다. 그리고 야곱이 이렇게 지체하지 않았다면 두 번은 더 갔다 왔을 것이라 말한다. 야곱에게 책임이 있다는 말이다.

야곱은 결국 허락하고 만다. 그리고 그 땅 아름다운 소산을 예물로 가져가라 말한다. 당시 예물은 정치적, 군사적, 종교적으로 자신의 상급자에게 나아갈 때 바치는 사회적 관습이었다. 그가 제시한 품목 가운데 유향은 유향수(乳香樹) 줄기나 열매에서 추출한 액으로 의약품으로 사용되었다. 길르앗 산을 최고로 쳤다. 꿀은 팔레스타인에서는 귀한 석청일 것이다. 벌꿀은 많지 않아 포도송이를 끓여 만든 당밀을 꿀 대신 사용하기도 했다. 몰약은 시스터스 장미 잎에서 추출한다. 화장품으로 사용하고, 통증을 덜기 위해 포도주에 섞어 마시기도 한다. 비자는 '바테님'으로 팔레스타인에서 나오는 피스타치오 나무 열매다. 지방질이 풍부하고 맛이 좋다. 그냥 먹기도 하고 과자를 만들어 먹기도 한다. 파단행은 편도(扁桃), 곧 살구나무를 말한다. 히브리어로 '샤케드'다. 파단행보다 감 복숭아로 읽는 것이 바람직하다.

야곱은 예물을 통해 애굽 총리의 환심을 사고자 했다. 이것은 사태가 불리한 자신이 사태를 보다 호전시키기 위해 인간적인 방법을 사용하고자 했음을 보여 준다. 이 일을 하나님께서 진행하고 계신데 그는 이 사실을 깨닫지 못하고 인간의 조작적인 방법을 동원하고자 한 것이다. 그는 사람을 다루는 방법에서 자신의 본질적인 성품이 무엇인가를 드러내고 있다.

야곱은 자루에서 발견한 돈도 다시 가져가고 양식 사 올 돈도 따로 가져가라 말한다. 차착(差錯)이 있을지 모른다는 생각에서다. 차착은 실수를 말한다. 그는 아들들을 탓하지도 않으면서 돌려줄 것을 부탁한다. 야곱의 양심적인 면을 볼 수 있다. 자식들에게도 교육이 되었을 것이다.

"전능하신 하나님께서 너희에게 은혜를 베푸사 너희 다른 형제와 베냐민을 돌려보내게 하시기를 원하노라 내가 자식을 잃으면 잃으리로다." 이것은 야곱으로서는 대단한 결심이자, 변화이다. 베냐민만 생각한 것이 아니라 잡혀 있는 다른 아들, 그리고 가나안의 식구 모두를 생각한 것이다. 형들은 이것을 보고, 지금까지 자식에 대한 차별행위를 해 온 아버지에 대한 감정이 달라졌을 것이다. 형들과 아버지의 관계가 회복된 것이다.

전능하신 하나님은 '엘 샤다이'로 막강한 능력을 가지신 하나님을 뜻한다. 이것은 하나님이 자신을 족장들에게 나타나실 때 특별히 사용하셨던 명칭이다. "잃으면 잃으리로다." 이 같은 표현은 에스더 4장 16절과 열왕기하 7장 4절에도 나타난다.

2. 요셉의 초대와 두려워하는 형제들(15 - 23절)

- 그 사람들이 예물을 취하고 갑절 돈을 가지고 베냐민을 데리고 애굽에 내려가서 요셉의 앞에 서니라
- 요셉이 베냐민이 그들과 함께 있음을 보고 그 청지기에게 이르되 "이 사람들을 집으로 인도해 들이고 짐승을 잡고 준비하라 이 사람들이 오정에 나와 함께 먹을 것이니라."
- 그 사람이 요셉의 명대로 요셉의 집으로 인도
- 인도되매 두려워하여 "전일 돈의 일로 우리가 끌려드도다. 우리를 억류하고 잡아 노예를 삼고 나귀를 빼앗으려 함이로다" 하고
- 청지기에게 나아가 "객점에 이르러 자루를 풀어 본즉 각인의 돈이 본수대로 있어 도로 가져왔고 양식 살 다른 돈도 가지고 왔나이다 돈을 우리 자루에 넣은 자가 누구인지 알지 못하나이다."
- 그가 이르되 "너희는 안심하라 두려워 말라 너희 아버지 하나님이 재물을 너희 자루에 넣어 너희에게 주신 것이니라 너희 돈은 이미 받았느니라" 하고
- 시므온을 그들에게 이끌어내고

보고 싶었던 베냐민이 건강한 모습으로 자신 앞에 서 있는 것을 보며 적지 아니 기뻤을 것이다. 베냐민에 대한 걱정도 덜었으리라. 요셉이 이내 자기 집 청지기에게 이 사람들을 자기 집으로 인도하고 식사 준비를 하도록 부탁한다. 청지기는 주인 대신 집안일을 도맡은 자로서 요셉도 한때 보디발의 청지기였다. 식사준비를 할 때 짐승을 잡도록 했다. 이에 대해 일부에서는 애굽 사람들이 신성하게 여기는 짐승이 많았기 때문에 과연 고기를 먹었을까 의문을 제기하도 한다.

그러나 여러 기념물을 통해 조사한 결과 애굽인들이 쇠고기와 오리 고기를 즐겼고, 외국인을 초대할 때 상당한 양의 고기를 올렸다는 것이 밝혀졌다.

형제들이 요셉의 집으로 인도되자 그들은 걱정이 앞섰다. 총리의 태도가 갑자기 바뀐 것은 무엇 때문인가. 혹시 돈 자루 일 때문에 자들을 노예로 삼으려는 것은 아닌가. 이런저런 걱정을 하며 청지기에게 이실직고한다.

"각인의 돈이 본수대로 도로 가져왔고." 당시는 주조화폐가 일반화되지 않은 때였다. 돈에 해당하는 '케세프'는 은을 뜻한다. 본수대로는 '그것의 무게대로', 곧 중량 그대로를 말한다. 그러므로 '돈이 본수대로'는 '은이 원래의 중량대로'이다. 그대로 가져왔다는 말이다.

그러나 청지기의 대답은 의외였다. "너희 하나님이 재물을 너희 자루에 넣어" 청지기는 자루 속에 있던 돈은 하나님이 주신 보물이라 말한다. 이것은 요셉의 청지기가 형제들의 신앙을 존중하고 있다는 말이다. 그것은 하사된 것이라는 의미다. 이미 받은 것이나 다름없으니 걱정하지 말라 한다. 청지기는 이미 그 사실을 알고 있었다. 요셉의 지시에 따라 행한 일이 아니던가. 그러나 그는 하나님이 그들에게 주신 것이라 했다. 이 모두 요셉의 배려에서 나온 것이지만 하나님의 섭리에 따른 것이라 믿은 것이다. 그러니 그가 말한 대로 하나님이 주신 것이 맞다. 청지기는 시므온도 데려왔다. 형제들의 걱정도 씻겨 갔다.

3. 요셉과 형제들의 재회(24 - 30절)

- 그들을 요셉의 집으로 인도하고 물을 주어 발을 씻게 하며 나귀에게 물을 주더라
- 예물을 정돈하고 요셉이 오정에 오기를 기다리더니
- 요셉이 오매 그들이 그 집으로 들어가 예물을 그에게 드리고 땅에 엎드리어 절하니
- 요셉이 그들의 안부를 물으며 "너희 아버지 너희가 말하던 그 노인이 안녕하시냐 지금까지 생존하셨느냐"
- 아비가 안녕하시고 지금까지 생존하였나이다 하고 머리 숙여 절함
- 요셉이 눈을 들어 자기 어머니의 아들, 자기 동생 베냐민을 보고 "너희가 내게 말하던 너희 작은 동생이냐. 소자여 하나님이 내게 은혜 베푸시기를 원하노라"
- 요셉이 아우로 인하여 마음이 다는 듯하므로 급히 울 곳을 찾아 안방으로 들어가서 울고.

청지기는 형제들에게 물을 주어 발을 씻게 하고 나귀에게도 물을 주었다. 중동에서는 찾아온 손님에게 발 씻을 물을 주거나 발을 씻어 주기도 한다. 정한 시간이 되자 요셉이 나타났다. 형제들 모두 바닥에 엎드려 그에게 절했다. 요셉의 꿈이 성취되는 두 번째 장면이다. 요셉은 하나님이 주신 꿈이 현실로 나타나는 것을 보며 놀랐을 것이다.

요셉은 여러 안부를 물은 다음 베냐민을 향해 너희들이 말하는 동생이냐 한 다음 "소자여 네게 하나님이 은혜 베푸시기를 원하노라." 한다. 복이 하나님으로부터 임하기를 바라는 말이다. '소자여'의

원말은 '빼니'로 '내 아들아'라는 뜻을 가지고 있다. 요셉이 아직 자신이 누구인지 밝히지 않은 상태이기 때문에 '소자여'로 번역한 것으로 보인다.

그가 하나님을 찾은 것은 그의 신앙이 어떠한가를 드러낸다. 이것은 지체가 높고, 권세를 가진 자임에도 불구하고 요셉은 그 지위로 인해 교만하지 않고 여전히 신앙적인 태도를 지켜 나갔고, 늘 하나님과 교제하며 살았음을 입증한다. 그의 영적인 감성이 아직도 민감하다는 것을 보여 준다. 감옥에 있을 때보다 더 많은 유혹에 노출되어 있음에도 불구하고 신앙으로 극복해 나가고 있다는 증거다.

"요셉이 아우를 인하여 마음이 타는 듯하므로 급히 울 곳을 찾아 안방으로 들어가서 울고." 급히 울 곳을 찾기 위해 들어가는 요셉의 모습은 위엄 있게 국사를 처리하는 모습 못지않게 인간적으로 아름답다. 총리지만 자제하는 것도 한계가 있음을 보여 준다. '타는 듯하므로'의 히브리어는 '니크메루'로 '더워지다'는 뜻을 가지고 있다.

4. 잔치를 베푼 요셉(31 - 34절)

- 얼굴을 씻고 나와서 그 정을 억제하고 음식을 차리라 하매
- 그들이 요셉에게 따로 하고 그 형제들에게 따로 하고 애굽 사람에게도 따로 하니 애굽 사람은 히브리 사람과 같이 먹으면 부정을 입음이었더라
- 그들이 요셉의 앞에 앉되 그 장유의 차서대로 앉히운 바 되니 그들이 서로 이상히 여겼더라

- 요셉이 자기 식물로 그들에게 주되 베냐민에게는 다른 사람보다 다섯 배나 주매 그들이 마시며 요셉과 함께 즐거워하였더라

'따로 하니.' 요셉은 애굽인이 외국인을 대할 때 준수해야 할 예법을 철저히 따랐다. 요셉이 따로 한 상을 받은 것은 고관으로서 다른 사람과 함께할 수 없었기 때문이다. 배식하는 애굽 사람도 따로 한 상을 받았다. '배급하는 애굽 사람'은 문자적으로 '그와 함께 먹는 애굽 사람'을 말한다. 이들은 하인이라기보다 초대된 애굽인을 가리킨다. 애굽인들이 히브리인들과 음식을 같이 먹을 경우 부정을 입음, 곧 자신들이 부정하게 된다는 이유에서다. 제의적이고 종교적인 때문이다. 애굽인들은 동물을 신성시했기 때문에 동물을 잡아먹는 히브리인들을 부정하게 보았다(창46:34;출8:26).

요셉은 형제들을 앉힐 때 장유 순서, 곧 나이 순서대로 앉게 했다. 이것을 보며 형제들은 놀라워했다. 어떻게 알까. 애굽 총리가 초능력을 가진 것 아닌가.

"요셉은 베냐민에게는 다른 사람보다 다섯 배나 주었고 그들이 마시며 요셉과 함께 슬거워하였더라." 베냐민에게 다섯 배를 주었다는 것은 아주 특별대우를 했다는 것이다. 그만큼 존귀하게 보았다는 것으로, 고대 스파르타 왕들은 두 배, 크레타 집정관은 네 배, 그리고 애굽 왕들은 다섯 배를 받았다. 이것은 이 양을 다 먹으라는 말이 아니라 관례상 다른 사람보다 존대한다는 의미다.

베냐민에게 다섯 배를 준 것은 형들을 시험하고자 하는 뜻도 있다. 그러나 형제들은 베냐민을 시기하지 않았다. 차등해도 시기하지 않는 것은 그들이 그만큼 달라졌음을 의미한다. 과거 같았으면 형들

의 심기가 편치 않았을 것이다. 그러나 어떤 내색도 하지 않고 함께 기뻐했다. 이곳이 어디 심통이나 부릴 자리던가. 마음의 상처가 회복되지 않으면 기쁜 일이 있어도 기쁘지 않다. 남의 기쁨이 나의 기쁨이 되지 않는다. 그리스도인은 상대방의 기쁨을 나의 기쁨으로 가질 수 있을 만큼 통 큰 마음을 소유해야 한다. 바울은 말한다. "즐거워하는 자와 함께 즐거워하라."

1. 형제들을 시험하는 요셉(1 - 13절)

- 요셉이 청지기에게 명하여 "양식을 각인의 자루에 채우고 돈을 그 자루에 넣고 또 내 잔 곧 은잔을 그 소년의 자루 아구에 넣고 그 양식 값 돈도 함께 넣으라" 하매 그 명령대로 하고
- 개동시(開東時) 사람들과 그 나귀를 보내니라
- 성에서 멀리 가기 전에 청지기에게 이르되 "그 사람들의 뒤를 따라 이르기를 너희가 어찌하여 악으로 선을 갚느냐 이것은 내 주인이 마시고 늘 점치는 데 쓰는 것이 아니냐 너희가 이같이 하니 악하도다 하라."
- 청지기가 그들에게 따라 미쳐 그대로 말하니
- 그들이 대답하되 "주여 어찌 이렇게 말씀하시나이까 이런 일은 결단코 아니하나이다. 우리가 어찌 주인의 집에서 은, 금을 도적질하리이까 종들 중 뉘게서 발견되거든 그는 죽을 것이요 우리는 주의 종이 되리이다."
- "그러면 너희 말과 같이 하리라 뉘게서 발견되면 그는 종이 될 것이요 너희에게는 책망이 없으리라."
- 각각 급히 자루를 땅에 내려놓고 푸니 그가 수탐하매 잔이 베냐민의 자루에서 발견된지라

• 그들이 옷을 찢고 각기 짐을 나귀에 싣고 성으로 돌아오니라

요셉은 자기 집의 청지기에게 각인의 자루에 양식을 채우고, 각 사람의 돈(은)을 그 자루에 넣고, 자신의 은잔을 베냐민의 자루에 넣도록 했다. 양식 값 돈도 함께 넣도록 했다. 청지기는 명령대로 수행했다.

요셉은 왜 이런 모략을 했을까? 일부에서는 요셉의 행위를 비난하기도 한다. 요셉이 자기 형제들을 속였을 때 형제들이 당황해하는 모습을 보고 은근히 즐겼을 것이라는 생각에서다. 그러나 이 일의 궁극적인 목적과 결과를 보면 그 자신 형제들에 대해 간직했던 사랑을 모두 쏟아 놓을 때를 준비하고 있었다 말할 수 있다. 요셉은 형제들 몰래 이 일을 진행시켜 형들이 아무 죄 없는 베냐민이 도둑누명을 쓰고 죽게 내버려 두는지 어떤지 보고 싶었다.

요셉이 이 같은 행동을 한 것은 형들을 나쁘게 몰아가 자신과의 관계를 악화시키려는 것보다 형들과의 관계를 회복하고 싶고, 그리고 형들의 내면세계가 회복되어 있는가를 확인하고 싶었기 때문이다. 그는 복수가 아니라 관계회복을 원했다. 요셉은 형들의 회개가 진실인지 알기 원했다. 진정한 회개는 자기가 죄인임을 인정하는 것이 필요하다.

개동시의 원문은 '그 아침 빛이'라는 것으로 '아침 동틀 무렵' 또는 '아침 동이 트자'를 말한다. 그들이 떠난 성이 어떤 성인지 정확히는 알 수 없다. 카이로에서 13마일 남쪽에 위치한 멤피스나 동부 델타지역의 조안으로 추정하고 있다.

형제들이 애굽을 떠날 때는 기쁜 마음으로 가득 찼을 것이다. 두

렵게 대했던 총리가 의외로 후하게 대접을 했고, 이젠 안전하게 돌아갈 수 있다는 안도감도 있었을 것이다. 그러나 이러한 안도감은 요셉의 청지기 일행이 당도하면서 달라졌다. 자신들을 대하는 청지기의 모습이 180도 달라졌기 때문이다.

은잔을 훔쳤을 경우 훔친 자는 죽임을 당할 뿐 아니라 그것을 방조한 자신들도 종이 되어도 좋다는 뜻을 밝힌다. 이것은 당시 도둑질이 얼마나 중벌로 다루어졌는가를 보여 준다. 도둑질한 당사자는 물론이고, 방조 내지 동조도 처벌 대상이었다. '우리 주의 종이 되리이다'의 원문은 '우리 역시 주인님의 종들이 되리이다.'이다. 요셉의 종이 되겠다는 것이다.

모두 자루를 내려놓았다. 그리고 자루를 조사하도록 했다. 그 사이에 긴장과 초조가 감돌았을 것이다. 청지기 일행의 태도가 너무 달랐기 때문이다.

조사는 나이 많은 형제의 자루부터 시작되었다. 그리고 나이 적은 자에게까지 내려갔다. 수탐은 철저히 조사하여 알아보는 것을 말한다. 조사는 막내에 이르러 끝마쳤다. 생각 밖에 자신들이 지불한 양식 대금이 다시금 자루 속에 그대로 있는 것에 놀랐을 것이다. 어떻게 다시 그런 일이. 베냐민의 자루에서 은잔이 발견될 때까지 형제들이 어떻게 행동하는지도 체크되었을 것이다.

요셉이 의도한 대로 은잔은 베냐민의 자루에서 발견되었다. 형제들이 받은 충격은 말할 수 없었다. 그 순간 형제들은 너 나 할 것 없이 옷을 찢었다. 옷을 찢는 것은 슬픔이나 낙담을 표시하는 상징적 행위다. 유대인들이 옷을 찢는 것은 죽음이 있거나 괴로움이 컸을 때, 그리고 깊은 회개를 할 때 보이는 행동이다.[5] "이것은 하나님께서 우리로 깨닫게 하려는 것임에 틀림없어." 옷을 찢은 형제들은 비통한 마음으로 베냐민과 함께 다시 애굽으로 발길을 돌렸다. 자신들의 운명이 바람 앞에 등불처럼 흔들리고 있음을 느꼈을 것이다. 그러나 이것은 역설적으로 요셉의 시험을 통과하는 서곡이 된다.

2. 요셉의 추궁과 위협(14 - 17절)

- 유다와 그 형제들이 요셉의 집에 이르니 요셉이 오히려 그곳에 있는지라 그 앞 땅에 엎드리니
- 요셉이 이르되 "너희가 어찌하여 이런 일을 행하였느냐 나 같은 사람이 점 잘 칠 줄을 너희가 알지 못하였느냐."
- 유다, "우리가 무슨 말을 하오리이까. 무슨 설명을 하오리이까. 어떻게 우리의 정직을 나타내리이까. 하나님이 종들의 죄악을 적발하셨으니 우리와 이 잔이 발견된 자가 다 내 주의 종이 되리이다."
- 요셉, "잔이 그 손에서 발견된 자만 나의 종이 되고 너희는 평안히 너희 아버지께로 도로 올라갈 것이니라."

유다와 그 형제들이 요셉의 관저로 돌아왔다. 여기서 유다의 이름이 먼저 나온 것은 베냐민에 관한 문제를 앞서서 처리했기 때문이다. 그는 야곱에게 자신이 이 문제에 대해 책임지겠다는 약속을 한

---

5) 신약시대에 유대인들은 하나님을 모독하는 말을 듣거나 그러한 행위를 보았을 때 옷을 찢곤 했다.

바 있다.

요셉은 관저를 떠나지 않고 형제들이 돌아오기를 기다렸다. 이미 계획된 일이 아니던가. 요셉이 '오히려' 그곳에 있다는 말은 아직도, 계속해서라는 뜻이다. 형제들은 착잡하고 두려운 심정으로 요셉 앞에 엎드렸다. 고개를 들 수 없었다. 이젠 죄인으로 취급될 것이 아닌가.

요셉은 엄히 꾸짖으며 배은망덕한 사람들이라 비난한다. 그리고 "나 같은 사람이 점 잘 칠 줄을 너희가 알지 못하였느냐." 말한다. 원문은 '그런 잔을 가지고 항상 점친다는 것을 알지 못하느냐'이다. 은잔은 국정을 살필 때 점치는 도구로 사용하는 것임을 밝힌다. 이처럼 중요한 도구를 훔쳐 갔다는 것은 국법으로 엄히 다스려야 할 중죄라는 것이다.

점은 이방인들의 행위이다. 성경을 보면 그들은 꿈, 희생물의 간, 화살, 동물의 행동, 드라빔, 책 등을 이용해 점을 쳤다. 여기서는 은잔으로 점을 쳤음을 보여 준다. 잔을 이용해 점을 칠 경우 대개 그 잔에 물을 담고 금이나 보석 조각을 넣고 기름을 붓는다. 이때 기품이나 줄무늬가 생기게 되는데 이것을 바탕으로 앞일을 예언한다. 어떤 점쟁이는 광선이 물의 표면에서 굴절하는 상태를 보아가며 예언을 하기도 한다.

함무라비 법전에 따르면 어떤 경우 도적질과 같은 사소한 범죄도 사형으로 다스렸다. 특히 왕궁의 것을 도적질하는 경우 중대한 범죄로 엄히 다스렸다. 따라서 요셉이 이 문제에 관해 이렇게 말하는 것은 결코 지나치지 않다.

요셉이 그들에게 한 말은 자신이 점을 잘 쳐 베냐민이 도둑질한 것을 잡을 수 있다는 말이 아니다. 하나님의 사람인 요셉이 점술 행위를 한다는 것이 이해가 되지 않을 것이다. 그러나 애굽은 이스라엘이 아니다. 이방의 중심이다. 따라서 애굽에서 은장을 이용한 점술이 행해졌을 가능성은 아주 높다. 다만 요셉이 신앙인으로서 은잔을 이용한 점술에 의존했는지에 대해서는 의문이 제기될 수 있다. 이에 대해 다음의 해석이 가능하다.

첫째, 형제들에게 자신의 신분을 감추고 자신을 완전한 애굽인으로서, 그리고 그 나라의 총리 행세를 하기 위해 부러 한 말이다. 형제들이 처음 곡식을 사러 왔을 때 정탐이라고 한 것은 진심이라기보다 겁주기 위해 부러 한 말이 아니던가. 따라서 이 말도 같은 맥락에 있다는 것이다. 둘째, 점술행위 그 자체보다 자신이 통찰력을 가지고 있음을 강조한 말이다. 이러한 해석은 요셉을 변호하는 것으로 하나님을 경외하는 요셉이 점술행위를 했다고 보지 않는 주장에 속한다.

형제들은 더 이상 할 말이 없었다. 설명을 한들, 자신들이 정직하다 말한들 통할 수 있을까. 있는 현실을 그저 받아들일 수밖에 없었다. "하나님이 종들의 죄악을 적발하셨으니" 적발이라는 단어가 여러 번 반복된다. 여기서 형들은 베냐민의 자루에서 잔이 나온 것을 놓고 베냐민을 탓하거나 그에게 책임 전가하지 않고, 과거 자기들이 요셉에게 지은 죄를 생각하며 자기들의 죄를 인정하였다. 그들은 하나님이 그렇게 적발하신 것으로 인정하였다. 이 회개를 통해 하나님과의 관계가 회복되었음을 보여 준다.

형제들은 요셉을 향해 "우리와 이 잔이 발견된 자가 다 내 주의 종이 되리이다." 선언한다. 이 말 뒤에 얼마나 깊은 절망감이 배어 있었을까. 그러나 요셉은 "잔이 그 손에서 발견된 자만 나의 종이 되고 너희는 평안히 너희 아버지께로 도로 올라갈 것이니라." 말한다. 베냐민을 제외한 다른 형제들의 귀향은 보장하겠다는 말이다. 이것은 형제들의 반응을 보고 싶은 뜻이 담겨 있다. 그러나 형제들로서는 베냐민을 놔두고 고향으로 돌아간다는 것은 생각도 할 수 없는 일이었다. 그러면 아버지 야곱은 어찌 되겠는가.

3. 베냐민을 위해 간절히 호소하는 유다(18 - 34절)

- 유다가 그에게 가까이 가서 가로되 "내 주여 종으로 한 말씀을 고하게 하소서 주는 바로와 같으심이니이다
- 내 주께서 아비가 있느냐 아우기 있느냐 하시기에 그 노년에 얻은 아들 소년이 있으니 그의 형은 죽고 그 어미의 끼친 것은 그 뿐이므로 그 아비가 그를 사랑하나이다 하였더니
- 나로 그를 목도하게 하라 말째 아우가 함께 내려오지 아니하면 너희가 다시 내 얼굴을 보지 못하리라 하시기로 아비에게 고하였나이다
- 그 후 아비가 다시 가서 곡물을 조금 사오라 하시기로 아우가 우리와 함께 함이 아니면 그 사람의 얼굴을 볼 수 없음이나이다.
- 아비가 이르되 하나는 정녕 찢겨 죽었다 하고 내가 지금까지 그를 보지 못하거늘 이도 내게서 취하여 가려 한 즉 만일 재해가 그 몸에 미치면 나의 흰머리로 슬피 음부로 내려가게 하리라 하니
- 아비의 생명과 아이의 생명이 서로 결탁되었거늘 아이가 우리와 함께하지 아니하면 아비가 아이의 없음을 보고 죽으리니

- 이같이 되면 아비의 흰머리로 슬피 음부로 내려가게 함이니이다
- 주의 종이 아비에게 아이를 담보하기를 이를 아버지께로 데리고 돌아오지 아니하면 영영히 아버지께 죄를 지리이다 하였사오니
- 청컨대 주의 종으로 아이를 대신하여 주의 종이 되게 하시고 아이는 형제와 함께 도로 올려 보내소서
- 내가 어찌 아이와 함께 아니하고 아비에게로 올라갈 수 있으리이까 두렵건대 재해가 내 아비에게 미침을 보리이다."

객관적인 증거물이 드러났기 때문에 혐의를 부인할 수도 없다. 유다는 총리에게 다가갔다. 유다는 자신들이 무죄를 호소하지 않았다. 다만 총리로부터 은총을 입고 싶었다. 아버지 야곱을 위한 유다의 태도는 솔직하고 정직하며 감동적이다. 그의 감동적인 호소 이면에는 과거의 죄에 대한 속죄의식과, 가능한 한 연로한 부친이 더 이상 말년을 우울하게 보내지 않게 하려는 마음이 컸던 것으로 보인다. 유다는 이러한 뜻에서 간절한 심정으로 총리의 잔이 발견된 자루를 소유하고 있었던 베냐민을 자기가 대신할 수 있도록 간청했다. 유다는 이 극한상황에서도 차분하게, 그리고 논리적으로 왜 총리의 은총이 필요한가를 역설했다.

"바로와 같으심이니이다."는 아첨의 말로 들릴 수 있다. 그러나 이 말은 아첨이라기보다 신의 대행자와 같은 귀한 당신이 자신들처럼 천한 인간들을 향한 노염을 푸시라는 의미가 강하다. 당시 바로는 한 나라의 군주로만 인식된 것이 아니라 신의 대행자 또는 신처럼 숭상되었다. 그런 위엄을 요셉도 가지고 있다고 본 것은 그들이 요셉의 위세에 크게 압도되었음을 보여 준다. 지금 유다는 요셉을 깍

듯이 존대하고 있다.

유다는 그간의 자초지종을 설명한다. "나로 그를 목도하게 하라."는 것은 과거 요셉의 말로 원문은 '내 눈을 그의 위에'이다. 자신의 눈으로 베냐민을 보겠다는 말이다. "찢겨 죽었다 하고"는 요셉이 어떻게 죽었는가에 대한 묘사로 그 아들에 대한 비통함을 드러내는 부분이다. "아비의 생명과 아이의 생명이 서로 결탁되었거늘"의 원뜻은 '아버지의 영혼 속에 아이의 영혼이 묶여 있거늘'이다. 야곱와 베냐민의 생명적 관계와 유대가 끊을 수 없는 것임을 나타낸다. 아버지의 생사가 베냐민의 생사와 직결된다는 것이다. '주의 종 우리 아비에게 돌아갈 때'의 주는 '아도나이'다. 아도나이는 하나님과 인간에게 적용된다. 여기서는 인간에게 적용된 것으로 주인이라는 뜻이다. 자기 아버지를 총리의 종으로 낮춰 부르고 있다. 32절에서도 유다는 총리에게 자신을 '주의 종'이라 표현하였다. '슬피 음부로'는 슬퍼하며 무덤으로 내려갈 것을 말한다. 이 같은 유다의 호소는 베냐민까지 잃는다면 죽을 수밖에 없다는 야곱의 호소를 잘 기억하고 있기 때문이다.

유다는 자신이 베냐민을 데려오기로 담보했다고 말한다. 담보는 다짐했다는 것으로, 자신이 베냐민을 데려오기로 아버지에게 다짐했다는 것이다. 그리곤 감동적인 선언을 한다. "청컨대 주의 종으로 아이를 대신하여 있어서 주의 종이 되게 하시고 아이는 형제와 함께 도로 올려 보내소서." 33절의 이 말은 창세기 44장에서 가장 하이라이트가 되는 부분이다. 요셉을 팔 때 주모자였던 유다가 지금 베냐민 대신 인질이 되고자 한다.

베냐민이 위기에 처하자 유다가 적극 나서서 보호하고 있다. 심지어 유다는 자신이 그 대신 종이 되겠다고 자청하고 있다. 종이 되겠다는 것은 베냐민을 위해 기꺼이 고통을 받겠다는 것이다. 얼마나 달라진 모습인가. 이 모습을 보며 요셉은 유다를 달리 생각했을 것이다. 베냐민의 생명을 대신하려는 유다의 간청은 오래전 자신을 판 그의 책임을 벌충하는 데 도움이 되었을 것이다. 나아가 유다의 행위는 죄악의 짐을 대신 지신 예수님의 모형을 보여 준다. 이 때문에 그가 요셉을 제치고 그리스도의 조상이 되었을 가능성이 높다.

이 사건은 과거 요셉을 시기하고 미워했던 형들이 아님을 보여 준다. 형들이 변했다. 우리 모두가 종이 되겠다 하고, 유다는 자신이 대신 종이 되겠다고 한다. 요셉은 형들에 대한 인격시험을 했다. 그 시험을 통해 요셉은 형들이 과거 서로 미워하고 질투하는 사람들이 아니라 서로 사랑하고 보호하려는 사람들로 변화된 것을 느끼게 되었다. 그들 속에서 먼저 희생하려는 모습을 발견했고 성숙함과 변화를 읽게 되었다. 그들은 요셉의 시험을 통해 오히려 큰 은혜를 체험하고 변화되었다. 이 사건의 뒤에는 하나님이 계신다. 하나님이 이 사건을 주도하고 그들을 크게 변화시키셨다. 하나님은 이 변화된 가정을 통해 구약교회의 기초로 삼으셨다. 하나님은 언제나 우리를 고치신다. 우리도 지금 하나님 안에서 '공사 중'이다.

"두렵건대 재해가 내 아비에게 미침을 보리이다." 아버지의 고통이 자신에게 이입되었다. 형들이 아비의 심정으로 돌아가, 아비의 고통을 진정으로 이해하게 된 것이다. 요셉이 고난 가운데 있을 때 그의 가족도 슬픔과 고난 속에 있었다. 아버지 야곱은 사랑하는 아들을 잃은 슬픔 가운데 살았다. 형제들도 양심의 가책과 죄책감을 느끼며 살아야 했다. 한때 미운 감정을 억누르지 못하고 요셉을 팔아넘긴 뒤 형제들은 일생 죄책감에 시달려야 했다. 요셉의 사건은 야곱뿐 아니라 식구 모두에게 아픔이 되었다. 이제 베냐민까지 문제가 된다면 그것은 참담한 결과를 낳는다. 아비가 당할 고통을 생각하면 가슴이 미어진다. 이것은 자기들만 생각하던 형제들이 다른 형제는 물론 아비의 마음까지 배려하는 인물들로 변화되었음을 보여 준다.

1. 자신이 요셉임을 밝힌 총리(1 - 15절)

- 요셉이 그 정을 억제하지 못하여 모든 사람을 소리 질러 물러가게 한 뒤 형제들에게 자기가 요셉임을 밝힘
- 자기를 알릴 때 그와 함께 한 자가 없었음
- 요셉이 방성대곡하니 애굽 사람에게 들리며 바로의 궁중에 들리더라
- 요셉이 그 형들에게 "당신들이 나를 이곳에 판 것을 근심하지 마소서. 하나님이 큰 구원으로 당신의 생명을 보존하고 후손을 세상에 두시려고 나를 당신들 앞서 보내셨나니 보낸 자는 당신들이 아니요 하나님이시라
- 하나님이 나로 바로의 아비를 삼으시고 그 집의 주를 삼으시며 애굽 온 땅의 치리자로 삼으셨나이다.
- 내게로 지체 말고 내려 오사 고센 땅에 있어서 나와 가깝게 하소서
- 이제 흉년이 5년간 남았으니 아버지의 자속을 고센 땅에 데려오면 내가 아버지를 거기서 봉양하리이다" 하고
- 베냐민의 목을 안고 우니 베냐민도 요셉의 목을 안고 우니라

- 요셉이 또 형들과 입 맞추며 안고 우니 형들이 그제야 요셉과 말하더라

유다의 탄원은 요셉의 마음을 완전히 사로잡았다. 그동안 요셉은 여러 상황을 만들어 그들을 시험했다. 이 과정을 통해 요셉은 형제들이 자기의 죄를 회개하고, 형제들을 배려하며, 나이 든 아비를 걱정하는 사람들임을 알게 되었다. 이러한 모습은 과거에 볼 수 없었던 일이다. 역기능 가정으로만 알았는데 이젠 완전히 변화된 것이다. 이런 모습에 요셉은 자신을 밝히기에 주저하지 않았다.

"요셉이 시종하는 자들 앞에서 그 정을 억제하지 못하여 모든 사람을 자기에게서 물러가라 하고 그 형제에게 자기를 알리니 때에 그와 함께 한 자가 없었더라." 억제할 수 없는 정으로 형제를 용납하고 사랑하고 품어 주었음을 보여 준다. 시종하는 자들을 자리에서 물러가라 한 것은 형들을 배려한 것이다. "요셉이 방성대곡하니 바로의 궁중에 들리더라." 깊은 회한과 기쁨과 감격이 서린 눈물이다.

"나는 요셉이라 내 아버지께서 아직 살아계시니이까." 요셉은 지금까지 히브리어를 할 수 있는 사람을 통역으로 세워 말해 왔지만 시종들을 물린 뒤 자기의 언어로 이야기했다. 첫마디가 자기는 요셉이라는 사실이었다. 그다음 아버지의 안부를 물었다. 이것은 그의 효성이 어떠한가를 보여 준다. 그는 먼저 형들의 죄악을 따질 수 있었지만 그러지 않았다.

"당신들의 아우 요셉이니." 아우는 요셉과 형제들 사이의 관계가 친밀하다는 것을 보여 준다. 요셉은 형제들을 여러 차례 시험한 결과 형제들에 대해 친밀감을 느꼈다. 이것은 이미 자신은 형들을 용

서했음을 드러낸다.

"이곳에 팔았으므로 근심하지 마소서." 당신이 요셉이라면 이때 형들에게 어떻게 나왔을까? 일반적으로 다음과 같은 설정이 가능하다. 첫째, 복수적인 태도이다. "당신들이 나를 노예로 팔았지요? 어떻게 되나 봅시다. 가만히 두지 않을 것이오." 둘째, 과시적인 태도이다. "내가 누군지 아시오. 이 나라의 둘째 인물이요. 자 내 얼굴을 똑똑히 보시오." 셋째, 지시적인 태도이다. "앞으로 내 말에 따르시오." 요셉은 이 모든 인간적인 태도를 버리고 형제들을 포용하였다. 오히려 그 일로 근심하거나 한탄하지 않도록 요청했다. 애굽으로 팔려 갔을 때 요셉은 형들에 대한 분노와 복수심으로 가득 차 있었을 것이다. 그러나 여기에서는 분노나 복수심을 찾아볼 수 없다. 그만큼 요셉도 달라져 있었다. 어떤 상처도 담을 수 있는 믿음의 큰 그릇이 되어 있었다. 우리도 요셉처럼 믿음의 용량을 키워야 하지 않을까.

성경은 요셉이 총리가 되고서 거만했다는 표현이 없다. 그는 권력을 가졌지만 겸손했다. 권력으로 무고하게 옥살이 시킨 보디발의 아내에 대해 보복하지도 않았고, 자기를 팔아넘긴 그의 형제들에게도 앙갚음하지 않았다. 그는 마음에 쓴 뿌리를 갖지 않았고, 최선을 다했으며, 적극적으로 살았다.

"내게로 가까이 오소서." 요셉은 예수님의 모형이다. "내게 가까이 오소서"라는 말은 마치 예수님이 우리를 부르시는 느낌을 준다. 형들이 총리대신 가족 일원이 되는 것처럼 우리도 하나님의 자녀가 된다.

"하나님이 생명을 구원하시려고 나를 당신들 앞서 보내셨나이다." 하나님이 이 모든 일을 계획하고 이끌어 오셨으므로 형들에게 앙갚음을 하지 않겠다는 것을 분명히 밝힌 것이다. 요셉이 세 차례나 확언을 했음(5,7,8절)에도 형들은 양심의 가책 때문에 이를 쉽게 받아들이지 못했다. 이 절들에서 반복적으로 나타나는 요셉의 이 말은 매우 의미 있고 중요하다. 창세기에서 하나님의 섭리를 가장 구체적으로 나타낸 대표적인 말씀이기 때문이다. 이것은 하나님이 형제들의 경솔하고 잔인한 행위를 통해서도 자신의 목적을 이루셨음을 보여 준다.

요셉이 형제들에게 자기를 밝히는 과정에서 가장 중요한 것은 자신의 운명이 하나님의 수중에 있었다는 사실을 고백한 것이다. "나를 이리로 보낸 자는 당신들이 아니요 하나님이시라." 다른 것들을 무시하고 하나님만을 높이는 그의 태도에서 요셉의 위대성을 찾아볼 수 있다. 요셉이 자기 형들이 자기를 노예로 팔았던 것을 잊어버리고 또 용서할 수 있었던 것도 바로 이 때문이다. 이러한 생각은 갑자기 튀어나온 것이 아니라 하나님과 늘 교제하는 생활을 할 때만 가능하다.

요셉이 이같이 관용적 태도를 보일 수 있는 힘은 하나님을 바라보는 신앙을 가졌기 때문이다. 요셉은 "하나님이 나를 당신들 앞서 보내셨다"고 말함으로써 문제를 감정적으로 해결하지 않고 신앙적인 눈으로 풀어 나갔다. 하나님이 식구들을 구원하시려고 자신을 먼저 애굽으로 보내게 하셨다는 것이다. 이 모든 일은 하나님의 예정과 섭리 가운데 이루어졌다는 것이다. 형들은 요셉의 꿈이 이뤄지지 않도록 훼방을 놓았다. 그러나 하나님은 정하신 뜻을 이루셨다.

요셉은 하나님의 섭리와 인도를 믿었다. 여기서 우리는 섭리의 경이로움을 보게 된다. 섭리는 환란 속에 위로를 주신다. 섭리는 혼란 속에 안정을 주신다. 섭리는 우리를 현재에 충실하게 만든다. 우리의 인생도 하나님의 섭리 아래 있다. 하나님은 우리를 사랑하시고, 우리를 향한 놀라운 계획을 가지고 계신다. 섭리는 요셉에 대한 하나님의 계획, 인도, 돌보심, 보존, 통치를 말한다.

"하나님이 나를 당신들 앞서 보내셨나이다."는 요셉의 말은 이제 형제들도 하나님의 구원을 맛보게 될 것임을 예고한다. 이제 식구 모두가 미움의 대상이 아니라 하나님의 구원의 대상이 된 것이다. 하나님을 향한 이러한 신앙이 야곱의 후손을 통해 예수님이 오게 되는 토대가 마련되었다.

신앙적으로 생각하면 모든 갈등이 해소된다. 그때야 비로소 주 안에서 화목한 가정을 이룰 수 있다. 하나님을 사랑하는 사람은 하나님의 사랑을 깨닫는다. 그 사랑을 깨달으면 다른 사람에 대한 미움, 원망, 갈등도 다 극복할 수 있다.

"당신들의 후손을 세상에 두시려고." 후손은 단순히 육체적 후손이 아니라 하나님의 구속 언약을 구체적으로 실현할 약속의 자녀를 말한다. NIV에서는 남은 자라 했다. 요셉이 형제들을 남은 자로 칭한 것은 그들이 큰 민족을 이루기 위해 생존하고 있다는 확신 때문이다.

"나로 바로의 아비를 삼으시며 그 온 집의 주를 삼으시며 애굽 온 땅의 치리자로 삼으셨나이다." '나로 바로의 아비를 삼으시며'는 '나로 바로의 아버지로 삼으시며'이다. 여기서 아버지는 육신의 아버지를 가리키는 말이 아니라 고문, 선생, 보살피는 자, 상담자를 의미한다. 국사의 고문으로 활약하고 있다는 것이다. '그 온 집의 주'에서 주는 주인을 뜻한다. 바로 왕궁 관리를 총괄하는 자리에 있다는 말이다. 나아가 하나님은 그를 애굽 온 땅을 다스리는 총리에 이르게 하셨다.

'아버지의 아들 요셉.' 애굽의 총리가 된 요셉이 성공한 뒤에도 자신을 아버지의 아들이라 한 것은 가난하고 초라한 모습의 아버지를 무시하지 않고 아버지를 높이고 자신을 낮추는 효성의 모습을 읽게 한다. '어머니의 아들'이라 하지 않은 것은 어머니 라헬은 이미 돌아가셨기 때문이다. 요셉은 나중에 아버지를 모시고 바로 앞에 서게 하는 영광을 갖게 하였다. 야곱은 그 자리에서 바로를 축복하였다.

야곱의 가문은 효자가문이다. 이삭이 아버지 아브라함에게 자신을 제물로 드릴 만큼 순종적이었고, 요셉은 아버지 야곱에게 효성을 다했다. 그 가문을 이은 예수님은 죽기까지 아버지 하나님께 순종하셨다. 야곱의 가문은 효도의 산 거울이다.

"지체 말고 내려오사." 속히 올라가 지체 말고 내려오라는 것은 아버지를 빨리 모시고 오도록 촉구하는 모습이다.

"고센 땅에 있어서 나와 가깝게 하소서." 그는 넘은 가족을 고센 땅으로 모실 생각을 한다. 지금까지 보지 못했던 가족들이다. 그들 모두에 대한 관심과 사랑의 표현이다. 감정이 아니라 신앙적 자세를 가질 때 갈등은 해소되고, 용서와 화해가 자리하게 된다. 이것은 요셉의 가정이 더 이상 역기능적 가정이 아니라 기능적 가정으로 변하고 있음을 보여 준다.

고센 땅은 나일 강 하류로 목초지를 갖춘 비옥하고 아름다운 땅이다. 목축업을 하는 야곱의 식구들에게는 아주 적합한 지역이다. 목축을 가증이 여기는 애굽 사람들과도 떨어져 있을 수 있는 곳이다. 고센 땅은 자기가 가까이 갈 수 있는 곳이었다. 식구들을 초청해놓고 자주 볼 수 없는 지역에 둔다면 효도라 할 수 없다.

"흉년이 아직 다섯 해가 있으니." 예정된 7년 흉년에 2년이 지났다. 아직 5년이 남았다. 고난의 행군이 더 계속될 것을 의미한다.

"내가 거기서 아버지를 봉양하리이다." 아버지는 물론 모든 식솔들에 대한 사랑을 표시하고 있다. 자기만 영광을 누리는 것이 아니라 가족과 식솔들에 대한 사랑과 배려로 확대되고 있다. 관심과 배려가 가정을 사랑으로 묶어 놓고 있다. 그들이 결핍한 상태에 처하지 않을까 염려하는 모습이 아름답다.

"당신들에게 이 말을 하는 것은 내 입이라." 지금 이 같은 말을 하고 있는 것은 꿈이 아니라 분명히 요셉의 입이라고 말한다. 아직도 믿지 못해 하는 형제들에게 자기가 분명히 살아서 말하고 있을 뿐 아니라 식구들을 애굽으로 모셔오겠다는 자신의 계획도 현실이라는 것이다. "당신들의 눈과 내 아우 베냐민의 눈이 보는 바"는 이 사실을 더 극화하고 있다.

요셉은 "나의 애굽에서의 영화와 당신들의 본 모든 것을 다 아버지께 고하고 속히 모시고 내려오소서" 부탁한다. 이것은 요셉이 자신을 자랑하기 위한 말이 아니다. 가족을 부양할 만한 위치에 있다는 것을 확신시켜 주는 말이다. 빈말로 하는 것이 아니라 참임을 아버지로 알게 하라는 것이다.

그 뒤 요셉은 베냐민의 목을 안고 울었다. 베냐민도 요셉의 목을 안고 울었다. 나아가 요셉은 형들과 입 맞추며 안고 울었다. 입맞춤은 애정이나 존경을 나타낸다. 형들도 그제야 마음을 풀고 요셉과 말하기 시작했다.

2. 야곱 가속을 초청한 바로(16 – 24절)

- 요셉의 형들이 왔다는 소문이 바로의 궁에 들리매 바로와 그 신복이 기뻐하고
- 바로는 요셉에게 이르되 네 형들에게 명하기를 "아비와 그 가속을 이끌고 내게로 오라 내가 너희에게 애굽 땅 아름다운 것을 주리니 너희가 나라의 기름진 것을 먹으리라
- 애굽 땅에서 수레를 가져다가 너희 자녀와 아내를 태우고 너희 아비를 데려오라
- 너희의 가구를 아끼지 말라 온 애굽 땅의 좋은 것이 너희 것임이니라 하라."
- 바로의 명대로 그들에게 모셔올 수레, 길양식, 각기 옷 한 벌씩 주고
- 벤야민에게는 은 300, 옷 다섯 벌을 주었으며
- 아비에게 수나귀 10필에 애굽의 아름다운 물품을,
- 암나귀 10필에는 아비에게 길에서 공궤할 곡식과 떡과 양식을 줌
- 형들을 돌려보내며 그들에게 이르되 "당신들은 노중에서 다투지 말라" 하였더라

요셉의 형들이 왔다는 보고가 왕에게 이르렀다. 16절에 '형들이 왔다는 소문'은 소문이 아니라 히브리어 '콜'로 보고다. 여기서 '형들'은 히브리어로 '아흐'다. 형이나 아우 모두를 뜻하는 말이다. '형들'보다는 '형제들'로 보는 것이 바람직하다. 보고를 받은 바로는 물론 그 부하들 모두 기뻐했다.

바로는 요셉에게 당부한다. "이제 명을 받았으니 이렇게 하라." 네

형제들에게 이렇게 하도록 하라는 왕의 지시다. 요셉은 그 왕명을 형제들에게 그대로 전한다.

바로는 그 형제들을 정중하게 대했다. 이것은 요셉이 애굽에서 얼마나 큰 비중을 차지하고 있는가를 보여 준다. 요셉은 지금 애굽의 구원자가 아닌가. 애굽과 자신을 위해 큰일을 하는 요셉에게 해주고 싶은 것이 많았는데, 기회가 온 것이다. 바로도 기꺼이 식구들을 애굽으로 데려올 것을 당부한다.

"기구를 아끼지 말라." 기구는 살림에 쓰던 물건들이다. 생활 용품을 가져오지 못하더라도 크게 신경 쓰지 말라는 말이다. 원거리 여행이므로 물품을 적당히 정리해서 오라는 뜻이다. 요셉 부모와 형제들을 향한 바로의 자상함이 엿보인다.

요셉은 왕의 명령대로 수행했다. 그들에게 수레도 주고 길양식도 주었다. 수레는 '아갈로트'로 '수레들', 곧 복수다. 많은 식구들이 이동하는 데 불편함이 없도록 여러 대의 수레를 보낸 것이다. 수레는 원래 애굽에서 나온 것이 아니라 앗수르에서 유래된 것으로 추측하고 있다. 고대 수레는 일반적으로 두 바퀴를 가졌고, 두 마리의 소가 끌었다. 애굽은 평지가 많아 수레를 많이 사용했지만 팔레스타인은 지형 관계로 수레 활용이 적었다. 그 가족이 애굽에 편히 오도록 편의를 제공한 것이다.

이 이외에도 수나귀 열 필과 암나귀 열 필에 애굽 땅의 좋은 것, 곧 각종 예물과 곡식을 실었다. 요셉은 아버지를 그냥 모시고 오라 하지 않고 여러 가지 필요한 물품과 양식을 주어 보냈다. 여기에서 특히 "아비에게 길에서 공궤할 곡식"이라 한 것은 배고프지 않고 잘 올 수 있도록 물질적으로 풍성히 배려했음을 나타낸다.

나아가 형제들에게 "다투지 말라." 부탁했다. '화내지 말라', '흥분하지 말라'는 말이다. 형제들의 귀환이 지체되는 것을 염려하는 말이다. 화내지 말라는 것은 혹시 과거의 일로 서로 책임전가나 비난, 그리고 다툼이 있을까 봐 미리 막기 위한 것이다. 요셉 앞에서는 권위에 눌려 아무 말도 못 하다가 나가서는 그때 그 일은 누구 때문이라며 문제를 삼을 수 있기 때문이다. '흥분하지 말라'는 것은 이 일로 마음이 들뜨지 말고 조심하여 행동하라는 것이다. 요셉의 이 말로 형제들은 마음을 가담으며 편히 갈 수 있었을 것이다.

3. 믿지 아니한 야곱(25 – 28절)

- 그들이 가나안 땅으로 들어가 야곱에게 이르러 고하여 가로되 "요셉이 지금까지 살아 있어 애굽 땅 총리가 되었더이다."
- 야곱이 그들을 믿지 아니하브로 기색(氣塞)하더니
- 요셉이 자기를 태우려 보낸 수레를 보고서야 기운이 소생
- 이스라엘이 가로되 "족하도다. 내 아들 요셉이 지금까지 살았으니 내가 죽기 전에 가서 그를 보리라."

'기색하더니'는 히브리어 '푸그'로 '냉담해지다'는 뜻을 가지고 있다. '어안이 벙벙하다', '마음이 감각을 잃다', '기절할 지경이다'는 말이다. 요셉이 살았다는 말을 듣고 정신이 나간 사람처럼 아연실색했다는 것이다.

"자기를 태우려고 보낸 수레를 보고야 기운이 소생한지라." '기운

이 소생한지라'의 원문은 '자신의 마음이 돌아온지라'이다. 야곱은 요셉이 살아 있다는 말을 들었어도 믿지 않았다. 온갖 물질을 받았지만 믿기지 않았다. 그러나 요셉이 야곱을 태우기 위해 보낸 수레를 보고 그제야 자기 정신으로 돌아왔다.

"족하도다 내 아들 요셉이 지금까지 살았으니 내가 죽기 전에 가서 그를 보리라." 이 말은 이제 요셉이 살았고, 애굽의 총리가 되었음을 비로소 실감하고 감격했음을 뜻한다. 이렇게 해서 그는 절망스럽게 여겼던 사태가 언약을 지키시는 하나님의 섭리로 인해, 실제로는 자기를 위한 것이었음을 깊이 깨달기 시작했다.

'족하도다'는 말은 야곱의 생애에서 전환점이 되는 말이다. 그는 지금까지 불만족한 삶을 살았다. 그는 불만족을 만족의 상태로 전환시키기 위해 인간적인 노력을 다해 왔다. 하나님은 그가 만족하다 할 때까지 단련시키셨다. 그러나 지금 그는 만족을 선언하였다. 창세기 기자는 28절에서 야곱이라 하지 않고 이스라엘이라 했다. 불만으로 가득한 야곱이 아니라 하늘의 기쁨으로 만족한 이스라엘을 대비한 것은 아닐까. 야곱도 그만큼 달라졌다는 말이다. 그는 이 세상의 어떤 귀한 선물보다 요셉이 살아 있다는 것과 이제 그를 볼 수 있다는 것에 만족했다. 우리가 영적으로 만족하다 고백할 때까지 하나님은 우리를 단련시키실 것이다.

현실에서 우리도 야곱처럼 문제 상황에 빠져 하나님의 언약을 생각지 않을 때가 많다. 신앙마저 흔들릴 때가 있다. 그렇다 해도 우리를 향하신 하나님의 뜻이나 목적은 변하지 않고 계속 이루어 가신다. 이 사실이 얼마나 다행스럽고 위안이 되는가. 하나님은 우리가 헤맬지라도 무한한 사랑을 가지고 최종적인 선을 향해 계속 밀고 나가신다. 우리도 환경을 의지하기보다 하나님을 신뢰하고 하나님의 때를 기다리라. 불안하거나 두려워하지 말자. 주님은 우리를 위해 일하신다.

1. 애굽으로 온 야곱(1 - 7절)

- 야곱이 모든 소유를 이끌고 브엘세바에 이르러 하나님께 제사
- 이상 중 하나님이 야곱에게 "애굽으로 내려가기를 두려워하지 말라 내가 거기서 너로 큰 민족을 이루게 하리라 내가 너와 함께 있어 애굽으로 내려가겠고 정녕 너를 인도하여 다시 올라올 것이며 요셉이 그 손으로 눈을 감기리라."
- 야곱이 브엘세바에서 발행할 때 이스라엘의 아들들이 바로의 보낸 수레에 야곱과 자기들의 처자들을 태웠고
- 그 생축과 가나안 땅에서 얻은 재물을 이끌었으며
- 야곱이 그 아들들과 손자들과 딸들과 손녀들 곧 그 모든 자손들을 데리고 애굽으로 갔더라

"브엘세바에 이르러 하나님께 희생을 드리니." 브엘세바는 가나안의 최남단으로 애굽으로 가려면 이곳을 지나야 한다. 여기를 지나면 애굽이다. 그는 이곳에서 제사를 드렸다. 이곳은 과거 아브라함과 이삭이 제사를 드렸던 곳이기도 하다. 야곱은 약속의 땅 가나안을 떠나기 전 하나님의 약속을 생각하며 주저했을 것이다. 잃었던 아들을

만나는 것은 좋지만 혹시 하나님의 뜻을 어기는 것은 아닌지 생각하며.

이 브엘세바의 제사는 그가 지금까지 드린 제사, 예를 들어 벧엘이나 브니엘에서의 제사와는 다르다. 과거의 제사는 사건이 터진 다음 하나님께 드린 제사였지만 이 브엘세바의 제사는 사건이 터지기 전에 하나님께 드린 제사라는 점에서 다르다. 이 제사는 요셉을 지켜 주신 하나님에 대한 감사, 두려울 수밖에 없는 애굽 행에서 하나님께서 함께해 주실 것을 요청하는 기도가 담겨 있다. 이 제사를 드린 다음 하나님은 그를 안심시키고, 앞으로 애굽에서 일어날 일에 대해서 알려 주셨다. 야곱은 어떤 상황에서든 하나님을 찾았다. 시편 저자는 이렇게 말한다. "야곱의 하나님으로 자기 도움을 삼으며 여호와 자기 하나님에게 그 소망을 두는 자는 복이 있도다."(시146:5).

"밤에 하나님이 이상 중에 이스라엘에게 나타나시고 불러 가라사대." 이상은 하나님의 뜻을 게시하던 수단의 하나이다. 하나님은 야곱에게 모두 여덟 번 나타나셨다.

"나는 하나님이라 네 아비의 하나님이니 애굽으로 내려가기를 두려워 말라 내가 거기서 너로 큰 민족을 이루게 하리라."

"나는 하나님이라 네 아비의 하나님이니 두려워 말라." 이 말씀은 하나님께서 이삭에게 하신 내용(창26:24)과 같다. '나는 하나님이라'에서 하나님의 명칭으로 '엘'이 사용되었다. 이것은 에서를 피해 하란으로 갈 때 만나신 그 하나님을 기억하도록 하신 것이리라. 야곱은 그곳 이름을 벧엘이라 하였다. 자신이 벧엘에 나타나신 바로 그 하나님임을 기억하도록 하신 것이다. 이 엘 하나님이 나타나셔서 그에게 애굽에게 내려가는 것을 두려워하지 않도록 하셨다. 과거 아브라함과 이삭에게는 애굽에 가는 것을 허락하지 않으셨다. 그러나 야곱의 애굽 행은 하나님의 계획과 섭리에 따른 것이므로 차원이 다르다. "네 아비의 하나님이니" 하나님이 아브라함에게 약속하신 것을 이행하는 것이다.

"내거 거기서 너로 큰 민족을 이루게 하리라." 이 말씀에는 야곱이 미처 깨닫지 못한 많은 사실이 숨겨져 있다. 이 말씀을 들었을 때 그는 자손의 수가 많아지리라는 것을 의미한다고 생각했을 것이다. 물론 이런 의미가 없는 것은 아니다. 그러나 역사를 보면 그 약속에는 하나님의 더 많은 계획이 담겨 있음을 알 수 있다. 왜냐하면 야곱의 후손들로 세워질 민족은 자연스러운 출생에 의해서가 아니라, 여러 훈련과 고난을 통해 일어나게 될 것이기 때문이다. 이 사실은 숨겨져 있다. 이 고난까지 말한다면 야곱은 가기를 꺼려할 것이다. 하나님은 사람이 감당할 수 있는 때에만 계시한다.

"내가 너와 함께 애굽으로 내려가겠고 정녕 너를 인도하여 다시 올라올 것이며 요셉이 그 손으로 네 눈을 감기리라 하셨더라." "내가 너와 함께 애굽으로 내려가겠고." 야곱이 하란으로 피신할 때와 똑같이 이제 애굽으로 가는 길에도 하나님이 함께하시겠다는 약속이다. 이 말씀은 야곱의 거듭된 실패에도 불구하고 하나님이 자신을 지금까지 계속 인도하셨음을 생각나게 하셨을 것이다. 이로써 약속의 땅을 떠나는 것을 꺼리는 야곱에게 하나님은 애굽으로 내려가는 것이 올바른 것임을 확신시켜 주셨다. 이것은 이스라엘을 한 종족으로부터 큰 민족으로 번성케 하려는 목적 때문이다.

야곱은 3절과 4절의 하나님의 약속을 믿고 내려가기로 결심한다. 그는 애굽이 자손들의 영원한 거처가 되지 않고 민족을 이루어 다시 가나안으로 돌아오게 하겠다는 하나님의 약속을 신뢰했다. 야곱은 그 기간을 이 기근이 끝날 때까지만으로 생각했을지 모른다. 그러나 하나님은 더 큰 계획을 가지고 계셨다.

2. 애굽에 도착한 야곱의 가족들(8 – 27절)

- 애굽에 내려간 이스라엘 가족 70명
- 야곱
- 레아 계: 33명
  르우벤: 하녹, 발루, 헤스론, 갈미
  시므온: 여무엘, 야민, 오핫, 야긴, 스할, 가나안 여인 소생 사울
  레위: 게르손, 그핫, 므라리
  유다: 엘, 오난, 셀라, 베레스, 세라. 엘과 오난은 가나안에서 죽음.
        베레스의 아들 헤스론과 하물
  잇사갈: 돌라, 부와, 욥, 시므론
  스불론: 세렛, 엘론, 얄르엘
  디나(딸)
- 실바 계: 16명
  갓: 시본, 학기, 수니, 에스본, 에리, 아로디, 아렐리
  아셀: 임나, 이스와, 이스위, 브리아, 그 누이 세라
        브리아 아들 헤벨과 말기엘
- 라헬 계: 14명
  요셉: 므낫세, 에브라임
  베냐민: 벨라, 베겔, 아스벨, 게라, 나아만, 에히, 로스, 뭅빔, 훕빔, 아릇
- 빌하 계: 7명

단: 후심

납달리: 야스엘, 구니, 예셀, 실렘

- 야곱과 함께 애굽에 이른 자는 야곱 자부 외에 66명으로 야곱의 몸에서 난 자들
- 요셉이 애굽에서 낳은 아들이 2명,
- 야곱의 집 사람으로 애굽에 이른 자의 도합이 70

애굽으로 이주한 야곱 가계의 명단이 소개되고 있다. 그 수는 백명도 채 못 되지만 하나님의 계획의 의해 중다한 민족으로 성장하게 된다. 8절에 '이스라엘 가족'으로 소개된다. 여기서 가족은 히브리어 '브네'로 '벤'(아들)의 복수로 문자적으로 '아들들'을 의미한다. 여기서는 자손으로 보는 것이 바람직하다.

유다의 아들 중 엘과 오난이 가나안에서 죽었으나 여기서 다시 소개되고 죽었음을 명기하였다. 다말에게서 낳은 아들 베레스와 세라를 유다의 아들로 소개하고 있다. 법적으로 죽은 아들 엘을 잇는 손자지만 실제로는 아들이 되었음을 이 절은 보여 준다.

"남자와 여자가 삼십삼 명이며"(15절). 이 수는 레아 계의 자녀들로 애굽에 들어간 수다. 엘과 오난이 가나안에서 죽었기 때문에 애굽에 들어간 수는 실제 31명이다. 그럼에도 불구하고 33명으로 계수한 것은 엘과 오난 대신 두 명의 딸이나 손녀가 포함되었을 가능성 때문이다. 이런 경우 33명은 아들 6명, 손자 22명, 증손자 2명, 딸이나 손녀 3명으로 구성된다. 이 중 딸의 이름이 소개된 것은 디나 하나뿐이다.

야곱의 후손 명단은 창세기 46장 이외에도 민수기 26장과 역대상

4-7장에 다시 소개된다. 이를 비교해 보면 몇 사람의 경우 이름이 약간 다르다. 다른 이름들의 보기는 다음과 같다. 이것은 남자의 경우 몇 개의 이름을 가지고 있음을 보여 준다.

여무엘(10절)-느무엘(민26:12;대상4:24)

야긴(10절)-야립(대상4:24)

스할(10절)-스라(대상4:24)

게르손(11절)-게르솜(대상)

엘(12절)-에르(민26:19)

부와(13절)-부아(대상7:1)

욥(13절)-야숩(대상7:1)

시본(16절)-스본(민26:15)

에스본(16절)-오스니(민26:16)

아로디(16질)-아롯(민26:17)

"야곱과 함께 애굽에 이른 자는 야곱의 자부 외에 육십륙 명이니 이는 다 야곱의 몸에서 나온 자며." 야곱과 함께 온 자로 레아 계 33명, 실바 계 16명, 라헬 계 11명(요셉과 그 두 아들 제외한 경우), 빌하 계 7명 모두 67명이다. 여기서 66명이라 한 것은 야곱을 뺀 수다.

"야곱의 집 사람으로 애굽에 이른 자의 도합이 칠십 명이었더라." 애굽에 이른 자에서 '이른'은 히브리어 '빠'로 '들어가다', '들어오다'를 의미한다. 애굽에 들어간 자는 야곱과 함께 온 자만을 가리키는 것이 아니라 이미 먼저 들어온 요셉과 그의 가족도 포함된다. 도합이 70명은 26절에 언급된 66명과 야곱과 요셉 및 그 두 아들을 합한 수이다. 칠십인역에는 75명으로 명시하고 있고, 사도행전 7장 14

절에도 75명으로 되어 있다. 사도행전의 수는 칠십인역을 참고했을 가능성이 높다. 75명은 요셉의 손자 다섯을 포함시켰다는 견해가 강하다.

3. 아버지 야곱을 만난 요셉(28 – 34절)

- 야곱이 유다를 요셉에게 미리 보내어 자기를 고센으로 인도하게 하고 다 고센 땅에 이르니
- 요셉이 수레를 갖추고 고센으로 올라가서 아비 이스라엘을 맞으며 그에게 보이고 그 목을 어긋맞겨 안고 얼마동안 울매
- 이스라엘, "네가 지금까지 살아 있고 내가 네 얼굴을 보았으니 지금 죽어도 가하도다."
- 요셉이 그 형들과 아비의 권속에게 이르되 "바로가 불러 네 업이 무엇이냐 하거든 목축이라 하소서 애굽 사람은 목축을 가증히 여기니 그러면 고센 땅에 머물 수 있으리라."

"야곱이 유다를 요셉에게 미리 보내어 자기를 고센으로 인도하게 하고 다 고센 땅에 이르니." 유다는 베냐민 사건과 연관해 아버지로부터 신뢰를 얻었던 것으로 보인다. 야곱은 유다를 메신저로 요셉에게 보내 자기를 고센으로 인도하게 했다. 유다가 계속 지도력을 발휘하고 있음을 본다. 고센은 나일 강 델타 동쪽에 위치한 지역이다.

"요셉이 수레를 갖추고 고센으로 올라가서 아비 이스라엘을 맞으며 그에게 보이고." 요셉이 타고 온 수레는 소가 끄는 일반 소와는

달리 애굽의 통치자로 위용과 권위를 갖춘 것이다. 보이고는 히브리어 '나아'로 '세세하게 살피다'는 뜻을 가지고 있다. 야곱이 요셉을 자세히 살펴보았다는 의미다.

"그 목을 어긋맞겨 안고 얼마동안 울매." 감격적인 만남에 말이 필요할까. 요셉임을 확인한 야곱, 아버지임을 안 요셉. 이 순간 그들이 맛보는 인간적인 기쁨과 감격의 깊이를 그대로 전하고 있다.

"지금 죽어도 가하도다." 히브리어 '아무타'는 '죽을 수 있다'는 뜻이다. 이제 죽을 때가 되면 편안히 죽을 수 있다는 말이다.

요셉은 하나님의 백성들이 애굽인들과 격리되어 생활하는 것이 하나님의 목적의 일부임을 깨닫고 그 일을 계획한다. 요셉은 가족들에게 바로 앞에서 자기들의 업이 목자로 밝히도록 한다. "바로가 불러 네 업이 무엇이냐 하거든 목축이라 하소서 애굽 사람은 목축을 가증히 여기니 그리면 고센 땅에 머물 수 있으리라." 바로가 그들에게 '애굽 땅의 좋은 곳'을 허락했지만 요셉은 가족에게 가장 적합한 곳은 고센이라 생각했다. 요셉은 왜 고센을 야곱의 가족들이 머무를 곳으로 택했을까?

첫째, 무엇보다 목초지로 최적의 곳이기 때문이다. 그들의 생업에 가장 적합했다. 가족들이 양과 소를 이끌고 왔다.

둘째, 애굽인들이 가질 수 있는 이민족에 대한 경계심과 질시 및 부담을 피하기 위한 정책적 고려도 있다. 고센은 당시 애굽인이 버려 둔 땅으로 애굽인들이 아직 정착해 있지 않았던 곳으로 보인다. 당시에는 지금과는 달리 나일 강에서 멀어 농사짓기에 힘든 땅이었던 것으로 조사되고 있다. 고립된 지역이어서 바로나 그 신하들도 부담이 적은 곳이었다.

셋째, 삶의 형식이 달랐기 때문이다. 애굽인들은 목축업을 가증하게 여겼다. 목축하면 그들의 신전에 들어올 수 없었다. 그들이 신으로 섬기는 동물, 예를 들어 소의 각을 뜨고 번제로 드리기 때문이다. 이스라엘은 가는 곳마다 단을 쌓은 민족이다. 애굽인들은 목축을 최하층 계급으로 여겨 그 업을 하는 자와 결혼을 시키지도 않은 것이 당시 관습이었다. 그들의 생업이 목축이 아니라 농부나 기술을 가진 것이었다면 애굽인들 속에 자리잡아 애굽인과 쉽게 동화되었을 것이다.

넷째, 이스라엘의 영적 순수성을 유지하기 위함이다. 언약의 백성인 이스라엘의 순결한 정신과 구별된 삶을 유지하기 위한 것이다. 고센은 애굽 속에 깊이 들어가지 않음을 의미한다. 언젠가 다시 고향으로 돌아갈 것을 믿었다. 우리가 머무는 이 땅도 고센이다. 우리 모두 본향으로 돌아간다. 이 땅은 영원한 땅이 아니다. 이 땅에서 잘 살기 위한 것이 아니라 하나님 앞에서 자랑스럽게 서기 위해 열심히, 신실하게 살아야 한다.

끝으로, 하나님의 계획과 섭리가 있었기 때문이다. 이런저런 이유가 있지만 그들로 고센에 머물게 하신 분은 하나님이시다. 하나님은 요셉의 생각을 주장하시고, 바로로 하여금 쉽게 허락을 하게 했으며, 야곱의 식구들로 안심하게 하셨다. 이로 인해 그들은 요셉이 살아 있는 동안 고센에서 신앙적으로나 육체적으로 독립적인 생활을 유지할 수 있었다.

1. 바로를 만난 야곱(1 – 12절)

- 요셉이 바로에게 나의 아비와 형들과 양과 소와 모든 소유가 와서 고센 땅에 있나이다 하고
- 형들 중 오인을 택하여 바로에게 보이니
- 바로, "너의 생업이 무엇이냐"
- 그들, "종들은 목자이온데 우리와 선조가 다 그러하나이다."
- "가나안 땅에 기근이 심하여 종들의 떼를 칠 곳이 없기로 이곳에 우거하러 왔사오니 청컨내 종들로 고센 땅에 거하게 하소서."
- 바로가 요셉에게, "땅의 좋은 곳에 네 아비와 형들로 거하게 하되 고센 땅에 그들로 거하게 하고 그들 중에 능한 자가 있는 줄을 알거든 나의 짐승을 주관하게 하라."
- 요셉이 야곱을 인도하여 바로 앞에 서게 하니 야곱이 바로에게 축복
- 바로, "네 연세가 얼마뇨"
- 야곱, "내 나그네 길의 세월이 일백삼십 년이니이다. 나의 연세가 얼마 못되니 우리 조상의 나그네 길의 세월에 미치지 못하나 험

악한 세월을 보내었나이다." 하고 바로에게 축복하고 그 앞에서
나오니라.

- 요셉이 바로의 명대로 거할 곳을 주되 애굽의 좋은 땅 라암세스
를 그들에게 주어 기업을 삼게 하고
- 온 집에 그 식구를 따라 식물을 주어 공궤하였더라

"우거하러 왔사오니." '잠시 동안 머물러'라는 뜻이다. 애굽에서의
거주는 불가피한 조치로 잠시 머무는 것이라는 것이다. 상황이 바뀌
면 가나안으로 돌아가겠다는 말이다. 이것은 그들의 약속의 땅에 대
한 신앙을 볼 수 있다. 바로에게도 부담감을 덜어 주는 발언이다.

요셉이 야곱을 인도하여 바로 앞에 서게 하니 야곱이 바로에게
축복했다. 나올 때도 야곱은 바로에게 축복했다. 본 장에서는 야곱이
바로에게 축복했다는 대목이 이처럼 두 군데 나온다. 이에 대해 두
가지 해석이 있다.

첫째, 의례적 인사라는 주장이다. 축복하다는 히브리어 '베레크'는
인사하다로도 볼 수 있다. 고대에 궁중에서 왕을 뵐 때나 떠날 때
"왕은 만세수를 하옵소서." "폐하 만세" 등과 같은 인사말이라는 것
이다. 이것을 왕에 대해 축복을 내린 것으로 보는 것은 지나치다는
주장이다. 하나님의 자녀가 언제 어디서나 이웃에게 선한 인사, 곧
축복기도를 하는 것은 당연하다.

둘째, 언약의 백성인 야곱이 바로에게 한 당당한 축복이라는 주장
이다. 세상적인 눈으로 볼 때 언제나 작은 자가 큰 자에게 축복을
받는 법이다. 그러나 이 경우는 다르다. 야곱이 바로에게 축복했을
때 그것은 분명히 야곱이 하나님의 계획에 대한 자신의 관계를 의식

하였음을 보여 준다. 신의 은총이 바로에게 내려지기를 기원했다는 말이다.

바로가 야곱에게 나이를 묻자 말한다. "내 나그네 길의 세월이 일백삼십 년이니이다." 나그네 길, 이것은 한곳에 정착해 살지 않는 유목민의 삶의 방식을 설명하는 말이다. 그러나 야곱 자신은 약속의 땅에 대한 언약의 성취를 소망 가운데 기다려 왔다. 족장들은 가나안에 정착했고 막벨라 근처의 땅과 세겜 성 밖의 땅 일부를 매입했다. 그러나 진정한 의미에서 정착민이라 말할 수 없다. 한곳에 정착하기보다 이곳저곳 다니면 살아왔다. 따라서 그들은 자신들을 외국인과 나그네라 소개했다. 그리스도인도 이 땅이 우리가 영원히 거할 땅은 아니다. 이 세상에 대해 우리는 나그네일 뿐이다. 우리가 가야 할 영원한 나라가 있기 때문이다. "저희가 이제는 더 나은 본향을 사모하니 곧 하늘에 있는 것이라"(히11:16).

"나의 연세가 우리 조상의 나그네 길의 세월에 미치지 못하나." 아브라함은 175세, 이삭은 180세에 나그네 길 인생을 마쳤다. 야곱은 당시 130세였다. 조상들의 연세에 비해서는 아직 크게 낮지만 험난한 길을 걸어왔음을 말한다. "그 연수의 자랑은 수고와 슬픔뿐이요 신속히 가니 우리가 날아가나이다."(시90:10)라는 말씀이 생각난다. 그는 비록 험악한 세월을 살았지만 바로 앞에서는 담담한 자세로 임했다.

"애굽의 좋은 땅 라암세스를 그들에게 주어." 라암세스(Raamses)는 애굽의 위대한 바로인 라암셋 2세의 이름을 따서 붙인 도시 이름이다. '태양신 라가 창조했다'는 뜻으로 애굽의 제19, 제20왕조의 왕도였다. 고센 또는 소안이라 불렸다. 고대 문서에 따르면 포도밭과

올리브 숲이 있었고, 택지와 어장도 있었다. 이스라엘이 애굽에 있을 때 값없이 생선을 먹었다는 기사(민11:5)로 보아 서쪽으로 나일 강에 잇닿았던 지역으로 보인다.

요셉이 아비와 형들을 불러 고센 땅으로 부른 명령과 바로가 요셉에게 가족을 불러 라암세스에 살라고 한 명령이 일치한다. 이것은 하나님의 섭리이다. 원래 애굽인들은 유목민인 히브리인들을 더럽다고 생각해 멀리했고 같이 먹지 않았다. 그러나 바로는 이들이 자신의 영토, 그것도 비옥한 고장에서 살도록 허락했다.

"온 집에 그 식구에 따라." 원문은 '그들의 아이들의 입에 따라'이다. 집집마다 부양가족의 수에 따라 식량이 공급되었음을 의미한다. 식구의 수에 따라 차등을 두어 배급했다는 말이다.

2. 요셉의 경제정책(13 - 26절)

- 기근이 심하여 쇠약하니
- 돈으로 곡식을 사더니 애굽과 가나안 땅에 돈이 진하여 지더라
- 애굽 백성이 다 요셉에게 나아와 "돈이 진하였사오니 우리에게 식물을 주소서 어찌 주 앞에서 죽으리이까."
- 요셉, "내가 너희 짐승과 바꾸어 주리라."
- 짐승으로 곡식을 바꾸어 주되 팔 짐승도 없어지자
- 그해가 다하고 새 해가 되매. 무리가 와서 "우리가 주께 숨기지 아니하나이다. 우리가 낼 것이 몸과 전지뿐이라 우리 토지를 식물로 사소서."

- 전지(토지)를 팔아 곡식으로 바꿔 온 땅이 바로의 소유가 되었으나
- 제사장의 전지는 사지 아니했으니 제사장은 바로의 녹을 먹음이라
- 요셉, "내가 바로를 위하여 너희 몸과 전지를 샀노라 여기 종자가 있으니 너희는 그 땅에 뿌리라 추수의 5분의 1일 바로에게 상납하고 사분은 너희가 취하여 종자도 삼고 양식도 삼으라."
- 요셉이 애굽의 토지법을 세우고 추수의 5분의 1일이 바로에게 상납되나 제사장 토지는 바로의 소유로 하지 아니함

"어찌 주 앞에서 죽으리이까." '주 앞에서'의 원문은 '당신의 옆에서'다. 그리고 '죽으리이까'의 원문은 히브리어 '나무트'로 '우리가 죽으리이다.'이다. 그렇게 하지 않으면 죽을 수밖에 없는 처지가 되었다는 것이다. 애굽 백성들은 이 대기근에서 자신들을 구원할 수 있는 사람은 오직 요셉뿐임을 믿었다. 자기들이 굶주려 죽지 않도록 한 사람은 오직 요셉이라는 점을 강조하며 그에게 전적인 신뢰를 보냈다. 그 말은 바로 "어찌 주 앞에서 죽으리이까"다. "우리가 어찌 당신 곁에서 죽으리이까." 요셉을 향한 백성들의 간곡한 구원의 요청이다.

"그 모든 짐승과 바꾸어서 그 해 동안의 식물로 그들을 기르니라." '기르니라'는 '양육했다', '살게 만들었다'는 말이다. 요셉은 처음엔 돈으로 양식을 사도록 했다. 그러나 돈도 다 떨어졌다. 장기간 기근으로 굶주린 백성은 돈 대신 짐승을 받아 달라 했다. 요셉은 그것도 허락했다. 그해는 그것으로 잘 견디어 냈다. 다음 해엔 팔 짐승도 다 떨어지자 "우리가 주께 숨기지 아니하나이다."며 자신의 몸과 토지를 사 달라 했다. 그러면 자신들이 토지와 함께 바로의 종이

되겠다는 것이다. 양식을 위해 자유까지 포기하고 요셉의 통치에 따르겠다는 말이다. 여기서 요셉을 주라 한 것은 상대에 대한 강한 경칭이다. 히브리어 '아도니', 곧 '내 주인'으로 되어 있어 하나님과 혼동하기 쉽다. 요셉은 그것까지 허락했다. 이제 요셉은 온 나라 백성들의 생계를 돌봐 주어야 할 위치에 서게 되었다.

"전지를 다 사서." 백성들의 토지를 다 산 요셉은 그것에 백성들을 투입했다. 경작이 필요한 곳에 백성들을 옮겨 농사일을 하게 하고 생계를 유지하며 국가에 도움을 주도록 한 것이다. 그는 백성의 요구대로 종자를 주어 뿌리게 하고, 그 소출 가운데 5분의 1을 바로에게 바치게 했다. 그리고 나머지는 자신들의 양식으로 삼게 했다. 요셉은 백성들의 요구를 적극적으로 들어 이를 정책에 반영했다. 나아가 중앙정부 차원에서 지방 토후의 민중착취를 예방하고 백성들을 보호하는 정책을 사용했다. 그러나 제사장의 토지는 바로의 소유로 삼지 않았다.

요셉이 택한 토지법의 골자는 다음과 같다.

① 모든 토지의 소유권은 바로가 가진다.

② 제사장 계급은 예외적으로 일부 토지를 가질 수 있다.

③ 백성들이 토지를 경작할 경우 수확량의 오분의 일을 바쳐야 한다.

3. 자신의 장례를 염려하는 야곱과 그의 유언(27 - 31절)

- 이스라엘 족속이 애굽 고센 땅에 거하며 산업을 얻고 생육하며 번성
- 야곱이 애굽 땅에 십칠 년을 거하였으니 그의 나이 147세
- 이스라엘의 죽을 기한이 가까우매 요셉을 불러 "네 손을 내 환도 뼈 아래 네 손을 넣어서 나를 인애와 성심으로 대접하여 나를 애굽에 장사하지 않기를 맹세하고 내가 조상들과 함께 눕거든 너는 나를 애굽에서 메어다가 선영에 장사하라."
- 요셉, "아버지의 말씀대로 행하리이다."
- 야곱이 내게 맹세하라 맹세하니 이스라엘이 침상 머리에서 경배하니라

본 장에서 야곱의 이름이 바뀌어 니다난다. 본인에 대해서는 야곱이라 했고, 하나님의 통치와 관련해서는 이스라엘이라 하였다. 이것은 매우 의미 있는 것이다.

야곱은 자신을 애굽에 장사하지 않고 가나안 선영에 묻도록 했다. 선영은 아브라함과 이삭이 묻힌 막벨라 굴을 말한다. 야곱은 가나안에 있을 때 자신의 묘실을 그곳에 파 두었다(창50:5). 그는 가나안 땅에 관한 하나님의 약속을 철저히 믿었다. 자신의 매장지 선택은 이러한 믿음을 반영한 것이다. 야곱은 이것을 확실히 하기 위해 요셉의 손을 자신의 환도 뼈 아래 넣게 하고 맹세케 했다. 환도 뼈는 '야레크'로, 아브라함도 이삭의 아내를 구하러 밧단 아람으로 보낼 때 그의 나이 든 종에게 이 방법을 사용했다. 꼭 지켜야 한다는 것

을 상징한다. 야곱이 죽자 요셉은 그의 시신을 그곳으로 옮겨 매장했다.

"침상 머리에서 경배하니라." 침상 머리에서는 야곱이 늙고 쇠약했음을 보여 준다. 히브리서에서는 '지팡이 머리에'(히11:21) 의지해 경배했다고 적었다. 이것은 칠십인역이 침상을 뜻하는 '마테'를 지팡이로 해석했기 때문이다. 경배하니라의 원문은 히브리어로 '이스타우'다. '엎드려 절하다', '공경해서 절하다'는 뜻을 가졌다. 여기서는 야곱이 엎드려 경배했음을 의미한다. 나그네 길을 접고 약속의 땅으로 갈 수 있게 된 것에 대한 감사다. 그 감사를 하나님께 드린 것이다.

1. 야곱을 문병하는 요셉(1 - 2절)

- 이 일 후 네 부친이 병들었다 하므로 곧 두 아들 므낫세와 에브라임과 함께 이르니
- 요셉이 왔다 하매 이스라엘이 힘을 내어 침상에 앉아

"혹이 네 부친이 병들었다 하므로." 야곱이 노쇠하여 병들었음을 의미한다. 10절을 보면 '눈이 나이로 인하여 어두워서 보지 못하더라'는 것을 볼 때 시력이 크게 감퇴했음을 보여 준다. 야곱뿐 아니라 그의 아버지 이삭도 시력에 문제가 있었다. 8절은 요셉의 두 아들을 보고 "이들은 누구냐?"고 말한 것을 보아 기억력의 감퇴도 의심할 수 있다. 그렇지 않다면 손자들이 그 사이에 훌쩍 커 버리지 않았나 생각된다.

요셉은 이 보고를 받고 두 아들을 대동하고 나타났다. '혹이'는 야곱이 자신의 근황을 자주 알리지 않았음을 보여 준다. 그러나 야곱의 근황은 보고되었다.

1절에서는 므낫세와 에브라임이 장자와 차자의 순으로 자연스럽게 기록되었다. 그러나 5절에는 에브라임과 므낫세로 그 순서가 바뀐다. 이것은 야곱이 이미 에브라임에게 큰 복을 내리기로 결심했음을 보여 준다.

"요셉이 왔다 하매 이스라엘이 힘을 내어 침상에 앉아." 늙고 병든 야곱이 혼신의 힘을 다해 일어서는 모습을 보여 준다. 이것은 단지 그들을 맞는 이상의 의미를 가지고 있다. 뭔가 중대한 말을 하려는 뜻이 담겨 있다. 이것은 다음의 내용으로 구체화된다.

2. 요셉의 두 아들을 양자로 삼은 야곱(3 - 7절)

- 요셉에게 이르되 "이전에 가나안 땅 루스에서 전능한 하나님이 내게 나타나 복을 허락하여 네게서 많은 백성이 나게 하고 이 땅을 네 후손에게 주어 영원한 기업이 되게 하리라 하셨느니라
- 내가 애굽으로 와서 네게 이르기 전에 애굽서 낳은 두 아들 에브라임과 므낫세는 내 것이라 르우벤과 시므온처럼 내 것이 될 것이요 이들 후의 네 소생이 네 것이 될 것이며 그 산업은 그 형의 명의하에서 함께하리라
- 내게 관하여는 내가 이전에 밧단에서 올 때에 라헬이 나를 따르는 노중에 가나안 땅에서 죽었는데 그곳은 에브랏(베들레헴)까지 길이 오히려 격(隔)한 곳이라 내가 거기서 그를 에브랏 길 장사 하였느니라"

"이전에 가나안 땅 루스에서 전능한 하나님이 내게 나타나 복을

524

허락하여 네게서 많은 백성이 나게 하고." 가나안 땅 루스에서 하나님이 야곱에게 나타난 사건을 언급한다. 이 루스는 벧엘의 옛 이름이다. 예루살렘에서 북쪽으로 약 19㎞ 되는 곳에 있다. 훗날 베냐민 지파에 속했다. 족장들의 추억이 어려 있는 곳이라 여로보암은 사람들이 예루살렘으로 올라가는 것을 막기 위해 이곳에 금송아지를 위한 산당을 지었다. 하나님이 복을 허락하셨다는 것은 복을 주셨다는 말이다. 히브리어 '예바라크'는 '복을 주다', '축복하다'는 뜻이다. 그를 통해 많은 백성이 나고, 가나안 땅을 약속의 땅으로 받는 축복으로 이어진다. 백성은 히브리어 '암밈'으로 '종족' 또는 '지파'를 의미한다.

"애굽서 낳은 두 아들 에브라임과 므낫세는 내 것이라." 요셉이 낳은 두 아들 에브라임과 므낫세를 야곱의 아들로 양자 삼을 것을 말한다. 이것은 매우 중요한 일로, 야곱이 일순간의 충동으로 결정한 것이 아님을 보여 준다. 라헬이 아들을 더 낳을 것으로 기대했다가 갑자기 죽게 되자 요셉의 두 아들을 양자로 삼아 자신의 소망을 이루려 한 것이 아닌가 추측하기도 한다. 이 둘을 양자 삼아 다른 아들과 동등한 위치로 높여 주고자 한 것은 요셉의 후손들이 갑절의 상속을 받을 수 있도록 보증하는 말이다. 에브라임과 므낫세는 각기 지파로 계수되었다. 야곱의 이 말은 장자의 권위를 르우벤이나 유다가 아니라 라헬의 첫 아들인 요셉으로 옮겨졌음을 의미한다. "유다는 형제보다 뛰어나고 주권자가 유다로 말미암아 났을지라도 장자의 명분은 요셉에게 있느니라."(대상5:2). 그만큼 요셉의 공로를 인정한 것이다.

"이들 후의 네 소생이 네 것이 될 것이며." 앞으로 요셉이 아들을 더 낳으면 그들은 요셉의 아들이 된다. 그러나 "그 산업은 그 형의 명의하에서 함께하리라." 원문은 "그들은 기업에 있어서(기업 지파상으로는) 그들의 형들의 이름으로 불리게 되리라."이다. 이것은 요셉이 에브라임과 므낫세 다음에 낳을 아들들은 그 형들의 이름에 따라서 에브라임 지파 또는 므낫세 지파로 불리게 될 것을 말한다. 야곱은 에브라임과 므낫세를 모두 자기의 친아들과 같이 가나안 땅의 상속권을 갖게 하고, 두 아들 다음에 낳을 아들들은 형들의 지파에 포함시켜 기업을 분배하고자 한 것이다. 따라서 이것은 두 아들 이후에 낳을 아들들이 형들의 지파에 포함된다는 것을 말해 준다.

"라헬이 노중에 가나안 땅에서 죽었는데 그곳은 에브랏(베들레헴)까지 길이 오히려 격(隔)한 곳이라 내가 거기서 그를 에브랏 길 장사하였느니라." 야곱은 요셉에게 그의 어머니 라헬이 어디에서 어떻게 죽었는가를 설명했다. 밧단 아람에서 에브랏으로 가는 중에 죽어 도중에 매장할 수밖에 없었다는 것이다. 에브랏은 베들레헴의 옛 이름이다. 예루살렘에서 남쪽으로 8㎞ 떨어진 곳에 있다. 보아스의 고향이었고, 예수님이 탄생한 곳이다. 야곱은 그곳에 매장하기에는 멀어 도중에 매장할 수밖에 없었던 사연을 말해 줌으로써 요셉으로 하여금 자기 어머니에 대한 궁금증을 풀어 주었다.

3. 에브라임과 므낫세를 축복하는 야곱(9 - 22절)

- 이스라엘이 요셉의 두 아들들을 보고 이들은 누구냐
- 요셉, "이는 하나님이 여기서 내게 주신 아들들이니이다"
- 야곱이 요셉의 두 아들을 축복하기 원함 "내 앞으로 나아오라 내가 그들에게 축복하리라."
- 그때 야곱은 나이로 눈이 어두워 보지 못하더라. 이스라엘이 그들에게 입 맞추고 그들을 안고
- 요셉에게 "내가 네 얼굴을 보리라고는 뜻하지 못하였더니 하나님이 내게 네 소생까지 보이셨도다."
- 요셉이 아비 무릎 상이에서 두 아들을 물리고 땅에 엎드려 절하고
- 요셉이 에브라임을 야곱의 좌수 쪽, 므낫세를 야곱의 우수 쪽으로 향하게 하여 그에게 나아가나
- 야곱이 팔을 어긋맞겨 우수를 펴서 차자 에브라임 머리에, 좌수를 므낫세 머리에 얹으니 므낫세는 장자라도 팔을 어긋맞겨 얹었더라
- 그가 요셉을 위하여 축복하여 가로되 "내 조부 아브라함과 아버지 이삭의 섬기던 하나님, 나의 남으로부터 지금까지 나를 기르신 하나님 나를 모든 환난에서 건지신 사자께서 이 아이에게 복을 주시오며 이들로 내 이름과 내 조부 아브라함과 아버지 이삭의 이름으로 칭하게 하시오며 이들로 세상에 번식되게 하시를 원하나이다."
- 요셉은 야곱이 팔을 어긋맞겨 얹은 것을 기뻐하지 아니하여 야곱의 우수를 므낫세의 머리로 옮기고자 하나
- 야곱, "내 아들아 나도 안다 그도 한 족속이 되며 그도 크게 되려니와 그 아우가 그보다 큰 자가 되고 그 자손이 여러 민족을

이루리라"하니라

- 그 날에 그들에게 축복하여 가로되 "이스라엘 족속이 너로 축복하기를 하나님이 너로 에브라임 같고 므낫세 같게 하시리라"하여 에브라임을 므낫세보다 앞세웠더라.

"이는 하나님이 여기서 내게 주신 아들들이니이다." 요셉이 아비로서 자식들을 챙기고 있는 것을 본다. 요셉은 총리로서 바쁘지만 가족의 중요성을 인식하고 있었다. 그는 땅에 엎드려 절했다. 자신과 그의 자식들에 대한 배려에 대한 감사가 포함되어 있을 것이다.

"내 앞으로 나아오라 내가 그들에게 축복하리라." 요셉이 영권을 가지고 다음 세대를 위해 축복하였다. 얼마나 아름다운 모습인가. 이것은 육적으로는 쇠하여 갔지만 영적으로는 아름다운 모습을 가졌다는 것을 보여 준다. 야곱은 요셉의 두 아들을 축복했다. 요셉은 사실 애굽 여인과 결혼하고 그곳에서 매우 권세 있는 자리를 차지했다. 따라서 요셉의 아들들은 애굽 사람으로 더 양육되기 좋았을 것이다. 그러나 야곱은 요셉의 아들들을 축복함으로써 요셉 자손으로 하여금 하나님의 백성에 속하도록 만들었다.

"므낫세는 장자라도 팔을 어긋맞겨 얹었더라." 일반적으로는 우수를 장자의 머리에, 좌수를 차자의 머리에 얹고 축복한다. 여기서는 반대의 모습이다. 요셉이 이것을 보고 기뻐 아니 하고, "그리 마옵소서"라고 간청한다. 그러나 야곱은 "나도 안다." 하며 차자를 더 축복했다.

이스라엘이 손을 엇갈리게 해서 축복을 한 것은 전적으로 하나님의 감동하심에 따른 것이다. 축복하고자 한 마음을 가진 것이나 엇

갈려 축복한 것 모두 성령께서 그의 마음을 감동케 하여 일어난 것이다. 한때 눈먼 아비를 속여 형의 장자권을 가로챈 야곱이 이제는 요셉의 자연스런 기대를 누르고 하나님의 뜻을 따르고 있다는 것이 아이러니하다. 과거 그는 뱃속에서부터 에서의 다리를 잡았으며 팥죽 한 그릇으로 장자권을 샀다. 장자권만 얻으면 복을 받는 것으로 생각했다. 인간적인 방법에 익숙한 그가 이제 아주 달라진 것이다. 야곱의 모든 결점과 실패에도 불구하고 하나님은 그를 아브라함과 이삭의 후손으로서 하나님의 목적을 이루시는 도구로 사용하셨다.

야곱은 비로소 강한 자를 낮추시고 약한 자를 축복하시는 하나님의 방법을 알게 되었을 것이다. "나도 안다"는 말의 배경에는 하나님께서는 약자 편에 서신다는 것을 안다는 내용이 포함될 수 있다. 그렇다고 장자를 축복하지 않은 것은 아니다. 장자로서 충분히 복을 받게 하였다.

"그가 요셉을 위하여 축복하여 가로되." 원문은 "요셉을 축복하여 가로되"이다. 그러나 야곱이 축복하는 대상은 요셉이 아니라 그의 두 아들이므로 국역은 '요셉을 위하여'로 번역했다. 에브라임과 므낫세를 축복하는 것은 요셉을 축복하는 것과 같아 원문은 의도적으로 '요셉에게'라 기록했다.

"나의 남으로부터 지금까지 나를 기르신 하나님." 아브라함의 하나님, 이삭의 하나님뿐 아니라 지금까지 자신을 기르신 하나님의 이름으로 축복하였다. '나를 기르신 하나님'이란 '나의 목자가 되신 하나님'이란 뜻이다. 하나님을 목자로 비유한 것은 하나님의 친밀하고 자상한 모습을 그려 내기 위한 것이다. 야곱은 요셉의 아들과 요셉에게 축복할 때 이 말을 사용했다.

야곱은 또한 하나님을 가리켜 "나를 모든 환난에서 건지신 사자"라 했다. 사자는 여호와의 사자를 가리킨다. 경우에 따라서는 하나님과 구분되는 존재(천사)로 나타나기도 하고, 하나님과 동일시되기도 한다.

야곱은 에브라임을 축복했다. 이것은 에브라임을 민족의 대표로 장자 상속권을 므낫세와 분할했음을 보여 준다. "그 아우가 그보다 큰 자가 되고." 분열 왕조 때 에브라임은 북왕국에서 가장 유력한 족속이 되었고, 종종 북왕국 자체를 지칭하는 말로 사용되었다(사7:2).

"요셉은 야곱이 팔을 어긋맞겨 얹은 것을 기뻐하지 아니하여." 원문은 '그의 눈에 좋지 않아'다. '기뻐 아니 하여'는 히브리어 '예라'로 '악하다'는 뜻을 가지고 있다. 이스라엘이 그 오른손을 장자 머리 위에 얹었어야 함에도 차자의 머리에 얹은 것에 대해 불만을 가졌음을 말한다. 요셉은 야곱의 눈이 어두워 보지 못할 것을 감안하여 장자 므낫세를 야곱의 오른손 쪽으로, 차자를 왼손 쪽으로 데려갔다. 그런데 갑자기 손을 바꿔 얹은 것이다. 요셉은 에브라임의 머리에 얹혀 있는 손을 므낫세로 옮기고자 했다. 그러면서 "그리 마옵소서 이는 장자니 우수를 그 머리에 얹으소서" 부탁했다. 그러나 야곱은 거절했다. 요셉은 야곱이 실수로 생각했지만 야곱은 의도적으로 그렇게 했다. 하나님의 일을 막을 수 없었던 것이다.

4. 요셉에 대한 마지막 당부(21 - 22절)

- 이스라엘이 요셉에게 또 이르되 "나는 죽으나 하나님이 너희와
  함께 계시사 너희를 인도하여 너희 조상의 땅으로 돌아가게 하
  시려니와
- 내가 네게 네 형제보다 일부분을 더 주었나니 이는 내가 내 칼과
  활로 아무리 족속의 손에서 빼앗은 것이니라."

본 장에서 야곱은 이스라엘로 불리고 있다. 이것은 야곱의 모든
삶이 신앙의 생애라는 것을 보여 준다.

"나는 죽으나 하나님이 너희와 함께 계시사 너희를 인도하여 너희
조상의 땅으로 돌아가게 하시려니와." 야곱은 요셉에게 믿음의 근거
는 하나님임을 일깨우며 그 근거를 잊지 않도록 히였다. 그리고 언
젠가 본향을 향해 가게 될 것을 일깨워 주었다.

"내가 네 형제보다 일부분을 더 주었나니", '일부분'의 원문은 '스
켐'으로 '어깨' 또는 '산마루'라는 뜻을 가졌다. 세겜 성읍 이름과 같
아 '세겜 땅'으로 간주해 '세겜 땅을 주노니.'로 본다. 국역에서는 이
부분을 빼놓았다. 대부분의 학자들은 야곱이 주겠다고 한 땅을 세겜
으로 간주한다.6) 이 땅은 이스라엘이 아모리 족속에게 무력으로 빼
앗았고 후에 요셉의 장지가 된 것(수24:32)으로 보아 본문과 일치된
다. 아모리 족속은 가나안의 한 족속으로 요단강을 낀 산악지대에
살았다. 가나안으로 가려는 이스라엘 민족을 대적하기도 했다. 하나

---

6) 그러나 일부 학자들의 주장은 다르다. 세겜은 아모리 족속으로부터 무력
  으로 빼앗은 것이어서 이 땅으로 볼 수 없다는 것이다(Leupold).

님은 그 족속을 쫓아내 야곱이 예언한 이 '일부분'을 요셉 자손의 영원한 기업이 되도록 하셨다.

1. 열두 아들에 대한 야곱의 축복과 예언(1 – 28절)

- 야곱이 그 아들들을 불러 이르되 "너희는 모이라 너희의 후일에 당할 일을 내가 너희에게 이르리라. 너희는 모여 들으라 너희 아비 이스라엘에게 들을지어다."
- 르우벤: 장자, 내 능력, 내 기력의 시작. 위광(威光)이 초등(超等) 하나 물 끓음 같아 너는 탁월치 못하리니 네가 아비의 침상에 올라 더럽혔음이라.
- 시므온과 레위: 형제, 그들의 칼은 잔해하는 기계. 내 혼아 그들의 모의에 상관치 말고 내 영광아 그들 집회에 참예치 말라. 분노대로 사람을 죽이고 혈기대로 소 발목의 힘줄을 끊도다. 노염이 혹독하니 저주를 받을 것이요 분기가 맹렬하니 저주를 받으리라. 내가 그들을 야곱 중에서 나누며 이스라엘 중에서 흩으리로다.
- 유다: 사자새끼, 움킨 것을 찢고 올라가. 웅크림이 사자 같으니 누가 범할 수 있으리. 홀이 유다를 떠나지 않겠고 치리자의 지팡이가 실로가 오시기까지 그 발 사이에서 떠나지 아니하며 모든

백성이 그에게 복종. 나귀를 포도나무에 매며(암나귀 새끼를 아름다운 포도나무에 맬 것이며) 그 옷을 포도주에 빨며 그 복장을 포도즙에 빨리라. 눈은 포도주로 인하여 붉겠고, 그 이는 우유로 인하여 희리라.

- 스블론: 배 매는 해변에 거하며 그 지경이 시돈까지.
- 잇사갈: 양우리 사이에 꿇어앉은 건장한 나귀. 쉴 곳을 보고 좋게 여기며 토지를 아름답게 여기고 어깨를 내려 짐을 메고 압제 아래서 섬기리라.
- 단: 그 백성을 심판. 길의 뱀이요 첩경의 독사. 말굽을 물어 탄자를 떨어뜨리리라 여호와여 나는 주의 구원을 기다리나이다.
- 갓: 군대의 박격을 받으나 도리어 그 뒤를 추격
- 아셀: 그의 식물은 기름져 그가 왕의 진수를 공궤
- 납달리: 놓인 암사슴, 아름다운 소리를 발해
- 요셉: 샘 곁의 무성한 가지로 그 가지가 담을 넘고, 활 쏘는 자가 그를 학대 그를 쏘나 요셉의 활이 도리어 견강하며 그의 팔에 힘이 있으니 야곱의 전능자의 손을 힘 입음이라. 그로부터 이스라엘의 반석인 목자가 나도다. 하나님이 너를 도우실 것이요 전능자가 네게 복을 주실 것이라. 위로 하늘의 복과 아래로 원천의 복과 젖먹이는 복과 태의 복을 주실 것. 야곱의 축복이 내 부여조의 축복보다 나아 영원한 산이 한없음같이 이 축복이 요셉의 머리로 돌아오며 그 형제 중 뛰어난 자의 정수리로 돌아오리라
- 베냐민: 물어뜯는 이리. 아침엔 빼앗은 것을 먹고 저녁엔 움킨 것을 나눠
- 이들은 이스라엘의 12지파라 야곱이 그들에게 각인의 분량대로 축복

야곱은 죽기 전 아들들의 장래에 대해 예언했다. 그는 지금까지 자신의 아들들을 관찰해 온 것을 바탕으로 각자 앞날을 예고했다. 그의 말에는 분명한 것도 있고, 애매한 것도 있지만 각자의 과거가 미래의 삶과 무관하지 않다는 것을 보여 준다. 히브리서 기자는 야곱이 임종을 앞두고 아들들에게 축복하고 하나님께 경배했을 때 비로소 그가 신앙적인 인물이었음이 뚜렷하게 나타난다고 말한다.

르우벤에 대해서는 높은 특권을 가졌다고 해서 반드시 탁월한 위치에 이르는 것이 아니라고 단언한다. 그는 근친상간으로 장자로서의 특권을 잃었으며 그의 지파에서는 민족을 이끈 지도자가 나오지 않았다. '물이 끓음 같았은즉'은 무절제한 성격이 있음을 나타낸다. 르우벤 지파는 가나안을 눈앞에 두고서도 요단강 동쪽에 정착하겠다고 성급하게 요구했고, 인가받지 않은 제단을 쌓아 민족적인 화합을 위태롭게 만들기도 했다(수22:10 - 34).

스므온과 레위에 대해서는 잔인한 성격 때문에 항상 분열을 일으키게 될 것으로 보았다. 세겜 성을 침공해 그곳 남자들을 죽인 것은 대표적인 보기다. "이스라엘 중에서 흩으리로다." 이 예언은 시므온 지파가 유다 지파의 영토 안으로 흡수됨으로,[7] 또한 레위 지파가 48개 성읍에 흩어져 거주함으로써 성취되었다. 야곱의 말은 스므온과 레위에 대한 미움이 아니라 그들이 저지른 죄에 대한 지적이다.

야곱은 유다에게서 자신과 이스라엘이 함께 바라보는 소망이 이루어질 것을 내다보았다. 유다는 레아의 여섯 아들 중 넷째였지만 위

---

7) 시므온 지파는 유다 지파의 기업 내에서 기업을 얻었다. 그러나 일부는 에돔과 아말렉 족속의 땅으로 이주했다. 왕국이 분열하자 시므온 지파에 속한 많은 사람들이 이스라엘 왕국을 떠나 유다 왕국에 투항했다.

로 세 형들이 모두 죄를 범해 지도권을 상실하자 야곱으로부터 신뢰를 얻게 되었다. 사자 새끼의 원문은 '구르 아르예'로, 어린 새끼가 아니라 움킨 것을 찢고 올라갈 정도로 다 자란 새끼 사자이다. 사자는 주권·힘·용기를 상징한다. 이스라엘을 사자로 묘사하기도 한다. 예수 그리스도 역시 '유다 지파의 사자'로 불렸다. 유다 지파는 이스라엘을 힘 있게 장악하고 다스리는 왕권을 가지고 있음을 보여 준다.

홀(笏, scepter)은 히브리어로 '세베트'다. 통치자가 공식적으로 사용하는 지휘봉으로 왕권을 상징하며 '지배', '통치', '통치 역량'의 의미를 담고 있다. 유다 지파의 우월성은 다윗이 왕위에 오를 때를 기점으로 계속 큰 영향력을 행사함으로써 나타났다. "누가 그를 범할 수 있으랴." 범한다는 말은 히브리어 '예키멘투'로 '맞선다'는 뜻이다. 따라서 이 말은 어느 누구도 그를 대적하지 못한다는 말이다. 이것은 유다지파가 전쟁에서 승리한다는 것이라기보다 그 혈통을 통해서 온 세상의 통치자요 정복자이신 그리스도가 태어나실 것을 의미한다. "실로가 오시기까지." '실로'의 원문은 '그의 것인 사람'이다.[8] 홀이 그의 것인 사람이다. 일차적으로는 다윗을, 궁극적으로는 예수 그리스도를 가리킨다. 참왕이신 그리스도께서 오실 때까지 이 축복이 계속된다는 것이다. 그분은 이 땅에 오셔서 모든 지각에 뛰어난 평강의 나라를 세우신다(빌4:7).

"그의 나귀를 포도나무에 맬 것이며." 매어 놓은 나귀가 발버둥치면 포도나무가 꺾어지거나 상하게 된다. 그러나 포도나무가 흔해

---

8) 실로를 '쉬다'는 뜻을 가진 히브리어 '샬라'에서 유래된 것으로 보기도 한다. 이 경우 실로는 안식, 안식을 주는 자, 평안을 주는 자로 해석한다. 평강과 안식을 가져다줄 메시아로 보는 것은 이 때문이다.

한두 그루가 상해도 나귀를 맬 수 있게 된다는 뜻이다. "그 옷을 포도주에 빨리로다." 포도의 수확이 많아 포드즙틀을 밟는 사람의 옷에 그 즙이 튀어 물드는 것을 말한다. "그 눈은 포도주로 인하여 붉겠고" NIV는 그 눈이 포도주보다 더 검다고 보았다. 먹고 마실 것이 많아 건강함을 누리게 된다는 것이다. 이 모두는 유다 지파가 풍성한 수확으로 풍부하고 건강하게 살 것을 의미한다.

스불론 지파는 지리적으로는 지중해와 닿지 않았다. 하지만 지중해에서 16㎞밖에 떨어져 있지 않아 바다로부터 풍부한 것을 공급받을 수 있었다. 탁월한 상업수완을 보여 시돈까지 영향력을 미칠 것이라 예언한다. 시돈은 지중해에 연안에 위치해 있어 상업이 발달했다. 지금은 레바논에 속해 있다.

잇사갈은 '건강한 나귀'라 뜻할 만큼 힘이 있었다. 하지만 게을러 그 힘을 나귀처럼 다른 사람들을 위해 섬기는 데 쓰게 될 것이다. 야곱은 잇사갈에게서 평온한 생활을 확보하기 위해 굴복하여 섬기는 타협적인 태도를 보았다. 잇사갈 지파는 비옥한 평야에 있어서 외적의 침략을 받기도 했다. 양의 우리 사이에 꿇어앉았다는 것은 재물을 얻기 위해 비옥한 땅에서 나귀처럼 일하는 것을 보여 준다. 그들은 육적으로나 영적으로 가나안 족속의 지배를 벗어나야 평안의 복을 누릴 수 있다.

단은 '심판하다'는 뜻을 가지고 있다. 심판한다는 것은 '다스리다', '관리의 직분을 행하다'는 의미다. 영리하고 예민하여 이 역할을 맡게 될 것으로 본 것이다. 단 지파의 삼손이 사사시대 때 이스라엘을 위해 이 직을 수행했다. 그러나 단에 대한 예언은 심상치 않다. 길의 뱀이요 첩경의 독사로 불리고 있기 때문이다. 단지파는 사사시대에 맨 먼저 우상을 숭배했고, 분열 왕국시대에는 여로보암이 단(단 지파 소속 성읍)을 금송아지 숭배 본거지로 삼았다. 요한계시록 7장에 소개되는 지파 리스트에서 단 지파가 빠져 있어 몇몇 교부들은 적그리스도가 단 지파에서 나온 것으로 생각했다.

야곱은 18절에서 "여호와여 나는 주의 구원을 기다리나이다." 자신의 소망을 피력한다. 인류를 불행하게 만든 뱀이 연상된 것일까. 그는 그 뱀의 머리를 깨뜨리고 구원할 자를 생각했으리라. 야곱은 10절에서 유다 지파를 축복하는 가운데서도 이러한 소망을 피력했다. 이 소망은 다른 다섯 아들들에 대한 미래를 언급하기 전에 혹 세속적 가치에 너무 몰입한 나머지 영적인 가치를 잊어버릴까 두려워 피력한 것으로 해석하기도 한다.

갓은 전쟁에 능하게 된다. "군대의 박격을 받으나 도리어 그 뒤를 추격하리로다." 그 뒤는 히브리어로 '아케브'로 '뒤꿈치', '뒷부분'을 뜻한다. 뒤꿈치를 공격한다는 것은 뒤에 숨겨진 허점을 공격하여 치명상을 입히게 된다는 말이다. 갓의 자손은 요단 동쪽에 자리하고 있어 암몬과 모압 족속의 공격을 자주 받았다.

아셀 지파는 호사스럽게 살 것을 예고하였다. 이 지파가 차지한 가나안 북쪽 해안 지방은 매우 비옥했다.

납달리 지파는 갈릴리 호수 북쪽 산지에 고립되어 있어서 암사슴처럼 비교적 자유로웠다. '아름다운 소리'에 관한 예언은 드보라와 바락의 노래에서 어느 정도 성취되었다.

야곱이 가장 자상하게 언급하고 있는 부분이 요셉이다. 형제들 가운데서 유다와 요셉만이 야곱으로부터 아낌없는 축복을 받았다. "요셉은 무성한 가지 곧 샘 곁의 무성한 가지라 그 가기가 담을 넘었도다." 요셉에 대한 이 축복은 요셉이 열매가 풍성한 삶을 살게 될 것을 보여 준다. 열매가 무성한 가지는 요셉이 무한한 가능성을 펼쳐 보일 것을 말한다. 그 가지는 담을 넘어 경계 밖으로 뻗친다. 박해를 받지만 결코 힘을 잃지 않을 것이다. 매우 풍성한 복이 예언되어 있다. "그로부터 이스라엘의 반석인 목자가 나타나도다." 이 같은 표현은 마치 예수 그리스도가 유다 지파에서도 나시고 요셉 지파에서도 나실 것이라는 오해를 낳게 한다. 이 원문은 "목자로부터 온 것이니라."로 요셉 지파가 원수를 향해 활을 강하게 당길 수 있는 힘은 하나님, 곧 목자이신 메시아로부터 온다는 뜻이다. 요셉이 고난에서 고귀한 위치에 오르게 된 것은 전능자의 손 때문이며 이스라엘의 반석인 목자 때문이라는 것이다. 우리가 힘을 얻게 될 근원도 바로 우리의 목자이신 하나님이다.

요셉이 받는 복이 열거된다. 위로 하늘의 복, 아래로 원천의 복, 젖먹이는 복, 태의 복이 그것이다. 젖 먹이는 복과 태의 복은 후손과 짐승이 많아질 것을 말한다. 부어조(父與祖)는 선조, 열조를 말한다. 야곱의 내린 축복이 부여조의 축복을 능가할 만큼 한없을 것인데 이 축복이 요셉의 머리로 돌아오고, 그 형제 중 뛰어난 자의 정수리로 돌아오리라 한다. 요셉 지파에 대한 최대의 축복이다.

베냐민은 쾌활하고 사나운 성격이 있는 것으로 묘사되고 있다. 이 지파는 과격하고 잔인한 면을 가지고 있다(삿20).

"이들은 이스라엘의 12지파라." 이스라엘의 12지파는 야곱의 12아들에서 유래했다. 각 지파의 조직은 지파·족속·씨족·가족 순으로 되어 있다(수7:16-18). 모세는 레위지파, 여호수아는 에브라임 지파, 기드온은 므낫세 지파, 삼손은 단 지파, 사무엘은 에브라임 지파, 사울은 베냐민 지파에 속했다.

야곱은 '각인의 분량대로 축복'했다. 르우벤, 시므온, 레위, 잇사갈의 경우 야곱의 언급은 축복보다 저주처럼 들릴 수 있다. 그러나 이것은 그들이 더 이상 위험에 빠지지 않기 위한 경고라는 점에서 축복이다. 각 지파가 어떤 경우에 처하든 모든 지파는 하나님의 구원 계획에 일정 부분 기여하게 된다.

2. 야곱의 유언(29 - 33절)

- 야곱이 그들에게 명하여 가로되 "내가 내 열조에게로 돌아가리니
- 나를 헷 사람 에브론의 밭에 있는 굴에 우리 부여조와 함께 장사하라
- 이 굴은 가나안 땅 마므레 앞 막벨라 밭에 있는 것이라
- 아브라함이 헷 사람 에브론에게서 밭과 함께 사서 그 소유 매장지를 삼았으므로
- 아브라함과 그 아내 사라가 거기 장사되었고
- 이삭과 그 아내 리브가도 거기 장사되었으며
- 나도 레아를 그곳에 장사하였노라
- 이 밭과 거기 있는 굴은 헷 사람에게서 산 것이라
- 야곱이 아들에게 명하기를 마치고 그 발을 침상에 거두고 기운이 진하여 그 열조에게로 돌아갔더라

야곱이 자기 죽음에 대해 예비할 것을 말한다. 그리고 자기가 묻힐 곳에 대한 역사적 의미도 설명하고 있다. 이것은 죽음이 끝이 아

니라 열조에게로 돌아가는 중요한 기점에 된다. 이 땅에서의 믿음 생활을 아름답게 매듭짓고 소망의 나라로 가는 것이다. 그는 자신을 열조들이 묻힌 땅 막벨로 굴에 묻을 것을 유언으로 남긴다.

헷 사람은 헷타이트 민족을 가리킨다. 주전 18세기 소아시아 지역에 제국을 건설했다. 이 제국의 판도는 팔레스타인에 미친 적이 없었다. 따라서 여기서 언급된 헷 족속은 그 제국에서 가나안으로 이주한 소규모 집단이었을 가능성이 높다. 아브라함은 마므레 앞 막벨라 밭을 이들로부터 샀다. 마므레는 헤브론 북쪽에 있는 땅이다. 막벨라 굴에 아브라함과 이삭이 묻혔고, 자신도 이곳에 묻히기를 바랐다.

야곱은 파란만장한 삶을 끝내고 마침내 안식에 들어갔다. 그의 생애를 살펴보면 훌륭한 점보다는 실수와 단점들이 더 많았다. 그럼에도 불구하고 하나님은 그를 붙드시고 함께하셨다. 그가 잘했기 때문이 아니라 약속의 자녀였기 때문이다. 야곱은 하나님의 은혜를 몸소 체험함으로써 하나님을 의지하지 않으면 살 수 없다는 것을 깨달았다. 성경은 야곱의 삶을 통해서 이것을 우리에게 가르쳐 주고자 한다.

1. 야곱의 죽음과 아닷 타작마당의 애통(1 - 14절)

- 요셉이 아비의 얼굴에 구푸려 울며 입 맞추고
- 그의 수종 의사에게 명하여 향 재료를 아비 몸에 넣게 하니 40일이 걸리더라
- 애굽인들은 70일 동안 그를 위해 곡함
- 바로의 허락을 얻어 자기 아비를 장사하러 올라가니
- 바로의 모든 신하, 장로, 요셉 집, 그 형제들이 함께 가고 (어린 아이, 양떼, 소떼 제외)
- 병거와 기병도 함께 큰 떼를 이뤄
- 그들이 요단강 건너편 아닷 타작마당에 이르러 크게 호곡
- 요셉이 칠 일 동안 애곡하니 이 애통을 보고 가나안 사람들이 그 땅 이름을 아벨 미스라임(애굽인의 곡함, 큰 애통)이라 함
- 야곱의 아들들이 그를 가나안 땅으로 메어다가 막벨라 밭 굴에 장사

야곱이 죽자 요셉이 울며 아비의 얼굴에 입 맞췄다. 얼마나 사랑한 아버지인가. 형제들도 다 같이 이 슬픔에 동참했다.

의사들은 히브리어 '로페임'으로 '치료하는 자들'이다. 복수로 보아 야곱의 시신을 다루는 의사들이 여럿이었음을 보여 준다. 40일 걸려 시신에 향을 넣도록 한 것은 애굽 풍습처럼 미이라를 만들기 위한 것으로 생각된다. 물론 부패를 막기 위한 목적이 크다. 애굽에서 막벨라 굴까지 가려면 여러 날이 걸리고 시신이 금방 상하게 되기 때문이다.

애굽인들은 70일 동안 야곱을 위해 애곡했다. 바로가 죽은 경우 장례가 72일 이어지는데 70일 곡한 것은 군왕의 예우를 했다는 것을 보여 준다.

"나로 올라가서 아버지를 장사하게 하소서." '올라가서'는 헤브론이 고센보다 고지대에 있기 때문이다. '가나안 땅에 내가 파서 둔 묘실'은 야곱이 자신의 무덤을 친히 판 것이라기보다 장지를 마련해 놓은 것을 의미한다.

아닷 타작마당은 요단강 동편, 사해 북쪽에 있다. 같이 갔던 애굽인들이 함께 슬피 울어 주었다. 아닷은 그 타작마당의 주인이름으로 보인다. 아닷은 '들장미', '가시덤불'을 뜻해 타작마당의 주위에 이것들이 많이 있었을 것으로 보인다. 타작마당은 대체로 둥근 평지로 바람이 잘 부는 높은 곳에 있었다. 다윗은 타작마당에 제단을 쌓았고, 솔로몬은 성전을 건축했다. 애굽인들의 큰 애곡을 보고 가나안 사람들이 이곳 이름을 '아벨미스라임', 곧 '애굽인의 호곡'이라 했다. 이 큰 애곡은 대호곡으로, 장례가 매우 엄숙하게 치러졌음을 보여 준다.

족장 야곱은 죽어 장사됨으로써 구원 역사의 첫 장인 창세기의 막을 내린다. 하나님은 구속자가 인류 중의 한 사람, 여자의 후손이 될 것이라 했다. 그다음 이 사역을 펴 나갈 인물로 아브라함을 택하셨다. 이삭, 야곱, 유다를 거쳐 예수 그리스도가 이 땅에 오시고 십자가에 달리심으로써 인류를 향한 구원이 성취되었다. 이 사실을 믿는 자는 아브라함의 자손이 될 뿐 아니라 언약의 백성으로서 그 나라에 들어갈 자격을 얻는다.

2. 야곱이 죽고 난후 형제들의 근심(15 – 21절)

- 그 아비가 죽었음을 보고 그 형제들이 "혹 요셉이 우리를 미워하여 그에게 행한 모든 악을 다 갚지 않을까" 두려워함
- 형들이 요셉에게, "아버지가 죽기 전 형들이 악을 행하였어도 용서하라" 했다 전하니
- 요셉이 이를 듣고 울어
- 형들이 와서 엎드리며 "우리는 당신의 종"이라 하니
- 요셉, "당신은 나를 해하려 했으나 하나님은 그것을 선으로 바꾸사 오늘날과 같이 만민의 생명을 구원하게 하시려 하셨나니 두려워 말 것이며 당신과 당신의 자녀들을 내가 기르리라" 간곡히 위로

장례를 마친 다음 요셉의 형들은 두려워하기 시작했다. "요셉의 형제들이 그 아비가 죽었음을 보고 말하되 요셉이 혹시 우리를 미워하여 우리가 그에게 행한 모든 악을 다 갚지나 아니할까 하고" '죽었음을 보고'는 이제 야곱이 죽어 그의 영향력이 끝났음을 현실적으로 형제들이 느끼고 있었음을 의미한다. '갚지나 아니할까'는 히브리

어 '야쉬브'로 '되돌려 주다', 곧 요셉에게 행한 악을 되돌려 준다는 것을 말한다. 복수할 것으로 생각한 것이다.

야곱이 130세에 애굽에 왔고 147세에 죽었으므로 17년 동안 집안은 평안했다. 그러나 야곱이 죽자 요셉의 형제들은 상황이 달라졌다 보고 두려움에 휩싸였다. 아버지가 살았을 때는 아버지를 생각해 복수를 하지 않았지만 아버지가 죽었기 때문에 이젠 복수를 하게 될지도 모른다는 인간적인 생각이 앞선 것이다. 이런 생각은 일반적으로 가질 수 있는 것이지만 그것은 형제들이 얼마나 거짓된 두려움에 빠지고 판단력이 마비되었는가를 보여 준다. 그들의 생각은 요셉의 마음과는 아주 거리가 있었다.

요셉은 이미 "당신들이 나를 이곳에 팔았으므로 근심하지 마소서 한탄하지 마소서 하나님이 생명을 구원하시려고 나를 당신들 앞서 보내셨나이다."(창45:5)라고 말한 바 있다. 그러나 형제들은 하나님 섭리의 안경으로 사건을 보기보다 인간적인 보복을 두려워하는 나약함을 보였다. 이것은 자기들이 요셉이었으면 보복했을 것이라는 단정적인 생각에서 벗어나 있지 못함을 보여 준다.

"요셉에게 말을 전하여 가로되 당신의 아버지가 돌아가시기 전에 명하여 이르기를 너희는 이같이 요셉에게 이르라 네 형들이 네게 악을 행하였을지라도 이제 바라건대 그 허물과 죄를 용서하라 하셨나니 당신의 아버지의 하나님의 종들의 죄를 용서하소서 하매 요셉이 그 말을 듣고 울었더라."

'돌아가시기 전에 명하여'는 아버지의 유언이었다는 말이다. 형들은 두려워 직접 나서지 못하고 사람을 시켜 요셉에게 아버지 야곱의 유언이라며 자신들의 가상적 두려움을 전한다. '당신의 아버지의 하나님의 종들의 죄'란 아버지는 비록 죽었지만 아버지의 하나님이 살아계시므로 그 하나님 앞에서 한 말을 거절하지 말라는 뜻이 담겨있다. 이것은 신앙적인 바탕에서 형제의 우애를 기대한다는 것을 나타내고 있다. 요셉은 이 말을 듣고 울었다. 아버지가 생각나기도 했겠지만 자신이 이미 용서했다는 사실을 형제들이 확고히 받아들이지 못했다는 것에 대한 안타까움, 자신의 진정성이 아직도 의심을 받고 있다는 생각에 울기도 했을 것이다. 요셉은 이 일로 분노하지 않았다.

"그 형들이 또 친히 와서 요셉의 앞에 엎드려 가로되 우리는 당신의 종이니이다." 요셉이 울었다는 소식을 들었을 것이다. 형제들은 다 같이 나와 용서를 구하고 요셉의 종이 될 것을 말했다. 그들의 모든 생명이 요셉에게 달려 있었기 때문이다. 요셉의 형들은 과거 이와 같은 말을 했다. 그러나 그때는 모르는 상태에서 나온 말이었다. 하지만 지금은 하나님의 뜻을 깨닫고, 자발적으로 요셉을 주로 대한다. 그가 꾼 꿈대로 이루어진 것이다.

"당신들은 나를 해하려 하였으나 하나님은 그것을 선으로 바꾸사 오늘과 같이 만민의 생명을 구원하게 하시려 하셨나니." 요셉은 이 문제에 대해 이미 확고한 신념을 가지고 있었다. 형들의 궤계는 하나님의 섭리에 따라 진행되었다는 것을 확신했고, 그는 이미 모든 것을 하나님의 주권에 맡겼다. 형제들은 악한 뜻으로 요셉을 팔았지만 하나님은 이를 자신의 선한 뜻으로 바꾸셨다. 하나님은 악을 가지고 더 큰 선으로 바꿀 수 있는 분이시다. "네 사랑하는 자들아 너희가 친히 원수를 갚지 말고 진노하심에 맡기라 [……] 악에게 지지 말고 선으로 악을 이기라"(롬12:19,21). 요셉은 너른 아량으로 형들을 포용했다. 이러한 관용의 태도는 하나님을 가까이하는 사람들만

이 지닐 수 있는 특권이다.

"당신들은 두려워 마소서 내가 당신들과 당신들의 자녀를 기르리이다 하고 그들을 간곡한 말로 위로하였더라." 요셉은 형들의 악을 용서했을 뿐 아니라 그 용서를 실천적 사랑으로 연결하였다. 형제들 뿐 아니라 그 자녀들까지 돌보겠다고 약속했다. 이것은 열매가 있는 유실수 사랑이다. 또한 고통을 수반한 십자가의 사랑을 보여 준다.

3. 요셉의 유언과 죽음(22 - 26절)

- 요셉이 110세까지 살며
- 에브라임의 삼대 자손, 므낫세 아들 마길의 아들까지 보았으며
- 죽어 그의 몸에 향 재료를 넣고 애굽에서 입관
- 요셉이 그 형제에게, "나는 죽으나 하나님이 너희를 권고하시고 너희를 이 땅에서 인도하여 내사 아브라함, 이삭, 야곱에게 맹세하신 땅에 이르게 하리라."
- 요셉이 이스라엘 자손에게, "하나님이 정녕 너희를 권고하시리니 너희는 내 해골을 메고 올라가겠다 하라" 맹세시킴

"요셉이 그 아비의 가족과 함께 애굽에 거하여 일백십 세를 살며." 요셉은 하나님으로 인해서 성공한 사람이다. 하나님은 그를 노예의 자리에서 애굽의 총리의 자리로 반전시키셨다. 요셉의 삶을 통해 우리는 하나님이 한 작은 인물을 택하여 어떻게 쓰시는가를 잘 알 수 있다.

"에브라임의 자손 삼대를 보았으며 므낫세의 아들 마길의 아들들도 요셉의 슬하에서 양육되었더라." 이 구절은 말년에 요셉이 자신의 자식과 손자들과 어떤 삶을 살았는가를 보여 준다. 에브라임 자손 삼대는 요셉으로부터 계산된 것이다. 마길은 므낫세의 장손으로 길르앗 자손들의 선조가 되었다(수17:1). 마길은 아버지 므낫세 이름 대신 사용될 만큼 이름이 나 있었다.

"요셉의 슬하에서 양육되었더라." 이것은 단순히 손자들을 귀여워하는 일반적인 차원이 아니라 그들을 신앙적으로 양육했음을 보여 준다. 그는 자기 자손들에게 영적인 계승이 이뤄지도록 했다. 그의 신앙이 가정에서도 바르게 행사됨으로써 영적인 영향력이 크게 작용했음을 알 수 있다. "너는 배우고 확신한 일에 거하라 네가 뉘게서 배운 것을 알며 또 네가 어려서부터 성경을 알았나니 성경은 구원에 이르는 지혜가 있게 하느니라 [……] 이는 하나님의 사람으로 온전케 하며 모든 선한 일을 행하기에 온전케 하려 함이니라"(딤전3:14-17). 영적인 일은 나만 간직하는 일이 아니다. 다음 세대에 계승시켜 아름다운 것을 지켜 나가도록 해야 한다.

요셉은 임종 시 형제들을 불렀다. 요셉은 형제들 중 두 번째로 어리다. 때문에 자신이 죽을 나이라면 그 형제 가운데서도 여럿이 죽었을 가능성이 있다. 따라서 여기에 나오는 형제는 형제들을 대표하는 후손으로 보는 것이 합리적이다.

그는 형제들에게 유언을 남긴다. "나는 죽으나 하나님이 너희를 권고하시고 너희를 이 땅에서 인도하여 내사 아브라함과 이삭과 야곱에게 맹세하신 땅에 이르게 하시리라." 요셉의 신앙적 영향력은 자신의 가족에게만 한정되지 않았다. 그는 자기가 죽은 후에도 하나님이 야곱의 식구들을 권고하실 것을 확신하였고, 그들이 안주할 곳은 현재의 애굽이 아니라 약속의 땅임을 확실히 했다. 이 말은 하나님의 약속에 따라 그 자녀들이 그 땅에 반드시 돌아가리라는 확신이 담겨 있다. 요셉은 아버지가 들려준 하나님의 약속을 결코 잊지 않았다.

'권고하시고'는 '하나님이 너희를 돌보시고'(God will surely take care of you)라는 말이다. 요셉은 자기 대에도 하나님이 돌보셨을 뿐 아니라 자기 이후에도 하나님이 돌보실 것을 믿었다. 그는 25절에서도 다시 이 말을 반복함으로써 하나님에 대한 자신의 확고한 믿음을 나타냈다. '권고하시고'라는 말씀은 구약에서 매우 중요한 위치를 차지하고 있다. 모세는 하나님이 이스라엘을 권고하사 광야 생활을 견딜 수 있었음을 보여 주었고, 여호수아를 통해 이스라엘을 권고하사 가나안으로 들어갈 수 있었다. 가나안에서도 하나님은 선지자들을 보내어 이스라엘을 권고하셨다. 믿음에서 열매를 맺을 수 있는 것은 바로 권고하시는 하나님을 믿는 신앙에 있다. 하나님의 백성은 하나님의 보호를 받는다. 하나님의 보호를 받지 못한다면 우리는 한순간도 살 수 없다.

"너희를 이 땅에서 인도하여 내사." 이것은 요셉이 출애굽에 대한 하나님의 약속들을 마음속 깊이 간직하고 있었음을 보여 준다.

요셉은 야곱의 식구 모두를 애굽에서 인도해 아브라함에게 약속하신 땅으로 이르게 하실 것을 믿었다. 식구 모두로 하여금 현재의 애굽이 영원히 머무를 곳이 아니며 가야 할 곳이 있음을 인식시켜 준 것이다. 이것은 우리로 하여금 이 땅의 삶이 전부가 아니며 영적인 가나안으로 가야 한다는 것을 가르쳐 준다. 히브리서는 요셉에 대해 이렇게 적고 있다. "믿음으로 요셉은 임종시에 이스라엘 자손들의 떠날 것을 말하고 또 자기 해골을 위하여 명하였으며"(히11:22). 우리의 시민권은 이 땅이 아니라 하늘나라에 있다.

"너희는 여기서 내 해골을 메고 올라가겠다 하라 하였더라." 요셉은 이스라엘뿐 아니라 자신도 약속의 땅에 묻을 것을 명령하였다. 이 명령을 통해 요셉의 관심은 지금까지 풍요의 삶을 누려 온 애굽이 아니라 하나님이 약속하신 땅에 있었음을 알 수 있다. 이 말은 요셉이 영원한, 사모하는 삶을 살았으며, 이것이 바로 그가 열매를 맺을 수 있는 삶의 뿌리임을 보여 준다. 요셉은 현재에 안주하지 않았다. 그는 약속의 땅을 바라보는 신앙, 약속을 성취하는 신앙을 가졌다. 이스라엘 자손들은 유언을 따라 그의 해골을 메고 출애굽 하는 신앙을 실현하였다. 이로써 이스라엘 백성들은 가나안이 그들의 모국이라는 생각을 잊지 않았다. 요셉이 죽은 지 400년 후 이스라엘 자손은 요셉의 뼈를 애굽에서 가져가 세겜에 장사했다(수24:32). 명령을 지킨 것이다. 요셉의 시신을 약속의 땅으로 옮기려면 반드시 출애굽을 해야 한다. 우리 삶에도 이런 출애굽이 필요하다. 이 땅은 우리의 본향이 아니기 때문이다. 우리의 본향은 우리 주님이 계시는 저 천국이다.

요셉이 죽자 야곱의 때와 마찬가지로 그의 몸에 향 재료를 넣고 입관했다. 여기서 관은 미이라로 처리된 그의 시신을 넣은 나무 관으로 이해되고 있다.

· 저자 ·

양창삼   **저자소개**

서울대학교 정치학과(학사, 석사)
서울대학교 대학원(경영학석사)
웨스턴일리노이 대학교(MBA)
연세대학교 대학원(경영학박사)
총신대학교 대학원(M.Div., Th.M.)
연변과기대 상경대학 학장
한양대학교 경상대학 학장
한양대학교 산업경영대학원 원장
현, 한양대학교 경상대학 경영학부 교수 / 목사

기독교관계저서

요한1·2·3서와 요한계시록(한국학술정보, 2008)
고난의 신학(한국학술정보, 2008)
기독교세계관과 삶의 리포지셔닝(한국학술정보, 2007)
신약의 이해 / 구약의 이해(한국학술정보, 2007)
단순한 믿음이 주는 기쁨(기독신문사, 2005)
뒤틀리는 삶의 문제와 기독교적 답변(한양대 출판부, 2004)
자본주의 문화와 기독교의 사회적 책임(한양대학교 출판부, 2004)
21세기가 원하는 크리스천 리더(쿰회출판구, 2003)
평신도를 위한 신학 이야기(예영, 2003)
목회자, 당신은 일류인간(한국강해설교학교출판사, 2002)
영성회복의 신앙(기독신문사, 2001)
기독교교육행정(대한예수교장로회 총회, 2000)
교회행정학(총회교육국, 1998)
기독교와 현대사회(한양대 출판부, 1997)
교회경영학(엠마오, 1996)
기독교사회학의 인식세계(대영사, 1988)
그 외 다수

창세기

• 초판 인쇄	2008년 10월 25일
• 초판 발행	2008년 10월 25일
• 지 은 이	양창삼
• 펴 낸 이	채종준
• 펴 낸 곳	한국학술정보㈜
	경기도 파주시 교하읍 문발리 513-5
	파주출판문화정보산업단지
	전화 031) 908-3181(대표) · 팩스 031) 908-3189
	홈페이지 http://www.kstudy.com
	e-mail(출판사업부) publish@kstudy.com
• 등 록	제일-115호(2000. 6. 19)
• 가 격	46,000원

ISBN   978-89-534-0387-1 93230 (Paper Book)
        978-89-534-0388-8 98230 (e-Book)